KB117717

신라의 역사 2

-그들의 왕국 : 삼한통합에서 멸망까지-

신라의 역사 2

이종욱 지음

1판 1쇄 인쇄 2002. 5. 7.
1판 3쇄 발행 2011. 3. 27.

발행처 김영사
발행인 박은주

등록번호 제406-2003-036호
등록일자 1979. 5. 17.

경기도 파주시 교하읍 문발리 출판단지 515-1 우편번호 413-756
마케팅부 031)955-3100, 편집부 031)955-3250, 팩시밀리 031)955-3111

값은 뒤표지에 있습니다.

ISBN 978-89-349-0946-0 03900
978-89-349-3546-9 (세트)

독자의견 전화 031)955-3200
홈페이지 http://www.gimmyoung.com
이메일 bestbook@gimmyoung.com

좋은 독자가 좋은 책을 만듭니다.
김영사는 독자 여러분의 의견에 항상 귀기울이고 있습니다.

제로베이스에서 다시 읽은 신라와 신라인 이야기

신라의 역사 2

-그들의 왕국 : 삼한통합에서 멸망까지-

이종욱 지음

김영사

책 머리에

이 책은 제로베이스(zero-base)에서 다시 쓰는 하나의 신라 역사이다. 지난 1백여 년 간 한국사학이 민족과 실증을 화두로 하여 만들어낸 신라 역사의 높은 벽을 넘어, 김부식 · 일연이 만든 벽을 넘어 새로운 마당에서 신라인도 이야기하지 않았던 사실을 밝히는 신라의 역사이다. 새로운 이론은 기존의 이론을 부정 · 포기하여 만들어진다. 이 책은 그런 책이다.

신라는 한국 역사에서 중요한 위치를 차지한 나라이다. 신라의 형성과 발전, 백제 · 고구려를 평정한 후의 대평화 그리고 왕국의 붕괴로 이어지는 역사 전개과정의 역동성이 다른 어느 나라의 역사 못지않게 극적이기에 흥미를 끈다. 고려 · 조선을 거쳐 현재까지 이어지고 있는 신라가 남긴 역사적 유산 또한 주목된다.

신라는 그 유례를 찾기 어려울 정도로 장기 지속의 역사를 가졌다. 신라의 역사는 지석묘를 축조하던 사로6촌 촌장사회로부터 시작되었다. 최근의 조사결과 경주 지역의 지석묘는 늦어도 기원전 12세기 또는 그 이전에 축조되기 시작한 것을 알 수 있다. 권력자의 등장을 말해주는 지석묘의 축조시기부터 보면 신라는 2천 년이 넘는 역사를 가진 셈이 된다.

필자는 이 같은 신라의 역사를 두 시기로 나누어 각기 한 권의 책으로 쓰고자 한다. 1권에서는 촌장사회에서 성골 왕 시대까지의 역사를 다루기로 한다. 이는 왕국의 성장과 정치 · 사회 · 문화를 포함한 사회체제의 누층적 편제과정에 대한 역사가 된다. 2권에서는 삼한통합에서 신라의 멸망까지의 역사를 다루기로 한다. 삼한통합 결과 신라는 삼국 중의 한 나라가 아니라 대신라 왕국이 되었다. 대신라의 역사는 대통합에서 분열로 이어지는 붕괴과정에 대한 역사이며 누층적으로 편제된 사회체제의 붕괴과정에 대한 역사가 된다.

『신라의 역사』를 써야 하는 이유가 있다. 하나는 지금까지 신라의 포괄적 의미의 사회체제에 대한 통사(通史)를 찾기 어렵다는 것이다. 다른 하나는 한국의 정규 교육과정에서 가르치고 배워온 신라의 역사에 대한 반성에서이다. 지금까지 한국에서 교육되어온 신라의 역사는 1945년 이전 일본 역사가에 의하여 만들어진 구조를 해체하지 못하고 있는 실정이다. 따라서 이 책은 현대 한국사학의 기존 관행을 버리고 신라의 역사 전체를 새로 초기화하여 재구성하는 작업이 된다.

이를 위하여 사료를 새롭게 해석하고, 인류학 · 고고학 · 사회학의 연구성과와 그 이론을 통하여 비교사적인 관점에서 이 책을 구상한다. 이러한 방법으로 무엇을 다룰 것인가, 어떻게 다룰 것인가, 그 기준은 무엇인가 하는 문제를 해결할 것이다. 그리고 인류학자들이 현장 조사하듯, 신라의 역사를 생생하게 살려내고자 한다.

필자가 쓰는 이 책에는 특성이 있다. 『신라의 역사』는 필자 한 사람의 구상력과 적극적인 노력의 산물이다. 역사를 새롭게 재구성한 이 책을 통하여 독자는 신라 왕국의 역동성과 신라가 현대에 물려준 유산을 찾을 수 있게 되기를 바란다. 모든 역사책은 완성된 결정판일 수 없다. 이 책에도 분명 한계가 있다. 단지 후일 이 책이 20세기에 만들어진 한국고대사의 벽을 넘어 새로운 패러다임이 시작되는 출발점으로 받아들여지기를 바란다.

지금까지 필자에게 신라의 역사를 수강하며 현대 한국사학이 만들어낸 신라의 역사와 갈등을 겪고 있을 학생들에게 고마움을 전한다. 이 책의 출간을 권하고 필자가 제로베이스에서 새로운 패러다임을 만들고 있다는 사실을 깨우쳐준 입상우 선생께 감사드린다. 근대 역사학의 정체를 가르쳐주었고 이 책의 원고를 읽고 소중한 조언을 해준 박환무 선생께 감사드린다. 김영사의 박은주 사장님과 편집팀에게 감사드린다.

2002년 5월

자곡동에서 이종욱

차례

제3장 대신라의 왕국의 통합과 분열

제4장 대신라 왕국의 지배체제

제5장 대신라 왕국의 사회체제

제6장 대신라 왕국의 문화

제7장 대신라 왕국의 멸망과 고려에 물려준 유산

나가는 장

『신라의 역사』 2권은 백제 · 고구려를 평정한 삼한에서 전국(戰國) 시대까지 대신라 왕국의 역사를 다룬다. 이 책의 상한은 무열왕(654~661)이며 하한은 경순왕(927~935)까지가 되나 후백제가 고려에 통합되는 936년까지를 포함하기로 한다. 이 기간 동안 신라는 대평화 시대, 왕위계승전과 왕정 분열의 시대, 군웅의 성장과 반란의 시대 그리고 전국간 패권 쟁탈의 시대로 이어지는 역사과정을 거쳤다. 대신라는 통합에서 분열로의 길을 걸었다. 각 시대를 거치며 성골 왕대까지 성장하며 누층적 편제를 이루었던 정치 · 사회 · 문화를 포함한 사회체제가 해체되어갔다. 시대를 거칠 때마다 단층을 이루며 해체과정을 거쳤다.

1) 이 책을 써야 하는 이유

이 책을 써야 하는 이유가 있다. 대신라 왕국[1]의 역사는 1945년 이전 일본인 연구자들의 관심의 대상이 되지 않았던 셈이다. 따라서 대신라의 역사는 1945년 이후 한국인들이 만들어

기마인물형 토기 신라의 대평화는 신라인의 상무적 성격에 기초하여 이루어졌다.

1) 대신라(大新羅) 왕국이라는 용어 : 대신라도 신라이다. 단지 대신라는 통일 신라라는 용어를 대체하여 성골 왕 시대까지의 신라와 구별하기 위하여 사용한 것이다. 삼국통일을 이루었다고 하여 종래 이를 통일 신라로 불러왔다. 필자는 백제 · 고구려를 평정한 사실을 중시하기보다 삼한통합을 이룬 신라의 토지와 인민이 늘어났고 사회체제가 새로운 단계로 발전하였다는 사실을 중시한다. 이에 삼한통합 이전 신라와 비교하여 대신라 왕국이라고 부르는 것이다.

낸 것을 알 수 있다. 지금까지 대신라 왕국을 전제왕권이 성립한 시대부터 호족의 시대까지 지속된 것으로 보아왔다. 호족의 시대는 후삼국과 고려 시대로 나누었다. 기존 학계에서 만들어온 신라의 역사는 과연 타당한 것인가? 한번 만들어진 역사를 새롭게 볼 필요가 없을까?

지금까지 한국학계가 만들어낸 신라의 역사에 몇 가지 문제가 있다. 첫째, 대신라 왕국의 탄생에 대한 종래의 주장이 가지는 문제가 있다. 신라의 삼한통합을 말하며 외세를 끌어들인 점과 대동강 이남의 통일에 그쳤다는 점을 한계로 들어왔다. 현대 한국사학이 중시하는 민족사의 관점에서 보면 신라 · 백제 · 고구려는 한 민족의 국가가 된다. 따라서 신라의 삼한통합을 불완전한 통일로 여기는 것이 당연할지 모른다.

그러나 당시 삼국을 하나의 민족으로 이해하기에는 문제가 있다. 둘째, 대신라를 전제왕권이 성립한 나라로 보는 문제를 지적할 수 있다. 삼한통합으로 토지와 인구가 늘어났고 한 차원 발전된 지배조직을 편성 · 운용한 것이 사실이나 전제왕권이 형성되었는지는 검토해보아야 할 사실이다. 셋째, 신라 하대에 벌어진 왕위계승전의 성격을 밝혀낼 필요가 있다. 37대 선덕왕(780~785), 38대 원성왕(785~798)에서 45대 신무왕(839)에 이르는 기간 동안에 벌어진 왕위계승전의 역사적 의미를 간과할 수 없다. 넷째, 호족의 시대가 전개된 것을 보는 기존의 견해의 문제점을 지적할 수 있다. 846년 봄에 있었던 장보고의 난 이후 전국에서 성장한 군웅들의 존재를 무시할 수 없다. 그리고 진성왕대(887~897)에 대두한 대군웅들의 정체를 밝혀내는 작업도 필요하다. 다섯째, 후삼국 시대를 설정해온 종래의 견해가 가지는 문제도 있다. 후삼국 시대로 보아온 시대는 군웅과 대군웅들이 패권을 다투던 시대였다. 후삼국이라는 시대를 설정한 결과, 당시 신라가 가지는 정치적 위상을 옳게 정리할 수 없었다. 신라는 후백제나 태봉 또는 고려와 다른 위치에 있었다.

2) 신라의 역사 재구성의 길

대신라 왕국의 역사를 다루는 자료에 대해서는 서로 다른 사료비판을 찾을 수 없다. 그럼에도 불구하고 전혀 다른 신라의 역사가 만들어지는 사실을 주목할 필요가 있다. 이와 관련하여 두 가지 문제를 지적할 수 있다.

첫째, 대신라 왕국에 대한 역사를 달리 재구성하는 까닭은 역사를 읽어내는 관점의 차이에서 비롯되었음을 지적할 수 있다. 종래의 역사 읽기가 가지는 문제는 신라의 역사를 민족사로 보아온 데 있다. 예를 들어 민족사의 관점에서 삼한통합을 본 결과 신라의 삼한통합을 불완전한 통일이라고 해온 것이 기존의 견해이다. 필자는 민족사의 관점을 떠나 신라인들이 살았던 신라의 역사를 재구성하고자 한다.

둘째, 지금까지 한번 만들어진 신라의 역사에 대한 틀을 비판적으로 검토한 일이 없다는 문제를 들 수 있다. 예를 들어 전제왕권이 형성되었다거나 호족의 시대가 전개되었다는 견해가 나온 후 연구자들은 그러한 시대구분과 용어를 기정 사실로 인정하고 사료를 찾아 그러한 틀을 확대 재생산하고 있는 것이 사실이다. 필자는 기존의 견해를 벗어나 제로베이스에서 신라의 역사를 새롭게 재구성할 것이다.

3) 이 책에서 다루려는 내용과 그 구성

모두 7개의 장으로 된 『신라의 역사』는 정치사를 축으로 한 통사와는 구성을 달리한다. 1장에서는 대신라 왕국의 탄생에 대하여 다루기로 한다. 민족사의 관점에서 왜곡되었던 삼한통합의 과정과 그 역사적 의의를 밝힐 필요가 있다. 2장에서는 왕제(王制)에 대하여 다룰 것이다. 신라는 왕국이었고 왕을 중심으로 조직된 나라였다. 왕에 대한 이해는 신라 역사의 특성을 분명히 해줄 것이다. 일반 백성들에 대한 관심이 없어서가 아니라 왕국을 이끌어나갔고 역사의 방향을 이끈 중심축은 왕과 왕을 둘러싼 지배세력이었기 때문이다. 신라의 사회체제 또한 왕을 중심 축으로 하여 운용되었다.

3장에서는 대신라 왕국의 평화, 왕위계승전과 왕정의 분열, 군웅의 성장과 반란, 전국(戰國)간의 패권쟁탈의 시대로 이어지는 왕국의 대통합과 분열에 대한 역사를 정치사를 중심으로 살펴볼 것이다. 4장에서는 율령체제, 조정의 조직, 시조묘와 신궁, 수취체제, 대외관계를 차례로 다루기로 한다. 5장에서는 왕국의 지배세력, 신분제로서 골품제 그리고 친족제에 대한 사회체제를 보기로 한다. 6장에서는 신국의 제

남녀 토용 중국화 · 세계화를 통하여 대신라 왕국 사람들의 겉모습이 달라지게 되었다.

사, 불교와 유교(유가), 역사 편찬, 한문의 사용, 예술 등 왕국의 문화를 다루기로 한다. 7장에서는 대신라 왕국의 멸망과 고려에 물려준 유산에 대하여 다루기로 한다. 이 책에서는 나가는 장을 마련하여 신라 왕국의 흥망성쇠, 신라가 한국사에 남긴 유산 그리고 현대 사회의 우리와 신라의 역사는 어떤 관계인지 정리할 것이다.

4) 이 책의 특성

고대사의 특성은 많지 않은 자료를 가지고 역사를 재구성한다는 점이다. 물론 이 책도 역사를 재구성하는 과정에 피할 수 없이 추론을 하였다. 그런데 이 책은 성골 왕 시대까지의 역사를 다룰 때보다 상대적으로 많은 자료를 가지고 역사를 재구성할 수 있었다. 따라서 신라의 역사에 대한 생생한 이해를 위하여 그때그때 적절한 사료를 제시하는 방법을 취하였다.

이 책 또한 필자가 지금까지 구상해온 신라의 역사를 세상에 내놓는 작업이다. 20세기 연구 관행을 떠나 새로운 마당에서 역사를 재구성한 이 책에서는 새로운 시대구분만이 아니라 사용하는 용어도 다를 수밖에 없다. 그리고 독자들에게 제시하는 역사상 자체가 새로울 수밖에 없다.

필자는 현재를 의식하며 이 책을 썼다. 신라 왕국의 붕괴과정에서 보이는 누층적 사회체제의 붕괴는 오늘날 정부는 물론이고 기업 또는 각종 사회조직에서 벌어지고 있는 일이다. 이 책에서 다루는 신라의 역사 전개과정에서 찾아지는 누층적 구조의 해체는 현대를 살아가는 우리들에게도 시사하는 바가 크다.

신라는 역사 속으로 사라진 왕국만은 아니다. 신라가 고려에 물려준 유산은 말할 수 없이 크다. 그리고 현대 한국사회에 이어지는 신라의 유산도 무시할 수 없다. 이에 독자는 이 책을 통하여 신라의 역사를 현대에 이어주는 고리도 찾을 수도 있을 것이다.

제
1
장

삼한통합과 대신라 왕국의 탄생

9년전쟁(九年戰爭) 문무왕 8년(668) 9월 고구려를 멸하였을 때 신라의 병사들이 모두 말하기를, 정벌을 시작한 지 9년이 지나서 인력이 모두 다하였는데 마침내 두 나라를 평정하여 여러 대의 오랜 바람을 오늘에야 이루었다고 하였다.[2] 9년전쟁은 태종무열왕 7년(660) 7월 백제의 멸망에서 고구려의 멸망까지 9년 동안의 전쟁을 가리킨다.

그런데 9년전쟁으로 끝난 것이 아니었다. 676년까지, 신라는 당군과 또 다른 9년전쟁을 해야만 하였다. 그러다가 675년 9월 매초성에서 당군 20만과 전쟁을 벌여 승리한 신라는 백제의 옛 땅과 패강(浿江) 이남의 옛 고구려 땅을 장악하였다. 그리고 676년 11월에는 기벌포에서 설인귀가 이끄는 당의 수군과 신라군이 대소 20여 회의 전투를 벌였는데, 신라군이 이겨 4천여 급의 당군의 머리를 베었다. 이후 신라와 당의 전쟁은 사실상 끝이 났다. 이렇듯 신라는 당군을 몰아내기 위한 또 다른 9년전쟁을 치러야만 하였던 것이다.

백제와 고구려를 평정한 1차 9년전쟁과 당군을 몰아낸 2차 9년전쟁을 치른 신라는 전체 17년 간의 전쟁을 치름으로써 삼한통합을 이루게 된 것이다.

9년전쟁을 보는 시각의 문제 9년전쟁 후 신라가 장악하였던 땅은 백제 전부와 고구려의 옛 땅 일부분만을 포함한 것이었다. 따라서 신라가 백제 · 고구려의 정권을 멸하고 하나의 통일 정권을 세운 것은 사실이나 삼국의 땅을 모두 차지한 것은 아니었다. 물론 신라가 통합한 땅은 종래 삼한의 영역보다는 넓었다.

그런데 우리들에게는 신라의 삼한통합을 보는 분명한 시각이 있어왔다. 이와 관련된 몇 가지 질문을 하고자 한다. 과연 우리가 신라인들에게 고구려가 지배하던 만주 땅까지 차지했어야만 하였다고 요구할 수 있는가? 당 태종과 동맹을 맺어 백제와 고구려를 평정하기 위한 병사를 청한 김춘추를 민족의 반역자로 보아 한국사상 가장 부끄러운 인물 중 한 명으로 볼 권리가 우리에게 있는가? 일

2) 『삼국사기』 7, 「신라본기」 7, 문무왕 11년 설인귀 편지에 대한 대왕의 답서.

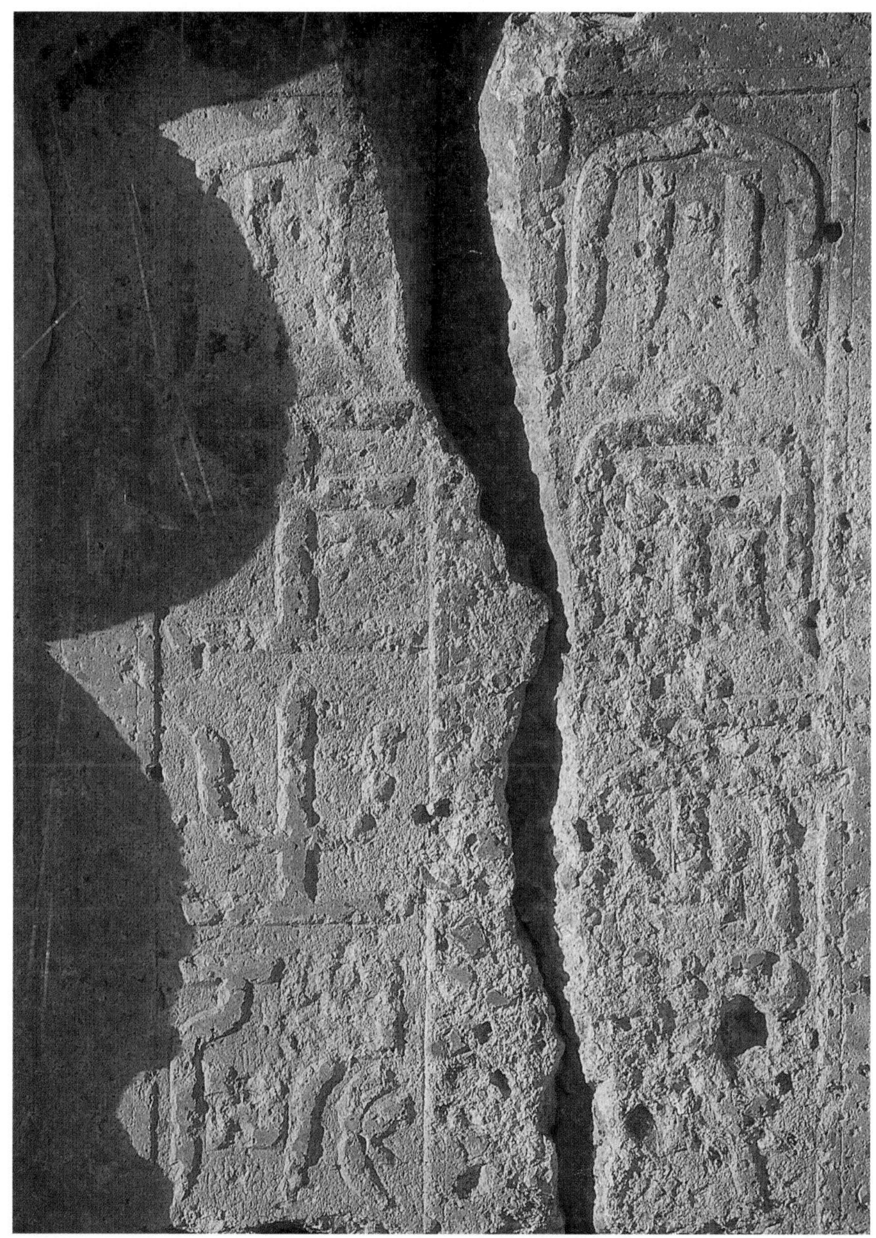

태종무열왕비의 비액 백제를 평정하여 대신라 왕국의 문을 연 태종무열왕비 비액이다.

통삼한을 민족통일과 연관시켜 불완전한 통일이라고 할 수 있는가? 지나간 역사를 현재의 기준으로 현재의 관점에서 현재의 필요에서 해석하는 일이 과연 타당한가?

여기서 한국사를 민족사의 관점에서 보는 까닭에 신라 때문에 고구려의 광대한 땅을 잃었다는 아쉬움을 담고 있는 우리들의 역사해석이 아닌, 신라인들의 삼한통합 또는 일통삼한(一統三韓)의 과정과 그들의 생각을 알아보기로 한다.

왜 삼한통합인가? 『삼국사기』에는 신문왕 12년 당나라 중종이 사신을 보내어 김춘추의 묘호(廟號)가 당 태종과 같은 것을 문제 삼고 칭호를 고치도록 요청한 기록이 있다. 이 때 신문왕은 글을 올려 "전왕 김춘추는 자못 어진 덕이 있었고 더욱이 생전에 훌륭한 신하 김유신을 얻어 한마음으로 정치를 하여 삼한일통을 하였으니 그 공업이 크다고 하지 않을 수 없습니다. 세상을 떠날 때 온 나라의 신민이 슬퍼하고 사모하여 추존한 호가 성조의 묘호를 범한 것을 알지 못하였습니다"고 하였다.[3]

같은 사건이 『삼국유사』에도 나오고 있다. 당나라에서 태종무열왕의 묘호를 고치도록 요청을 받은 신라 왕은, 신라는 비록 작은 나라지만 성스러운 신하 김유신을 얻어 일통삼국(一統三國)하였으므로 태종이라 한 것이라고 하였다. 당의 황제가 그 글을 보고, 태자로 있을 때 하늘에서 삼십삼천의 한 사람이 신라에 태어나 김유신이 되었다고 책에 기록해둔 것을 꺼내보고 놀라 마지않았고, 다시 사신을 보내 태종의 칭호를 고치지 말도록 하였다고 한다.[4]

『삼국사기』의 일통삼한을 『삼국유사』에서 일통삼국으로 고친 것을 알 수 있다. 신라인들은 삼국이 아니라 삼한이라 하였다. 삼한은 이미 사라진 지 오래되었지만 신라가 장악한 지역은 과거 삼한이었던 마한(백제), 변한(가야), 그리고 신라의 영역이었다. 한편 삼국은 고구려 · 백제 · 신라를 가리키지만 실제 신라

3) 『삼국사기』 8, 「신라본기」 8, 신문왕 12년.
4) 『삼국유사』 2, 「기이」 1, 태종춘추공.

태종무열왕능 문화를 통하여 당군을 동원하였던 태종무열왕의 능이다.

는 고구려의 대부분 지역을 장악할 수 없었다. 이에 『삼국사기』에서는 삼한을 일통하였다고 한 것이다.

642년 김춘추의 다짐 선덕왕 11년(642) 8월 백제 장군 윤충이 대야성을 함락하고 도독 품석과 그 아내 고타소를 죽인 사건이 있었는데 고타소는 춘추의 딸이었다. 춘추는 딸의 죽음에 대한 소식을 듣자 기둥에 기대어 서서 종일 눈도 깜짝이지 않았고 사람이나 물건이 앞을 지나쳐도 알지 못하였다고 한다. 그리고 얼마 후

"아! 대장부가 어찌 백제를 삼키지 못하랴?"[5)]

5) 『삼국사기』 5, 「신라본기」 5, 성덕왕 11년 8월.

하였다고 한다. 그리고 왕에게 청하기를 고구려에 가서 군사를 청해 백제의 원수를 갚겠다고 하여 허락을 받은 바 있다. 김춘추는 실제로 고구려에 들어가 군사를 청하였으나 실패하고 돌아왔다. 후일 642년 김춘추의 다짐은 결국 삼한통합으로 이어졌다.

신라의 당에 대한 청병 당군의 도움 없이 신라가 백제와 고구려를 멸하기는 불가능하였다. 따라서 신라는 일찍부터 당에 청병을 하였다. 그 중 특히 진덕왕 2년(648) 김춘추가 입당하여 당 태종에게 군사를 빌려주어 백제를 없애주기를 청한 일은 중요한 의미가 있다. 특히 김춘추는 대야성에서 딸 고타소가 백제군에게 죽었기에 고구려와 당에 청병을 하러 간 바 있으며 또 왕이 된 후에도 당에 청병을 하였다. 무열왕 6년(659) 4월, 백제가 빈번히 국경을 침범하므로 왕은 이를 치려고 사신을 당에 보내어 걸사(乞師)를 하였다. 그런데 당에서 회보가 없어 근심하던 중 10월에 왕이 조정에 앉아 있는데 죽은 장춘과 파랑이 나타나 5월에 당군이 와서 백제를 치게 된 것이라는 사실을 알려주었다고 한다.[6)]

평양 이남을 주겠다고 한 당 태종의 약속 우리는 여기서 김춘추가 진덕왕 2년(648) 당에 가서 당태종을 만났을 때 그가 한 약속을 주목할 필요가 있다. 이를 위해 문무왕 11년(671) 설인귀가 문무왕에게 보낸 글에 대한 답서를 보자.

선왕(무열왕)께서 정관 22년(648) 중국 조정에 들어가 태종 문황제의 조칙을 받았는데 "짐이 이제 고구려를 침은 다른 까닭이 있는 것이 아니라 그대들 신라가 고구려 · 백제 두 나라에 핍박되어 매양 침략과 업신여김을 입어 편안한 때가 없음을 가엾게 여긴 때문이다. 그러므로 산천과 토지는 내가 탐내는 바가 아니며 옥백과 자녀도 내게는 있는 바이니 내가 두 나라를 평정하게 되면 평양 이남과

6) 『삼국사기』 5, 「신라본기」 5, 태종무열왕 6년 10월.

백제의 토지는 모두 그대들 신라에 주어서 길이 편안하게 하겠다" 하시며 계책을 가르쳐주시고 군사의 기일을 정해주셨습니다(『삼국사기』 7, 「신라본기」 7, 문무왕 11년).

위의 기록을 보면 648년에 당 태종은 이미 신라를 도와 고구려와 백제를 평정하게 되면 평양 이남과 백제의 토지는 신라에 주겠다고 약속한 것을 알 수 있고 그러한 사실은 흥미롭고 중요한 의미가 있다. 그러니까 고구려와 백제를 평정하기 전에 이미 당과 신라 사이에는 평양 이남의 영역을 신라가 통치하기로 되어 있었던 것이다. 그런데 백제와 고구려를 평정한 후 당의 정책은 그러한 약속을 지키는 것이 아니었다.

이제 차근차근 신라와 당의 연합군에 의한 백제 · 고구려 평정과 신라의 당 축출에 대해 살펴보기로 한다.

1. 백제의 멸망과 그 땅에 대한 지배권을 둘러싼 각축

신라와 당의 백제 공격 무열왕 7년(660) 3월 당 고종은 좌무위대장군 소정방에게 명하여 신구도 행군대총관을 삼고 김인문을 부대총관으로 삼아 수륙군 13만 명을 거느리고 백제를 치게 하였다. 이 때 당 고종은 무열왕을 우이도 행군총관으로 삼아 장병들에게 이를 성원하게 하였다.

그리하여 660년 5월 26일, 무열왕은 상대등 김유신 등과 함께 군사를 거느리고 왕경을 나와 6월 18일에 남천정(10정의 하나로 이천에 위치)에 이르렀다. 그리고 소정방은 산동성에 있던 내주를 출발하였는데 배가 꼬리를 물어 천리를 이어 동쪽으로 왔다. 6월 21일 무열왕은 태자 법민에게 병선 1백 척을 거느리고 덕물도에서 소정방을 맞게 하였다.

소정방은 법민에게 7월 10일 백제의 남쪽에서 대왕의 군사와 만나 의자왕의 도성(都城)을 깨부수자고 하였다. 그리고 법민을 돌려보내며 신라의 병마를 징발하게 하였다. 그 내용을 전해들은 왕은 태자에게 명하여 대장군 김유신과 품일 · 흠순 등과 더불어 정병(精兵) 5만을 거느리고 응원하도록 하였다.

7월 9일 김유신 등은 진군하여 황산벌에 이르렀는데 백제 장군 계백은 군사를 이끌고 와서 험준한 곳에 세 개의 진영을 세우고 기다리고 있었다. 유신 등은 군대를 세 길로 나누어 네 차례 싸웠으나 전세가 불리하여 사졸들의 힘이 빠졌다. 장군 흠순은 아들 반굴에게 신하로서 충성함과 자식으로서 효도함 만한 것이 없는데 이 위급함을 보고 목숨을 바치면 충과 효를 함께할 수 있다고 하였다. 반굴은 그 말을 듣고 적진에 뛰어들어 힘껏 싸우다가 죽었다.

좌장군 품일도 아들 관창(官昌, 관장)을 불러 말 앞에 세우고 여러 장군들을 가리키며 이 아이는 겨우 열여섯 살이지만 뜻과 기개가 용감하니 오늘 전투에서 능히 삼군의 표적이 될 것이라고 하였다. 이에 관창은 갑옷 입힌 말에 한 자루 창으로 적진에 나아갔으나 사로잡혀 계백에게 끌려갔다. 관창의 갑옷을 벗기게 한 계백은 그가 어리고 또한 용감하여 죽일 수가 없었다. 이에 "신라는 대적할 수 없다. 소년도 오히려 이와 같은데 장사들은 어떻겠는가!"라고 탄식한 뒤 관창을 살려 돌려보냈다. 관창은 돌아와 아버지에게 자기가 적진에서 장수의 목을 베고 기를 빼앗지 못한 것은 죽음이 두려워서가 아니라고 하였다. 말을 마치고 두 손으로 우물물을 마시고 다시 적진으로 향하여 재빠르게 싸우니 계백이 사로잡아 머리를 베어 말안장에 매어 돌려보냈다. 품일은 그 머리를 잡고 흐르는 피에 옷깃을 적시며 "내 아이의 얼굴이 살아 있는 것 같다. 능히 왕사(王事)에 목숨을 바치니 다행"이라고 하였다. 3군이 이를 보고 강개하여 죽을 뜻을 가지고 북을 치고 소리를 지르며 진격하니 백제군은 크게 패하여 계백은 죽고 좌평 충상 · 상영 등 20여 명이 사로잡혔다.[7] 같은 날 소정방과 김인문 등은 기벌포에 이르러 백제군을 만나 마주 싸워 크게 이겼다.

7) 『삼국사기』 47, 「열전」 7, 관창 참조.

재매정택 김유신의 종택이다. 재매정택은 신라 35금입택 중의 하나였다.

김유신의 분노 백제군과 어려운 전쟁을 치르고 신라군은 당의 군영에 이르렀다. 소정방은 김유신 등이 약속한 기일보다 늦었다고 하여 신라 독군 김문영을 군문에서 목 베려 하였다. 김유신은 무리들에게 말하였다. 소정방 대장군이 황산 전투를 보지 않고 기약보다 늦은 것으로 죄를 삼으려 하는데 나는 죄가 없이 수치를 당하는 것은 참을 수 없다. 반드시 당군과 결전을 하고 후에 백제를 부수겠다고 하였다. 그 때 부월을 군문에서 잡고 섰는데 성난 머리털이 섰고 허리에 찬 보검은 저절로 칼집에서 튀어나왔다. 소정방의 우장 동보량이 소정방의 발등을 밟으며 신라 병사가 변란을 일으키려 한다고 알렸다. 소정방은 이에 김문영의 죄를 풀어주었다.[8)]

8) 『삼국사기』 5, 「신라본기」 5, 태종무열왕 7년 7월.

낙화암 백제 멸망의 날 후궁들이 이 곳에서 떨어져 죽었다.

백제의 애걸과 걸죄(乞罪) 이 날 백제의 왕자는 좌평 각가를 시켜 당의 장군에게 편지를 보내어 당군이 되돌아가기를 애걸하였다. 7월 12일 당과 신라군이 백제 왕성을 포위하려고 소부리벌로 나갔는데 소정방이 꺼리는 바가 있어 앞으로 나가지 않으므로 김유신이 달래어 두 나라의 군대가 용감히 싸웠다. 이 때 백제의 왕자가 또 상좌평을 시켜 음식을 후히 차려 보냈으나 소정방은 이를 물리쳤으며 의자왕의 서자 궁과 좌평 6인이 앞에 나아가 죄를 빌었으나 또한 물리쳤다.

백제의 항복과 신라 왕자 법민의 꾸짖음 7월 13일 밤 의자왕은 좌우의 신하들과 함께 웅진성으로 도망간 뒤 그 곳에서 버텼다. 그리고 의자왕의 아들 융과 대좌평 천복 등은 나와서 항복하였다. 이 때 법민은 융을 말 앞에 꿇어앉히고 얼굴에 침을 뱉으며 꾸짖었다.

"전일 너희 아버지가 나의 누이동생을 부당하게 죽여 옥 안에 묻었다. 때문에 나를 20년 동안 마음 아프게 하였으며 머리를 앓게 하였다. 오늘 네 목숨은 내 손아귀에 있다."

융은 땅에 엎드려 아무 말을 하지 못하였다.

며칠 뒤 18일, 의자왕은 태자와 웅진 방령의 군대를 거느리고 웅진성으로부터 와서 항복하였다.

승리의 잔치와 고타소의 죽음에 대한 복수 무열왕은 의자왕이 항복하였다는 말을 듣고 소부리성에 이르러 제감 천복을 당에 보내어 승리를 알렸다. 8월 2일 큰 술잔치를 베풀어 장사를 위로하였는데 무열왕과 소정방이 여러 장군과 함께 당상에 앉았고 의자왕과 그 아들 융을 당하에 앉혀 때로는 의자왕에게 술을 치게 하니 백제의 좌평 등 군신들이 오열하여 눈물을 흘리지 않는 사람이 없었다.

이 날 무열왕은 신라 사람으로 백제로 도망하여 대야성의 금일과 모의하여 성을 함락시킨 모척을 잡아 목을 베었으며 또 금일을 잡아 죄를 추궁하였다. 대야성에 있으면서 모척과 모의하여 백제 군사를 인도하여 창고를 태워 성중의 식량을 없애 패배토록 하였고 품석의 부처를 핍박하여 죽였으며, 백제와 함께 본국을 공격한 죄를 들어 금일의 팔다리를 찢어 그 시체를 강물에 던졌다.

하지만 문무왕 2년(661) 3월에는 죄수들을 대사(大赦)하였다. 왕은 이미 백제를 평정하였으므로 또한 관청에 명하여 크게 고사를 지냈다. 이 때 잔치가 베풀어졌다고 여겨진다.

백제인의 임용 무열왕 7년(660) 11월 22일 백제에서 돌아온 왕은 논공을 하였는데 당시 상급 장군에 대한 논공은 하지 않았다. 대신 백제인들을 임용하는 조치를 취하였다. 좌평 충상 · 상영, 달솔 자간은 일길찬의 관위를 주고 총관(摠管) 직을 주었다. 은솔 무수에게 대나마의 관위와 대감 직을 주었으며 은솔 인수에게는 대나마의 관위와 제감직을 주었다. 그런데 백제의 왕을 비롯한 많은 신료들이 당으로 잡혀갔기에 신라에서 관위와 관직을 가질 수 있었던 백제인들은 많지 않았다. 하지만 그 수를 떠나 백제의 옛 땅을 통치하기 위해 백제인들에게 신라의 관위와 관직을 주었던 사실은 의미가 있다.

문무왕 원년 8월 고구려를 공격하러 가는 길을 가로막았던 백제의 잔적을 물리치는 전쟁 중 백제 달솔 조복과 은솔 파가가 무리들과 모의하여 항복하였는데 조복에게는 급찬의 관위를 주고 고타야군 태수로 임명하였다. 파가에게도 급찬을 주고 전택과 의물을 내려주었다.

당군의 만행과 백제 부흥운동 『삼국사기』 흑치상지조를 보면 소정방이 백제를 평정하자 흑치상지는 부하들을 거느리고 항복하였는데도 소정방은 늙은 왕을 가두고 군사를 시켜 크게 노략질을 하였다고 나와 있다. 이에 흑치상지는 측근의 추장 10여 명과 함께 빠져나와 무리를 불러 모아 임존성에 웅거한 뒤 스스로 굳게 지키니 열흘이 못 되어 모여드는 이가 3만 명이나 되었다고 한다. 소정방이 군사를 거느리고 이를 공격하였으나 이기지 못하였다. 이것을 시작으로 흑치상지는 드디어 2백 성을 회복시켰다고 한다. 당군의 만행은 백제인들로 하여금 당군에 맞서게 하였던 것이다.

그런가 하면 661년 3월경 백제 독립운동을 전개한 도침과 복신이 유인궤에게 사자를 보내어 알린 내용이 주목된다. 즉 당은 신라와 약속하기를 백제 사람이면 노소를 불문하고 죽인 후에 나라를 신라에게 주겠다고 하였으니 죽임을 당하는 것이 싸워서 죽는 것만 같지 않기에 무리를 모아 굳게 지킨다고 하였다.[9] 당시 백제인들에게는 당군이 백제인들을 가리지 않고 죽인다고 알려져 있었던 것이 분명하다. 문무왕 4년(664) 백제의 부흥운동이 벌어지자 당의 황제는 유인궤를 남겨 군사를 거느리고 백제를 지키게 하였다. 그 때 전쟁 후 집집마다 파괴되

9) 『삼국사기』 28, 「백제본기」 6, 661년(용삭 원년)조.

부여 정림사지 5층 석탑(국보 9호) 1층 4면에 '대당평백제국비명(大唐平百濟國碑銘)'이 새겨져 있다.

고 넘어진 시체가 잡초 같았다고 한다. 그 정도가 되자 유인궤는 비로소 해골을 장사하였다고 한다. 이는 660년 백제 멸망 후 부흥운동이 끝나는 664년까지 사이의 처참한 상황, 즉 백제의 집집이 파괴되고 죽은 사람들의 시체가 널려 있었던 상황을 말해준다.

당군 본진의 귀환과 의자왕 9월 3일 소정방은 백제 왕과 왕족, 신료 93명과 백성 1만2천 명을 데리고 사비에서 배를 타고 당으로 돌아갔다. 김인문 등도 함께 갔다. 백제를 침공하여 의자왕의 항복을 받은 것은 신라와 당의 연합군이었다. 그런데 백제 왕을 비롯한 전쟁 포로는 모두 당으로 데리고 갔다. 이는 당이 백제를 멸망시킨 주도세력이었음을 의미한다. 신라로서는 백제의 영토와 백성을 장악하기 위한 새로운 전쟁을 피할 수 없게 되었음을 의미한다.

당군의 백제 주둔과 웅진도독 임명 660년 9월 3일 당의 낭장 유인원은 1만의 병사를 거느리고 남아서 사비성을 지켰으며 신라의 왕자 인태가 병사 7천으로 그를 도왔다. 신라와 당의 군대를 도와 백제를 통치하기 위함이었다. 한편 당 황제는 왕문도를 웅진도독으로 임명하였다. 9월 28일, 왕문도가 삼년산성에 이르러 문도는 동쪽을 바라보고 무열왕은 서쪽을 바라본 채 황제의 명령을 전하고 예물을 주려는데 왕문도가 갑자기 죽었다. 이에 종자가 직위를 대리하여 일을 마쳤다. 이러한 사실에서 당은 멸망한 백제를 웅진도독부로 편제하고 웅진도독을 임명하여 직접 다스리려 한 것을 알 수 있다.

신라의 당군에 대한 지원 660년 9월 3일 왕자 김인태에게 7천의 병사를 주어 사비성에 당군과 함께 머물도록 하였다. 이후 신라는 4년 동안 백제에 머물던 당군에게 식량·소금과 씨앗 그리고 철에 맞는 의복을 공급하지 않을 수 없었다. 거기에 더하여 고구려를 공격하던 당군에게도 군량을 보내기도 하였는데 661년 12월 웅진과 평양으로 나누어 군량을 수송하였다. 또 662년 정월에도 김유신은 평양으로 군량을 수송하였다.

그것은 신라인들에게 큰 부담이 되었다. 그 결과 신라의 백성들은 풀뿌리조차 부족한 실정이었는데 웅진의 중국 병사들은 그래도 양식에 여유가 있었다고 한다. 그런가 하면 사비성의 당군이 백제인들에게 공격을 받고 포위되면 신라가 구원하여 포위를 풀어주곤 하였다. 그리하여 1만 명이 넘는 중국 병사는 4년 동안 신라에서 먹여주고 입혀주었기에 유인원으로부터 병사에 이르기까지 가죽과 뼈는 비록 중국에서 났으나 피와 살은 모두 신라의 것이 되었다고 할 정도였다.[10)]

신라의 백제 독립운동 공파 의자왕의 항복 후 백제인들은 여러 성에 웅거하여 신라와 당군에 대항하여 독립운동을 하였다. 그들을 『삼국사기』에서는 백제의

10) 『삼국사기』 7, 「신라본기」 7, 문무왕 11년 설인귀의 편지에 대한 대왕의 답서.

여적(餘賊)으로 부르고 있다. 좌평 정무는 사람들을 모아 두시원악에 주둔한 뒤 당과 신라인들을 잡아갔다. 660년 8월 26일 임존대책을 공격하였으나 백제인의 병사가 많고 지세가 험하여 이기지 못하고 다만 소책만 공파하였다. 9월 3일 소정방이 귀국한 뒤 복신은 백제의 독립군을 거두어 모아 웅진부성을 에워싸고 먼저 외책을 부수고 군사물자를 모두 빼앗은 다음 웅진부성을 공격하여 함락할 뻔하였다. 그 때 부성 옆의 네 곳에 성을 쌓고 지켰기에 부성에 출입할 수 없게 되었다. 이에 신라의 병사들이 가서 포위를 풀고 사면에 있던 적의 성을 모두 부수어 위급함에서 구해주고 다시 양식을 날라다 주어 1만 명 중국군을 위난에서 구해주었다.

무열왕 8년(661) 2월 백제의 여적(복신 등)이 사비성을 공격하였으므로 왕은 대당 · 상주 · 하주 · 남천 · 서당 · 낭당의 군단을 동원하여 사비성을 구원하게 하였다. 3월 5일 중로에 이르러 대당장군 품일은 휘하의 병사를 나누어 먼저 가서 두량윤성의 남쪽에 진영을 세울 땅을 시찰하게 하였다. 이 때 백제인들이 신라의 진영이 정돈되지 않았음을 보고 갑자기 뛰쳐나와 생각하지 않은 사이에 급히 치므로 신라 군사들이 몹시 놀라 흩어졌다. 3월 12일에 신라의 대군이 와서 고사비성에 진치고 백제군을 공격하였으나 한 달 엿새가 되어도 이기지 못하고 4월 19일 군사를 돌이켰다. 신라의 군이 패하였다는 말을 듣고 무열왕은 김순 · 진흠 · 천존 · 죽지 등의 장군을 보내어 구원하게 하였는데 신라군이 돌아왔다는 말을 듣고 백제인들이 스스로 물러났다. 왕은 여러 장군이 패하였으므로 죄를 논하여 차등 있게 벌을 내렸다.[11] 이러한 기록들로 보아 이즈음 백제 독립군의 군세가 매우 강하였음을 알 수 있다.

문무왕 원년(661) 8월에 왕이 여러 장군을 거느리고 고구려를 치러 가는 중 시이곡정에 이르렀는데 백제의 잔적(殘賊)들이 옹산성에 머물며 길을 막았기에 나아갈 수 없었다. 그러다가 9월 27일에 이르러서야 대책을 불사르고 수천 명을

11) 『삼국사기』 5, 「신라본기」 5, 태종무열왕 8년.

금강 백강 어귀에서 백제를 도우러 온 왜의 병선 4백 척을 불살랐다.

목 베어 죽이고 항복을 받았다. 왕은 역시 이 전쟁에서의 공을 논하였는데 각간과 이찬으로 총관이 된 사람에게는 검(劍)을 주고 잡찬 · 파진찬 · 대아찬으로 총관이 된 사람에게는 창(戟)을 주고 이하는 각기 1품의 관위를 더하여 주었다. 어쨌든 고구려를 공격하러 가던 신라의 군대는 백제의 잔적과의 전투로 인하여 고구려를 공격할 수 없게 되었다. 이것으로 신라로서는 고구려를 공격하는 것보다 백제의 잔적을 물리치는 일이 급하였던 사정을 짐작할 수 있다. 12월에는 웅진에 군량이 떨어졌기에 웅진과 평양에 나누어 군량을 수송하였다.

문무왕 2년(662) 8월 백제의 잔적들이 내사지성에 모여 악한 짓을 저지르므로 김흠순 등 19명의 장군을 보내어 쳤다. 한편 대당총관 진주와 남천주 총관 진흠은 병을 거짓으로 칭하여 나랏일을 돌보지 않았으므로 마침내 죽이고 그 일족을 없앴다. 문무왕 3년(663) 2월에는 흠순과 천존이 병사를 거느리고 백제 거열성을 쳐서 빼앗고 7백여 급을 목 베었다. 또 거물성과 사평성을 쳐서 항복받고 덕안성을 쳐서 1천 70급을 목 베었다.

백제의 옛 장군 복신(福信)은 병사를 거느리고 있었는데 승려인 도침(道琛)과 함께 주류성에 웅거하여 일찍이 왜에 가 있던 왕자 부여 풍을 맞아 왕으로 세우니 서북부가 모두 호응하였다. 그들은 유진랑장 유인원의 웅진성을 포위하였다. 당 황제는 유인원에게 왕문도의 군사와 신라의 군사를 거느리고 백제의 진영으로 가게 하여 여기저기를 공격하였는데 복신 등은 유인원의 포위를 풀고 임존성으로 물러나 지켰다. 얼마 후 복신은 도침을 죽이고 그 무리를 늘려 세력을 떨쳤다. 이에 유인궤와 유인원은 병사를 증가시켜주기를 청하였다. 당 황제는 우위장군 손인사에게 7천의 병사를 거느리고 덕물도에서 웅진부성으로 가게 하였다.

그런데 663년 5월 문무왕이 김유신 등 28명의 장군을 거느리고 그들과 합하여 두륜성과 주류성 등 여러 성을 함락시켰다. 그리고 유인궤는 수군을 거느리고 가게 하여 동시에 진군하여 주류성을 육박하였다. 이 때 풍은 백강 어귀에 주둔하고 있었는데 도중에 구원 온 왜인을 백강 어귀에서 네 차례 싸워 다 이기고 그 배 4백 척을 불사르니 연기와 불꽃이 하늘을 찌르고 바닷물이 붉게 되었다. 결국 백제왕 부여 풍은 (고구려로) 도망하였고 왕자 부여 충승과 부여 충지는 무리와 왜인들을 거느리고 항복하였다. 오직 지수신은 임존성에 웅거하여 항복하지 않았는데 663년 10월 21일부터 이를 쳤으나 이기지 못하고 11월 4일 군사를 돌이켰다. 임존성은 당에 항복한 흑치상지가 빼앗았다. 지수신은 처자를 버리고 고구려로 도망하였고 남은 무리들은 모두 평정되었다. 백제의 독립운동은 663년을 고비로 평정된 것을 알 수 있다. 그 이후 백제 지역에 대한 통치는 백제인 도독을 임명하는 방식으로 변하고 있다.

당의 백제 통치 648년 김춘추가 당의 태종을 만났을 때 당이 고구려를 침은 신라가 백제와 고구려에 핍박되어 매양 침략과 업신여김을 당하여 편안할 때가 없음을 가엾게 여긴 때문이며 산천과 토지는 탐하는 바가 아니라고 하였다. 그런데 663년 임존성을 장악하여 백제의 독립운동을 제압한 당은 유인궤를 백제에 남겨 군사를 거느리게 하였다.

이 때 유인궤는 전쟁으로 잡초와 같이 널려 있던 해골을 장사하게 하고, 호구를 등록하게 한 다음 촌락을 다스렸다. 관장을 임명하고 길을 통하게 하고 다리를 세우고 제방을 보수하였으며, 못 둑을 회복하고 농업을 장려하였다. 또 빈궁한 사람을 구제하고 고아와 노인을 양육하였으며, 당나라 사직을 세우고 정삭과 묘휘를 반포하니, 백성들이 모두 기뻐하여 각기 그 곳에서 편안히 살았다고 한다.[12] 이는 백제를 당의 영토로 확보하려는 조치였다.

웅진도독 부여 융과 동맹 당의 황제는 부여 융을 웅진도독으로 삼아 백제로 돌아가게 하여 신라와 감정을 풀게 하고 백제의 유민을 불러 모으게 하였다. 663년 당은 조서로 백제의 독립운동을 막은 후 서로 모여 맹세를 하도록 하였다. 그러자 신라는 임존성이 항복하지 않았고 백제는 간사하고 반복이 무상하여 맹세를 하여도 후일 후회를 하게 될 것이라 하며 맹세를 멈추도록 요청하였다. 신라로서는 백제와의 동맹을 원치 않았던 것이다. 그러나 664년 당에서는 다시 엄한 조서를 내려 맹세하지 않음을 꾸짖었다. 이는 새로운 백제 지배방식이다.

문무왕 4년(664) 2월 각간 김인문, 이찬 천존이 당의 칙사 유인원, 백제의 부여 융과 함께 웅진에 모여 단을 쌓고 동맹을 하였다. 이어 맹세한 곳을 마침내 양국의 경계로 삼았다. 한편 665년 8월에는 문무왕이 칙사 유인원·웅진도독 부여 융과 함께 웅진의 취리산에서 흰 말을 잡아서 서로 맹세를 하고 먼저 천신과 지신 및 시내와 골짜기의 신에게 제사 지낸 후 피를 입에 발랐다. 그리고 유인원이 맹세의 글을 지었다. 맹세가 끝나자 희생과 폐백을 제단의 북쪽에 묻고 맹세한 글은 금서철권(金書鐵券)을 만들어 신라의 종묘 안에 간직해두었다.[13] 이로써 신라와 백제의 감정을 풀고자 하였다.

유인원이 지은 맹세의 글 중에 "부여 융을 세워 웅진도독으로 삼아 그 선조의

12) 『삼국사기』 28, 「백제본기」 6, 661년(용삭 원년)조.

제사를 받들게 하고 그 옛 땅을 보전하게 하노니 신라에 의지하여 길이 우방이 되어 각기 묵은 감정을 풀고 호의를 맺어 화친할 것이며 각각 조명을 받들어 영원히 번복(藩服)이 될 것이다"라는 대목이 있다. 이는 당이 부여 융을 웅진도독으로 임명하여 백제의 옛 땅을 신라가 넘보지 못하게 한 조치였다.

대당(大唐)명 수막새기와 부여 부소산성에서 출토된 와당으로 당군의 주둔과 관련이 있을 것으로 보인다.

한편 유인궤는 신라의 사자와 백제 · 탐라 · 왜의 사람을 거느리고 바다를 건너 서쪽으로 가서 태산에 모여 제사를 지냈다.

664년 3월에는 백제의 남은 무리들이 사비산성에 웅거하여 배반하므로 웅진도독 부여 융이 그들을 쳐부수었다. 668년 백제는 맹세한 곳의 땅을 옮기고 경계표를 바꾸어 전지(田地)를 침탈하여 가졌고 신라의 노비를 달래고 백성을 꼬여 내지에 숨겨두고 번번이 요구해도 돌려보내지 않았다. 또 배를 수리하여 왜국을 친다고 하면서 신라를 치려고 하였고 백제의 부녀를 한성도독 박도유에게 시집보내 모의하여 신라의 병기를 훔치기도 하였다. 670년 입조사 김흠순이 돌아와 땅의 경계를 그으려 하였는데 지도를 살펴보니 백제의 옛 땅을 모두 다 돌려주는 셈이었다. 3~4년 사이에 주었다 빼었다 한 것이다.[14]

유인원 등이 당으로 돌아가자 부여 융도 백성들이 배반하여 흩어질까 두려워하여 당의 서울로 갔다.

이 과정에서 당은 백제 왕자 부여 융을 지방장관인 도독으로 임명하여 백제 유

13) 『삼국사기』 6, 「신라본기」 6, 문무왕 5년
14) 『삼국사기』 7, 「신라본기」 7, 문무왕 11년 설인귀의 편지에 대한 대왕의 답서.

민을 다스리는 조치를 취한 것을 알 수 있다.

671년에 소부리주를 설치하고 아찬 진왕을 도독으로 삼음으로써 백제의 영역은 모두 신라의 통제하에 들어가게 되었다.

계림대도독부 설치와 계림대도독 임명 문무왕 3년(663) 4월에 당은 신라를 계림대도독부로 삼고 신라 왕을 계림주 대도독으로 삼았다. 당은 신라를 당의 지방 행정구역으로 편제한 것이다. 하지만 당은 신라의 통치에 간섭할 수는 없었다.

2. 신라와 당의 고구려 평정과 장악

신라의 고구려에 대한 공격 문무왕 원년(661) 당에 들어가 숙위하던 김인문이 돌아와 당 황제가 이미 소정방을 보내어 수륙 35도의 병사를 거느리고 고구려를 정벌하게 하였으며 마침내 왕에게도 군사를 일으켜 서로 대응하라 하는 명을 내렸다고 전하였다. 그 말은 들은 문무왕은 당 황제의 명령을 어기기 어렵겠다고 판단하고 7월 17일 김유신을 대장군으로 삼고 대당 · 귀당 · 상주 · 하주 · 남천주 · 수약주 · 하서주 · 서당 · 낭당의 총관과 계금대감을 임명하였다.

그리하여 문무왕 원년(661) 8월 왕은 당 황제의 명령을 따라 고구려 공격에 나섰다. 이 때 백제의 잔적이 길을 막아 그들을 물리치느라 고구려 공격은 할 수 없었다. 10월 29일에 대왕은 당 황제의 사자가 이르렀다는 소식을 듣고 왕경으로 돌아갔는데 당시 당 함자도 총관 유덕민은 황제의 명령을 전하여 평양에 군량을 수송하도록 하였다.

문무왕 2년(662) 정월에 왕은 김유신 · 김인문 · 김양도 등 9명의 장군에게 명하여 수레 2천여 량에 쌀 4천 석과 벼 2만2천 석을 싣고 평양으로 가게 하였다. 그 행렬은 18일 풍수촌에서 자게 되었는데 얼음은 미끄럽고 길은 험하여 수레가 갈 수 없으므로 쌀과 벼를 모두 마소에 실었다. 23일에는 칠중하를 건너 산양에 이르렀는데 이현에서 고구려군을 만나 쳐서 죽였다. 2월 1일 김유신은 장새에 이르렀는데 평양에서 3만6천 보 떨어진 곳이었다. 김유신은 먼저 15명을 당의 진영으로 보냈는데 이 날 사람과 말이 많이 얼어죽었다. 6일 양오에 이르자 김유신은 아찬 양도 등을 보내 군량을 가져다 주고 소정방에게 은 5천7백 푼과 세포 30필, 두발 30냥, 우황 19냥을 주었다. 소정방은 군량을 받고 별안간 전쟁을 그만두고 돌아가버렸으며 김유신 등도 당병이 돌아갔다는 말을 듣고 돌아왔다. 도중에 과천을 건널 때 고구려군이 추격하므로 군사를 돌이켜 마주 싸워 1만여 급을 목 베고 포로를 잡았다. 획득한 병기도 1만을 헤아렸다. 왕은 공을 논하여 본피궁의 재물과 토지를 둘로 나누어 김유신과 김인문에게 주었다.[15)]

문무왕 4년(664) 7월 왕은 장군 김인문 등에게 명하여 일선 · 한산 두 주의 병사와 부성의 병마를 거느리고 고구려 돌사성을 공격하여 멸하도록 하였다.

당의 고구려를 멸하기 위한 청병 문무왕 6년(666) 4월 왕은 백제를 평정하였으므로 고구려를 멸망시키기 위하여 청병을 하였으며 겨울 12월 당은 이적을 요동도 행군총관으로 삼아 고구려를 쳤다.

고구려의 내분 666년 12월 고구려의 귀신(貴臣)인 연정토가 12성, 7백63호, 3천5백43명을 이끌고 와서 항복하였다. 연정토와 그를 따라온 관리 24명에게 의복 · 식량 · 집을 주어 주 · 부에 편안히 살게 하고 12성 중 8성이 온전하므로 모두 군사를 보내 지키게 하였다.

신라와 당의 군사동맹과 고구려 평정 문무왕 7년(667) 7월 3일 간 백성들에게 큰 잔치를 베풀었다. 그 후 당 황제가 조서를 보내 지경 · 개원을 장군으로 삼아 요동의 전쟁에 나가게 하였으므로 왕은 곧 지경을 파진찬으로, 개원을 대아찬으

15) 『삼국사기』 6, 「신라본기」 6, 문무왕 2년.

로 삼았다. 또 황제는 조서를 내려 대아찬 일원을 운휘장군으로 삼았는데 왕은 일원에게 대궐의 뜰에서 명을 받도록 하였다. 또 당 고종은 유인원 · 김인태에게 명하여 비열도에서 신라 병사를 징발하여 다곡과 해곡의 두 길을 따라 평양에 모이도록 하였다.

8월에 왕은 대각간 김유신 등 30명의 장군을 거느리고 서울을 나와 9월에 한성정에 이르러 영국공(이적)을 기다렸다. 10월 2일 평양성 북쪽 2백 리 되는 곳에 이른 영공은 이동혜 촌주를 시켜 거란의 기병 80여 명을 거느리고 아진함성을 거쳐 한성에 가서 글을 보내 병사를 일으키는 기일을 독촉하였다. 문무왕은 이에 따라 11월 11일 장새에 이르렀으나 영공이 돌아갔다는 말을 듣고 왕의 병사 또한 돌아왔다. 12월에 당의 유진장군 유인원이 고구려 정벌을 도우라는 천자의 조서를 전달하였으며 왕에게 대장군의 정절(旌節)을 내렸다.[16]

문무왕 8년(668) 6월 12일 유인궤가 황제의 명을 받들어 숙위하고 있던 사찬 김삼광과 함께 당항진에 이르렀으므로 왕은 각간 김인문으로 하여금 그를 맞도록하였는데 대례로 하였다. 유인궤는 약속을 마치자 천강으로 향하였다.

6월 21일 왕은 대각간 김유신을 대당대총관으로 삼고 각간 김인문 · 흠순 · 천존 · 문충과 잡찬 진복, 파진찬 지경, 대아찬 양도 · 개원 · 흠돌을 대당총관으로 삼고, 이찬 진순(진춘) · 죽지를 경정총관(京停摠管)으로 삼고, 이찬 품일, 잡찬 문훈, 대아찬 천품을 귀당총관으로 삼고, 이찬 인태를 비열도총관으로 삼고, 잡찬 군관, 대아찬 도유, 아찬 용장을 한성주행군총관으로 삼고, 잡찬 숭신, 대아찬 문영, 아찬 복세를 비열성주행군총관으로 삼고, 파진찬 선광, 아찬 장순 · 순장을 하서주행군총관으로 삼고, 파진찬 의복, 아찬 천광을 서당총관으로 삼고, 아찬 일원 · 흥원을 계금당총관으로 삼았다.

6월 22일 김인문 · 천존 · 도유 등이 일선주 등 7군과 한성주의 병마를 거느리고 당의 군영에 갔다. 29일에는 여러 도의 총관이 떠나갔으나 김유신은 풍병을

16) 『삼국사기』 6, 「신라본기」 6, 문무왕 7년.

않는 바람에 왕경에 머물게 하였다. 김인문은 영공(이적)을 만나 영류산 밑으로 진군하였으며 7월 16일 왕은 한성주에 이르러 여러 총관에게 가서 당군을 만나도록 하였다.

9월 21일 당군과 합하여 평양을 포위하였는데 신라 병마가 홀로 선봉이 되어 고구려의 대진을 부수니 평양 성중에는 강한 기세가 꺾이게 되었다. 이 때 영공은 신라의 날랜 기병 5백을 취하여 먼저 성문으로 들어가 평양을 마침내 공파하였다. 고구려 왕은 먼저 천남산 등을 보내어 영공에게 와서 항복을 청하였다. 신라 병사들은 9년의 전쟁이 끝나 두 나라가 평정되고 숙망이 이루어졌으니 나라(신라)는 충성을 다한 은혜를 받고 사람들은 힘을 바친 상을 받을 것이라고 하였다. 그런데 영공은 신라가 앞서 군사의 기일을 어겼기에 계책을 써서 다스리겠다고 하였다.[17]

영공은 보장왕과 왕자 복남 · 덕남 그리고 대신 등 20여만 명을 이끌고 당으로 갔다. 김인문은 영공을 따라 돌아가고 김인태 · 의복 · 수세 · 천광 · 흥원 등도 따라갔다.

앞서 당군이 고구려를 칠 때 문무왕은 한성을 떠나 평양으로 향하였는데 힐차양에 이르러 당의 장수들이 돌아갔다는 말을 듣고 한성으로 돌아왔다. 11월 5일 왕은 사로잡은 고구려인 7천 명을 이끌고 입경하였으며 11월 6일에 문무의 신료를 거느리고 선조묘에 조알하고 고하였다. "선조의 뜻에 따라 대당(大唐)과 의병(義兵)을 함께 일으켜 백제와 고구려의 죄를 물었는데 원흉들이 죄에 복종하였으므로 나라의 운수는 태평하게 되었음을 아뢰니 신들께서 들어주십시오" 하였다.[18]

백제 · 고구려 통합 후의 논공과 민심 수습책 668년 10월 22일 대규모의 논공이 있었다. 김유신에게는 태대각간의 관위를 내렸고, 김인문에게는 대각간의 관위를 내렸으며, 이찬으로 장군은 각간을 삼고 소판 이하는 모두 관위를 1급씩

17) 『삼국사기』 7, 「신라본기」 7, 문무왕 11년 설인귀의 편지에 대한 대왕의 답서.
18) 『삼국사기』 7, 「신라본기」 7, 문무왕 11년 설인귀의 편지에 대한 대왕의 답서.

기마인물형 토기 신라에는 많은 목마장이 있었다.

더해주었다. 이듬해인 669년에는 왕이 목마장 1백74곳을 나누어 22곳은 내성 소속으로 하고 10곳은 해당 관부에 소속시켰다. 태대각간 김유신에게는 6곳, 태각간 김인문에게는 5곳, 각간 7인에게는 각기 3곳, 이찬 5인에게는 각기 2곳, 소판 4인에게는 각기 2곳, 파진찬 6인과 대아찬 12인에게는 각기 1곳을 주었다. 나머지 74곳은 편의대로 나누어주었다.[19)]

그런가 하면 고구려를 평정한 전투에서 실제로 공을 세운 사람들에 대한 논공도 있었다. 대당 소감 본득은 사벌천 전투에서 공이 제일이었기에 일길찬의 관위를 주고 조(租) 1천 석을 주었다. 서당 당주 김둔산은 평양군영 전투에서 공이 제일이었기에 사찬의 관위를 주고 조 7백 석을 내렸다. 군사인 남한산의 북거는 평양성 북문의 전투에서 공이 제일이었으므로 술간의 관위를 주고 곡식 1천 석을 내렸다. 그 외에도 여러 사람에게 논공을 하였다. 그런데 아술의 사찬 구율은 사벌천의 전투에서 다리 밑으로 들어가 물을 건너 적과 싸워 대승하였으나 군령(軍令) 없이 위험한 곳에 들어갔기에 공은 비록 제일이나 기록되지 않았다. 11월 18일에 전쟁에서 죽은 자들을 위로하여 소감 이상에게는 폐백 여러 필을 주고 순직한 자들에게 20필을 주었다. 이로써 전쟁에서 공을 세운 자들에게 상을 주었고 전쟁에서 죽은 영혼들의 명복을 빌 재물을 추증해주었다.

다음은 어려움을 겪고 있던 자들에 대한 조치를 취하였다. 죄를 지은 자의 사면과 곡식을 빌린 자에 대한 탕감이 있었다. 문무왕 9년(669) 2월 21일 대왕은

19) 『삼국사기』 6, 「신라본기」 6, 문무왕 8년 11월 6일.

군신(群臣)을 모아놓고 국내의 죄수를 사면하는 정책을 발표하였는데 그 내용은 이러하다.

> 21일 먼동이 트기 전에 5역죄를 범하여 사형에 처하여질 죄 이하를 범한 자는 죄의 대소와 관계없이 모두 석방하여 내보내고 그 전에 사죄해준 이후에 또 죄를 범해서 벼슬을 빼앗긴 자도 모두 그전대로 복직하게 할 것이다. 도둑질한 자는 다만 그 몸을 놓아줄 것이며 배상할 만한 재물이 전혀 없는 자에게는 갚을 기한을 두지 말라. 백성들이 가난하므로 다른 사람의 곡식을 취한 사람은 흉년이 든 곳의 사람은 이자와 본곡을 모두 갚지 말고 풍년이 든 지방의 사람은 금년 추수할 때 다만 그 본곡만을 갚고 이자는 갚지 말라. 30일을 기한으로 맡은 관청에서 시행하도록 하라.[20]

이와 같은 일련의 조치는 삼한통합 이후 극도로 긴장된 민심을 수습하는 결과를 가져오기 위한 것이었다.

3. 신라의 당 축출 전쟁 승리

백제와 고구려를 평정한 후 신라는 648년 김춘추와 당 태종과의 약속대로 평양 이남의 영토와 그 유민들을 차지할 수 있었나? 그렇지 않다. 668년 고구려를 평정한 후 당은 평양에 안동도호부를 설치하여 신라 장수 중 공이 있는 사람을 뽑아 도독 · 자사 · 현령으로 삼아 당인들과 함께 통치에 참여하게 하였다.

그리고 설인귀를 안동도호로 삼아 병사 2만으로 지키게 하였다. 당은 고구려의 옛 토지와 인민을 차지하려 하였다. 이로 인하여 신라와 당 사이에 전쟁이 벌어질

20) 『삼국사기』 6, 「신라본기」 6, 문무왕 9년 2월 21일.

익산 미륵사탑 문무왕은 안승을 금마저에 살도록 하고 보덕왕을 삼았다. 그들은 신라를 대국(大國)이라 불렀다. 삼한통합을 이룬 신라를 대신라라고 불러 그 이전의 신라와 구별한다.

수밖에 없었다. 신라가 고구려의 영역을 차지하는 일은 쉽지 않았던 것이다.

안승에 대한 고구려 왕 · 보덕 왕 책봉 문무왕 10년(670) 6월 고구려 수림성 사람인 (검)모잠이 유민을 모아 궁모성을 출발하여 패강의 남쪽에 이르러 당의 관인 및 승려 법안을 죽이고 신라로 향하였다. 그러던 중 서해의 사야도에서 고구려 대신 연정토의 아들 안승을 만나 한성으로 맞아들여 왕으로 삼고 소형 다식을 신라에 보내 그러한 사실을 고하고 대국(신라)의 울타리가 되게 해주어 길이 충성을 다하게 해달라고 하였다. 문무왕은 그들을 나라의 서쪽 금마저(金馬渚)에 살도록 하였다. 그리고 670년 8월 1일 안승을 고구려의 왕으로 책봉하였다.

문무왕은 책봉하는 글에서 안승에게 고구려 선왕의 적계 사자(嗣子)로서 제사를 주관하라 하고 유민들을 잘 어루만져 모아서 옛 왕업을 일으키어 친근한 나라가 되어 형제처럼 지내라고 하였다.[21]

그 후 문무왕 14년(674) 9월에는 안승을 보덕 왕으로 삼았다. 문무왕 20년(680) 3월 안승에게 왕의 누이동생(혹은 잡찬 김의관의 딸)을 아내로 삼게 하였다. 그러다가 신문왕 3년(683) 10월 보덕 왕 안승을 불러 소판으로 삼고 김씨의 성을 주어 서울에 머물게 하고 훌륭한 집과 좋은 땅을 내려주었다. 이로써 보덕국이 사라지게 되었다. 이듬해 11월 안승의 조카뻘 되는 장군 대문이 금마저에서 반역을 일으키려다 발각되어 참형을 당하였다. 남은 사람들이 반란을 일으키므로 병사를 보내어 금마저성을 함락하고 그 곳 사람들은 나라 남쪽 주군으로 옮기고 그 땅을 금마군으로 삼았다.

백제 지역과 그 유민 장악 문무왕 9년(669) 5월 각간 흠순과 파진찬 양도를 당에 보내 사죄하였다는 사실을 주목할 수 있다. 670년 정월 당의 고종은 사죄사로 갔던 흠순은 귀국을 허락하였으나 양도는 그대로 가두어두어 마침내 옥에서 죽었다. 이렇게 된 것은 문무왕이 백제의 토지와 유민을 마음대로 차지하였기 때문에 황제가 책망하고 노하여 거듭 사자를 잡아두었기 때문이다. 이것으로 보아 문무왕은 이미 백제 지역을 차지한 것이 분명하다. 물론 문무왕 10년(670) 7월 왕이 백제의 남은 무리들이 배반할까 염려하여 웅진도독부에 사신을 보내 화친을 청한 것으로 보아 당이 여전히 웅진도독부를 유지하며 백제의 일부 지역을 장악하고 있었던 것을 알 수 있다. 하지만 670년 4월 고구려의 유민 안승 등을 금마저에 살게 하였던 것으로 보아 웅진도독부의 관할 영역은 넓지 않았던 것이 분명하다. 여하튼 그 때 웅진도독부에서는 화친 요청을 받아들이지 않고 사마 예군을 보내어 신라의 사정을 살피게 하였다. 왕은 웅진도독부에서 신라를 도모

21) 『삼국유사』 6, 「신라본기」 6, 문무왕 10년.

하려는 것을 알고 예군을 돌려보내지 않고 군사를 일으켜 백제를 쳤다.

품일 · 문충 · 중신 · 의관 · 천관 등은 63성을 쳐서 빼앗고 그 사람들을 내지(內地), 즉 신라로 옮겼다. 천존 · 죽지 등은 7성을 빼앗아 2천 명을 참수하였고 군관 · 문영은 12성을 빼앗고 말갈병을 쳐서 7천 급을 베었다. 전마와 병기를 얻은 것도 매우 많았다.[22]

문무왕 11년(671) 정월 병사를 일으켜 백제에 쳐들어가 웅진 남쪽에서 싸웠는데 당주 부과가 전사하였다. 왕은 당병이 와서 백제를 구원한다는 말을 듣고 대아찬 진공 등을 보내어 옹포를 지키게 하였다. 6월에는 장군 죽지 등에게 병사를 거느리고 가서 백제의 가림성의 벼를 밟아버리게 하였으며 마침내 당병과 석성에서 싸워 적군 5천3백 급을 목 베고 백제 장군 2명과 당의 과의 6명을 사로잡았다. 그러자 7월 26일 당의 총관 설인귀가 임윤법사를 시켜 글을 보내왔다. 그 글은 궁극적으로 신라가 백제의 땅을 넘보지 말라는 것이며 안승을 원조하지 말라는 것이다. 아니면 한인(漢人) 기병과 거란병, 오초의 수부(水夫), 유주의 악소년들을 보내 쳐들어오겠다는 위협이었다.

문무왕은 답서를 보내 신라의 의지를 보여주었다. 즉, 김춘추가 당 태종을 만났을 때 당은 산천과 토지를 탐내지 않는다고 한 사실과 백제 · 고구려를 평정하면 평양 이남과 백제의 토지는 모두 신라에게 주어 길이 편안하게 할 것이라고 한 말을 들고 있다.[23]

문무왕 12년(672) 정월 왕은 장군을 보내어 백제의 고성성을 쳐서 이겼다. 또 2월에는 가림성을 쳤으나 이기지 못하였다. 그런 다음 9월에 당에 글을 올려 사죄하였다. 백제가 당에 가서 호소하고 병사를 청하여 신라를 침략하였기에 사세가 급박해 알리지 못하고 병사를 내어 토벌하였기에 급찬 원천 등이 억류되었으므로 죄를 청한 것이다. 아울러 은 3만3천5백 푼, 구리 3만3천 푼, 바늘 4백 개, 우황 1백20푼, 금 1백20푼, 40새 삼베 60필, 30새 삼베 60필을 공물로 바쳤다.

22) 『삼국사기』 6, 「신라본기」 6, 문무왕 10년 7월.
23) 『삼국사기』 7, 「신라본기」 7, 문무왕 11년 설인귀에 대한 대왕의 답서.

당과의 전쟁과 경계 667년 영국공 이적이 요동(고구려)을 친다는 말을 듣고 문무왕은 한성주로 가서 군사를 보내어 국경의 앞에 갔다고 한다. 고구려를 평정하기 이전 신라와 고구려의 경계는 한성주(한산주)의 끝이었다.

668년 고구려를 평정한 후 신라와 당의 경계는 사실 처음부터 확정된 것이 아니었다. 그런데 670년 3월 사찬 설오유와 고구려의 태대형 고연무는 각기 정병(精兵) 1만을 거느리고 압록강(鴨綠江)을 건너 옥골에 이르렀는데 말갈의 군사들이 개돈양에 와서 기다리고 있었다. 4월 4일에 마주 싸워 신라의 군사가 크게 이겼는데 목을 베어 죽이고 사로잡은 것이 수를 셀 수 없었다. 그러나 당병이 계속 나오므로 신라의 군사는 물러나 백성(白城)을 지켰다. 과연 신라의 군대가 압록강을 넘었을까? 기록대로라면 670년 3월 그것은 사실이었다. 고구려를 평정한 후 아직 평안도 일대를 당군이 장악한 것은 아니었다. 고구려가 망한 후 원래 신라의 북쪽 경계인 한성주 끝에서 압록강까지는 당이나 신라가 아직 장악하지 못하였던 것을 알 수 있다.

문무왕 11년(671) 9월 당의 장군 고간 등이 번병(蕃兵) 4만을 거느리고 평양에 와서 깊은 도랑과 높은 성벽을 쌓고 대방을 침범하였다. 이 때 당은 평양에 진을 치고 현재의 황해도 일대를 장악하였다. 10월 6일에 당의 수송선 70여 척을 격파하여 낭장 겸이와 대후와 사졸 1백여 명을 사로잡았는데 물에 빠져 죽은 자의 수를 헤아릴 수 없었다. 이 전투에서 급찬 당천의 공이 제일이었기에 사찬의 관위를 주었다.

문무왕 12년(672) 7월 당 장군 고간이 병사 1만을 거느리고 이근행은 병사 3만을 거느리고 한꺼번에 평양에 이르러 8개의 영을 만들고 머물렀다. 그들은 8월에 한시성 · 마읍성을 쳐서 이기고 병사를 전진시켜 백수성에서 5백 보쯤 떨어진 곳에 영을 만들었다. 신라군은 고구려군과 함께 그들을 맞아 싸워 수천 급을 참수하니 고간 등이 물러나므로 이를 쫓아 석문으로 가서 싸우다 신라군이 패하였다.

문무왕 13년(673) 왕은 대아찬 철천 등을 보내어 병선 1백 척을 거느리고 서해를 지키게 하였다. 당병은 말갈 · 거란병과 함께 와서 북변을 침범하였는데 아홉 차례의 싸움에서 신라가 이겨 2천여 급을 참수하였고 호로와 왕봉 두 강에 익사한 당병이 헤아릴 수 없이 많았다. 겨울에 당병은 고구려의 우잠성을 공격하여 항복받고, 거란과 말갈병은 대양성과 동자성을 쳐서 멸하였다. 673년 문무왕은 무열왕이 백제를 멸한 후 없앴던 수병(戍兵)을 다시 설치하였다. 이는 당과의 전쟁에 대비한 조치였다.

당 고종의 분노와 신라 왕위 삭탈 문무왕은 고구려의 배반한 무리를 받아들이고 또 백제의 옛 땅을 점거하여 사람들을 시켜 지키게 하였다. 이에 당 고종은 크게 노하여 674년 조서로서 왕의 지위와 관작을 삭탈하고 문무왕의 아우 우효위 원외대장군 임해군공 김인문이 당의 서울에 있었으므로 그를 세워 신라 왕으로 삼아 신라로 돌아가게 하였다. 또한 유인궤를 계림도 대총관으로 삼아 군사를 보내어 신라를 토벌하게 하였다.

문무왕 15년(675) 2월 유인궤가 칠중성에서 신라병을 공파하고 병사를 이끌고 돌아갔다. 당 황제는 조서로서 이근행을 안동진무사로 삼아 경략하게 하였다. 문무왕은 이에 사신을 보내어 조공하고 사죄하니 당 황제는 이를 용서하고 왕의 관작을 회복시켜주었다. 김인문은 중도에서 다시 돌아가 임해군공에 봉해졌다. 그러나 신라는 백제의 땅을 많이 빼앗고 드디어 고구려의 남쪽 지경을 주군으로 삼게 되었다.[24]

신라의 매초성전투 승리와 그 이후 당에서는 신라가 옛 백제 지역을 점령하고 고구려 남쪽 지역을 장악하여 주군으로 편제한 것을 그대로 두지 않았다. 문무왕 15년(675) 9월 설인귀는 신라인 풍훈을 향도로 삼아 천성을 쳤다. 이에 신라 장군 문훈 등이 맞서 싸워 이겨 1천4백 급을 참수하고 병선 40척을 빼앗았으며

24) 『삼국사기』 7, 「신라본기」 7, 문무왕 14년.

설인귀가 포위를 풀고 도망가자 말 1천 필을 얻었다. 또 29일 이근행은 병사 20만을 거느리고 매초성에 진을 쳤다. 신라군이 공격하여 쫓아내고 말 3만3백80필을 얻었는데 그 밖의 얻은 병기도 이에 상당하였다. 당병이 거란과 말갈병과 함께 와서 칠중성을 포위하였으나 이기지 못하였다. 그 후 당병이나 말갈병이 신라를 쳐들어왔으나 신라를 이기지 못하고 전투가 벌어지는 장소가 점차 북상한 것이 확인된다. 이 해에 신라병과 당병 사이에 크고 작은 열여덟 차례의 싸움이 있었는데 신라가 모두 이겨 6천42급을 참수하고 말 2백 필을 얻었다.

문무왕 16년(676) 7월 당병이 도림성을 쳐서 함락시켰다. 11월에 사찬 시득이 선병(船兵)을 거느리고 설인귀와 소부리주 기벌포에서 싸워 패하였다. 그러나 대소 스물두 차례의 전투에서 이겨 4천여 급을 참수하였다.

패강 이남 확보와 압록강 넘어 공격한 신라 675년 9월 매초성 전투에서 패한 당은 676년까지 여러 차례 신라를 침공하였으나 성공을 거두지 못하였다. 이로써 신라는 백제의 옛 영역과 고구려의 남쪽 지역을 차지하게 되었다. 신라군은 패강 이남만 장악한 것이 아니라 어쩌면 압록강 이북을 쳐서 3성을 빼앗기도 하였던 것으로 생각된다.

성덕왕 34년(735) 정월 하정사로 당에 갔던 김의충이 돌아올 때 당 현종은 조서를 내려 패강 이남의 땅을 신라에게 주었다.[25] 그러자 왕은 736년 6월 사신을 당에 보내어 새해를 하례하고 글을 부쳐 사례하기를, 패강 이남의 땅을 내려준 은혜로운 칙명을 받았으며 신(성덕왕)에게 땅을 내려주어 영토를 넓혀준 것을 감사드렸다. 735년 당 현종이 내려준 패강 이남의 땅은 실제는 이미 문무왕이 매초성 전투 이후 신라의 영토로 편입하여 주군으로 삼았던 곳이다. 단지 당에서는 신라와의 관계를 정상화하기 위하여 그러한 신라의 영토를 자신들이 준 것으로 하였고 신라에서도 그러한 사실을 알면서도 고맙다고 한 것이다.

25) 『삼국사기』 8, 「신라본기」 8, 성덕왕 34년.

〈지도1〉 대신라의 영역

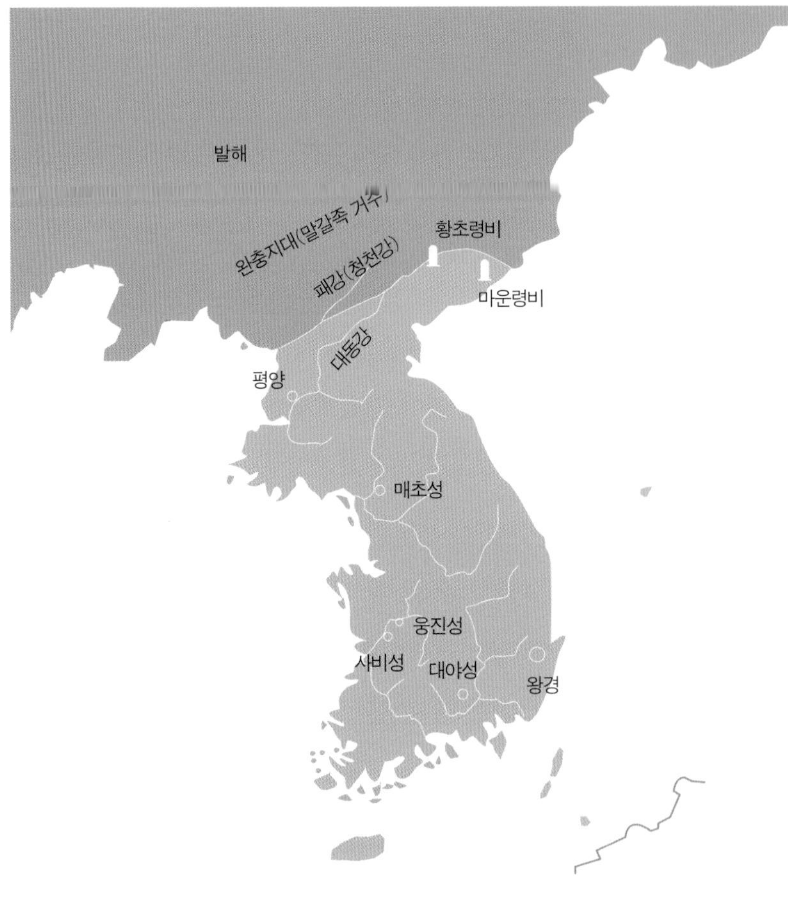

※ 청천강에서 압록강 사이는 신라와 당간의 완충지대였다.

패강은 청천강? 지금까지 패강은 대동강이라고 생각해왔다. 그러면 대동강 이남만이 신라의 영토였을까? 평양이 대신라 왕국의 영역이 된 것은 분명하다. 그러나 패강이라고 하는 대동강 이남의 평양만이 신라의 영역일 수는 없다. 단정하기는 이르나, 압록강 이남에서 패강까지는 신라와 당이 통치력을 행사하지 않는 정치적 완충지대로 남겼던 것은 아닌가 여겨진다. 그리고 패강이 대동강이 아닌 청천강일 수도 있다. 실제로 661년 고구려를 공격한 소정방은 패강(浿江)에서 고구려군을 쳐서 포로로 하고 마읍산을 빼앗고 마침내 평양을 포위하였다. 소정방이 평양성을 공격하기 전에 고구려군을 포로로 한 패강은 대동강이 아니었다. 압록강을 건넌 소정방이 건넜던 패강은 청천강일 수 있다. 후일 패강을 대동강이라고 하였지만 당시 패강은 청천강이었다. 청천강과 압록강 사이는 오랜 기간 신라와 당의 정치력이 미치지 않는 완충지대였으며 그 때문에 거란·말갈이 그 곳에 자리 잡을 수 있었던 것이다.

4. 삼한통합에 대한 해석과 그 문제

신라의 당에 대한 청병의 의미 진흥왕 12년(551) 신라는 고구려의 10군을 장악하고 14년 한강 하류 지역을 장악한 이후 고구려·백제와 지속적으로 전쟁을 해왔다. 특히 641년 의자왕의 즉위와 642년 연개소문의 정권장악에 의한 보장왕의 즉위 이후 신라는 고구려와 백제의 공격을 더 받게 되었다. 특히 642년 7월 의자왕은 몸소 군사를 거느리고 신라를 쳐들어가 서쪽의 40여 성을 함락시켰다. 그리고 8월에는 장군 윤충에게 1만의 병사를 주어 대야성을 함락시키고 성주 품석과 그 아내의 목을 베어 백제의 서울로 보내는 일이 있었다. 김춘추는 품석의 아내였던 그의 딸이 죽자 백제를 병합할 마음을 굳히게 되었다.

실제로 백제를 멸하기 위하여 김춘추가 642년 고구려에 가서 청병을 하였으나 실패하였다. 이제 김춘추로서는 당에 청병하는 길이 남았다. 결국 신라는 당의 군대를 동원하는 데 성공하였고 백제와 고구려를 평정할 수 있었다.[26]

신라로서는 당시 국제관계를 최대한 이용하여 나라를 지켰다. 그런데 현재

26) 현재 신라가 당의 군대와 동맹하여 백제·고구려를 멸한 것을 민족사적인 수치로 생각하고 있다. 그러나 과연 김춘추의 당에 대한 청병이 이완용 등 을사5적이 나라를 일본에 넘긴 것처럼 수치스러운 일일까?

우리들은 김춘추가 당의 군대를 끌어들여 신라가 고구려를 멸함으로써 만주 일대를 한국사의 무대에서 벗어나게 만들었다는 책임을 묻고 있다. 그러나 신라 · 고구려 · 백제는 하나의 국가가 아니었고, 우리가 생각하는 민족이라는 개념도 없었다. 따라서 신라로서는 삼국관계에서 살아 남기 위하여 당과 동맹을 맺었을 뿐이다.

백제와 고구려는 당과의 평화적인 관계를 유지하지 않았다. 특히 고구려가 수와 당에 맞서 잘 싸웠던 것은 한국사에서 자랑스럽게 여겨온 사실이다. 그런데 바로 그 때문에 당의 침략을 받아 고구려가 멸망된 것도 분명하다.

만일 고구려가 삼국을 통일하였다면 그 자체 강대한 왕국이 될 수 있었을 것이다. 어쩌면 중국을 평정하여 다스릴 수도 있었을지 모른다. 그러나 바로 그 때문에 고구려에 통합된 왕국은 역사의 무대에서 영원히 사라졌을 수도 있었다. 중국은 지금까지 한 번도 팽창을 멈춘 적이 없는 나라이다. 7세기 말 당시는 아니라 하더라도 언젠가 중국은 자국을 위협하는 강대한 고구려 왕국을 공격하였을 것이고, 왕국이 아예 사라져버렸을 가능성도 있다.

김춘추의 문화를 통한 청병 김춘추는 일찍이 국제관계를 잘 처리한 외교적 수완을 갖춘 정치지배자였던 사실을 확인하게 된다. 김춘추는 중국이 원하는 중국 중심의 세계질서를 능동적으로 받아들여 당 태종의 마음을 움직일 수 있었고 청병에 성공하였다.

그가 당 황제의 마음을 움직인 것은 다름 아니라 중국문화, 중국적 체제의 수용이었다. 그가 648년 당 태종에게 처음으로 요청한 것은 청병이 아니라 국학에 나아가 공자에게 제사 지내는 의식과 경전을 강론하는 것을 볼 수 있도록 청한 것이었다. 이는 상징적인 의미가 있다. 이에 당 태종은 스스로 먼저 김춘추에게 할말이 무엇인가 물었다. 김춘추가 백제를 물리치기 위하여 중국의 군사를 빌려주기를 청하니 당 태종은 그 말을 따라 군사를 내어 보내기를 허락하였다.

김춘추는 또한 장복을 요청하여 중국의 제도를 따르겠다고 하였다. 이에 당 태종은 진귀한 의복을 내주고 춘추를 특진으로 삼고 문왕은 좌무위장군으로 삼았다. 그리고 김춘추는 아들을 숙위하도록 요청하여 문왕을 남겨두고 돌아왔다.

648년 당 태종을 만난 김춘추는 철저하게 중국화의 길을 걷겠다는 의지를 보여주었고, 결국 당군의 참전 약속을 받게 되었다. 김춘추는 단순히 약속만 한 것이 아니라 실제로 중국화를 실천하였다. 진덕왕 3년(649) 정월 중국 의관을 사용하였으며 진덕왕 4년(650)에는 중국의 영휘 연호를 사용하였다. 이와 같은 일련의 중국화 조치가 진덕왕 초기에 벌어진 것은 중요한 의미가 있다. 김춘추가 아직 왕위에 오르기 전이었는데 그의 중국화 의지가 정책에 반영된 것이다. 당시 신라의 정치지배세력들은 힘을 합하여 중국화, 즉 당시의 국제화의 길을 택한 김춘추를 지원함으로써 삼한통합을 위한 준비를 잘 진행시킬 수 있었다.

현재 우리들이 만든 한민족(韓民族) 중심의 역사 해석의 틀을 벗어나 신라·백제·고구려 중심의 역사를 읽어내면 김춘추는 외세에 의존한 반민족적 인물이 아니라 신라를 위하였던 대단한 인물임이 분명해진다. 김춘추는 문화를 통하여, 당시의 세계화인 중국화를 통하여 당과 군사적 동맹을 맺고 신라를 끊임없이 괴롭히던 백제와 고구려를 평정할 수 있었다.

신라의 삼한통합이 가능하였던 까닭 신라가 삼한을 통합할 수 있었던 이유들이 있다. 첫째, 왕정을 장악한 지배세력들의 동향을 들 수 있다. 백제와 고구려의 사정은 전혀 달랐다. 백제의 의자왕은 656년 궁인들과 주색에 빠져 지냈으며 그치기를 강력히 간한 성충을 옥에 가두었다. 이로 말미암아 감히 말하는 사람이 사라지게 되었다고 한다. 고구려의 연개소문은 642년 영류왕을 죽인 다음 몸을 잘라 동강 내어 구렁에 버렸다. 그리고 보장왕을 세워 정권을 장악하였다. 정권을 장악한 연개소문은 나랏일을 마음대로 처리하였다. 그는 매우 위엄이 있었으며 몸에는 칼 다섯 자루를 차고 다녔는데 좌우의 사람들이 감히 쳐다보지 못하였다. 매번 말을 타고 내릴 때 항상 귀인과 무장들을 땅에 엎드리게 하여 이를 밟고 오르내렸다. 밖으로 나갈 때 반드시 대오를 정렬시키게 하고 앞에서 인도

토용 김춘추의 입당 이후 신라인들은 중국의 의복을 입기 시작하였다.

하는 사람이 큰 소리로 외치면 사람들은 모두 달아나서 구덩이나 골짜기를 가리지 않고 숨게 되었으니 나라 사람들이 대단히 괴롭게 여겼다. 백제의 의자왕은 신료들의 간언을 받아들이지 않았고, 고구려의 정권을 장악하고 있던 연개소문은 무단정치를 한 것이 분명하다. 결국 백제와 고구려에서는 국론을 모을 수 있는 기회가 사라지게 되었다.

그와는 달리 신라는 왕정을 장악하였던 지배세력들이 단합을 하였다. 당시 신라의 정권을 장악하였던 세력들은 화랑도의 활동을 통해 나이가 어렸을 때부터 공동활동을 하였다. 그들 중 김유신 등을 포함한 칠성우(七星友)는 진덕왕이나 김춘추를 떠받든 세력이었다. 칠성우는 그들의 대를 이어 단합된 힘을 과시하였다. 그 과정에 나라를 위한 다양한 의견들을 개진할 수 있었고 결정된 정책은 강력하게 시행할 수 있었다.

둘째, 신라는 당군을 동원하여 삼한통합을 할 수 있었다. 당에서는 백제와 고구려는 물론이고 신라까지도 병합할 생각에서 군대를 동원하였다. 그런데 신라는 백제와 고구려를 평정한 후 자신의 힘으로 당군을 몰아낼 수 있었다. 신라가 군사적인 힘이 없었다면 당군은 신라까지도 당의 영토로 병합하였을 것이다. 많은 어려움이 있었으나 결국 당군을 몰아내고 패강 이남을 신라의 영토로 삼았다는 사실은 중요한 의미가 있다.

셋째, 성골왕 시대에 신라는 국가의 지배체제를 새롭게 정비하였다. 특히 신라는 행정촌까지 지방관을 파견하여 보다 효율적이고 강력하게 지방지배를 할 수 있었다. 그와는 달리 백제와 고구려는 군 정도에까지 지방관을 파견하였다. 한마디로 신라는 백제나 고구려가 상급 지방행정조직에 제후적인 존재를 인정한 지방지배체제를 유지한 것과는 달리, 보다 강력한 군현제적인 지배를 하여 국력을 조직화할 수 있었다. 그것이 신라가 백제와 고구려를 평정하고 당군을 몰아낼 수 있는 원동력이었다.

삼한통합은 민족통일과 어떠한 관계인가? 그것이 최초의 통일국가인가? 신라의 지배세력들은 민족에 엄중한 죄과를 저질렀나? 발해가 한국사에 들어가야 하나? 당병을 끌어들인 것은 6 · 25사변 때 한국이 미국을 끌어들인 것과 같나? 그러면 북한이 중공군을 끌어들인 것은? 지금까지 한국사에서는 신라가 당의 침략을 무력으로 물리치고 정치적 독립을 지키는 데 성공한 사실을 중시해왔다. 이는 통일 신라의 사회와 문화가 발전하는 기초가 되었고 나아가 한민족의 독자적인 역사 발전의 터전이 되었다고도 하였다. 그러면서도 신라의 통일은 불완전한 것이었다고 하였는데, 여기에는 만주를 잃고 한반도를 통일한 것에 불과한 데 대한 아쉬움이 깔려 있다. 그 결과 신라의 삼한통합으로 토지와 인민이 크게 줄어들었다고 하며 한국사에 발해를 끌어들였다. 그러면서도 한민족의 형성을 위한 토대를 마련하여 신라의 영토와 주민 및 그들이 이룬 사회와 문화가 한국사의 주류를 형성하기에 이르렀으며 신라의 반도 통일은 커다란 민족사적 의의를 지닌다고 해왔다.

그러면 삼한통합은 한국 민족사와 어떠한 관계에 있는가? 현재 우리의 관점에서 지나간 역사를 사후 해석하여 신라의 삼한통합을 민족사와 연관시키고 있다. 신라 사람들은 민족을 생각한 일이 없었다. 660년 7월 13일 부여 융이 법민에게 항복할 때의 장면을 살펴볼 필요가 있다. 법민은 부여 융을 말 앞에 꿇어앉히고, 의자왕이 법민의 누이동생을 부당하게 죽여 옥 안에 묻음으로써 20년 동안 마음을 아프게 하였고 머리를 앓게 하였다고 말하였다. 백제의 항복을 받는 자리에서 신라의 태자는 민족이 아닌 사적인 원한을 이야기하였다. 그들에게 민족은 없었다. 민족은 근대에 만들어진 개념이다. 특히 1945년 이후 한민족의 역사가 만들어지는 과정에 삼한통합을 현재의 이야기로 끌어들여 민족사적으로 해석해온 것이 사실이다.

실제로 백제와 고구려를 평정한 신라는 백제인은 5두품까지, 고구려인은 6두품까지 골품신분으로 편입하는 정책을 폈다. 이는 신라인들이 백제와 고구려인들을 같은 민족으로 본 것이 아니라 피정복국인으로 편제하여 다스린 것을 뜻한다. 우리가 신라인들에게, 문무왕에게 백제와 고구려인을 한민족으로 동등하게 대우해달라고 요구할 수는 없다. 신라인들은 신라를 움직이던 원리에 의하여 피정복국인 백제와 고구려인들을 편제하였던 것이다. 그들은 그들의 사회를 움직이던 원리에 따라 골품신분으로 차등을 두어 다스렸다.

여기서 신라인들이 삼국통일이라 하지 않고 일통삼한이라고 한 것을 주목할 필요가 있다. 신라인들은 처음부터 백제 · 고구려를 통합하여 하나의 왕국을 형성할 생각과 능력이 없었다. 현재 민족사를 강조하는 과정에서 우리들이 신라인들에게 삼국통일을 요구하고 있는 것이다. 그러나 648년 당 태종은 김춘추에게 백제와 고구려를 평정한 후 평양 이남과 백제의 땅을 신라가 차지하게 한다는 약속을 한 바 있다. 이는 신라와 당이 동맹을 맺고 백제와 고구려를 평정할 때

〈표1〉 신라의 고구려 · 백제인에 대한 신분 편제

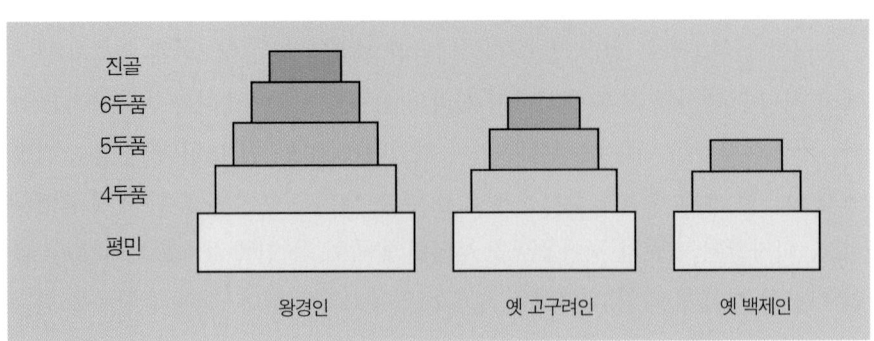

처음부터 신라의 영토가 정해진 것을 의미한다. 백제와 고구려를 멸한 후 당이 그러한 약속을 어기고 백제와 고구려 영역을 모두 차지하려 한 것이다. 이에 신라는 군사적 힘으로 패강 이남의 땅을 차지하였다. 김춘추를 비롯한 신라인들에게 애초 만주는 생각 밖이었다.

대신라 왕국의 탄생 백제와 고구려를 평정한 신라는 옛 백제의 땅과 고구려의 남쪽 땅을 차지한 왕국으로 성장하였다. 이같이 토지와 인민이 늘어난 신라를 지금까지는 통일 신라라고 해왔다. 그러나 통일 신라라는 용어는 처음부터 문제가 있다. 무엇을 통일한 것인가가 분명치 않다. 백제와 고구려의 평정으로 삼국의 토지와 인민들을 모두 신라로 통합한 것은 아니다. 그 후에도 신라는 신라였다. 단지 백제 · 고구려를 멸한 후 신라는 토지와 인민이 늘었고 지배조직 또한 확대 · 발전하였다. 이러한 신라를 그 이전의 신라와 구별하기 위하여 대신라 또는 대신라 왕국이라고 부르기로 한 것이다. 결국 신라인들이 말한 일통삼한의 결과 대신라 또는 대신라 왕국으로 발전한 것이며, 대신라 왕국은 고려 · 조선으로 이어지는 한국사의 한 부분을 점하였다. 그리고 현대 한국사학이 중시해온 민족 형성의 토대를 마련한 것도 사실이다.

제 2 장

대신라의 왕제(王制)

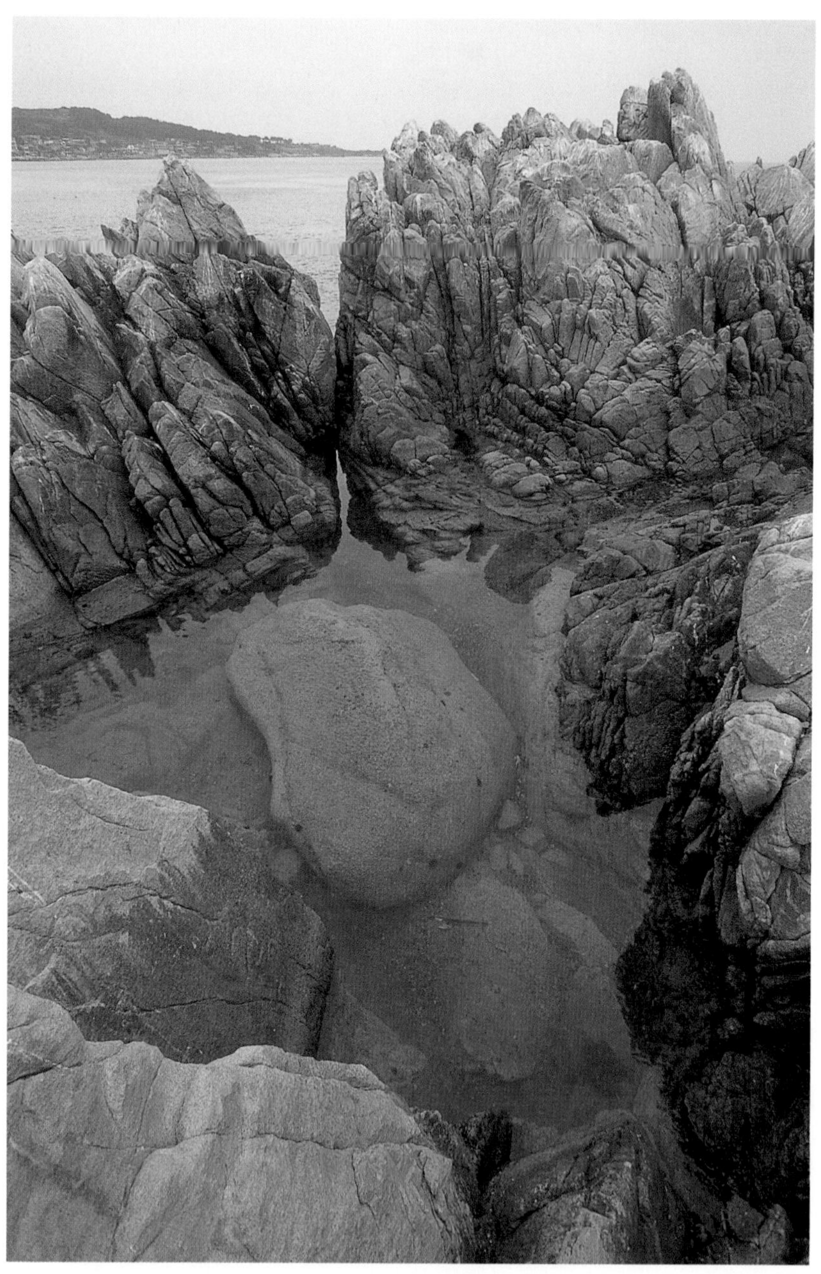

대왕암 삼한통합을 마무리하여 대신라 왕국을 열었던 문무왕릉으로 알려져왔다.

왕위, 왕권, 왕자(王者)와 왕정(王政) 문무왕이 세상을 떠나며 남긴 유조(遺詔)에 "종묘의 주(主)는 잠시도 비울 수 없으니 태자는 널 앞에서 왕위를 이어 오르도록 하라"는 내용이 있다. 이에 따라 신문왕이 즉위하였다. 잠시도 비울 수 없는 자리, 세상을 떠난 문무왕의 널 앞에서 빈자리를 채워야 하였던 왕위는 어떤 자리인가? 왕자(王者)에 의한 왕위 또는 왕정은 신라 역사에서 어떠한 의미를 지닌 것일까? 왕의 존재를 무시하고 신라의 역사를 이해할 수 있을까? 『삼국사기』에 왕을 중심으로 삼국의 본기를 서술한 것은 아무런 의미가 없을까? 그리고 『삼국사기』「잡지」 중 제사조가 가장 먼저 나오고 그 중 다시 종묘의 제도가 먼저 나오는 이유는 무엇일까? 현재 국민이 국가의 주인이라고 하는 민주주의 사회에 살고 있는 우리들이 왕에 의하여 지배되던 신라 왕국의 역사를 올바르게 읽어내고 있는 것일까? 도대체 신라의 왕은 어떠한 존재였을까? 그리고 왕을 둘러싸고 유지되었던 왕정은 어떤 것이었을까? 여기서 간단하지만 왕위, 왕권, 왕자, 왕정에 대한 개념을 밝힌다. 왕위는 종묘의 주였던 신라 왕국 최고의 정치적 지위를 의미한다. 왕권은 왕의 권력을 의미한다. 왕자(王者)는 왕과 그를 둘러싼 세력으로 왕권을 행사하는 집단을 가리킨다. 한편 왕정(王政)은 왕을 중심으로 행해진 지배 전반을 말한다.

10배 강력해진 대신라의 왕위와 그 변동 혁거세가 사로6촌을 통합하고 입방설도하여 사로국을 형성한 이후 신라의 정치적 성장에 따라 왕위(王威)도 강화되었다. 삼한통합 후 신라의 왕정은 전에 없이 강력하게 중앙집권화되고 확장되었으며 백제와 고구려의 영역을 장악하게 된 대신라의 왕위는 10배 더 강화되었다. 숫자대로 10배가 아니라 그만큼 커졌다는 의미이다. 그리고 왕위는 왕의 권력과 권위를 포함한 의미에서 사용하고자 한다. 백제와 고구려를 평정한 후 신라의 토지와 인민은 2~3배 정도 늘었다. 새로이 확보한 토지와 인민을 통치하게 된 신라의 왕위는 2~3배가 아니라 그 몇 배가 강화되었다. 그런데 9세기 원성왕계 종족(宗族) 성원들의 왕위계승전을 거치며 왕위는 위축되기 시작하였고 급기야 전국(戰國) 시대가 열렸으며 경순왕이 고려에 항복하게 되었다. 이로써 신라왕국이 망하였고 그 왕도 사라지게 되었다.

한 명의 재위하고 있는 왕 왕위는 잠시도 비울 수 없는 무엇보다 중요한 자리였다. 그런데 온 나라의 정사를 다스리던 왕도 마침내 한 줌의 흙이 되고, 언젠가는 초동과 목동들이 그 위에서 노래를 부르고, 여우와 토끼들이 그 옆에 구멍을 뚫고 살게 된다고 한다.[27] 이런 의미에서 신라의 왕들 중 살아 있는 왕을 중심으로 다루지 않을 수 없다.

그러면 그러한 왕은 어떤 의미를 지닌 존재였을까? 지금까지는 신라의 왕을 이해하는 데 있어 죽은 왕과 살아 있는 왕을 구별하지 않았다. 그 동안 연구자들은 왕위계승표에 나오는 왕들을 시간적인 구분 없이 하나의 집단으로 다루어왔기 때문이다. 바꾸어 말하면 종묘에 모셔진 왕이 아니라 종묘의 주(主)로 재위하고 있던 왕들을 주목하지 않았기에 왕위에 대한 이해가 올바르게 될 수 없었다.

1. 대신라의 왕위

먼저 대신라 왕국의 왕들에 대하여 살펴보기로 한다. 어쩔 수 없이 뒤에 나오는 것과 같이 대신라 왕국 왕의 계보를 그려보았다. 계보에 나오는 왕들 중 재위하고 있는 왕을 보아야 한다. 죽은 왕이나 아직 즉위하지 않은 왕들은 왕에 대한 이야기를 하는 데 부수적인 존재이다.

대신라의 왕 신라는 혁거세를 왕으로 세움으로써 국가를 형성하였다. 그 이후 왕은 국가지배의 최정상에 있으며 최고의 신분을 차지하였고, 막대한 부를 가지

27) 『삼국사기』 7, 「신라본기」 7, 문무왕 21년 유조.

고 있었으며, 왕국 전체를 지배하는 권력을 행사하였다. 왕은 토지 · 인민 · 정사(政事)를 장악하여 권위를 세울 수 있었다.

문무왕의 유조에 보다 구체적으로 왕정(王政)의 내용이 나오고 있다. 왕에게는 전쟁을 이끌고 강토를 평정하고 반역한 자를 치고 협조하는 무리를 불러들여 다스리는 모든 곳을 평안하게 할 임무가 있었다. 그리고 왕은 위로 조종(祖宗)의 염려를 안심시키고, 아래로는 부자(父子)의 오랜 원수를 갚고 살아 있는 자와 죽은 자에게 상을 내리고, 중앙과 지방의 관직을 고루 나누어주고, 병기를 녹여 농구를 만들었으며, 백성들이 인수(仁壽)의 경지를 누리게 하는 일을 하였다. 왕은 부세를 가볍게 하고 요역을 덜어주어 백성들을 풍요롭게 하고, 민간은 안정이 되고 나라 안에 걱정이 없게 하고, 창고는 곡식이 쌓이고 감옥은 비게 하며 신과 인간 모두에 부끄럽지 않게 하고, 관리나 백성들의 뜻을 들어주었다.[28] 문무왕이 왕으로서 한 이 같은 일들이 다른 왕들에게 그대로 적용되는 것은 아니다. 그러나 왕이 국가지배의 최정상에서 정사(政事)를 장악하며 권력을 행사한 것은 틀림없다.

46대 문성왕의 유조에는 "조종의 대업에는 주재자가 없어서는 안 되며 군국(軍國)의 만기(萬機)는 잠시도 폐(廢)할 수 없다"고 하였다.[29] 이는 조종의 대업과 군국의 만기를 담당한 자가 바로 왕이며 왕의 자리는 비울 수 없는 것임을 의미한다.

왕에 따라 국가지배의 양상이 달라졌다. 왕들은 국가지배를 위하여 신료를 거느렸으며, 그 중 측근세력들을 재상으로 거느렸고, 왕의 사신(私臣)으로서의 전통을 이었던 내성은 왕을 위한 기구로 존재하였다. 한마디로 왕은 정치 · 경제 · 종교 · 군사 등 모든 면의 수장이었다. 그는 모든 권력을 장악하였다. 그러면서 신료들에게 권력을 위임해주었다. 상대등을 포함한 신료들은 왕을 위해 존재하였으며 왕은 신료들과 비교하여 절대적인 권력을 가지고 있었다.

28) 『삼국사기』 7, 「신라본기」 7, 문무왕 21년 유조.
29) 『삼국사기』 11, 「신라본기」 11, 문성왕 19년 유조.

왕위의 불안정성 왕위의 특성 중 하나는 그 자체가 안정이 잘 안 된다는 것이다. 생물학적인 면에서 왕위계승자의 확보와 관련된 문제만 있는 것이 아니다. 그보다는 정치적 경쟁으로 인하여 왕위가 안정되지 않았다는 사실을 주목할 필요가 있다. 특히 신라 하대 원성왕계 가계 안에서의 왕위계승전은 그러한 사정을 잘 보여준다. 당시 왕위는 만성적 불안에 놓여 있었다. 48대 경문왕(861~875) 이후에는 지방세력의 성장으로 인하여 왕위가 축소되었기에 오히려 왕위계승전이 사라지게 되었다. 이제 지방에서 새로운 정치세력들이 성장하여

성덕왕릉의 12지신상 12지신상 또한 무덤의 주인인 왕의 사후 세계를 지켜주는 장치였다.

신라 왕위를 위협하게 되었다. 그로 인해 왕정의 내용이 달라졌고 나아가 신라의 정치구조가 달라지게 되었다.

왕위를 정당화 · 신성화하는 장치들 신라에는 오직 한 사람, 왕의 존재를 정당화해주는 장치가 마련되어 있었다. 첫째, 시조묘 · 신궁 · 5묘를 들 수 있다. 시조묘는 신라의 시조를 비롯한 역대 박씨 왕들을 모신 사당이고, 신궁은 미추왕 · 내물왕을 비롯한 역대 김씨 왕과 그 일족을 모신 사당이었다. 이들 시조묘와 신궁은 신라 왕들의 존재를 이념적인 면에서 정당화해주는 장치가 되었다. 시조묘나 신궁은 종묘(宗廟)라고 하였다. 그러한 이유로 문무왕은 왕을 종묘의 주라고 하였던 것이다. 종묘라고 한 시조묘나 신궁이 왕의 존재를 정당화해주게 된 데에는 신화가 그 바탕에 작용하고 있었다.

혁거세나 알지의 후손이라고 하는 신라 왕들은 그와 같은 시조신화를 통하여 신의 후손으로 신성한 출생임을 확인받았다. 한편 재위하고 있는 왕의 직계조상을 모시는 5묘제는 그 성격이 다를 수 있다. 5묘에 시조대왕 · 태종대왕 · 문무대왕을 모시는 것을 볼 수 있는데, 5묘제를 시행하며 그들의 시조대왕을 모셔 재위하고 있는 왕의 신성성을 부여하였던 것이다.

둘째, 신라 왕에 대한 중국의 책봉도 왕의 정당성을 뒷받침해준 하나의 장치였다. 중국의 황제가 신라 왕을 왕으로 책봉해줌으로써 왕의 권위를 높일 수 있게 되었다. 셋째, 왕들은 순행을 하여 권력을 강화하였다. 지방관은 왕의 권력 행사를 집행하였는데 때로는 외사정을 두어 왕을 대신하여 왕의 권력의 존재를 알리기도 하였다. 넷째, 왕은 지방의 세력들을 통제하기 위하여 기인(其人)을 두기도 하였다. 기인은 일종의 인질로 지방세력들을 기인으로 삼아 왕경에 머물게 하여 지방세력을 통제하는 방식이었다. 그런가 하면 문무왕은 그의 유조를 통하여 서국(西國), 즉 인도의 의식에 따라 화장할 것을 명하고 있다. 신라의 왕들은 이제 죽어서도 불교의 의식으로 그의 권위를 세우려 하였던 것을 볼 수 있다. 나아가 이는 왕의 정당성을 강화시켜주었다.

왕의 경제력 신라 전체의 토지와 인민을 다스린 왕이라 하여 지배세력의 사유재산을 마음대로 차지할 수는 없었다. 따라서 왕 또한 일정한 경제력을 가지지 않을 수 없었다. 문무왕 9년(670) 목마장 1백74곳을 나눠주는 과정에서 소내(所內)에 22곳, 관부에 10곳, 김유신에게 6곳 등을 주었다. 그 중 소내는 내성 소속으로 22곳의 목마장을 왕실 소속으로 받은 것을 의미한다. 이는 왕이 가장 많은 목마장을 가졌던 것을 의미하고 왕의 경제력이 컸던 것을 보여준다. 그런데 왕은 목마장 이외에도 막대한 규모의 토지를 소유하였다. 이 같은 왕의 경제력은 왕위를 강화하는 밑받침이 되었다.

2. 대신라의 왕들

무열왕의 즉위 성골왕 시대가 끝나고 진골로서 왕위를 계승한 김춘추는 대신라 왕국을 연 중심 인물이다. 진덕왕을 마지막으로 성골의 대가 끊어졌다. 무열왕의 할아버지인 25대 진지왕은 성골이었다. 따라서 그의 아들 용수와 용춘 또한 성골로 왕궁에 살았다. 그런데 진지왕이 폐위되면서 용수와 용춘은 족

〈표2〉 알천과 무열왕(김춘추)의 관계

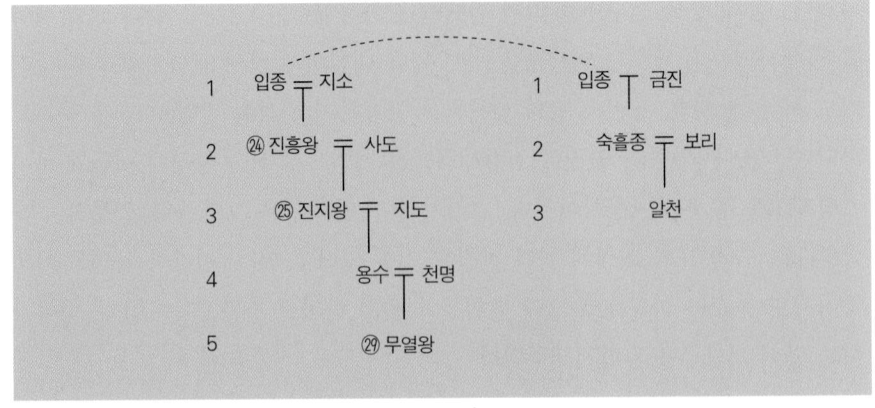

강되어 진골신분을 갖게 되었고 원칙으로는 왕궁을 떠나게 되었다. 선덕왕과 진덕왕대에 용수는 왕의 측근에서 활동하였고 용춘은 장군으로 활동하였다. 김춘추는 원래 용수와 진평왕의 딸 천명공주 사이에서 출생하였다. 그런데 용수가 죽으면서 천명공주와 김춘추를 용춘에게 주었다. 따라서 김춘추는 용춘의 아들이 되기도 한다.

진덕왕이 세상을 떠나자 군신들이 이찬 알천에게 섭정을 청하였는데 알천이 굳이 사양하며 덕망이 높고 무겁기는 춘추공 만한 이가 없으니 실로 세상을 구제할 수 있는 영걸이라 하였다. 마침내 춘추공을 받들어 왕으로 삼으려 하니 그가 세 번 사양하다가 마지못해 왕위에 올랐다. 알천은 숙흘종의 아들이었다.

알천은 입종의 손자이고 춘추공은 입종의 5세손에 해당한다. 알천이 왕실에서 차지하는 서열이 높았던 것은 사실이지만 성골이었던 전왕들과의 관계에서 춘추공에 비하면 격이 떨어졌다. 당시 군신들이 알천공을 섭정으로 모시려 하였다는 사실은 그를 왕으로 삼으려 한 것이 아닐 수도 있음을 보여준다.

무열왕계의 왕위계승 『삼국사기』에는 29대 무열왕에서 36대 혜공왕까지를 중대(中代)라고 하였다. 이 기간의 왕위계승에 대한 몇 가지 사실들을 보기로 한다.

백제와 고구려를 평정하여 삼한을 통합한 무열왕과 문무왕대의 왕권은 신라 역사상 가장 강하였다고 할 수 있다. 9년전쟁과 이어 벌어진 당과의 또 다른 9년전쟁 기간에 신라는 전쟁을 수행하기 위한 지배체제를 운용하였다. 왕은 전쟁과정에서 여러 차례의 논공(論功)을 행하여 신료들에게 여러 가지 보상을 해주었다. 즉 왕은 논공을 통해 신료들에 대한 통제를 강화할 수 있었던 것이다.

이 시기의 왕위계승은 강화된 왕위에 맞는 형식으로 이루어졌다. 왕위계승의 원칙은 재위하고 있던 왕의 장자에게 이어지는 것이었다. 성골왕의 계승이 왕과 그 형제의 가족이라는 확대가족에서 이루어진 것과는 달리 왕의 핵가족에서 이루어졌다. 그것도 원칙은 왕의 장자를 태자로 삼아 왕위를 전하는 형식이었다.

그런데 생물학적인 면에서 이 시대의 왕들 중에는 아들을 낳지 못하는 경우가

〈표3〉 무열왕에서 혜공왕까지의 왕위계승표

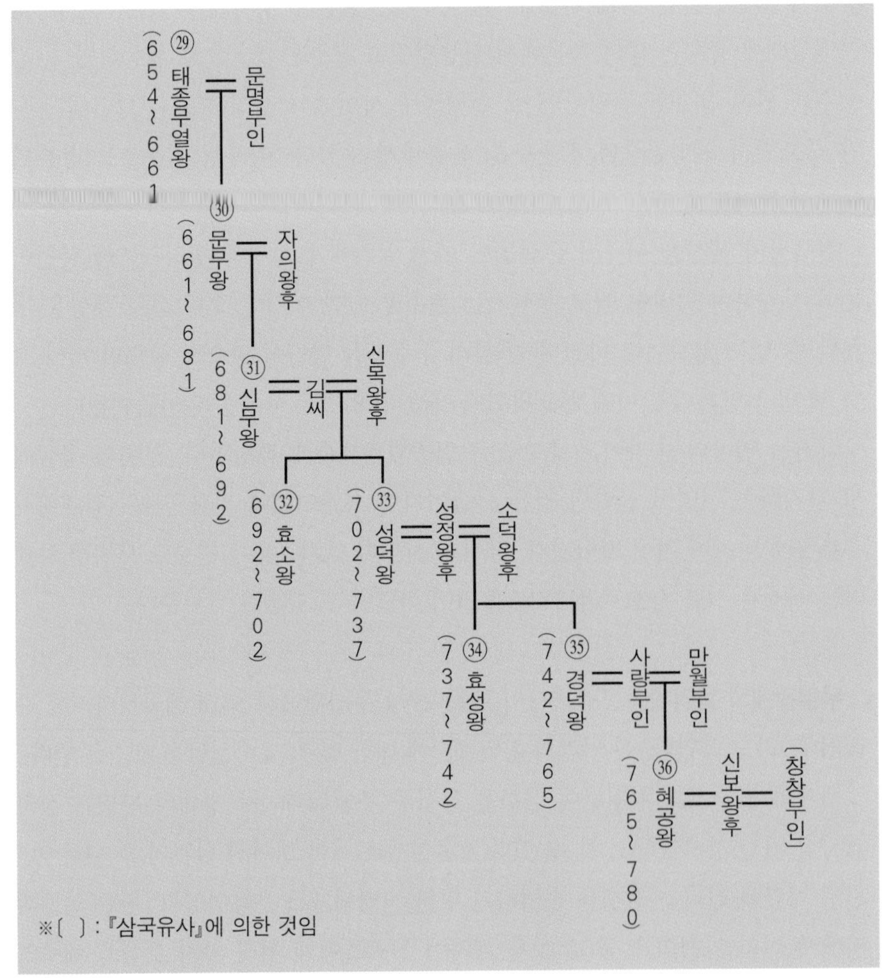

있었다. 32대 효소왕에게는 아들이 없었고 34대 효성왕에게도 아들이 없었다. 따라서 아들이 없던 왕들은 동생에게 왕위를 전한 것을 볼 수 있다. 효소왕은 동생 성덕왕에게, 효성왕은 동생 경덕왕에게 왕위를 전하지 않을 수 없었다. 이러한 왕위계승은 표면적으로는 형제상속이었으나 당시 왕위계승의 원칙이 장자상속이라는 사실에는 변함이 없었다. 그것은 성덕왕과 경덕왕이 각기 장자에게 왕위를 전한 것으로 확인된다.

선덕왕의 왕위계승 선덕왕(양상)의 왕위계승은 새로운 형태의 왕위계승이 이루어진 시초라고 할 수 있다. 37대 선덕왕(780~785)은 내물왕(356~402)의 10세손이라고 한다. 혜공왕 16년 김지정이 반란을 일으켜 무리를 모아 궁궐을 포위하고 범하였다. 이 때 상대등 양상이 왕 옆의 악인들을 물리치자고 맨 먼저 주장하자 경신이 이에 참여하여 난을 평정하는 데 공을 세웠다. 선덕왕은 아버지를 추봉하여 개성대왕을 삼고 어머니를 정의태후로 삼고 아내를 왕비로 삼았다. 선덕왕의 어머니는 33대 성덕왕의 딸이었다. 그는 무열왕의 직계가 아니었다. 그가 왕위에 오른 것은 상대등으로 거병에 성공하였기 때문이었다.

선덕왕 5년(784) 4월에 왕위를 사양하려 하였으나 여러 신하들이 세 번이나 글을 올려 간하므로 그만두었다. 그러다가 785년 정월 병을 얻어 낫지 않자 이때 조서를 내려 말하였다. 그는 원래 왕위에는 마음이 없었으나 떠받드는 것을 피하기 어려워 왕위에 올랐으며, 항상 왕위를 물려주고 밖으로 나가 살려고 하였으나 군관(群官)과 백료들이 말려 지금에 이르러 병이 걸렸다고 하며, 죽은 후에 불교 의식에 따라 불에 태워 뼈를 동해에 뿌려달라고 하였다. 1월 13일 세상을 떠나니 시호를 선덕이라 하였다.[30)]

원성왕의 쿠데타와 그 후손의 왕위계승 38대 원성왕(경신)은 선덕왕과 함께 혜공왕을 몰아내는 난에 가담하였으며 선덕왕이 즉위하자 경신은 상대등이 되었다. 사실 경신이 왕위에 오르는 데에는 어려움이 있었다. 선덕왕이 세상을 떠났을 때 아들이 없자 군신(群臣)들이 의논하여 선덕왕의 혈족인 김주원(金周元)을 왕으로 세우려 하였기 때문이다. 김주원은 왕궁의 북쪽 20리에 살았는데 마침 비가 내려 알천의 물이 불어나 김주원이 건너오지 못하였다. 이 때 어떤 사람이

30) 『삼국사기』 9, 「신라본기」 9, 선덕왕 6년 조서.

말하기를, 인군(人君)이 대위에 오르는 것은 도모하여 되는 것이 아닌데 오늘 갑자기 비가 많이 내리는 것은 김주원을 왕으로 삼으려는 것이 아닐 것이라고 하고 상대등 경신은 평소에 덕망이 높고 임금의 풍모를 지녔다고 하였다. 이에 무리들이 의견을 모아 경신을 세워 왕위를 잇게 하였다.[31] 이후 52대 효공왕까지 원성왕의 후손들이 대를 이어 왕위에 오르게 되었다.

서로 다른 꿈 해몽 당시 경신은 상대등으로 있으면서 왕위를 계승할 준비를 하였던 것을 알 수 있다. 그러한 사정은 『삼국유사』에 나오는 경신의 꿈과 그에 대한 해몽으로 알 수 있다. 이찬 김주원은 상재(上宰)로 있었고 각간 경신은 차재(次宰)로 있었다. 경신의 꿈에 복두를 벗고 흰 갓을 쓰고 십이현금을 들고 천관사의 우물 속으로 들어갔다. 경신이 꿈에서 깨자 사람을 시켜 점을 치니 복두를 벗은 것은 관직을 떠날 징조이고, 십이현금을 든 것은 칼을 쓰게 될 조짐이며, 우물 속으로 들어간 것은 옥에 갇힐 징조라고 하였다. 이에 경신은 근심하여 문을 닫고 집 밖으로 나가지 않았다.

그 때 아찬 여삼이 재차 청하여 경신을 만나 꿈 해몽에 대해 이야기를 하였다. 경신으로부터 꿈 얘기를 들은 여삼은 일어나 절하며 만일 왕위에 올라 자기를 저버리지 않는다면 꿈 해몽을 하겠다고 하였다. 이에 경신이 좌우를 물리고 해몽을 청하였다. 여삼은 복두를 벗은 것은 공 위에 다른 이가 없다는 것이고, 흰 갓을 쓴 것은 면류관을 쓸 징조이며, 십이현금을 든 것은 12대손이 대를 이을 징조요, 천관사 우물로 들어간 것은 궁으로 들어갈 길조라고 하였다. 경신이 자기 위에 김주원이 있는데 어찌 윗자리에 오를 수 있는가 하니 비밀히 북천신에게 제사를 지내면 좋을 것이라 하였다. 경신은 그대로 따랐다. 얼마 안 있어 선덕왕이 세상을 떠났는데 큰비가 와 김주원이 내를 건너지 못한 사이 경신이 먼저 궁으로 들어가 왕위에 오른 것이다. 그 후 상재 김주원의 무리들이 모두 와서 따르

31) 『삼국사기』 10, 「신라본기」 10, 원성왕 즉위조.
32) 『삼국유사』 2, 「기이」 2, 원성대왕.

토우장식 항아리(국보 195호)의 악기 연주자 경신(원성왕)의 꿈에 십이현금을 들고 천관사의 우물로 들어갔다. 아찬 여삼이 이에 대한 해몽을 하여 경신이 왕이 될 준비를 하였다.

고 새 왕을 치하하였다.[32)]

경신의 꿈 해몽에 대한 이야기는 실제는 왕위계승을 위한 준비과정을 설화화한 것이라고 여겨진다. 경신은 상대등으로 정치적 실권을 장악하고 군신들을 동원하여 선덕왕의 족자(族子)인 김주원을 물리치고 왕위에 오를 수 있었다.

원성왕계의 왕위계승전 선덕왕 재위 시 상대등으로 있던 경신(원성왕)의 왕위계승은 선덕왕의 족자 김주원과의 경쟁에서 승리하였기 때문이었다. 따라서 원성왕의 즉위 자체가 실력에 의한 새로운 형태의 왕위계승을 의미하고 왕위계승전의 서막이 열린 것이라고 할 수 있다. 여기서 38대 원성왕(785~798)에서 47대 헌안왕(857~861)까지의 계보를 보기로 한다.

원성왕은 자신의 후손을 후계자로 삼아 왕위를 안정시키기 위해 부단히 노력하였다. 그 대표적인 증거로 그가 태자를 3명이나 세운 것을 들 수 있다. 그는 왕

〈표4〉 원성왕에서 헌안왕까지의 왕위계승표

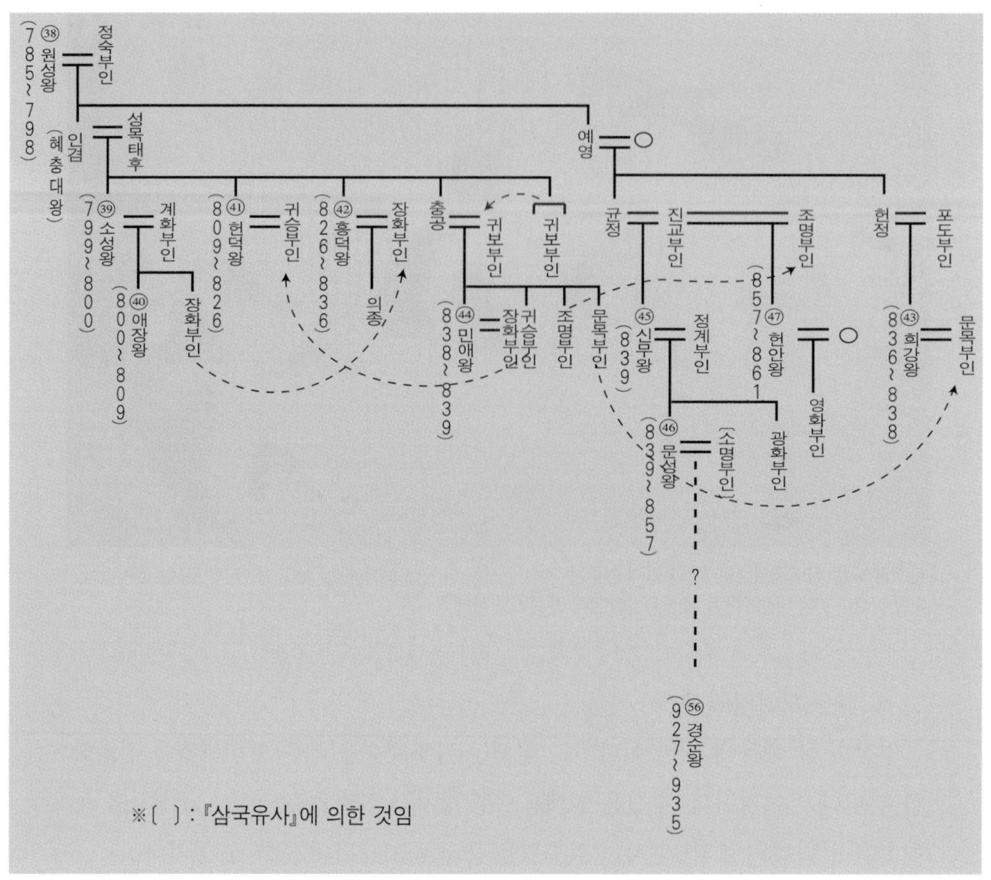

위에 오른 785년 2월 아들 인겸을 왕태자로 삼았다. 그런데 원성왕 7년(791) 정월에 왕태자가 세상을 떠나므로 시호를 혜충이라 하였다. 원성왕은 이듬해 8월 왕자 의영을 봉하여 태자로 삼았는데 원성왕 10년(794) 2월 태자 의영도 세상을 떠났다. 이에 이듬해 정월 혜충태자의 아들 준옹을 봉하여 태자로 삼았다. 원성왕은 재위 14년째인 798년 12월 29일 세상을 떠났다. 그는 유명으로 널을 들어다 봉덕사 남쪽에서 태웠다.

원성왕의 손자이며 혜충태자의 아들인 준옹(39대 소성왕) 또한 정치적 실력을 갖추고 있었다. 그는 789년 당에 사신으로 갔다와서 대아찬이 되었고, 790년 파진찬으로 재상이 되었으며, 792년 병부령이 되었다가 795년 태자가 되었고, 799년 왕위에 올랐다. 원성왕이 세상을 떠난 것은 798년 12월 29일이었는데 준옹의 왕위계승은 며칠 후인 799년 정월에 이루어졌다. 그는 재위 2년(800) 6월 왕자 청명을 태자로 삼고 세상을 떠났다. 소성왕은 재위 기간이 짧았지만 그 자신이 재상과 병부령을 지낸 실력자였다.

청명(40대 애장왕)은 왕위에 오를 때 13세였다. 따라서 그의 숙부 아찬 병부령 언승이 섭정하였다. 애장왕 2년(801) 2월 병부령 언승을 어룡성 사신으로 삼았다가 얼마 안 있어 상대등으로 삼았다. 섭정을 세우지 않을 경우 왕가(王家)의 세력은 약화될 수밖에 없다. 그런데 애장왕 10년(809) 7월 왕의 숙부 언승은 아우 이찬 제옹과 병사를 거느리고 궁에 들어가 난을 일으키고 왕을 죽였다. 왕의 아우 체명은 왕을 모시고 호위하다가 함께 살해되었다. 이 때 애장왕은 22세로 점차 왕정을 장악할 수 있게 되었다.

언승(41대 헌덕왕)은 39대 소성왕의 동복아우이다. 그는 원성왕 6년(790) 당에 사신으로 갔던 일로 대아찬의 관위를 받았고, 791년 역신을 죽여 잡찬이 되었으며, 794년에 시중, 795년에 이찬으로 재상, 796년에 병부령이 되었다. 애장왕 원년(800)에 각간으로 어룡성 사신이 되었다가 곧 상대등이 되어 섭정을 하였는데, 809년 7월 애장왕을 살해하고 왕위를 차지하였다.

그 후 헌덕왕 14년(822) 3월에 웅천주 도독으로 있던 김헌창이 반란을 일으켰다. 그는 아버지 김주원이 왕이 되지 못한 이유로 반란을 일으켜 국호를 장안, 연호를 경운 원년이라 하였다. 김헌창은 4개 주 도독과 3개 소경 사신을 위협하여 자신의 소속으로 삼았다. 김헌창의 난은 실패로 끝났지만 그 자체가 왕위계승전의 하나였던 것은 틀림없다. 그런가 하면 김헌창의 난을 진압하기 위하여 동원되었던 8명의 장군들은 그 후 왕위계승전에 참여한 것이 확인된다. 이는 정치지배세력들이 군사지배세력이 되었음을 보여준다.

수종(42대 흥덕왕)은 후에 이름을 고쳐 경휘라고 하였다. 흥덕왕에게는 아들

월성 왕위계승전은 월성의 주인인 왕을 제거하고 월성을 장악함으로써 끝이 났다.

의종이 있었다. 홍덕왕 11년(836) 정월 의종을 당에 보내 사은하고 숙위토록 하였는데 같은 해 12월 홍덕왕이 세상을 떠났다. 왕이 죽었을 때 의종은 당에 가 있었기에 왕위를 이을 아들이 신라에는 없었다.

이에 홍덕왕의 사촌 아우 균정과 또 다른 사촌 아우의 아들인 제륭이 모두 왕이 되고자 하였다. 당시 시중 김명과 아찬 이홍 그리고 배훤백 등은 제륭을 받들었고, 아찬 우징은 그의 조카 예징 및 김양과 함께 아버지 균정을 받들었다. 그들이 일시에 궁에 들어가 서로 싸웠는데 김양은 화살에 맞고 우징 등과 함께 도주하였으며 균정은 살해되었기에 제륭(43대 희강왕)이 왕위에 오르게 되었다. 홍덕왕까지는 원성왕의 아들 인겸계였다. 그와는 달리 희강왕은 원성왕의 아들 예영계였다. 여기서 홍덕왕이 죽은 후 원성왕의 아들인 인겸계와 예영계 사이에 세력동맹과 왕위계승전이 벌어진 것을 볼 수 있다.

838년 정월 상대등 김명과 시중 이홍 등이 병사를 동원하여 난을 일으켜 희강왕의 측근 신하들을 죽이자 희강왕은 스스로 목숨을 지키지 못할 것을 알고 궁중에서 목을 매고 죽었다. 이에 김명(44대 민애왕)이 왕위에 올랐다.

민애왕 원년(838) 2월 김양이 병사를 모아 청해진에 들어가 아찬 김우징을 만났다. 우징은 836년 12월 제릉(희강왕)과의 왕위계승전에서 패하여 패잔병을 거두어 837년 8월 청해진으로 들어가 대사 장보고(궁복)와 결탁하여 아버지(균정)의 원수를 갚으려 하였다. 우징은 김명이 왕위를 빼앗았다는 말을 듣고 장보고의 군사에 의지하여 원수를 갚고 싶다고 하였다. 장보고는 병사를 나누어 5천명을 주었다. 우징은 838년 12월 김양을 평동장군으로 임명하여 무진주 철야현에 이르렀다. 민애왕은 대감 김민주를 시켜 군사를 보내 맞아 싸우게 하였으나 김양은 마군 3천을 보내 거의 다 살상하였다. 민애왕 2년(839) 정월 19일 김양의 병사가 달벌(현재의 대구)에 이르렀다. 왕은 병사를 보내 막게 하였지만 한 번의 싸움에 김양이 크게 이기니 왕군(王軍)으로 죽은 사람이 반이 넘었다. 이 때 왕은 서쪽 교외의 큰 나무 밑에 있었는데 측근 신하들이 모두 흩어지자 홀로 어찌할 바를 모르다가 월유택으로 달려 들어가니 병사들이 찾아 죽였다. 민애왕의 왕군은 청해진의 병사 5천이 중심이 된 우징의 병사를 이길 수 없었다.

우징(45대 신무왕)은 원성왕의 손자이자 상대등 균정의 아들이었고 희강왕의 4촌이었다. 신무왕은 즉위한 해인 839년 7월 23일 등창으로 세상을 떠났다. 이에 신무왕의 태자 경응(46대 문성왕)이 왕위를 이었다. 문성왕대에도 몇 차례의 반란이 있었으나 진압되었다. 문성왕 9년(847) 8월에 왕자를 봉하여 왕태자로 삼았으나 852년 11월 세상을 떠났다. 문성왕은 재위 19년(857)에 병으로 세상을 떠나며 유조를 내려 숙부 의정에게 왕위를 물려주었다. 의정(47대 헌안왕)은 신무왕의 이복동생이었다.

37대 선덕왕, 38대 원성왕에서 시작된 왕위계승전은 45대 신무왕의 즉위로 일단락되었다. 그러나 여러 차례의 왕위계승전으로 인해 신라 왕위와 왕권은 약화되었고 심지어 청해진의 5천 병사를 주축으로 한 반란군에게 왕군(王軍)이 패할 정도가 되었다. 이후 신라의 왕위와 왕권은 위축되었고 지방세력의 성장을 제압할 힘을 잃게 되었다.

원성왕계의 왕위계승 원리와 실제 39대 소성왕에서 47대 헌안왕(857~861)까지의 왕들은 모두 38대 원성왕(785~798)의 후손들이었다. 이 기간 동안 왕위는 정치적인 면에서 불안정하였다. 물론 여러 차례의 왕위계승전이 있었지만 다른 계통의 인물이 왕위에 오른 일은 없었다. 이는 원성왕의 종족 내에서 왕위를 차지하였음을 의미한다. 당시 왕위는 원성왕을 종족시조로 하는 집단의 소유였다고 할 수 있다. 원성왕을 시조로 하는 종족의 성원들이 힘을 합해 다른 세력들과의 경쟁을 막고 왕위를 장악한 결과였다. 원성왕의 후손들이 힘을 합한 방법은 왕위만이 아니라 상대등 · 사신 · 병부령 · 시중까지 차지하는 것이었다. 관직을 차지한 자들은 재상이 되기도 하였다. 이 시기에 재상이 된 자들이 실질적으로 왕위계승권을 가지게 되어 왕위계승 경쟁이 생길 수밖에 없었다.

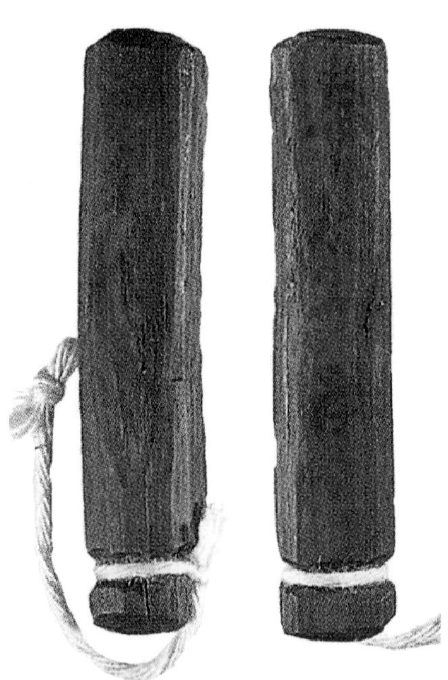

봉태자(奉太子)명 목간 원성왕이 집요하게 태자를 봉한 까닭은 그의 후손으로 왕을 삼기 위해서였다.

즉, 원성왕계 종족 성원들이 군사적 · 정치적으로 힘을 합한 것을 의미한다. 그런데 그 과정에서 상대등의 지위에 올랐던 원성왕의 후손들이 힘으로 왕위를 차지하는 일이 벌어지게 되었다. 당시 원성왕계 종족 성원들은 경제적인 부를 장악하였는데 그것을 기반으로 군사적 실력을 유지할 수 있었다. 군사적 실력은 곧 정치적 실력이 되어 상대등이 왕위를 빼앗고, 왕은 왕위를 빼앗기게 되었다. 이는 원성왕을 시조로 하는 가계 성원들이 힘을 합치는 동시에 왕위를 둘러싸고 경쟁을 벌인 것을 보여준다. 이에 이르러 종족의 혈연적 우두머리가 왕이 되는 것이 아니라 종족의 실력자가 왕이 됨으로써 왕정이 불안정하게 되었다. 실제로 왕위계승전은 신라 왕국의 지배세력을 분열시키고 왕 중심 통치체제를 무너뜨렸다. 그리고 왕위계승전 과정에서 많은 수의 신료를 소모하고, 그들을 통제하기 어렵게 만들었다. 결국 왕위계승전은 왕국의 응집력을 무너뜨렸고 왕국의 힘을 분산시키는 결과를 초래하였다.

태자와 부군 원성왕계의 왕들은 태자로서 왕위에 오르기도 하였다. 40대 애장왕은 13세의 나이에 태자로서 왕위를 이었다. 그리고 42대 흥덕왕은 부군으로서 왕위를 이었다. 또 46대 문성왕은 태자로서 왕위에 올랐다.

군사적 지배세력과 왕위계승 주목되는 사실은 정치적 · 군사적 실력을 가진 자들이 왕위에 올랐다는 것이다. 그 중 38대 원성왕, 41대 헌덕왕, 42대 흥덕왕, 44대 민애왕은 상대등을 지냈다. 어쩌면 47대 헌안왕 의정(誼靖)도 문성왕 11년 정월 상대등이 되었던 의정(義正)일 가능성이 있다. 그리고 39대 소성왕은 재상 · 시중 · 병부령을 지냈다. 43대 희강왕은 상대등을 지내지는 않았지만 흥덕왕이 죽었을 때 왕위를 다투었던 균정은 상대등이었으며 45대 신무왕(우징)은 상대등 균정의 아들이었다. 따라서 당시 왕위계승전에는 원성왕의 후손으로 상대등 · 병부령 · 재상을 지내면서 정치적 · 군사적 실력을 쌓았던 사람들이 나섰던 것을 알 수 있다.

무열왕계의 왕들은 왕의 장자를 왕으로 삼는 원리에 따랐다. 그런데 원성왕계의 왕들은 원성왕의 3~5세손들 사이에서 왕위를 이었다. 이는 왕위계승권을 주장하는 자의 수가 크게 늘어난 것을 의미한다. 그리고 그 결과 왕위는 약화될 수 밖에 없었다. 실제로 정치적 · 군사적 실력을 가진 자가 왕위를 이었다는 사실은 그러한 사정을 말해준다. 이 시기를 귀족연립이 이루어진 것으로 보기도 하나 실제는 원성왕의 3~5세손들이 실력으로 왕위를 이었다.

경문왕계의 왕들 47대 헌안왕에게는 아들이 없었다. 헌안왕은 선덕왕 · 진덕왕의 계승을 암탉이 울어 때를 알리면 집안이 쇠망한다는 식으로 보아 나이는 비록 어리나 노련하고 성숙한 덕이 있는 응렴을 왕으로 섬기도록 하였다.[33] 이에 헌안왕은 43대 희강왕의 손자인 응렴(膺廉)을 사위로 삼아 왕위를 물려주었다. 응렴의 왕위계승은 부자상속은 아니지만 이미 왕위계승권을 주장할 수 있는 종족이 확대된 상황에서 왕위계승의 자격을 갖추고 있었다. 헌안왕으로서는 경문왕을 지나 다음 대의 왕들이 자신의 외손이 되었기에 사위를 왕으로 택한 것일 수 있다.

48대 경문왕에서 52대 효공왕까지의 왕위계승을 표로 그렸다.

경문왕 6년(866) 정월 왕자 정(晸)을 왕태자로 삼았으며 경문왕 15년(875) 7월

〈표5〉 경문왕에서 효공왕까지의 왕위계승표

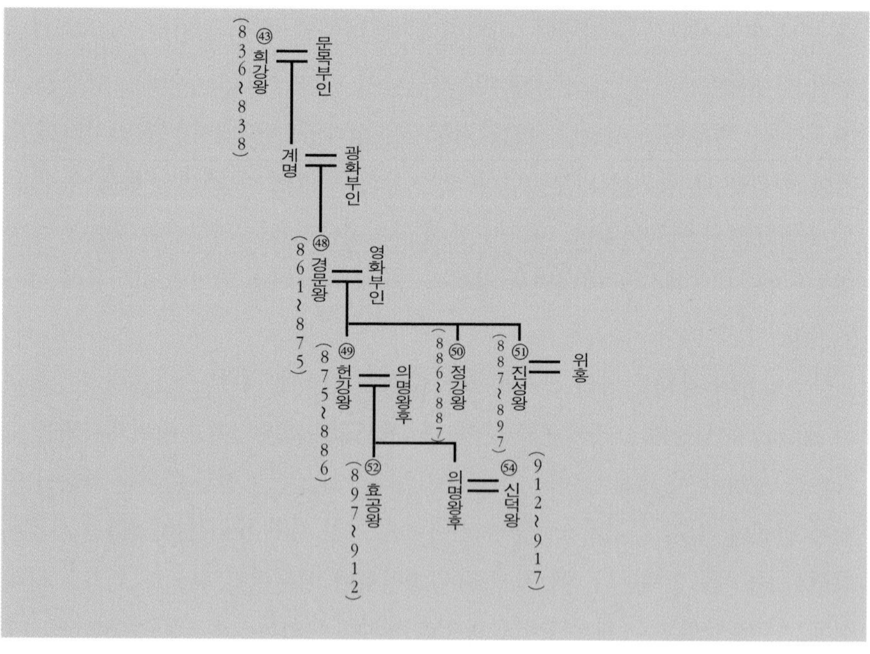

33) 『삼국사기』 11, 「신라본기」 11, 헌안왕 5년.

8일 왕이 세상을 떠나자 태자 정(49대 헌강왕)이 왕위를 이었다. 헌강왕 12년(886) 7월 5일 왕이 세상을 떠나자 경문왕의 둘째아들 황(50대 정강왕)이 왕위에 올랐다. 정강왕 2년(887) 5월 왕의 병이 깊어지자 시중 준흥에게 누이동생 만(진성왕)은 천부의 자질이 밝고 예민하며 골법(骨法)이 장부와 같으니 마땅히 선덕왕 · 진덕왕의 옛일을 본받아 왕위에 올리는 것이 좋겠다고 하였다.[34] 7월 5일 정강왕이 세상을 떠나니 진성왕이 즉위하였다.

골법 진성왕 9년(895) 10월 헌강왕의 서자 요(嶢)를 세워 태자로 삼았다. 일찍이 헌강왕이 놀며 사냥하다가 길가의 한 여자를 보았는데 모양이 아름다웠다. 왕은 마음으로 사랑하여 뒷차에 태워 휘장으로 만든 궁에 이르러 정을 통하였는데 곧 아이를 배어 아들을 낳았다. 자라자 몸의 모양이 뛰어나 요라고 하였다. 진성왕이 이 말을 듣고 궁으로 불러 손으로 등을 만져본 후 자기의 형제자매는 골법이 남과 다른데 두 개의 뼈가 솟았으니 진실로 헌강왕의 아들이라고 하고 예를 갖추어 높이 봉하였다.[35] 진성왕 11년(897) 6월 백성들이 곤궁하여 도둑이 벌떼처럼 일어났는데 그것이 자기가 덕이 없는 까닭이라 하고 왕위를 요(52대 효공왕, 897~912)에게 물려주었다.

경문왕(861~875)의 아들 헌강왕과 정강왕 그리고 딸 진성왕이 즉위한 후 경문왕의 정체가 생산한 종족은 대가 끊어졌다. 따라서 헌강왕의 서자인 효공왕이 왕위를 잇게 되었는데 효공왕에게 아들이 없었다고 한다. 이에 경문왕계는 사라지게 된 것이다. 그리고 경문왕계가 왕위를 이었던 시기에 신라에는 지방에 군웅이 등장하여 활동한 영웅들의 시대가 열렸다. 진성왕 5년(891) 북원의 양길 밑에서 궁예가 활동하기 시작하였다. 진성왕 6년(892)에는 견훤이 후백제를 세웠다. 이 때 신라 왕의 권위는 크게 약화되었다. 실제로 왕들이 다스리던 토지와 인민이 크게 줄어든 상황이었다. 왕위계승전조차 벌어지지 않을 정도로 신라의

34) 『삼국사기』 11, 「신라본기」 11, 진강왕 2년.
35) 『삼국사기』 11, 「신라본기」 11, 진성왕 9년 10월.

〈표6〉 신라 말 박씨 왕의 계승표

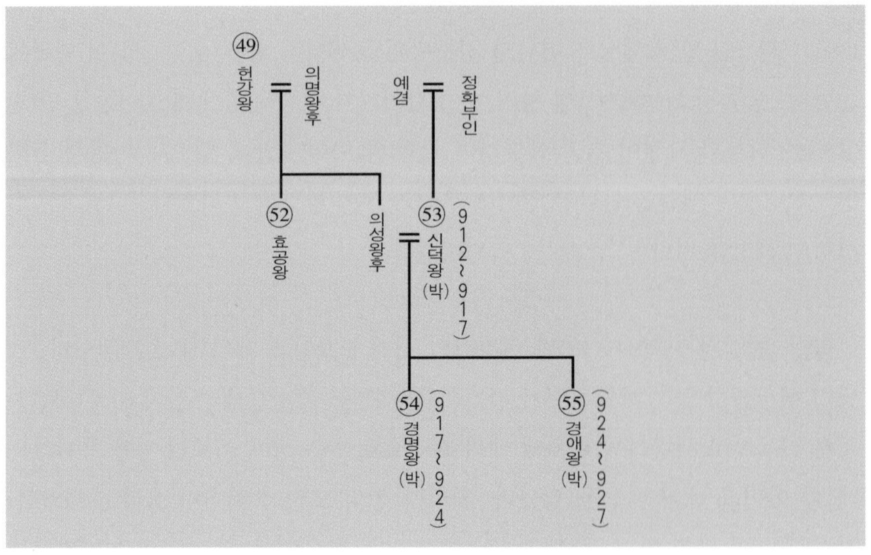

운명은 끝을 향해 가고 있었다.

박씨 왕의 즉위 견훤과 궁예가 각기 왕을 일컫고 나라를 세워 토지와 인민을 확장해가던 상황에서 신라에는 3명의 박씨 왕이 즉위하였다. 52대 효공왕에게 아들이 없어 국인들이 아달라왕의 후손이라고 하는 경휘(53대 신덕왕)를 추대하여 왕으로 삼았다.

신덕왕(912~917)의 뒤를 이어 태자 승영(54대 경명왕, 917~924)이 왕위를 이었고, 그 뒤를 이어 경명왕의 동복아우 55대 경애왕(924~927)이 왕위를 이었다. 경애왕 4년(927) 9월 견훤이 고울부(현재의 영천)에 쳐들어왔으며 11월에는 견훤이 왕경으로 쳐들어가서 왕을 강제로 자살하게 하고 왕비를 강간하였다. 그리고 족제(族弟)를 세워 국사를 맡게 하니 그가 경순왕이었다. 견훤에 의해 박씨 왕 시대가 끝나고 다시 김씨 경순왕이 즉위하게 된 것이다.

박씨 왕들의 권위는 극히 미약하였던 것이 분명하다. 왕경에 이웃한 고울부에 견훤이 쳐들어와서 머물렀음에도 왕건에게 구원을 청하고 왕은 포석사에서 기도를 하는 게 고작이었다. 이 때 신라의 토지와 인민은 현재의 경주 정도로 줄어들었고 왕은 정사(政事)를 행할 능력이 없었다.

3. 왕비와 왕모세력

새로운 왕비 들이기 중대의 왕들은 왕위를 계승할 아들을 얻기 위한 조치를 취하였는데 당시는 기본적으로 양자(養子)의 제도가 없었기에 부인을 다시 얻어 아들을 낳고자 하였다. 31대 신문왕은 김흠돌의 딸을 태자비로 들였는데 오래도록 아들이 없었다. 신문왕이 왕위에 오를 때 김흠돌이 반란을 일으켰기에 왕비는 연좌되어 출궁되었다. 신문왕 3년(683) 김흠운의 작은 딸을 왕비로 맞아 두 아들을 낳았는데 이들이 효소왕과 성덕왕이었다. 33대 성덕왕은 716년 3월 아들이 없던 성정왕후를 출궁시키고, 720년 이찬 순원의 딸 소덕왕후를 왕비로 삼았다. 성덕왕과 소덕왕후 사이에서 효성왕과 경덕왕이 출생하였다.

35대 헌영(경덕왕)은 이찬 순정의 딸을 왕비로 맞았다. 그런데 사량부인에게 아들이 없어 새로운 왕비를 맞았다. 『삼국유사』에는 경덕왕의 아들을 얻기 위한 노력이 나오고 있다. 경덕왕은 음경의 길이가 여덟 치나 되었는데 아들이 없어 왕비를 폐하여 사량부인으로 삼았다.

토용 혜공왕은 돌 때부터 왕위에 오를 때까지 항상 부녀가 하는 짓만 하였다고 한다.

하지만 후비 만월부인에게도 아들이 없었다. 이에 경덕왕은 어느 날 표훈대덕을 불러 상제(上帝)에게 아들을 두게 해달라고 청하도록 명하였다. 표훈이 하늘에 올라가 상제에게 고하니 상제는 딸은 얻을 수 있지만 아들은 얻을 수 없다고 하였다. 이를 왕에게 아뢰니 딸 대신 아들을 만들어달라고 하였다. 표훈이 다시 하늘에 올라가 청하니 상제가 말하기를, 될 수는 있지만 나라가 위태로울 것이라고 하였다. 내려오려는 표훈을 상제가 불러 하늘과 사람 사이를 문란하게 할 수 없는 법인데 표훈대사가 하늘과 사람 사이를 이웃 마을처럼 왕래하여 천기를 누설하였으니 이후로는 다시 다니지 말라고 하였다. 표훈이 돌아와 왕을 깨우쳐 말하였으나 왕은 나라가 비록 위태하더라도 아들을 얻어뒤를 잇게 한다면 만족하겠다고 하였다. 그 후 만월부인이 태자를 낳으니 경덕왕이 기뻐하였다고 한다.[36)]

36대 혜공왕도 원비(元妃) 신보왕후와 차비(次妃) 창창부인의 두 왕비가 있었던 것으로 나오고 있다. 혜공왕은 어려서 왕위에 올랐는데 장년이 되자 노래와 여색에 빠져 각처로 돌아다니며 노는 것이 절도가 없고 법강과 기율이 문란하여 천재와 지이(地異)가 여러 차례 나타나므로 인심이 배반하고 나라가 편치 않았다고 한다.[37)]

무열왕이 문무왕에게, 문무왕이 신문왕에게 왕위를 물려준 것은 장자상속이며 왕위를 강화시키는 의미가 있었다. 그런데 경덕왕이 여덟 살의 건운(혜공왕)에게 왕위를 물려준 것도 장자상속이지만 그 자체는 왕위를 약화시키는 결과를 가져왔다. 혜공왕에게는 왕위를 차지할 만한 능력이 없었던 것이 분명하다. 이에 혜공왕 16년(780) 상대등 김양상(37대 선덕왕)과 이찬 김경신(38대 원성왕)이 군사를 일으켜 왕과 왕비를 살해하고 왕위를 장악하는 사건이 벌어졌다. 같은 장자상속도 정치적 상황에 따라 왕위를 강화시키기도 하고 약화시키기도 하였음을 알 수 있다.

36) 『삼국유사』 2, 「기이」 2, 경덕왕 · 충담사 · 표훈 대덕.
37) 『삼국사기』 9, 「신라본기」 9, 혜공왕 16년 2월.

헌강왕릉 진성왕의 오빠이며 왕권이 크게 위축된 시대의 한 왕이었다.

4. 대신라의 왕위와 왕권

왕위계승의 원리와 왕위 · 왕권의 변동 왕위는 다른 모든 관직 위에 군림하는 자리이다. 그런데 시대에 따라 왕이 다스리던 토지와 인민의 규모가 달라지고 그에 따라 왕의 정사(政事) 처리방식도 변하였다.

29대 무열왕에서 36대 혜공왕까지의 왕위계승 원리는 왕의 장자를 태자로 삼아 왕위를 잇게 하는 것이었다. 물론 아들이 없는 왕들은 왕의 동생에게 왕위를 물려주었다. 그것은 왕위를 잇기 위한 비상조치였다. 장자나 동생에게 왕위를 물려줌으로써 왕위계승권을 주장할 수 있는 집단의 폭을 원천적으로 축소시켰던 것이다. 그 결과 이 때의 왕위는 초월적인 것으로 강화되었다.

38대 원성왕 이후 47대 헌안왕까지는 원성왕의 3~5세손들이 왕위를 이었다.

당시에도 왕의 아들을 태자를 삼아 왕위를 물려주는 원칙이 있었다. 그러나 실제에 있어 장자상속을 포기한 원성왕의 후손으로 이루어진 종족들은 왕위가 그들의 종족의 것이라고 생각하게 되었고 각기 왕위를 계승할 권리를 주장하였다. 그리하여 그들 중 정치적 · 군사적 실력을 갖춘 자가 왕을 몰아내고 스스로 왕이 되는 시대가 되었다. 이같이 왕위를 계승한 집단의 성원 수가 늘어난 것은 왕위계승권자의 복수화를 의미한다. 이 때 왕은 이미 씨족이나 종족의 우두머리로서의 지위를 상실하게 되었다. 그리고 왕위계승권을 가졌다고 생각하는 사람이 여럿이었기에 그들 사이에 파가 갈리고 의견을 조작하고 상대를 죽이고 왕위를 빼앗는 일이 벌어질 수밖에 없었다.

이는 왕위의 초월화를 가로막았고 불안정성을 초래하였다. 누구도 부인할 수 없는 후계자를 정하지 못하게 된 결과 왕위계승전은 치열하게 전개되었다. 그리고 구체적으로 왕위계승전을 벌이는 과정에서 왕군(王軍)이 점차 약해졌고, 그러한 왕군도 일종의 사병으로 채워지는 결과를 초래하였다. 결국 원성왕 이후의 왕들은 왕으로서의 권위가 약화되었고 권력행사도 축소되었으며 이는 국력의 약화로 이어졌다.

48대 경문왕과 그 뒤를 이어 즉위한 4명의 왕대에도 왕위는 아들에게 물려주는 원칙을 지키려 하였다. 그러나 헌강왕 · 정강왕에게 정통의 왕위계승권자가 생산되지 않았다. 이에 진성왕이 여자로서 왕위를 이었다. 그리고 효공왕은 헌강왕의 서자로서 왕위를 이었다. 이는 왕위계승 원리의 파행이라고 할 수 있다. 그런데 표면적으로는 왕위계승전이 없었다. 따라서 왕위는 안정된 것처럼 보일지 모른다. 그러나 그 이전 여러 차례의 왕위계승전을 거치며 반대세력을 제거하는 과정에서 왕위를 계승할 세력의 폭이 축소되었고 왕의 권위와 권력이 축소된 상황에서 또 다른 왕위계승전이 없었을 뿐이다. 그리고 견훤이나 궁예 등의 활동으로 신라의 토지와 인민은 크게 줄어들었다. 따라서 왕이 다루던 정사(政事)도 크게 위축되었고 나아가 신라의 국력 자체가 위축된 상황이었다.

한편 53대 신덕왕과 그의 두 아들인 경명왕 · 경애왕은 박씨로서 왕위를 이었다. 이 때에 이르러 왕위계승전을 벌였던 원성왕계 김씨 종족은 그 세력이 크게 축소되었고, 상대적으로 오랜 기간 진골로서의 신분을 유지하며 왕위계승전에서 희생되고 분열되지 않았던 박씨 세력이 왕이 된 것이었다. 당시 신덕왕을 중심으로 한 박씨 세력이 가장 강한 정치세력이었다. 그러나 이미 이 때 신라의 토지와 인민은 크게 축소되었고 왕이 행하던 정사(政事)는 위축될 대로 위축되었다. 경애왕이 견훤에 의해 강제로 자살하게 된 것이 그 예이다.

56대 경순왕은 견훤이 세운 왕이라고 한다. 실제로 경애왕을 죽게 한 견훤이 신라의 왕을 세운 것은 사실일 것이다. 이 때 경순왕은 명색만 대신라 왕국의 왕이었지 실제 그가 다스린 토지는 현재 경주 지역 정도에 불과하였다. 그리고 종래 신라의 인민이었던 지방세력들은 모두 각자 살아 남기 위해 견훤이나 왕건과 같은 대군웅들에게 운명을 맡기고 있었다. 그러면서도 왕건에게 항복하기까지 경순왕은 신라 왕으로서의 상징적인 의미를 지니고 있었다. 그 결과 견훤도 신라의 왕을 없애고 왕국을 멸망시킬 수는 없었다.

왕위계승에 영향을 준 세력 무열왕 직계의 왕위계승은 재위하고 있던 왕이 후계자를 정하는 방식으로 이루어졌다. 즉 새로운 왕의 즉위는 전왕이 결정하였다. 태자가 결정되면 다른 세력들은 왕을 배출하는 중심 종족에서 배제되었다. 따라서 왕위계승자를 미리 정하지 않는 것은 재위하고 있는 왕이 다른 세력과 정치적 타협을 하기 위한 조치일 수 있다. 예컨대 원성왕계의 왕들은 태자를 책봉하지 않고 종족 내의 다른 세력을 상대등으로 임명하여 세력동맹을 유지한 것으로 생각할 수 있다. 그런데 때가 되면 상대등과 같이 실력을 갖춘 자들이 정치적 · 군사적 힘으로 왕위를 빼앗았던 것을 볼 수 있다.

대신라의 왕모와 왕비 진흥왕이 어린 나이로 왕위에 올랐을 때 지소태후가 왕모로서 섭정을 하였다. 여기서 성골왕 시대 왕모의 정치적 지위를 알 수 있다. 그런데 대신라 왕국에서는 왕모가 섭정한 예를 찾을 수 없다. 이는 왕모 · 왕비

등 왕실 여성들의 정치적 지위가 축소된 것을 의미한다. 대신 왕의 종족 성원들이 가지는 정치적 힘이 강화된 것이 확인된다. 왕모와 왕비의 정치적 영향력을 찾기 어렵게 된 것은 나아가 왕모와 왕비의 일족이 가지는 정치적 영향력도 줄어든 것을 의미한다. 그러면서도 왕위계승에서 후계자를 정하는 데 왕비의 역할이 중요하였다. 정통의 왕비에게서 낳은 아들을 후계자로 삼는 원칙은 유지되고 있었기 때문이다. 단지 왕위계승전이 벌어지는 과정에서 왕이 쫓겨나고 살해되었기에 실제로 왕비가 중요한 기준이 될 수는 없었다.

대신라의 왕위강화 무열왕 · 문무왕대를 거치며 율령격식이 점차 확대 · 발전하였으며 신문왕대에는 한층 발전한 정부조직을 편성 · 운용하였다. 그 결과 토지와 인민이 크게 늘어난 대신라의 왕들은 새로이 발전시킨 정부조직을 통해한층 행정적인 방법으로 왕국을 지배하게 되었다. 이것은 성골왕 시대의 왕들이 왕의 신성함을 바탕으로 신료들을 통제하였던 것과는 달리 대신라 왕국에서는 왕들이 정부조직을 통한 행정적 지배를 하게 된 것을 의미한다.

백제와 고구려를 병합한 결과, 왕들은 그의 왕위를 지켜주는 신료들에게 많은 재물과 토지 그리고 노비를 나누어줄 수 있었다. 신문왕이 녹읍을 폐지할 수 있었던 것도 당시 신료들에게 충분한 논공이 이루어졌기 때문이다. 그 결과 무열왕 직계의 왕들은 신료들에 대한 통제를 강화할 수 있었다. 그런데 경덕왕 · 혜공왕대에 이르러 왕정에 피로가 나타나게 되었다. 그 결과 무열왕계의 왕위계승이 끝나고 선덕왕을 거쳐 원성왕계에서 왕이 배출된 것이다.

선덕왕 · 원성왕 이후의 왕들은 신료들에게 줄 수 있던 재물 · 토지 · 노비가 많지 않았다. 거기에 더하여 원성왕계 종족 성원들의 왕위계승전은 신료들에 대한 통제력을 상실하게 만들었다.

전제왕권과 귀족의 문제 신라 지배체제의 성격을 어떻게 보는가 하는 문제가 있다. 그 동안 대신라 왕국의 전제왕권을 가진 왕과 상대등을 중심으로 한 귀족

마구(금동발걸이) 성덕왕이 윤중에게 준 말도 이 같은 마구로 장식되어 있었을 것이다.

세력의 대립을 상정해온 것이 사실이다. 그 중 전제적인 왕권을 확립한 것은 신문왕(681~692)이라고 한다. 신문왕은 전제왕권을 확립하기 위해 과감하게 귀족을 숙청하였다고 한다. 그리고 신문왕은 왕권을 옹호하기 위해 정치 및 군사 등에 관한 제도의 정비에 박차를 가하였으며 성덕왕대(702~737)에 이르러 전제왕권이 안정되었다고 한다.

신문왕이 귀족을 숙청하였다고 하나 사실은 김흠돌의 난을 진압하는 과정에서 그 연루 세력들을 처벌한 것이다. 그리고 신문왕대에 정치적 · 군사적 제도를 새로 편제한 것은 새로이 확보한 토지와 인민을 지배하기 위한 조치였다. 그 과정에서 왕의 정사가 확대되고 왕권이 강화된 것이 사실이다.

그렇다고 하여 신라 중대를 전제왕권이 확립된 시기로 보기는 어렵다. 신라는 성골왕 시대에 이미 왕을 둘러싼 왕국 최상부의 관직을 차지하고 대아찬 이상의 관위를 가졌던 지배세력들이 어떠한 형태로든 왕과 혈족 · 인척관계에 있었다. 따라서 중대에도 전제왕권과 귀족세력의 대립을 상정할 수 없다. 기록을 찾기 어려울 뿐 무열왕 이후에도 왕과 왕의 통제를 받던 지배세력들은 혈족 · 인척관계로 연결되어 있었던 것이 틀림없다.

그러한 사회적 · 정치적 간격은 그 이전 성골왕 시대에 더욱 엄격하였던 것을 알 수 있다. 성골왕 시대에 왕은 왕궁에 살던 성골집단의 성원이었고, 왕의 통치를 받던 지배세력은 왕궁 밖에 거주하던 진골들이었다. 그런데 무열왕 이후에도 왕은 왕궁에 살면서 그 밖에 살던 지배세력들과는 엄격한 사회 · 정치적 간격을 유지하였다.

『삼국사기』「열전」에 나오는 김유신의 적손(嫡孫) 윤중(允中)은 성덕왕대에 대아찬이 되어 여러 번 왕의 은혜를 받았는데 왕의 친족들이 자못 이를 시기하였다. 어느 해 8월 보름 왕이 월성의 한 언덕에서 경치를 보며 시종관들과 술자리를 베풀고 즐기다가 윤중을 불러오게 하였다. 이에 간하는 사람이 있어 "종실과 외척(宗室戚里) 중에 어찌 좋은 사람이 없겠습니까? 그런데 오직 소원한 신하를 부르시니 어찌 이른바 친척을 가까이 하는 도리겠습니까" 하였다. 왕은 자신이 경들과 함께 안평무사한 것은 윤중의 조부 유신의 덕택인데 이를 잊는다면 착한 이를 잘 대우하는 도리가 아니라고 하였다. 마침내 윤중을 가까운 자리에 앉게 하고 그 조부의 지난 일에 대하여 이야기하고 날이 저물어서 돌려보냈다. 또 윤중에게 절영산의 말 한 필을 내주니 여러 신하들이 불만스럽게 여겼다고 한다.[38)]

이 이야기는 성덕왕의 조부인 문무왕 13년(673) 7월 1일 세상을 떠난 김유신의 손자 김윤중이 성덕왕대(702~737)에 이르러 소원한 신하가 되었고 왕에게 새로운 친척들이 생긴 것을 보여준다. 김유신은 무열왕 · 문무왕대에 왕의 가장 가까운 친척이기도 하였다. 그런데 2세대를 지나 김유신의 집안은 왕실에서 거리가 멀어진 것을 볼 수 있다. 이는 신라의 왕들이 늘 새로운 왕을 중심으로 새로운 왕실세력을 만들었다는 것을 뜻한다. 따라서 대신라의 최고 지배세력이 늘 왕을 중심으로 새롭게 만들어졌기에 대를 이어 사회적 · 정치적 지위를 유지한 귀족은 생각하기 어렵다.

38) 『삼국사기』 43, 「열전」 3, 김유신 하.

그런 의미에서 신라의 경우 귀족정은 이루어진 일이 없다. 늘 왕을 중심으로 한 종실과 척리가 중요하였다. 그런데 왕의 외척을 의미하는 척리도 사실은 같은 씨족, 같은 종족이었다. 그들은 근친혼을 하였기에 근본적으로 대신라 왕국의 최고 지배세력은 왕을 중심으로 한 한줌의 세력이었던 것을 알 수 있다. 새로운 왕이 즉위하면 새로운 종실척리가 만들어지고 전왕의 종실척리로서 방계화한 집단은 소원한 신하가 되었다.

원성왕계 종족 성원들 사이에 왕위계승전이 벌어지기는 하였으나 그들 모두가 하나의 종족집단이었다. 따라서 38대 원성왕에서 47대 헌안왕까지의 왕을 포함한 정치지배세력을 왕과 귀족으로 나눌 수 없다. 그들은 모두 혈연적으로 또는 혼인관계로 연결되어 있었다. 이렇듯 신라의 경우 여러 세력으로 이루어진 서로 다른 귀족집단을 상정할 수 없다. 한마디로 신라의 경우에는 왕정과 귀족정의 문제를 구별해서 볼 수 없다. 신라에서는 왕의 권위가 강하고 약하고의 문제는 있었으나 왕정을 포기한 적은 없었던 것이다.

제 3 장

대신라 왕국의 통합과 분열

백제와 고구려를 평정하여 삼한통합을 이룬 신라 왕국은 그 이전 삼국 중의 한 나라였던 신라와 같은 나라일 수 없다. 대통합으로 인하여 신라 왕국의 토지와 인민이 크게 늘어났고 그들을 다스리기 위한 통치체제를 확대 · 강화하여 새롭게 편제하지 않을 수 없었다. 이와 같이 대통합을 이루어 평화를 누렸던 신라 왕국은 그 이후 분열의 길을 걸었다. 37대 선덕왕과 38대 원성왕의 즉위 이후 벌어진 왕위계승전은 왕을 중심으로 한 대신라 왕의 종족 분열을 초래하였다. 왕족세력의 분열은 지방에 대한 통제력을 잃게 만들었고 점차 지방세력들의 성장을 불러왔다. 그 결과 지방에서 독자적인 정치세력이 성장하여 왕국의 통제를 벗어나게 되면서 각지에 성주 · 장군이라 칭하는 군웅들이 등장하게 되었다. 이들은 각기 조그만 정부로 이루어진 나라를 가지게 되었다.

그런가 하면 일정 지방의 성주 · 장군이라 일컫던 군웅세력들은 그들의 정치적 · 경제적 · 군사적인 실력을 바탕으로 대군웅세력 밑에 귀부하게 되었다. 그 결과 신라 왕국은 점차 몇 개의 독립된 정치체를 형성하는 양상을 나타내게 되었고 결국 대군웅들이 패권을 다투는 전국(戰國) 시대를 열게 되었다. 그리고 전국 시대는 고려에 의하여 막을 내렸다.

이제 대신라 왕국의 평화, 왕정의 분열, 군웅들의 성장과 내란의 전개, 전국(戰國)간의 패권다툼의 전개, 고려에 의한 또 다른 대통합으로 나누어 대신라 왕국의 통합과 분열의 정치적 변동에 대하여 살펴보기로 한다. 그런데 정치적 변동은 왕을 포함한 정치지배세력들의 동향에 의하여 일어났으므로 정치지배세력의 동향을 중심으로 다루기로 한다.

제1절 왕국의 대평화 시대

1. 왕국의 대평화

왕국의 안평무사 성덕왕 32년(733) 8월 보름에 왕이 월성에 올라 술자리를 마련하고 즐기다가 윤중을 불러오게 하니 좌우에서는 소원한 신하를 부르는 것을 괴이하게 여겼다. 그러자 왕은 "나와 그대들이 모두 안평무사(安平無事)한 것은 유신의 공"이라고하였다.[39] 이 부분에서 성덕왕이 스스로 안평무사하여 대평화를 누리고 있다고 한 것을 볼 수 있다. 이에 신라 중대를 대평화 시대라고 부르기로 한다.

왕권의 강화와 왕국의 평화 『삼국사기』에는 29대 무열왕(654~661)에서 36대 혜공왕(765~780)까지를 중대(中代)라고 한다. 이 때는 왕권이 강화되었고 왕국의 평화가 찾아온 시기였다. 그것은 백제와 고구려를 평정하는 9년전쟁과 당군을 몰아내는 9년전쟁을 통하여 얻은 것이었다. 삼한통합 결과 신라의 국력은 전에 없이 강해졌다. 그리고 새로이 병합한 토지와 인민을 통치하기 위한 통치체제를 강화·발전하여 얻은 결과였다. 그것은 나라의 운명을 건 대가를 치르고 이룬 대평화였다.

왕정이 강화되고 왕국에 평화가 찾아온 것은 모두 왕과 신료들 때문이었다. 특히 신라 중대의 왕과 신료들은 혼연일체가 되어 있었다. 31대 신문왕대에서 35대 경덕왕대까지는 대체로 전에 없는 왕국의 평화를 누리게 되었다. 그런데 35대 경덕왕대에 이르면 왕정에 피로가 나타나기 시작하여 36대 혜공왕대에는 감당할 수 없는 상황이 되었고 왕위를 선덕왕·원성왕계로 넘겨주게 되었다. 그

39) 『삼국사기』 43, 「열전」 3, 김유신 하.

성덕대왕신종(국보 29호) 혜공왕 7년(771)에 만들어진 이 종은 왕국의 대평화 시대의 산물이다.

런데 37대 선덕왕부터 56대 경순왕까지는 하대라고 한다. 따라서 여기서는 신라 중대에 대하여 보기로 한다.

김흠돌의 난을 보는 새로운 시각[40] 신문왕 원년(681) 8월에 일어났던 김흠돌의 난을 반전제주의의 난으로 보기도 하였다. 또한 신라 중고의 중앙집권적 귀족국가에서 중대의 전제왕권이 된 시대구분의 기점으로 이해되어온 것도 사실이다. 김흠돌의 난의 평정이 과연 전제왕권의 확립을 의미할 수 있을까? 김흠돌의 난은 그 규모가 작은 것은 아닐 수 있다. 그러나 김흠돌의 난에 연루되어 참형을 당한 집단의 규모는 대단한 것은 아니었다. 백제와 고구려를 평정하는 과정에서 활동하였던 인물들 중 흠돌 · 흥원 · 진공 일당 그리고 상대등 군관이 차지한 정치적 비중도 결코 큰 것은 아니었다.

김흠돌의 난이 전제왕권 확립과 관련되었는지 이해하는 데 무엇보다 중요한

〈표7〉 신문왕과 김흠돌과의 관계

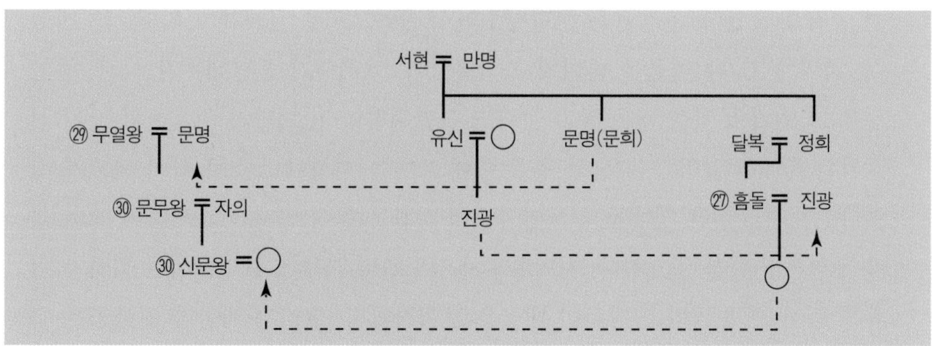

40) 전제왕권이 있었나? : 지금까지 신라의 전제왕권은 신문왕(681~692)에 의해 확고하게 되었다고 하였다. 그 계기를 제공한 것이 신문왕 원년에 있었던 김흠돌의 난이라고 하였다. 그 동안 반란의 원인은 왕비인 흠돌의 딸이 아들을 낳지 못한 사실과 관계가 있다고 추측해왔다. 반란에는 상당히 많은 귀족이 참여하였고, 난이 평정된 후 주동자만이 아니라 말단 가담자들까지 철저히 색출하여 살해한 것으로 보았다. 그런가 하면 신문왕은 이 기회에 상대등으로 대표되는 귀족세력을 철저하게 탄압하려는 생각에서 과감히 피의 숙청을 단행한 것으로 보아왔다. 결국 신문왕 원년(681) 피의 숙청은 전제왕권의 확립을 뜻한다고 하였다. 신문왕 2년 만파식적을 얻었다는 것은 전제왕권하의 신라의 평화를 상징해주는 것으로 믿기도 하였다. 그런가 하면 상대등 · 대등으로 구성된 귀족들의 합좌기관인 화백회의 대신 전제정치하에서 정치기구의 핵심적 존재인 집사부의 정치적 중요성이 커졌다고 하였다. 전제정치하에서 집사부의 중시는 왕권의 대변자로서 그 지위가 상대등보다 낮았지만, 정치적으로는 더 중요한 지위를 누렸다고 하였다. 김흠돌의 난에 대한 해석에서 비롯된 신라 전제왕권에 대한 견해는 생각보다 많은 문제를 담고 있다.

것은 난을 일으킨 원인을 알아내는 일이다. 『삼국사기』의 기록을 가지고는 김흠돌란의 원인을 알 수 없다. 그럼에도 불구하고 신문왕대에 전제왕권이 강화되었다는 이야기를 끌어내기 위하여 김흠돌을 비롯한 그 일당의 존재를 지나치게 과장해왔고, 그들이 일으킨 반란의 의미를 지나치게 중요한 것으로 추측해왔다.

여기서 『화랑세기』를 주목할 필요가 있다. 먼저 이해를 돕기 위하여 신문왕과 김흠돌의 관계를 보기로 한다.

김흠돌은 어머니가 유신의 누이동생으로 되어 있다. 그리고 김흠돌의 결정적 후원세력은 무열왕의 부인이 된 문명(문희)왕후였다. 한마디로 김흠돌은 그의 부계가 아닌 외가를 활동기반으로 삼았다. 김흠돌은 일찍이 자의의 아름다움을 알고 첩으로 삼으려 하였으나 자의의 어머니 보룡이 막았다. 그런데 자의가 태자(법민)의 비가 되자 장차 화가 미칠까 두려워하여 자의가 덕이 없다고 험담하여 궁지로 몰았다. 김흠돌은 문명왕후의 조카였으므로 권세가 내외를 압도하였다. 자의는 그 때 마음을 졸이며 조심하였다. 그러다가 문명태후가 죽자, 흠돌 등은 그 죄가 무거운 것을 알고 두렵고 불안해하였다. 게다가 김흠돌의 딸이 신문왕의 총애를 잃었다. 김흠돌 등은 이에 모반을 꾀하여 스스로 왕이 되고자 하였다. 그 때 군관은 상대등으로 있었는데 김흠돌 등이 군사를 파견하여 그의 집을 포위하고 난을 일으켰다. 자의황후가 걱정하여 사병을 불러들여 호위하자 김흠돌 등이 크게 놀라 진격하여 대궁을 포위하였다. 그러자 서불감 진복공은 수병(手兵)을 거느리고 포위를 깨고 들어와 반란 진압에 나섰다. 그러나 상대등 군관은 움직이지 않았다.

『화랑세기』의 이야기가 김흠돌의 난의 모습을 잘 보여주고 있다. 김흠돌의 난은 전제왕권에 맞선 반란이 아니었다. 신문왕의 즉위로 자의태후의 지위가 강화되자 김흠돌 일당은 그들이 저질렀던 악행에 대한 처벌이 두려워 난을 일으킨 것이었다. 따라서 김흠돌의 난을 통하여 전제왕권의 확립을 논하기에는 문제가 있다. 더욱이 상대등 군관을 죽인 것을 가지고 귀족들의 합좌기관인 화백회의의 의장인 상대등 대신 전제왕권의 대변자인 집사부의 중시가 정치적으로 더 중요해졌다는 주장에도 문제가 있다. 한마디로 신라 중대를 전제왕권이 확립된 시기로 보는 출발점을 김흠돌의 난을 평정한 때라고 한 주장은 받아들이기 어렵다.

앞에서 살펴본 것과 같이 진덕왕과 무열왕대에는 칠성우를 중심으로 한 왕국 최상부에 정치지배세력(political elite)이 있었다. 그리고 문무왕대에는 칠성우나 그 아들들이 정치지배세력으로 활동하여 새로운 정치지배세력을 형성해나갔으며 신문왕대에는 또다시 왕을 중심으로 한 새로운 정치지배세력이 형성되었다. 그 과정에서 신문왕의 어머니 자의태후를 괴롭힌 김흠돌과 그 일당은 새로운 정

명활성 김흠돌이 반란을 일으킨 후 머물던 성이다.

치지배세력에 들어갈 수 없었기에 반란을 일으킨 것이다. 때문에 김흠돌의 난을 더 이상 확대 해석해서는 안 된다. 그리고 상대등 군관을 죽인 것은『화랑세기』에 나오는 것과 같이 그가 상대등으로서 김흠돌의 난에 아무런 조치를 취하지 않았기 때문이다. 오히려 반란을 진압하는 데 앞장섰던 진복은 신문왕 원년(681) 8월 상대등이 되었다. 따라서 상대등 김군관이 죽었다고 하여 상대등 자체의 정치적 중요성이 집사부 중시보다 낮아진 것일 수 없다.

여기서 무엇이 중대 왕권을 강화시켰는지 살펴볼 필요가 있다. 왕권의 강화는 김흠돌의 난 정도를 평정하여 이루어진 것일 수 없다. 오히려 삼한통합에서 그 이유를 찾을 필요가 있다.

2. 왕정의 확대

삼한통합과 왕정의 확대 무열왕과 문무왕대의 신라는 국가의 운명을 걸고 총동원체제를 유지하며 백제와 고구려를 평정하기 위한 '9년전쟁'을 수행하였다. 그런가 하면 그 후 옛 백제와 고구려 땅에 머물러 있는 당군을 몰아내고 평양 또는 패강(浿江)까지의 영토를 확보하기 위한 전쟁을 벌였다. 660년 백제를 평정한 후 676년 당군을 몰아낼 때까지 실로 17년 간 신라는 전쟁 상황에 있었다. 그 과정에 신라는 많은 병력을 동원하였고 많은 군수물자를 조달하였다. 결국 그러한 전쟁 자체가 왕정의 확대를 불러온 것이다. 왕정의 확대 없이는 오랜 전쟁을 승리로 이끌어 삼한을 통합할 수 없었다.

왕정의 확대와 왕권의 강화 백제와 고구려를 평정한 9년전쟁과 당군을 몰아낸 9년전쟁에서 승리한 신라는 지배할 토지와 지배할 인민이 크게 늘어났으며 새로이 늘어난 토지와 인민을 다스리기 위하여 왕정이 10배는 확대되었다. 실제로 10배가 아니라 그만큼 왕정이 늘었다는 이야기이다. 이는 나아가 왕권이 강화된 것을 의미한다. 그러니까 신라 역사상 가장 큰 전쟁을 치렀던 무열왕과 문무왕 대에 왕정이 크게 확대되었다.

1) 무열왕 · 문무왕과 왕권강화

김춘추는 어떤 인물인가? 현재 우리들의 김춘추에 대한 평가는 곱지 않다. 그를 마치 매국노처럼 해석하여 한국 역사상 가장 부끄러운 인물 중 한 명으로 보기도 한다. 특히 민족사로서 신라사를 다루는 경우에 김춘추를 외세를 끌어들여 백제와 고구려를 멸망시킨 장본인이며 나아가 고구려가 지배하던 만주를 중국에 넘긴 인물로 평가하고 있다. 그러나 민족사의 함정을 벗어나 신라 자체의 역사를 생각하면 김춘추에 대한 평가는 달라져야 한다.

김춘추는 어떤 인물인가? 『삼국유사』 태종춘추공조에 김유신이 문희가 아이

남산 칠성우들이 뜻을 함께한 장소이며, 이 산 아래에서 2천 년 신라의 역사가 펼쳐졌다.

밴 것을 알고 태워 죽이려 한 사건이 나온다. 그 때 선덕공주가 춘추공에게 명하여 문희를 구해주었다. 당시 문희가 임신한 사람은 626년에 출생한 법민(문무왕)이었다. 『삼국사기』에는 그가 선덕왕 11년(642) 고구려에 청병하러 가기도 하였고 진덕왕 2년(648) 당에 가서 백제를 치기 위한 병사를 빌려달라고 하기로 하였다고 나온다. 태종무열왕 즉위조에는 그가 진덕왕을 섬겨 이찬의 관위를 받았고 당의 황제는 특진을 준 것으로 나오고 있다. 춘추공은 진덕왕이 세상을 떠난 654년 3월 왕위에 올랐다.

『화랑세기』에는 춘추공이 18세 풍월주(626~629)로 있었던 것으로 나오고 있다. 춘추공에게는 특별한 면이 있다. 첫째, 그 자신이 화랑으로 활동하여 풍월주에 올랐다. 화랑도로 활동하는 과정에서 칠성우들과 깊은 인연을 맺었던 것을 알 수 있는데, 젊은 나이에 결사를 맺었던 칠성우가 나이가 들어서는 국사를 논하는 활동을 한 것이 분명하다. 결국 그들이 중심이 되어 춘추공을 왕으로 받들었다.

둘째, 춘추공은 외교적인 활동을 하였다. 고구려에 청병을 한 일은 실패로 돌아갔지만 진덕왕 2년(648) 당 태종을 만나, 신라가 백제를 공격하는 데 당군을 내주겠다는 약속을 받아냈다.

셋째, 그는 문화를 이용한 외교활동을 수행할 수 있는 능력이 있었다. 그는 당에 가서 국학에 나가 공자에게 제사 지내는 의식과 경전을 강론하는 것을 보기를 청하여 당 태종의 허락을 받았다. 그는 청병을 하기 전에 중국문화에 대한 관심을 보임으로써 당 태종 스스로 김춘추에게 할 말이 무엇인가 묻도록 만들었다. 이는 김춘추가 문화를 이용한 고도의 외교활동가였음을 보여준다.

넷째, 그는 중국화에 관심을 기울였다. 당시 중국화는 현재의 세계화와 비교된다. 특히 중국 중심의 세계질서에 참여함으로써 선진문물을 수입하고 중국과의 관계를 우호적인 것으로 만들 수 있었다. 실제로 그는 당 태종에게 장복(章服)을 고쳐 중국의 제도를 따르기를 청하였다. 또한 그는 외교적인 목적을 이루고 돌아올 때 그의 아들 문왕을 숙위토록 요청한 바도 있다. 진덕왕대에 정치지배세력으로 성장한 칠성우를 중심으로 한 세력과 김춘추가 중국문명을 받아들이는 데 앞장섰다. 그러다가 진덕왕 3년 정월 비로소 중국의 의관을 사용하였으며 진덕왕 5년에는 중국의 연호를 사용하게 되었다. 이러한 일련의 조치는 당의 신뢰를 얻었고 그 결과 백제와 고구려를 평정하는 데 당군을 동원할 수 있었다.

다섯째, 김춘추는 어려서 낭도를 거느림으로써 위엄을 얻을 수 있었다. 그리고 김유신 등 칠성우를 거느리어 그를 위해 활동하는 정치세력을 아래 둘 수 있었다. 김유신 등은 김춘추를 위하여 목숨도 바칠 수 있는 사람들이었다. 이는 김춘추에게 정치지배자로서의 카리스마를 만들어주었다. 김춘추가 있음으로 써 신라의 정치지배세력들은 하나로 뭉쳐 삼한통합을 이룰 수 있었다.

여섯째, 진덕왕 5년(651) 설치된 집사부는 행정적인 면에서 국정을 총괄하는 관부였다. 집사부의 설치는 국가 지배체제의 발전에 있어 중요한 사건이었다. 당시 김춘추를 중심으로 한 세력이 집사부를 설치한 것으로 생각할 수 있다. 집사부의 장에 칠성우 중 한 사람이었던 술종공의 아들 죽지를 임명하여 김춘추 등이 행정적인 힘을 장악하게 된 것이다. 그 과정에서 이찬으로서 정치적 활동을 한 김춘추가 국가통치에 대한 식견을 갖춘 것도 중요한 의미가 있다.

일곱째, 김춘추는 위엄으로 칠성우를 복종토록 한 김유신과 일찍부터 뗄려야 뗄 수 없는 관계를 맺고 있었다. 무열왕 2년(655) 왕은 그의 셋째 딸 지조(智照, 또는 지소)를 대각간 김유신에게 시집보냈다. 이는 김춘추와 김유신 사이에 중복되는 혼인관계를 맺었던 것을 뜻한다. 이로써 칠성우를 장악한 김유신과 더욱 밀접한 관계를 맺게 되었다. 김춘추는 김유신을 만나서 왕이 될 수 있었고 김유신은 김춘추를 모심으로써 자신과 그의 집안을 크게 일으킬 수 있었다.

김춘추, 즉 태종무열왕은 당군(唐軍)을 끌어들였다는 이유로 비판을 받아야 할 인물이 아니다. 김춘추의 시호를 태종무열왕이라고 한 것을 보면 신라인들의 자주성을 볼 수 있다. 당의 황제를 태종이라 하였음에도 불구하고 신라에서 김춘추를 태종무열왕이라 한 것은 신라인들이 가지고 있던 자주정신을 보여준다.

감은사탑 신문왕이 아버지 문무왕을 위하여 세운 감은사의 탑이다.

무열왕의 왕위계승 무열왕은 백제를 평정한 한국 역사상 뛰어난 정복군주였다. 그는 비록 폐위된 진지왕의 손자였으나 선덕왕 · 진덕왕이 세상을 떠나자 왕실에서 혈연적으로 왕위에 오를 수 있는 가장 유력한 위치에 있었다. 그는 비록 진골 신분이었으나, 성골이 사라진 상황에서 성골 진지왕의 손자이자 선덕왕 · 진덕왕과는 6촌간이라는 사실은 그가 왕위에 오르는 데 충분한 조건이 되었다. 그리고

그 자신이 칠성우는 아니었으나 오히려 진덕왕대에 칠성우가 김춘추를 왕으로 생각하고 받들었던 것을 알 수 있다. 언제인가 김춘추를 왕으로 삼는 작업을 칠성우들이 하였던 것이다.

법민(문무왕)의 왕위계승 문무왕 법민은 김춘추와 문희 사이에서 출생하였다. 진덕왕 4년(650) 법민은 당으로 갔는데 그 때 진덕왕은 스스로 비단을 짜서 오언시 「태평송」을 지어 무늬를 놓은 것을 법민으로 하여금 당 고종에게 바치도록 하였다. 당 황제는 이를 칭찬하고 법민을 대부경으로 삼아 돌려보냈다. 이 해에 신라에서는 당의 연호 영휘를 사용하였다. 법민은 태종 원년(654) 파진찬으로 병부령이 되었다. 그리고 무열왕 2년(655) 2월 원자 법민을 태자로 삼았다.

무열왕 7년(660) 6월 21일 왕은 태자 법민에게 병선 1백 척을 거느리고 덕물도로 가서 소정방을 맞이하게 하였다. 법민이 소정방을 만나고 와서 당군의 강성함을 무열왕에게 보고하니 왕은 기쁨을 견디지 못하였다. 왕은 태자에게 명하여 대장군 김유신 등과 날랜 병사 5만 명을 거느리고 가서 당군을 응원하게 하였다. 660년 7월 13일 법민은 의자왕의 아들 융의 항복을 받았으며 10월 9일에 무열왕은 태자와 병사를 거느리고 이례성을 쳤다. 무열왕 8년(661) 6월 왕이 세상을 떠나자 태자 법민이 왕위에 올랐다.

법민은 왕위에 오르기 전에 이미 당에 다녀왔으며 병부령을 지내기도 하였다. 태자가 된 후에는 백제를 평정하는 최일선에서 활동하였다. 그가 왕위에 오르기 전에 이미 외교적 · 군사적 활동을 크게 한 것이다. 따라서 그가 왕이 된 후에는 이미 고구려 평정을 할 준비가 되어 있었다. 고구려를 평정한 후에는 당군을 몰아내어 신라의 영토를 패강(浿江) 이남으로 확장하였다. 단정하기는 어려우나 현재의 청천강 지역까지 신라의 영토가 되었으며 청천강에서 압록강 사이는 신라 · 당 · 발해가 힘의 완충지대로 남겨진 것은 아니었나 생각된다. 여하튼 새로이 신라로 편입된 지역에 대한 통치를 위하여 문무왕은 골품제를 확대 시행하였다. 그 중 백제의 옛 인민들에게는 5두품까지의 신분을 주었고, 고구려의 옛 인민들에게는 6두품까지의 신분을 주었다. 각기 백제와 고구려에서 받았던 관위를 기준으로 백제와 고구려 인민을 골품제에 편입시킨 것이다. 이는 피정복지에 대한 매우 중요한 정책이었다.

무열왕계 종족(宗族)의 활동 무열왕은 문희와의 사이에서 아들 태자 법민과 각간 인문 · 문왕 · 노단 · 지경 · 개원을 낳았다. 서자로는 개지문 · 차득공 · 마득이 있었다. 법민은 무열왕 원년(654)에 파진찬으로 병부령이 되었다. 무열왕 2년(655) 법민을 태자로 삼고, 문왕을 이찬으로 삼고, 노단을 해찬으로 삼고, 인태를 각찬으로 삼고, 지경과 개원을 각각 이찬으로 삼았다.

김인문은 진덕왕 5년(651) 당에 가서 숙위하고 653년에 돌아온 후 압독주 총관이 되었다. 660년 당 황제는 김인문을 신구도 부대총관으로 삼아 소정방의 군영에 보냈다. 김인문은 전후 일곱 차례 당에 들어가 숙위하였고 694년 예순셋의 나이로 당의 서울에서 병으로 죽었다. 그 전에 674년에는 문무왕이 고구려의 반란 무리들을 받아들이고 백제의 옛 땅을 차지하니 당 황제가 노하여 문무왕의 관작을 빼앗고 김인문을 신라 왕으로 삼아 돌아가게 하였으나 문무왕이 사신을 보내 사죄하니 왕의 관작을 회복시켜주고 김인문을 당으로 돌아오게 하였다. 김인문은 문무왕의 동생으로 주로 당에서 활동하였다.

문왕은 진덕왕 2년(648) 김춘추를 따라 당에 갔다가 남아 숙위를 하였으며 무열왕 3년(656) 당에 들어가 조공하였다. 무열왕 5년(658)에는 중시가 되었고 무열왕 8년(661)에는 장군으로서 백제의 남은 무리를 쳤다. 문무왕 5년(665) 2월에 문왕이 죽자 왕자의 예로써 장사 지냈다. 문왕은 백제를 평정하는 동안 시중으로 활동하였다.

문무왕 7년(667) 7월 당 황제 고종이 칙명으로 지경과 개원을 장군으로 삼아 요동 싸움에 나가게 하였다. 왕은 지경을 파진찬, 개원을 대아찬으로 삼았다. 문무왕 8년(668) 3월 지경을 중시로 삼았다. 그 해 6월 고구려를 공격하는 군단에 파진찬 지경과 대아찬 개원을 대당총관으로 삼았다. 문무왕 10년(670) 12월 중시 지경은 관직에서 물러났다. 신문왕 3년(683) 5월 김흠운의 작은 딸을 왕비로 맞을 때 이찬 개원 등을 보내어 그 집에 가서 책봉하여 부인으로 삼게 하였다. 그리고 효소왕 4년(695) 정월 개원을 상대등으로 삼았다.

개원이 효소왕대에 상대등에 오른 것을 마지막으로 무열왕의 아들들의 세대는 정치의 일선에서 물러나고 다음 왕인 문무왕의 아들들이 활동하는 시대가 전개되었다. 시간이 지나 왕이 바뀌자 활동하는 왕족들의 세대 또한 내려갔다. 그런데 중대의 왕을 배출한 종족은 왕의 아들로 한정되었다. 물론 아들이 없으면 왕의 동생에게 왕위가 넘어간 것이 사실이다. 그렇더라도 중대 무열왕계 왕들의 종족의 성원(종당)들은 그 수가 크게 감소한 것을 알 수 있다. 그 결과 경덕왕 나아가 혜공왕 대에는 왕의 일족이 상대등이나 중시의 자리를 차지할 수 없게 되었던 것을 분명히 볼 수 있다.

2) 신문왕에서 경덕왕까지의 왕권강화와 신라의 대평화

왕권강화 31대 신문왕(681~692)은 김흠돌의 난을 진압함으로써 왕위를 지킬 수 있었다. 그 이후 35대 경덕왕(742~765)에 이르는 기간 동안 반란이 없었던 것은 아니지만 그 모든 반란을 진압할 수 있었다. 그것은 왕권이 강하였기에 가능한 일이었다.

신문왕대의 왕정강화 신문왕대에도 왕정이 강화되었다. 무열왕 · 문무왕대에 백제와 고구려를 평정하여 토지와 인민이 크게 늘어난 상황에서 그에 대한 지배를 위하여 국가의 지배체제를 새롭게 확대하여 편성하지 않을 수 없었다. 지배체제의 확대 · 편성은 왕국으로서 부담이 가는 일이기도 하였지만 득이 되는 일이기도 하였다. 특히 새로이 확보한 토지와 인민을 자원으로 하여 전개된 지배체제 편성은 왕정을 강화하고 나아가 국력을 크게 증대시킬 수 있었다.

달구벌 천도계획과 왕정의 한계 신문왕의 왕정강화에는 한계가 있었다. 신문왕 9년(689) 9월 왕은 왕도를 달구벌(達句伐)로 옮기려 하였으나 이룰 수 없었다. 신문왕이 천도를 계획한 까닭은 잘 알 수 없다. 지금까지는 신문왕이 왕권을 강화하기 위하여 천도를 할 생각이었으나 진골세력들의 반발로 계획에만 그친 것으로 이야기되어왔다. 그러나 천도 문제는 단순히 왕권과 진골세력의 대립으로 설명할 수 없다. 당시 신료집단은 왕권의 통제를 받았으며 왕과 운명을 같이하던 상황이었다. 그리고 왕이 달구벌 천도를 이루지 못하였다고만 하였을 뿐 천도에 반대하였다는 이야기는 없다.

따라서 천도계획 자체에 문제가 있었기에 계획을 취소한 것으로 볼 필요가 있다. 그렇더라도 당시 신라 왕경을 유지하는 데 문제가 생긴 것은 짐작할 수 있다. 즉, 삼한통합 과정에서 왕도의 인구증가와 그에 대한 통제의 어려움이 있었던 것을 생각할 수 있다. 그리고 대신라 왕국의 수도에 걸맞는, 당의 장안성과 같은 계획도시로서의 모습을 갖추고자 하다 보니 기존 왕도의 무계획한 도시화가 문제가 되었을 가능성이 있다. 그러나 왕도를 옮기는 일에는 여러 가지 부담이 따라야 하였다. 따라서 그 부담을 감당하기 어려웠기에 천도를 포기하였던 것으로 여겨진다.

정치조직의 개편과 새로운 편성

조정조직의 확대 신문왕대에 주요 관부는 이미 설치되어 있었다. 신문왕이 설치한 주요 관부로는 6년(686)에 설치된 영을 장으로 하는 예작부와 2년(682)에

〈표8〉 대평화 시대 6단계 지배체제

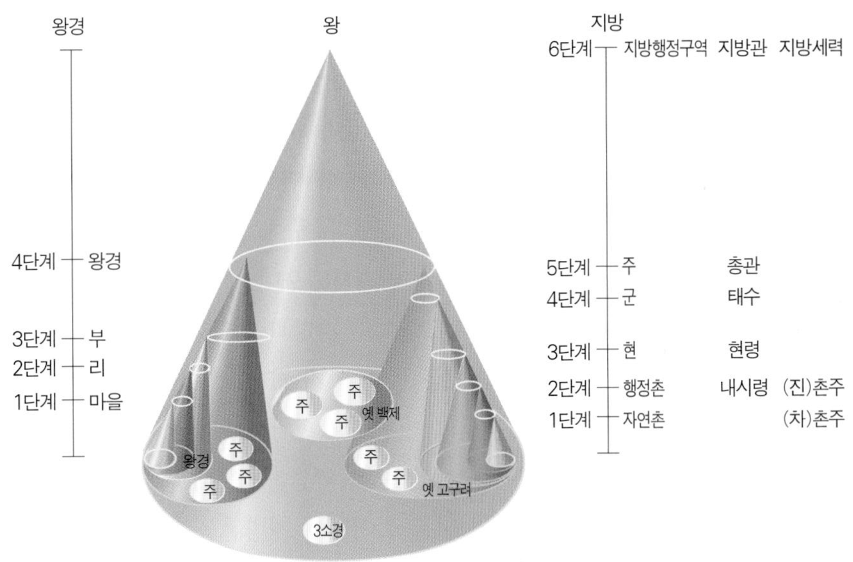

설치된 경을 장으로 하는 국학이 있다. 국학은 예부의 예하 관부였다. 국학의 대사 2명이 진덕왕 5년(651)에 설치된 것으로 보아 국학의 업무를 원래 예부 소속 대사가 담당하였는데, 이 때에 이르러 국학이라는 관부를 설치하여 그 업무를 강화한 것을 알 수 있다.

신문왕대에는 정치조직 개편이 많았다. 조정조직에서는 종래 영(令)-경(卿)-대사(大舍)-사(史)의 4단계 조직을 영-경-대사-사지(舍知)-사의 5단계 조직으로 편성한 것을 주목할 수 있다. 신문왕 5년(685) 집사부와 조부의 사지를 설치한 것이 그 예이다. 그 밖의 관부에 있던 사지도 신문왕 5년에 설치되었을 가능성이 크다. 주로 영이 장으로 있던 1급 관부에 사지를 설치한 것은 왕정 업무의 확대로 이루어진 것이며 신료 수가 늘어난 것을 의미한다.

지방지배조직의 새로운 편성 신문왕대에는 주-군-현과 소경의 지방지배조직을 편성하였다. 그 이전부터 있어온 주들을 포함하여 새로이 병합한 백제와 고

임신서기석 신라의 젊은이들이 충도를 익히고, 나라가 어지러워지면 앞장서 행동하고, 유교 경전을 익히기를 서약한 비문이다. 진흥왕 또는 진평왕대에 만들어진 것으로 보인다.

구려의 옛 땅을 나누어 9주를 편제하였고, 소경을 더하여 모두 5소경을 만들었다. 그리고 주와 군 밑에 현을 설치하였다. 주에는 총관, 군에는 태수, 현에는 현령이 임명되었으며 그 외에 소수(少守)나 제수(制守)로 불리던 지방관이 있었다.

현의 설치는 지방지배조직을 한 단계 더 확장시킨 것을 의미한다. 그 이전에는 군 밑에 행정촌이 있어 도사(道使)를 파견하였는데 이제 군과 행정촌 사이에 현을 설치하여 지방관을 파견하게 된 것이다. 그 결과 그만큼 조정의 지방 장악력이 강화되었다. 지방지배조직을 새롭게 편제함으로써 왕은 늘어난 토지와 인민을 보다 효율적으로 다스릴 수 있었다. 이는 왕정의 강화에 필요한 재정을 충실하게 만들었고, 나아가 인적자원을 충분히 동원하여 각종 토목공사를 벌이고, 병력동원을 충분히 할 수 있게 만들었다.

유교국가로의 첫출발 대신라 왕국에 이르러 유교(유가)의 가르침은 사회와 인간의 이상을 추구하도록 만들었고, 신라인들의 행동을 이끌어나가는 지침으로 자리 잡았다. 백제를 평정하는 전쟁에서 김유신의 동생 김흠순이 아들 반굴에게 "신하가 되어 충성보다 더한 일이 없고 자식이 되어 효도보다 더한 일이 없는데 나라의 위급함을 보고 목숨을 바치는 일은 충성과 효도를 모두 완전하게 하는 일이다"라고 말하자 반굴은 그렇다고 하고 적진에 들어가서 힘껏 싸우다 죽었다. 또한 반굴의 아들 김영윤은 신문왕대에 보덕성민이 반란을 일으키자 황금서당의 보기감으로 출전하였다. 그 때 신라군이 적군을 지치게 한 다음 공격하려고 잠시 물러났는데 영윤은 유독 싸우려 하였다. 영윤은 "전쟁에 임하여 용맹이 없어서는 안 된다는 것은 『예경(禮經)』이 가르치는 바이다"라고 하고 적진에 달려들어가 싸우다 죽었다.[41] 여기서 당시 신라인들이 유교 경전의 가르침을 익히고 있는 것을 볼 수 있다.

성골왕 시대까지의 신라는 신국의 도에 따라 움직이던 나라였다. 그런데 신문왕 2년 국학을 설치한 것은 신국의 도와 아울러 유교의 인도(人道)가 신라사회에 공식적으로 받아들여지기 시작한 것을 의미한다.

682년 6월 국학의 설치는 그것이 신료를 양성하였던 관부라는 면에서 주목할 필요가 있다. 국학의 설치는 신문왕 원년(681) 김흠돌의 난을 계기로 화랑도가 폐지되었던 사건과 무관하지 않다. 국학 설치 이전까지 신료의 주 공급원은 화랑도였다. 그런데 화랑도 출신 인물들이 김흠돌의 난에 많이 가담하였기에 난을 진압한 후 풍월주를 우두머리로 하는 화랑도를 폐지한 것이다. 물론 국선을 우두머리로 하는 화랑도가 부활하지만 삼한통합으로 확대된 토지와 늘어난 인민을 통치하기 위해 새로운 인재양성 기구인 국학을 설치한 것이다. 국학에서는 『주역』·『상서』·『모시』·『예기』·『춘추좌씨전』·『문선』으로 나누어 학업으로 삼았다. 국학에서는 왕정을 처리할 신료를 양성한 것을 알 수 있다. 여하튼 유교적 교리로 무장한 새로운 인재양성 기구를 설치한 것은 당시 왕정의 필요에 의한 조치였다.

성덕왕 16년(717) 9월 당에 갔던 대감 수충이 돌아와서 문선왕(공자)과 십철, 72제자의 도상(圖像)을 바치므로 곧 태학(太學)에 모셔졌다. 그리고 경덕왕대에 국학을 태학감으로 고쳤다. 성덕왕대에 국학이 아닌 태학이 나온 이유는 알 수 없으나 유교와 관련된 인물들의 도상을 태학(국학)에 모셨다는 사실은 중요한 의미가 있다. 이 때에 이르러 신라에서 유교의 도를 보다 본격적으로 받아들이기 시작하였다는 것을 보여준다.

41) 『삼국사기』 47, 「열전」 7, 김영윤.

3. 중대 왕들이 거느렸던 출장입상세력

종실척리와 군재(群宰) 왕에게는 측근세력이 있었다. 성골왕 시대에도 마찬가지였지만 29대 무열왕에서 36대 혜공왕까지의 신라 중대에도 왕을 중심으로 왕정이 운용되었다. 그 과정에서 왕을 둘러싼 왕의 측근세력들이 형성되었다. 왕의 측근세력은 종실과 척리 그리고 군재로 이루어졌다. 종실은 왕의 혈족인 왕족이고 척리는 왕비세력을 가리키나 왕모의 세력이 포함될 수도 있다. 그리고 군재는 신료 중 왕의 측근에서 정치지배세력으로 활동한 집단을 가리킨다.

그 중 왕족들은 중요한 의미가 있다. 왕비를 배출한 세력은 왕권을 제약하기 어려웠다. 특히 중대에 왕비가 출궁되는 일들이 여러 차례 있었던 것으로 미루어 그러한 사정을 알 수 있다. 단지 왕모는 태후로서 왕에게 영향을 미칠 수 있는 위치에 있었다. 문무왕대에 문명태후, 신문왕대에 자의태후가 그러한 예이다. 그리고 혜공왕은 나이가 어려서 왕위에 올랐기에 태후가 섭정을 하였다.

한편 왕의 혈족이나 인척 또는 모계 그리고 대아찬 이상의 신료들은 그 수가 많지는 않았다. 문무왕 9년 목마장을 나누어줄 때 대아찬 이상의 인원이 모두 36명이었다. 그런가 하면 백제와 고구려를 평정할 때 동원된 장군의 수가 20여 명이었다. 문무왕 7년(667) 8월 왕은 대각간 김유신 등 30명의 장군을 거느리고 서울을 나가 한성정에 이르러 당군을 기다렸다. 『화랑세기』에 나오는 천광공은 중흥 28장 중의 한 사람이 되었다고 한다. 그는 문무왕 13년에 김대문의 아버지 예원의 뒤를 이어 집사부 중시가 된 인물이다. 천광공은 668년 고구려를 평정할 때 서당총관으로 활동하였다. 따라서 삼한 통합과정에 동원되어 공을 세운 장군 28명을 특별히 중흥 28장으로 받든 것을 알 수 있다. 여기서 출장입상한 신료들의 수가 20~30여 명 정도였던 것을 알 수 있다.

출장입상한 신료들은 왕과 운명을 같이하지는 않았다. 그것은 신료들의 운명 또한 정치적 운명에 달려 있었기 때문이다. 김유신은 일찍이 진평왕대부터 활동하여 선덕왕 · 진덕왕을 거쳐 무열왕 7년(660) 상대등이 되었으며, 문무왕 13년

(673) 세상을 떠났다. 그런가 하면 문무왕 20년(680) 2월에 상대등이 되었던 김군관은 신문왕 원년(681) 8월 김흠돌의 난과 관련되어 죽게 되었다. 여기서 한 가지 분명한 사실은 출장입상한 인물들이 왕의 신료였다는 점이다.

김춘추와 칠성우 『삼국유사』 진덕왕조에 흥미로운 기록이 나온다. 당시 알천공 · 임종공 · 술종공 · 호림공 · 염장공 · 유신공이 남산 오지암에 모여 국사를 의논하였는데 큰 호랑이가 나타나 자리에 뛰어드니 여러 공들이 놀라 일어났으나 알천공은 조금도 움직이지 않고 태연히 담소하며 호랑이의 꼬리를 붙잡아 땅에 메쳐 죽였다. 알천공의 완력이 이와 같았으므로 석수(席首)에 앉았으나 여러 공들은 모두 유신공의 위엄에 복종하였다.[42] 여기서 알천공은 나이가 많았고 완력이 있어 상대등의 지위에 올랐다는 사실을 알 수 있다.

그런데 주목할 만한 사실은 진덕왕대에 국사를 논한 알천공 등의 존재이다. 『화랑세기』에는 이들에 보종공을 더하여 칠성우(七星友)를 이루어 남산에서 교유(交遊)하였으며 통일의 대업이 호림공 등으로부터 비롯된 것이 많았다고 한다. 호림공은 조정 일에는 간여하지 않았으나 국가에 큰일이 있으면 반드시 받들어 물었다고 한다.[43] 결국 『화랑세기』에 나오는 칠성우는 『삼국유사』에 나오는 알천공 등의 집단과 동일한 것으로 이들이 국사를 논하였고 삼한통일에 크게 기여한 것을 알 수 있다.

그러면 칠성우와 김춘추의 왕위계승은 어떤 연관이 있었을까? 김춘추와 김유신의 관계는 특별하였다. 김유신이 누이 문희와 춘추공이 혼인하도록 한 일이 있다. 그런가 하면 선덕왕 11년(642) 김춘추가 백제를 치기 위하여 고구려에 청병하러 갈 때 그와 김유신 사이에 오간 말이 주목된다. 김춘추는 "나와 공(김유신)은 한몸으로 나라의 팔다리가 되었으니 지금 내가 고구려에 들어가 죽음을 당하면 공은 무심하겠는가" 하였다. 김유신은 "공이 만약 가서 돌아오지 않는다

42) 『삼국유사』 2, 「기이」 2, 진덕왕.
43) 『화랑세기』 14세 호림공.

수렵문 전돌 수렵은 칠성우의 활동 중 하나였다.

면 내 말발굽이 반드시 고구려와 백제 두 왕의 마당을 짓밟아버릴 것입니다. 진실로 이와 같이 아니한다면 장차 무슨 면목으로 나라 사람을 보겠습니까" 하였다. 김춘추는 감동하여 기뻐하며 김유신과 서로 손가락을 깨물어 피를 내어 입가에 바르며 맹세하였다. 고구려에 들어간 김춘추가 잡히게 되자 그러한 사정을 신라에 알렸다. 선덕왕은 김유신에게 명하여 그 곳으로 가게 하였다. 김유신이 1만(또는 3천)의 결사대를 거느리고 고구려의 남쪽 경계에 들어가니 고구려 왕이 김춘추를 돌려보냈다.[44] 김유신은 김춘추를 위하여 목숨을 바치려 한 것이다.

다시 『화랑세기』를 주목할 필요가 있다. 15세 풍월주 김유신은 용춘의 사신(私臣)으로 발탁되었다. 용수 또한 김춘추를 김유신에게 맡겼다. 김유신은 이 때 기뻐하며 용수의 아들(김춘추)은 삼한의 주인이라고 하였다. 김유신은 김춘추에게 "바야흐로 지금은 비록 왕자나 전군이라 하더라도 낭도가 없으면 위엄을 세울 수가 없습니다" 하고 김춘추를 부제로 삼았다.[45] 김유신은 김춘추를 위대한 인물로 여겨 풍월주로 삼았으나 사양하여 부제가 되었다. 김춘추는 16세 풍월주

44) 『삼국사기』 41, 「열전」 1, 김유신 상.
45) 『화랑세기』 15세 유신공.

보종공과 17세 풍월주 염장공에게 그 자리를 양보하고 기다리다가 풍월주의 지위에 올랐다. 한편 14세 풍월주 호림공은 13세 풍월주 용춘공의 부제로서 풍월주의 지위에 올랐다. 따라서 호림공도 김춘추와 무관하지만은 않았던 것이 분명하다. 김춘추는 김유신만이 아니라 칠성우들과도 연결되었다.

여기서 칠성우 중 호림공 · 유신공 · 보종공 · 염장공이 모두 풍월주 출신이었다는 사실이 흥미롭다. 이들 또한 모두 김춘추와 관계가 있었다. 김춘추가 비록 칠성우에 들어가지는 않았으나 칠성우가 김춘추를 삼한의 주인으로 여겼던 것은 분명하다.

칠성우가 국사를 의논하는 등 정치적으로 활동하기 시작한 시기는 진덕왕대였다고 여겨진다. 선덕왕 16년(647) 정월 비담과 염종 등이 여왕이 나라를 잘 다스리지 못한다고 하여 일으켰던 반란을 진압하는 데 김유신이 큰 공을 세웠다. 그후 정월 8일 선덕왕이 세상을 떠나고 진덕왕이 즉위하였다. 이로써 김유신을 중심으로 한 칠성우는 진덕왕대에 국사를 논의하는 정치세력으로 자리 잡았다. 특히 진덕왕대에 이루어진 여러 정치개혁의 중심에는 이들 세력들이 있었다. 칠성우는 그들만으로 그치는 것이 아니라 대를 이어 신라 최고의 정치지배세력으로 활동하였다.

진덕왕 5년(651) 설치된 관부로 기밀 사무를 담당하였던 집사부의 장인 중시에 임명되었던 죽지(竹旨)는 칠성우의 한 사람이었던 술종공의 아들이었다. 죽지는 진덕왕대 김춘추와 김유신을 중심으로 한 정치세력에 가담하여 집사부의 중시가 된 것이다. 황룡시의 제2대 시주(국통)로서 불교계를 장악하였던 자장은 호림공의 아들이었다. 그런가 하면 진덕왕 3년(649) 8월 백제와의 전쟁에 나갔던 대장군 김유신과 장군 진춘 · 죽지 · 천존이 있다. 그 중 천존은 알천공의 아들이었다. 이러한 사실을 통하여 칠성우와 그 아들들은 진덕왕대에 이미 신라 최고의 정치적 · 군사적 · 종교적 지배세력으로서의 지위를 차지하고 있었던 사실이 확인된다.

칠성우와 그들의 아들들은 진덕왕대에 이미 그 후계로 김춘추를 받들 준비가 되어 있었다. 칠성우에게 김춘추는 북극성이었던 것이다. 칠성우는 김춘추의 왕위 계승에 결정적인 힘을 제공하였고 삼한통합에 커다란 공을 세웠다.

무열왕이 거느렸던 정치세력 무열왕이 왕정을 수행하는 과정에서 출장입상한 인물들은 많지 않았다. 대체로 칠성우 중 무열왕대에 활동한 김유신 등을 포함하여 20~30여 명 정도가 있었다. 남아 있는 기록을 가지고 확인하기는 어려우나 이들도 모두 왕과 종실 · 척리의 관계에 있었다.

왕의 종실척리세력과 출장입상세력의 변동 성덕왕대의 윤중은 종실척리에서 멀어진 세력이 되었다. 윤중은 당시 친친자의 원리에 어긋나는 세력이 되었다. 그런데 당에서는 그러한 사정을 모르고, 발해를 치는 데 김유신의 손자인 윤중을 장수로 삼으라고 요청하였다.

상대등을 비롯한 출장입상 신료집단의 성격 『삼국사기』나 『삼국유사』의 자료를 가지고 그들 신료집단과 왕과의 혈연 · 인척관계를 모두 알 수는 없다. 그러나 『화랑세기』에 나오는 자료를 통하여 보면 그러한 신료들은 왕과 혈연 · 인척관계를 가졌던 것을 짐작하기 어렵지 않다. 단지 왕과의 관계가 가깝고 먼 것이 그들 신료의 사회적 · 정치적 지위를 결정하는 원천이었다. 신라의 지배세력들은 왕에게서 거리가 멀어질수록 신분적 지위가 떨어지게 되었고 정치적 진출의 기회도 줄어들었다. 그런 의미에서 출장입상한 세력들은 어떠한 형태로든 왕과 연결된 집단이었다. 따라서 왕과 대립관계에 있었던 것으로 보아온 상대등을 대표로 하는 귀족세력은 처음부터 존재할 수 없다. 상대등은 왕의 신료 중 최고의 지위에 있었을 뿐이다.

중시의 출신 신라 중대 왕족과 왕의 인척 그리고 군재(群宰)들은 근친혼을 통하여 서로 중복되는 혈연 · 인척관계로 연결되어 있었다. 『화랑세기』를 통하여

〈표9〉『화랑세기』에 나오는 김흠순의 아들 중 중시를 지낸 사람들

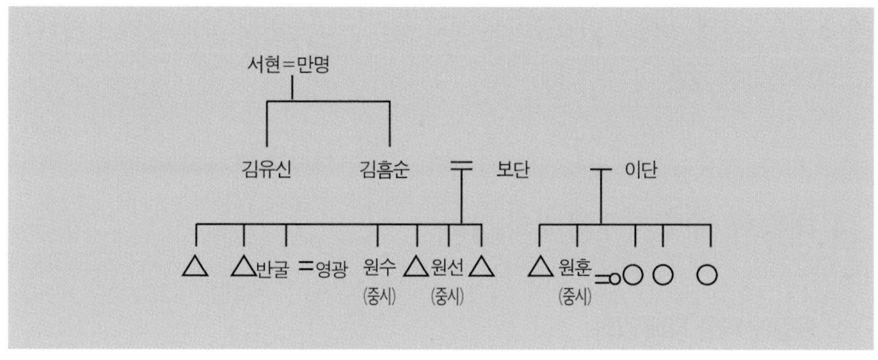

그러한 사정을 확인할 수 있다. 진덕왕 5년 집사부 설치와 동시에 중시로 임명되었던 죽지는 칠성우 중 술종공의 아들이었다. 또한 무열왕 2년(662)에 임명된 중시 문왕은 무열왕의 3자였고 중시 진복은 신문왕 원년 상대등이 된 인물이었으며 중시 지경은 무열왕의 5자였다. 중시 예원은 원광의 동생 보리공의 아들이자 김대문의 할아버지였으며 중시 천광은 지도태후의 아들인 염장의 아들이었다. 중시 천존은 알천의 아들이었다. 중시 원수는 김유신의 동생 김흠순의 4자였고, 중시 원선은 6자, 중시 원훈은 9자였다. 중시 선원과 당원은 무열왕과 보룡 사이에서 출생하였다. 중시 순원은 문무왕의 비인 자의태후와 남매간이었다.

성덕왕 원년(702)에 중시가 되었던 원훈까지는 『화랑세기』를 통하여 그 출신을 어느 정도 알 수 있다. 이들은 대부분 왕국 최상부의 세가(世家) 출신이었다. 그들은 중복된 혼인관계를 유지하였으며 시간이 지나면서 다음 세대의 성원들이 다시 중복된 혼인을 하며 왕국 최상부 지배세력의 지위를 유지해나간 것이다.

그런데 중시 원훈 이후는 자료가 없어 그 출신을 알 수 없다. 단지 혜공왕대에 이르면 중시 양상과 같이 왕을 중심으로 만들어졌던 최정상의 지배세력이 아닌 진골세력이 중시가 된 것을 볼 수 있다. 이는 성덕왕 · 효성왕 · 경덕왕을 거치며 왕을 중심으로 만들어졌던 최정상의 정치지배세력의 폭이 줄어들어 일찍이 방계로 되었던 세력도 중시로 임명된 것을 보여준다. 이 같은 현상은 왕의 핵가족

이 왕위를 장악하게 되면서 왕족의 범위가 극도로 좁아진 결과였다. 그리고 일찍이 왕으로부터 멀어진 진골들이 중시와 상대등이 되면서 점차 왕위가 위협받고 약화되었던 것을 알 수 있다.

4. 대평화 시대 지배체제의 강화

1) 율령에 의한 지배 강화

율령격식과 행정적 지배의 강화 무열왕 원년(654) 5월 이방부령 양수 등에게 명하여 율령을 자세히 취하여 이방부격 60여 조를 고쳐 정하였다. 이방부의 격(格)은 율령을 수시로 보정한 조칙을 모은 것으로 율령의 개정법전이다. 법흥왕이 율령을 반포한 이후 지속적으로 그것이 보정되었다. 무열왕도 이방부격만이 아니라 율령 전체를 보정한 것이 틀림없다. 이는 진골왕 시대에 율령격식에 의한 행정적 지배가 강화되었음을 의미한다.

상대등을 지냈던 알천을 포함한 칠성우가 중심이 되어 진덕왕 5년(651) 집사부를 설치하여 보다 강력하게 행정적 지배를 해나가게 되었다. 집사부의 설치는 648년 당에 다녀온 김춘추의 영향으로 이루어졌던 것으로 생각된다. 그 후 무열왕이 왕위에 올라 기존의 관부를 조직강화하였다. 무열왕 6년(659) 병부령 1인을 늘려 3인으로 만들었으며 영을 임명하여 사정부를 설치하였다. 진흥왕 5년(544)에는 사정부의 경(卿) 2인을 둔 바 있는데, 사정부는 일찍이 관부로서 설치된 것이라 볼 수 있다. 무열왕은 적어도 사정부의 격을 높여 업무를 강화한 것이 분명하다. 무열왕으로서는 국가지배를 하는 데 있어 사정 업무가 중요하였던 것이다. 무열왕은 새로운 관부를 설치하기보다 기존의 관부를 격상시켜 행정적 지배를 강화한 것을 알 수 있다.

율령격식을 고치고 늘림 문무왕 또한 율령격식에 의한 지배를 강화하였다. 그는 세상을 떠나며 남긴 유조에 율령격식에 불편한 것이 있으면 곧 편하게 고치고 늘리라고 하였다. 문무왕은 무열왕이 평정한 백제의 옛 땅을 장악하여 다스리고 고구려를 평정하기 위하여 국가 지배체제를 새롭게 편성하지 않을 수 없었다. 그리고 삼한통합 후 크게 늘어난 토지와 인민을 다스리기 위해서는 행정적 지배를 강화할 필요가 있었다. 율령격식을 확대 · 발전시켜 대신라 왕국의 지배를 강화한 것이다.

문무왕대에는 여러 관부를 새로 설치하고 관부에 관원들을 늘렸다. 그런가 하면 새로운 관부를 설치하여 다른 관부에서 맡던 업무를 전담토록 한 것도 볼 수 있다. 문무왕 17년(677)에 설치된 좌사록관(左司祿館), 문무왕 21년(681)에 설치된 우사록관은 새로운 관부를 설치한 예이다. 당시 삼한통합 후 신료들에 대한 녹(祿)의 지급을 담당하던 관부를 새로 설치한 것이다. 그런가 하면 문무왕 15년(675) 예부와 사정부의 경(卿)을 한 명씩 더 늘렸다. 이는 예부와 사정부의 기능을 강화시킨 조치였다. 문무왕 18년(678)에는 병부의 대감과 제감이 담당하던 선박과 관련된 업무를 독립시켜 제1급 관부로 선부(船府)를 설치하였다. 선부의 설치는 선박과 관련된 업무가 늘어난 것을 보여준다.

문무왕은 율령격식을 개장해가며 국가지배조직을 새롭게 편제해나가는 과정에서 중국제도도 받아들였다. 무열왕 8년(661) 백제의 잔적이 사비성을 공격하였을 때 사비성을 구하도록 출전시킨 세력을 상주장군 · 하주장군 등 장군이라 칭하였는데 문무왕 원년(661) 7월 고구려를 침공한 소정방을 돕기 위하여 동원된 세력을 상주총관 · 하주총관이라 칭하기도 하였다. 이는 661년에 즉위한 문무왕이 장군의 칭호를 총관으로 바꾼 것을 의미한다. 중국에서 소정방을 총관으로 임명한 것으로 그러한 사정을 알 수 있다.

황룡사 삼한통합 후에 불교와 함께 유교를 널리 받아들였다.

2) 국가재정의 확대

재정수입의 증가 백제와 고구려의 옛 땅을 장악한 신라는 재정수입이 충실해졌다. 그 결과 신료들의 수를 늘릴 수 있게 되었다. 실제로 신문왕대에 중앙정부 조직을 5단계로 늘린 것은 그와 같은 재정적인 뒷받침이 있었기에 가능하였다.

한편 신문왕 7년(687) 5월 문무관료전을 차등 있게 지급하였다. 그리고 신문왕 9년 정월에는 내외관의 녹읍을 폐지하고 매년 조를 차등 있게 주었다. 이러한 일련의 정책전환은 국가재정이 충실해졌기에 가능한 조치였다. 이제 왕국에서는 신료들에게 관료전과 세조를 지급할 수 있는 여유가 생겼다. 녹읍을 폐지한 후 신료들에게 관료전 또는 세조를 지급하게 됨으로써 왕은 신료에 대한 지배를 강화할 수 있었다. 결국 삼한통합으로 재정적 안정을 취한 신라의 왕권은 상대적으로 강화된 것을 알 수 있다.

3) 왕권강화와 군사력

군사력의 충실화 사실 무열왕과 문무왕대에 삼한통합 전쟁을 치르는 과정에서 신라의 군사조직이 정비·강화되었고 충분한 군사력을 거느릴 수 있게 되었다. 대체로 신문왕대에 이르러 신라의 군사조직 편성이 일단락되었다.

우선 왕권의 강화와 관련하여 시위부를 주목할 수 있다. 시위부는 진덕왕 5년(651)에 설치되었다. 삼도로 구성되었는데 원래 있던 감(監)을 폐하고 681년 10월 장군 6명을 두었다. 시위부의 삼도는 교대하여 왕을 경호하는 군단으로서 왕위를 지키는 중요한 임무를 가지고 있었다. 따라서 병력이 많지 않음에도 불구하고 장군이 6명이나 있었다.

그 밖에 진평왕대에 설치되기 시작한 9서당에는 신라인으로 편성된 서당이 있었고 문무왕·신문왕대에 백제·고구려·말갈·보덕국인으로 편성된 서당이 있었다. 신라는 피병합국인들을 포함하여 서당을 만들었던 것이다.

시위부와 9서당은 왕권강화를 군사적으로 뒷받침한 군단이었다고 여겨진다. 그 밖에 여러 군단과 군관조직이 설치 · 운용되었다. 대신라 왕국은 크게 늘어난 군사력을 유지할 힘이 있었고 군사력의 충실화는 왕권의 강화와 직결되어 있었다.

4) 중국화(국제화)

신라는 성골왕 시대에 이미 중국화(국제화)를 시작하였다. 불교의 수용은 그 예이다. 성골왕 시대가 끝나가는 진덕왕대에 김춘추 · 김유신을 중심으로 한 정치세력들이 왕정의 주도권을 장악하고 벌였던 정치개혁에서 중국화 개혁을 찾아볼 수 있다. 진덕왕 3년(649) 중국 의관을 사용하기 시작하였고, 4년에는 진골로 재위하고 있는 자들에게 아홀을 들게 하였으며, 중국 연호를 사용하였다. 이러한 일련의 개혁은 중국화 정책을 시행한 것을 의미한다.

무열왕 6년(659) 왕은 당에 병사를 청하고 660년 당군과 함께 백제를 평정하였다. 무열왕 8년(661) 2월 상주장군 · 하주장군 등 장군이라 칭하던 것을 문무왕 원년(661) 7월에는 상주총관 · 하주총관 등 총관이라 칭하고 있는 것을 볼 수 있다. 661년에 신라 군단의 사령관 명칭을 장군에서 총관으로 부르기 시작한 것이다. 이는 당군이 사령관을 총관이라고 불렀기 때문으로 여겨진다. 문무왕 4년(664) 정월에는 부인들도 중국의 의상을 입도록 하였다. 같은 해 3월에는 성천 등 28명을 웅진부성에 보내 당악(唐樂)을 배우도록 하였다. 문무왕 14년(674)에는 당에 들어가 숙위하던 대나마 덕복이 역술(曆術)을 배워 돌아와 새로운 역법(曆法)을 고쳐 썼다.

신문왕 2년(682)에는 국학을 설치하여 유교 경전을 가르쳤다. 경덕왕 6년(747) 정월에는 국학에 여러 학업의 박사와 조교를 두었다. 혜공왕은 원년(765) 태학에 행차하여 박사에게 명해서 『서경』의 뜻을 강의하게 하기도 하였다.

이는 신국의 도로 움직이던 나라에서 유교를 공식적으로 교육하기 시작한 것을 의미한다. 사상적인 면에서 또는 일상생활에서 중국 유교의 가르침을 받아들이기 시작한 것이다. 이렇듯 신라의 중국문명화에 있어 국학의 설치는 중요한 의미가 있다.

대신라 왕국에서 중국화를 전개한 것은 당시 신라인들의 사고의 융통성을 보여준다. 선진문물을 수용하는 데 경직되지 않았던 것이다. 결국 신라는 신국의 도와 새로운 도가 어울린 나라였다. 이는 바꾸어 말하면 중국화를 하되 신라의 고유한 제도를 유지하여 양자를 조화시킴으로써 신라의 실정에 맞게 중국화를 시행한 것을 보여준다.

5) 왕정과 골품제

골품제의 강화 무열왕 이후 진골들이 왕이 되었다. 골품제라는 관점에서 보면 왕은 여러 진골 중 한 명이었다. 그러나 무열왕계의 왕들은 율령격식을 개장하여 왕정을 강화시켰다. 그 결과 골품제의 운용이 강화되었고 골품제는 왕정을 강화시켰다.

누각문 전돌 대신라 시대에는 이러한 건물을 축조하였다.

5. 왕국 대평화의 성격

누구를 위한 대평화인가? 33대 성덕왕(702~737)이 말한 왕국의 안평무사(安平無事)는 누구를 위한 것인가. 첫째, 왕과 왕족을 위한 대평화였다. 왕으로서는 왕위가 안정되고 왕권이 강화된 것을 의미한다.

둘째, 왕을 둘러싼 정치지배세력을 위한 대평화였다. 특히 무열왕의 즉위에 공을 세웠던 칠성우를 비롯한 정치세력들은 대를 이어 왕의 측근에서 활동하며 중시나 상대등이 되었다. 이는 그러한 세력들이 대를 이어 정치세력으로 이어진 것을 의미한다. 결국 대신라 왕국의 평화는 일차적으로 왕과 왕족 그리고 최고의 정치지배세력들을 위한 것이었다.

성덕왕 11년(712) 김유신의 처를 부인으로 삼고 해마다 곡식 1천 석을 주었다. 그런가 하면 성덕왕 15년(716) 성정왕후를 내보냈는데 채색 비단 5백 필, 밭 2백 결, 조(租) 1만 섬, 집 한 채를 주었다. 집은 강신공의 옛 집을 사서 준 바 있다. 한편 성덕왕 4년(705) 10월 나라의 동부 지방의 주군에 기근이 들어 사람이 많이 유망하니 사자를 보내 진휼하였다. 성덕왕 6년(707) 정월 백성이 많이 굶어 죽자 사람들에게 하루 3승(升)씩 곡식을 나누어주기도 하였다. 이렇듯 왕국의 평화가 다가와도 백성들이 굶주리기는 마찬가지였다. 결국 왕국의 평화는 왕과 그 일족 그리고 신분이 높은 사람들에게 해당하는 것이었다.

왕국의 대평화는 어떤 것인가? 왕국의 대평화는 백제와 고구려를 평정함으로써 얻을 수 있었다. 오랫동안 이어지던 백제와 고구려의 침입을 막고 또 백제와 고구려를 침공하여 토지와 인민을 늘린 신라는 전쟁으로부터 벗어날 수 있었다. 즉 전쟁의 공포로부터 벗어난 신라로서는 대평화를 얻게 된 것이다.

그런가 하면 백제와 고구려의 토지와 인민을 더한 신라는 국력이 증대되었고 재정적 안정을 얻게 되었다. 이는 왕국의 통치력을 강화시켰고 사회적 안정을 뒷받침해주었다. 또한 문화적 성숙도 이룰 수 있었다. 왕국의 재정적 여유는 새로운 문화의 수용과 불국사 · 석굴암 등의 건축 그리고 왕도의 계획도시화로 이어졌다. 그런데 왕국의 대평화는 백제와 고구려의 옛 인민들의 희생을 바탕으로 한 것이었다. 삼한을 통합한 후 신라는 옛 백제인들을 5두품까지, 옛 고구려인들을 6두품까지 편제하여 골품제에 편입시켰다. 피병합국인들을 낮은 신분으로 편제하여 지배함으로써 원래 신라인들은 상대적으로 안정된 생활을 누릴 수 있었다.

왕국의 대평화가 이루어진 까닭 신라 왕국의 평화가 이루어진 까닭은 여러 가지가 있다. 첫째, 왕국의 축인 왕들을 주목할 수 있다. 신라 중대를 연 무열왕 자신은 신라 역사상 어느 왕보다 뛰어난 군주였다. 그 뒤를 이어 왕위에 올랐던 문무왕 · 신문왕 등도 유능한 왕들이었다. 무열왕 이후 왕들은 진골신분을 가졌기에 신분적 성스러움을 통하여 왕위를 강화할 수 없었다. 이에 왕들은 행정적인 면에서 왕위를 굳건히 하였고 왕권을 강화하였다.

둘째, 왕과 운명을 같이하였던 김유신 등 군신(群臣)들은 왕국을 위하여 열정적으로 힘을 합하였다. 신료들 또한 다양한 능력을 왕국을 위해 발휘하였다. 신라에서는 일찍이 화랑도를 설치 · 운용하는 과정에서 유능한 인재를 양성할 수 있었고 그들을 선발하여 신료로 삼았다. 따라서 신라에는 유능한 신료집단이 존재하였다. 거기에 더하여 국학을 설치하여 유교 경전을 가르치며 유능한 신료를 양성할 수 있었다. 성덕왕은 신료들이 지켜야 할 도리인 백관잠(百官箴)을 만들어 군신에게 보인 바 있다. 이는 왕이 신료를 잘 통제해나간 사실을 의미한다.

셋째, 백제와 고구려의 토지와 인민을 신라 왕국에 편입시킴으로써 국가의 인적자원과 재정을 충실히 하였다. 신라는 피병합 지역의 토지를 신라의 지방지배 조직으로 편제하고 그 지역 사람들 중 지배세력을 제거하고 남은 사람들을 골품제로 편제하였다. 그로 인하여 신라의 일반 백성들도 혜택을 받았다. 성덕왕 21년(722) 8월에는 백성정전(百姓丁田)을 지급한 바 있다. 이로써 백성들의 생활은 전에 없이 안정되었다. 동시에 국가의 재정은 상대적으로 충실해졌다.

넷째, 백제와 고구려를 평정한 이후 전쟁 준비의 필요성이 사라졌다. 성덕왕

34년(735)에는 당의 황제가 칙령으로 왕에게 패강 이남의 땅을 주었다. 이로써 신라는 영토분쟁의 소지를 없애고 평화를 누리게 되었다.

다섯째, 대신라 왕국 시대에 들어선 이후 불교가 널리 신봉되어 종교적인 안정이 이루어졌다.

여섯째, 성골왕 시대에 신라 사람들이 지켜야 할 도리로 받들어진 세속오계에 더하여 유교적 가르침이 받아들여지기 시작하였다. 이제 신국의 도에 더하여 중국인들이 만들어낸 가르침을 숭상하기 시작한 것이다.

중대 왕권의 성격 무열왕과 문무왕대에 이미 율령격식에 의한 통치가 강화되었고 그러한 통치방식은 그 이후에도 이어졌다. 실제로 율령격식을 무시하고 왕 개인이 마음대로 자신의 의지에 따라 정치를 한 적은 없다. 오히려 율령격식에 의한 통치를 강화하여 왕위 · 왕권을 강화하였다. 따라서 중대의 왕권을 전제왕권이라 단정하기는 어렵다.[46)]

6. 왕국의 대평화에 드리운 그림자

왕정의 피로 신라의 대평화에도 그늘진 부분은 항상 있었다. 결국 시간이 지날수록 왕정의 피로가 나타나면서 대평화에 그림자가 드리우게 되었다. 그런데

---

46) 중대의 왕권은 전제왕권인가? : 지금까지 중대의 왕권을 전제왕권이라고 해왔다. 전제정치는 국가의 주권이 지배자 한 사람에게 집중되어 지배자의 의지대로 국정을 운영하는 통치체제를 의미한다. 전제왕권은 율령격식을 무시하고 왕 혼자 자신의 의지에 따라 왕정을 결정하는 정치체제를 의미한다. 왕의 정치적 위상은 상대등을 비롯한 신료들보다 비교할 수 없이 높았다. 그러나 신라 중대의 상대등이나 시중 또한 왕과 가까운 혈족이거나 인척관계에 있었다. 그리고 대를 이어 왕정에 참여한 신료를 배출한 세가(世家) 출신들이었으므로 이들의 정치적 영향이 적지 않았다. 왕모 또한 태후로 섭정을 하기도 하였다. 이는 왕이 홀로 왕정을 결정한 것이 아니라는 사실을 말해준다. 물론 중대가 신라 역사상 왕권이 가장 강화된 시기였던 것은 틀림없지만 전제왕권이라고 하기에는 적지 않은 문제가 있다.

심각하게 그림자가 나타난 것은 35대 경덕왕대(742~765)였다. 경덕왕 15년(756) 2월 상대등 김사인이 근년에 재이(災異)가 자주 나타난다고 왕에게 상소하여 시정의 득실을 극력 간하였는데 왕은 이를 옳게 여겨 기꺼이 받아들였다. 상대등 김사인은 이듬해 정월에 병으로 물러나고 신충이 상대등이 되었다.

신충은 34대 효성왕과 35대 경덕왕 두 왕을 섬기면서 벼슬을 하여 이름을 드날렸다. 그러던 상대등 신충이 경덕왕 22년(763) 8월 시중 김옹과 함께 벼슬을 그만두었다. 여기서 주목되는 사실은 신충이 상대등으로 있던 757년에서 763년까지 신라 정국의 상황이다.

첫째, 757년 3월 내외 군관(群官)의 월봉을 폐지하고 다시 녹읍을 내렸다. 이러한 녹읍의 부활은 귀족세력의 승리라고 이야기되어왔다. 그런데 월봉을 폐지한 것은 이 때에 이르러 신라 왕국에서 월봉을 줄 수 없게 되었기 때문이다. 백제와 고구려를 병합한 직후인 신문왕대에는 새로이 늘어난 토지와 인민을 지배하여 월봉(또는 세조)을 지급할 재정적 힘이 있었다. 그러나 시간이 지나면서 국가의 지배에 한계가 생겨 월봉과 세조를 지급할 수 없게 된 것이다. 따라서 녹읍을 부활하여 군신들에게 보수를 주지 않을 수 없게 되었다. 이 때 부활된 녹읍의 지급이 군신들 모두에게 정상적으로 이루어졌는지는 의심이 든다. 여기서 신라 왕정의 재정적 어려움이 닥친 것을 생각할 수 있다.

둘째, 이 기간 동안 한화정책(漢化政策)을 편 것을 주목할 수 있다. 757년 12월에는 사벌주를 상주라고 하는 등 주 · 군 · 현과 소경의 지방행정구역 명칭을 바꾸었다. 또한 758년에는 내성을 전중성이라고 바꾸는 등 내성 소속 관부와 관직명을 바꾸었으며, 759년 정월에는 병부의 경과 창부의 감을 고쳐 시랑이라고 하는 등 관직명을 바꾸는 개혁을 단행하였다. 지방행정구역명과 관부 · 관직명을 한자로 바꾼 것은 한화정책이라 할 수 있다. 이 같은 한화정책은 구체적 개혁 없이 이름만 바꾼 일종의 허구적 개혁을 뜻한다. 허구적 개혁은 실질적인 내용은 달라지는 것이 없지만 이름을 그럴 듯하게 바꿈으로써 무엇인가 달라진 것으로 착각하게 만드는 것이다. 이러한 허구적 개혁은 실패로 돌아갔다. 혜공왕 12년

(776) 백관의 이름을 원래대로 고치도록 한 것은 그러한 사정을 잘 보여준다.

셋째, 내외의 신료를 통제하는 정책도 폈다. 경덕왕 17년(758) 2월 왕명으로 내외관으로 휴가를 청하여 만 60일이 된 자를 관직에서 해임시킨 바 있다. 이 같은 왕명이 내려진 이유는 당시 내외관에 대한 통제가 잘 이루어지지 않았기 때문이다.

넷째, 『삼국유사』를 통하여 경덕왕이 왕위계승자를 구하는 어려움을 겪었던 사실을 주목할 필요가 있다. 경덕왕이 아들을 얻기 위하여 노력을 기울인 시기는 정치적 개혁이 이루어지던 무렵이었다. 그것은 경덕왕이 왕위를 그의 아들에게 물려주려 한 때문이었다.

다섯째, 경덕왕의 개혁에도 불구하고 여러 가지 조짐이 나타나 신라 왕정에 어둠의 그림자가 드리운 것을 알 수 있다. 경덕왕 19년(760) 정월 도성의 동쪽에서 북을 두드리는 소리가 났는데 사람들은 이를 '귀신의 북(鬼鼓)'이라고 하였다. 신라인들에게 이 같은 사건은 하나의 조짐으로 받아들여졌다고 생각된다.

경덕왕 22년 상대등 신충과 시중 김옹이 함께 물러난 일은 하나의 사건이었다. 왕도 그 때 총애하던 신하 이순의 말을 들어 스스로 단속(團束)하는 모습을 보였다. 이순은 어느 날 갑자기 세상을 피해 산으로 들어가 불러도 나오지 않고 중이 되어 단속사(斷俗寺)를 세웠다. 그는 왕이 음탕한 음악을 좋아한다는 말을 듣고 대궐에 가서 간하였다. 왕은 그의 말을 듣고 감탄하여 음악을 정지하고 정실(正室)로 불러 불도의 묘리에서 세상 다스리는 방법까지 듣기도 하였다.[47] 경덕왕대에는 이미 가까운 왕족의 수가 크게 축소되었다.

여러 대에 걸쳐 왕의 핵가족을 왕족으로 삼고 나머지는 방계화시켜 왕위에 접근하는 길을 막음으로써 왕위는 안정·강화될 수 있었으나 왕위를 지켜줄 종실의 수가 크게 줄어들었다. 경덕왕에게는 측근 중 왕정을 이끌 수 있는 방안을 제안하고 그것을 실현시킬 만한 왕족과 신료가 사라진 것은 아니었을까? 여기서

47) 『삼국사기』 9, 「신라본기」 9, 경덕왕 22년 .

왕정의 피로를 진단할 수 있다.

여덟 살 혜공왕의 즉위와 무열왕계의 소멸

나무 주사위 안압지에서 출토된 놀이 기구이다.

왕국의 대평화에 어두운 그림자가 드리운 것은 36대 혜공왕 때(765~780)였다. 경덕왕 24년(765) 6월 왕은 여덟 살 난 어린 아들에게 왕위를 물려주고 세상을 떠났고 태후가 섭정을 하였다. 이 때 이미 무열왕의 직계 후손들이 왕위를 이어온 중대가 막을 내리기 시작하였다.

성골왕 시대가 끝나고 진골로서 왕위를 이었던 무열왕에게는 김유신을 비롯한 왕정 수호세력이 있었다. 그러한 세력은 성덕왕대에 이르러 왕의 종실 · 척리세력들에 의하여 세력을 잃게 되었고 이후 왕들은 왕정을 수호할 신료세력을 잃게 되었다. 경덕왕을 거쳐 혜공왕대에 이르면 가까운 왕족마저 세력이 축소되었다.

그 결과 혜공왕 재위 기간 동안 여러 차례의 반란이 일어났다. 혜공왕 4년(768) 7월 일길찬 대공과 그 아우 아찬 대렴이 반란을 일으켜 33일 동안 왕궁을 포위하였으나 왕군(王軍)이 토평하였다. 그리고 혜공왕 10년(774) 9월 이찬 김양상을 상대등으로 삼았는데 777년 4월 지진이 일어나자 상대등 양상이 글을 올려 시정을 극논(極論)하였다. 그런데 이는 상대등 김양상이 왕정을 제대로 장악하지 못하고 있었던 사실을 의미할 수 있다. 같은 해에 이찬 김주원을 시중으로 삼았다. 김주원은 후일 왕위계승전에서 김경신에게 밀려났는데 그것을 이유로 그 아들 김헌창이 반란을 일으킨 바 있다. 이 무렵 김양상 · 김주원 등이 역사의 무대에 등장하기 시작하였고 후일 신라 왕정의 소용돌이의 싹이 자라난 것을 볼 수 있다.

혜공왕 16년(780) 때 왕이 반란병에 의하여 살해되었다. 어려서 왕이 된 혜공왕은 장년이 되자 노래와 여색에 빠져 돌아다니며 노는 것이 도가 없고, 기강이 문란하였으며, 천재지이가 여러 차례 나타나 인심이 배반하고, 사직(社稷)이 험하고 위태로워졌다고 한다. 이에 이찬 김지정이 780년 2월에 반란을 일으켜 무리를 모아 궁궐을 침범하였다.[48] 4월에 상대등 김양상과 이찬 경신이 병사를 일으켜 지정 등을 죽였는데 왕과 왕비는 난병에게 살해되었다. 2월에서 4월까지의 기간 동안 김지정 세력은 궁궐을 장악하고 혜공왕을 압박하여 왕정을 장악하였다.

이후 김지정 세력을 물리친 상대등 김양상이 왕위에 올랐다.[49] 이로써 무열왕에서 시작된 중대의 왕정이 막을 내리고, 37대 선덕왕(김양상)과 38대 원성왕(김경신)으로부터 시작된 신라 하대가 열리게 되었다.

48) 『삼국사기』 9, 「신라본기」 9, 혜공왕 16년.
49) 왕당파와 반전제주의파의 대립이 있었나? : 김지정을 왕당파로 보고 상대등 김양상을 반전제주의파라고 보는 견해가 있다. 그러나 당시 그러한 구별은 별 의미가 없다. 그것은 김양상의 어머니가 성덕왕의 딸로 왕을 둘러싼 정치지배세력들은 혈연적으로 또는 인척관계로 연결되어 있었다. 단지 우리에게 주어진 자료에 그러한 사정이 나타나 있지 않을 뿐이다. 따라서 왕정에 반기를 든 세력이라 하여 반전제주의파라고 할 수도 없는 상황이다.

제2절 왕위계승전과 왕정 분열의 시대

『삼국사기』에는 37대 선덕왕(780~785)에서 56대 경순왕(927~935)까지를 하대(下代)라고 시대구분하였다. 하대는 정치적으로 다시 몇 개의 시기로 나눌 수 있다. 그 중 37대 선덕왕에서 45대 신무왕까지를 왕위계승전과 왕정의 분열이 일어난 하나의 시대로 나누기로 한다.

1. 새로운 왕정의 전개

혜공왕 16년(780) 2월 김지정이 무리를 모아 궁궐을 포위하고 침범한 다음 왕을 포로로 삼고 왕정을 장악하였다. 김지정이 반란을 일으킨 것은 혜공왕 10년(774) 이래 상대등으로 있던 김양상이 왕정을 장악한 상황에서 벌어졌다. 김양상은 상대등으로 왕정을 장악하였음에도 왕위를 빼앗을 수는 없었는데, 그 와중에 김지정이 혜공왕의 왕정을 수호하고자 궁궐을 장악한 것일 수도 있다. 그런데 상대등 김양상이 이찬 김경신과 함께 4월에 병사를 일으켜 김지정 등을 죽였다. 그 때 혜공왕과 왕비가 난병에게 살해되었다. 기록대로 한다면 혜공왕을 죽인 난병은 김양상의 병사가 아닌 김지정의 병사였다. 이는 김양상과 김경신에게 기회를 제공해주었다. 마침 김지정의 난으로 혜공왕이 살해된 상황이 벌어진 셈이었다. 결국 김지정의 난을 진압한 주역인 상대등 김양상이 왕으로 추대되었다.

선덕왕 6년(785) 정월 내린 조서에 "나는 본래 덕이 부족하여 왕위에 관심이 없었는데 추대하는 것을 피하기 어려워 왕위에 오르게 되었다"고 한 말을 주목할 필요가 있다.[50] 혜공왕이 살해되었을 때 이찬 김경신을 중심으로 한 정치세력

---

50) 『삼국사기』 9, 「신라본기」 9, 선덕왕 6년 조서.

들이 상대등 양상을 추대하여 왕으로 삼았던 것을 알 수 있다. 선덕왕은 재위 5년째인 784년에 왕위를 사양하려 하였으나 군신(群臣)들이 세 번이나 글을 올려 간하므로 그만둔 바 있다.

선덕왕(780~785)에 의하여 새로운 왕정이 시작된 것은 분명하지만 그는 스스로 왕정의 주인이 될 생각을 하지 않았던 것을 알 수 있다. 결국 38대 원성왕에 의하여 새로운 왕정이 열리게 되었다.

2. 원성왕계의 왕정 장악과 왕위계승전

원성왕계 왕정의 시작 혜공왕 말년에 반역한 신료들이 날뛸 때 상대등 김양상이 가장 먼저 왕 곁에 있는 악인들을 없애자고 주장하자 김경신이 여기에 참여하여 난을 평정하는 공을 세웠다. 김양상이 왕위에 오르자 김경신은 그 공으로 상대등이 되었다. 그런데 선덕왕이 세상을 떠났을 때 왕의 족자(族子)인 김주원을 왕으로 세우려 하였으나 결국 김경신이 무리들의 추대에 의해 785년 1월 왕위에 오를 수 있었다.

원성왕(785~798)은 왕위에 오른 다음달인 785년 2월 왕으로서의 권위를 높이는 일련의 조치를 취하였다. 첫째, 고조에서 아버지까지 4대를 대왕으로, 어머니를 태후로 추봉하였다. 둘째, 아들 인겸을 세워 왕태자로 삼았다. 셋째, 성덕대왕과 선덕왕의 아버지 개성대왕의 2묘를 헐고 시조대왕 · 태종대왕 · 문무대왕 · 할아버지 · 아버지로 5묘를 삼았다. 이와 같은 대왕 및 태후 추봉은 원성왕의 출신을 정당화한 조치였다. 그리고 태자 책봉은 왕위를 이을 계승자를 일찍 정하여 왕위계승전의 소지를 없애려는 조치였다. 또한 5묘에 시조대왕 · 태종대왕 · 문무대왕과 함께 자신의 할아버지와 아버지를 포함시킨 것은 원성왕계의 가계가 가지는 존엄성을 높이는 조치였다. 이에 비해 선덕왕은 원성왕처럼 대대적인 왕위 정당화 작업을 하지는 못하였다.

괘릉의 무인상 괘릉은 원성왕릉으로 알려지고 있으나 단정하기는 어렵다. 여하튼 원성왕의 후손들이 왕위계승전을 벌여 왕정의 분열이 초래되었다.

또 원성왕은 문무백관에게 작(爵) 1급을 더해 주었다. 여기서 말하는 작은 보수를 주는 기준이 되는 관위를 가리킨다. 이는 신료들에게 보수를 한 등급 올려주는 결과를 가져다 준 것으로 신료들로부터 지지를 얻기 위한 대규모의 조치였다.

786년에는 사신을 당에 보내어 덕종의 조서를 받았다. 그 안에 '경(원성왕)은 마땅히 나라 안을 보살피고 백성들을 부지런히 보살피고 영원히 번신(藩臣)이 되어 바다 건너 변방을 평안하게 하라'는 대목이 있다.[51] 이는 당 덕종이 원성왕을 신라 왕국의 왕으로 인정한 것을 의미한다. 이로써 원성왕의 권위가 한층 강화되었다.

그런가 하면 4년(788)에는 독서삼품을 처음으로 정하여 벼슬에 나가게 하였다. 상품은 『춘추좌씨전』·『예기』·『문선』을 읽어 그 뜻을 통하고 겸하여 『논어』·『효경』에 밝은 사람으로, 중품은 『곡례』·『논어』·『효경』을 읽은 사람으로, 하품은 『곡례』·『효경』을 읽은 사람으로 하였다. 오경·삼사·제자백가의 글에 널리 통한 사람은 이를 뛰어넘어 뽑아 썼다.[52] 이 때에는 당에 가서 유학한 사람들도 관직을 주기 시작하였다. 이는 신라나 당에서 유학을 공부한 사람을 신료로 선발한 것으로 행정적 능력을 갖춘 신료를 등용하여 왕권을 강화한 조치

51) 『삼국사기』 10, 「신라본기」 10, 원성왕 2년.
52) 『삼국사기』 10, 「신라본기」 10, 원성왕 4년.

를 취한 것을 보여준다.

원성왕의 뒤를 이어 왕위에 올랐던 소성왕·애장왕도 왕권을 강화하기 위한 조치를 취하였다. 소성왕 원년(799) 청주 거로현을 학생녹읍으로 삼은 사실은 국학의 학생들을 위한 경제적 조치였다.

애장왕은 5묘에 직계조상을 더하였다. 그는 태종대왕과 문무대왕의 2묘를 별도로 세우고 시조대왕과 고조 명덕대왕, 증조 원성대왕, 할아버지 혜충대왕, 아버지 소성대왕까지를 5묘로 삼았다. 이로써 애장왕의 직계를 한층 존중하게 되었다. 그리고 6년(805) 8월에 공식(公式) 20여 조를 반포하여 알렸다. 이는 국가 통치체제를 정비하였음을 의미한다.

원성왕계 종족 성원간의 왕위계승전 이러한 일련의 조치에도 불구하고 원성왕을 시조로 하는 종족에서는 정치적 긴장이 생겨났다. 소성왕 3년(802) 12월 예영의 아들 대아찬 균정을 가왕자(假王子)로 삼아 왜에 질(質)로 보내려 하였으나 균정이 이를 거절하였다. 균정을 왜에 보내려 한 이유를 알 수는 없다. 그러나 균정은 예영 태자의 아들로 왕위계승을 주장할 가능성이 있는 인물이었다. 그는 후일 42대 흥덕왕이 세상을 떠났을 때 왕궁에 들어가 제륭(43대 희강왕)과 왕위계승전을 벌이다 죽었고, 그 아들 우징(45대 신무왕)이 결국 왕위를 쟁탈한 것을 보면 이 같은 사실을 짐작할 수 있다. 그런데 원성왕의 아들인 인겸과 예영이 차례로 태자가 되었던 사실은 두 사람의 후손들이 왕위계승전에 뛰어드는 원인이 되었다. 한편 애장왕 8년(807) 김주원의 아들 이찬 김헌창을 시중으로 삼은 바 있다. 이는 원성왕과 왕위계승 다툼을 벌였던 김주원계를 무마하기 위한 조치가 아닌가 생각된다. 이로써 원성왕·소성왕·애장왕의 세 왕을 거치며 왕위계승을 주장할 집단들이 정치적으로 성장한 것을 볼 수 있다.

그런데 애장왕 10년(809) 왕의 숙부 언승(41대 헌덕왕)은 동생 이찬 제옹(悌邕)과 병사를 거느리고 왕궁에 들어가 난을 일으켜 왕을 죽였다. 이 과정에서 왕의 아우 체명은 왕을 모시고 호위하다가 함께 살해되었다. 언승은 애장왕이 13세의 나이에 왕이 되자 숙부로서 섭정을 하였는데 애장왕이 성장하자 왕위를 빼앗았다. 결국 원성왕의 후손들 사이에 정치적 긴장이 왕위계승전으로 이어진 것이다.

『삼국사기』 신무왕조 끝에 나오는 사론(史論)에 신라의 언승(헌덕왕)은 애장왕을 죽이고 왕위에 올랐고, 김명은 희강왕을 죽이고 왕위에 올랐으며, 우징은 민애왕을 죽이고 왕위에 올랐는데, 있었던 사실을 그대로 쓴 것은 『춘추』의 뜻이라고 하였다.[53)]

왕위계승전의 성격 원성왕계의 종족 성원 사이에 여러 차례의 왕위계승전이 벌어진 것은 원성왕을 시조로 하는 종족에 속한 왕족들 사이에 도태가 일어나지 않았기 때문이다. 당시 재위하고 있는 왕들은 태자를 책봉하여 왕위계승권자를 미리 정해두기도 하였으나 실제로 태자제는 정치적 의미를 상실하고 있었다. 오히려 원성왕의 종족에 속한 왕족들이 서로 왕위를 장악하기 위한 투쟁을 벌였다. 왕위계승전에 의하여 죽고 죽이는 것이 왕위를 장악하는 중요한 방법이 된 시기였다.

42대 흥덕왕이 세상을 떠나자 균정과 우징(45대 신무왕) 부자 세력과 이에 맞선 제륭(43대 희강왕)과 그를 추대한 시중 김명의 세력이 왕궁으로 들어가 전투를 벌여 제륭 · 김명 세력이 승리하였다. 이에 제륭은 왕위에 올랐고 김명은 상대등이 되었다. 제륭과 김명이 세력을 합친 것은 제륭이 충공의 딸 문목부인과 혼인을 하면서인데 김명은 충공의 아들로 문목부인과 남매간이었다. 그러니까 제륭과 김명은 매부와 처남 사이였다. 어쩌면 이 관계가 둘 사이의 세력동맹을 가능하게 한 것은 아닌가 한다. 그런데 희강왕 3년(838) 정월 상대등 김명과 시중 이홍 등이 병사를 동원하여 난리를 일으켜 왕 좌우의 신하를 죽임으로써 왕은 스스로 궁중에서 목을 매 죽었다.

여기서 원성왕계 종족 성원들 사이의 왕위계승전의 실상을 볼 수 있다. 이는

53) 『삼국사기』 10, 「신라본기」 10, 신무왕조의 사론.

왕위계승을 한 종족의 폭이 확대된 것을 의미한다. 성골왕 시대에는 왕과 그 형제의 다음 세대에서 왕이 배출되었다. 중대에는 왕의 아들, 그 중에 장자가 왕위계승을 하는 원칙이 있었다. 그에 비하여 하대에 왕위계승을 하던 원성왕계 종족의 성원들은 그 폭이 넓었다. 따라서 다수의 왕위계승권자들이 경쟁을 벌이다 보니 자연히 왕위계승전이 벌어지게 되었다. 그렇다고 해서 당시의 왕위계승에 있어 태자에게 넘기는 원칙이 없어진 것은 아니었지만 그 원칙이 지켜지기가 쉽지 않았다.

원성왕계의 왕위계승은 손자에게(39대 소성왕), 아들에게(40대 애장왕, 46대 문성왕), 숙부에게(41대 헌덕왕, 47대 헌안왕), 동생에게(42대 흥덕왕), 5촌에게(43대 희강왕), 6촌에게(44대 민애왕, 45대 신무왕), 사위에게(48대 경문왕) 넘어갔다. 숙부가 조카를 죽이고 왕이 되고(41대 헌덕왕), 6촌을 죽이고 왕이 되는(44대 민애왕, 45대 신무왕) 그러한 왕위계승이었다(〈표4〉 참조). 43대 희강왕은 44대 민애왕의 누이를 아내로 삼았기에 두 사람은 처남과 매부 사이였다. 6촌 사이인 이들은 흥덕왕이 죽었을 때 힘을 합하여 또 다른 종족인 균정과 우징(45대 신무왕) 부자를 물리치고 43대 희강왕이 즉위할 수 있었다. 그러나 얼마 안 되어 민애왕은 매부인 희강왕을 죽이고 왕위를 빼앗았다. 희강왕이 왕위에 오를 때 왕위를 둘러싸고 전투를 하였던 균정은 희강왕의 큰아버지이고 우징은 4촌이었다. 이와 같이 원성왕의 후손들 사이에 죽고 죽이는 왕위계승전이 벌어진 것이 이 때의 왕위계승의 실제이다.

귀족연립적인가? 지금까지 신라 하대를 귀족연립적인 성격의 시대로 보아왔다. 그런데 하대에 왕위계승전을 벌인 세력들이 모두 원성왕의 종족 성원들이었다는 사실을 주목할 필요가 있다. 한마디로 원성왕의 종족 성원들이 왕국의 최상부에서 왕위를 장악한 것이다. 이는 다양한 세력으로 이루어진 귀족들의 연립이 아니라 왕위계승을 한 원성왕계 종족 성원의 폭이 확대된 것을 의미하며 그들 사이에 왕위를 빼앗고 빼앗긴 것을 뜻한다. 따라서 귀족연립적인 정권이 있었던 것은 아니다.

특히 원성왕 이후 왕위계승전이 벌어지는 상황에서도 왕정을 장악한 원성왕의 후손들은 동일한 혈족이라는 관계 외에도 근친혼을 통하여 중복되는 관계를 맺었다. 그러한 사정은 당시 왕을 중심으로 한 정치지배세력들의 계보를 보면 바로 알 수 있다. 따라서 이 시기 정치세력들을 왕당파나 왕정에 반대하는 귀족세력으로 나누기는 어렵다. 여하튼 당시 왕국 최상부에서 활동하던 세력들을 단순히 귀족이라고 부를 수 없다.

왕정의 만성적 불안 이 시기 왕정은 만성적 불안에 휩싸여 있었고 분쟁은 오래 끌었다. 38대 원성왕에서 45대 신무왕까지의 왕들 사이에 몇 차례의 왕위계승전이 있었는데, 나름대로 왕정의 성격이 나타나고 있다. 첫째, 왕위 자체가 빼앗고 빼앗기는 자리가 되었다. 그러나 왕위는 원성왕계에서 장악하였다는 사실을 주목할 필요가 있다. 따라서 크게 보면 당시 왕정 또한 원성왕계 성원들이 나름대로 장악하고 있었음을 알 수 있다. 둘째, 왕들은 그가 다스리던 신료들에게 관직과 관위를 주고 빼앗았다. 왕이 권력을 신료들에게 위임한 것이다. 그 중 상대등은 위임받았던 권력을 가지고 왕위를 장악하기도 하였다.

3. 김헌창의 난과 왕정의 분열

김주원의 종족 원성왕과의 왕위계승 다툼에서 밀려났던 김주원은 명주(강릉)로 가서 정착하였다. 그런데 김주원의 아들들은 왕경에 남아 중앙정치무대에서 활동하였다. 이들의 계보를 그리면 〈표10〉과 같다.

김양과 김흔 김주원의 두 아들은 왕경에 머물며 활동하였는데 그 중 종기의 손자들인 김양과 김흔을 주목할 수 있다. 김양은 종기의 손자이자 정여의 아들이었다. 그리고 김흔도 종기의 손자이자 장여의 아들이었다. 따라서 김양과 김흔은 4촌간이었다.

흥덕왕이 세상을 떠났을 때 우징을 도와 왕위계승전에 참여하였던 김양은 838년 2월 모사와 병졸을 모집하여 우징이 도망가 머물고 있던 청해진으로 들어갔다. 우징과 김양은 3월에 청해진의 병사 5천을 거느리고 무주를 공격하여 항복을 받고 남원에서 신라병과 싸워 이겼다. 그리고 838년 12월 무주를 거쳐 839년 정월 19일 달벌(대구)에 이르러 민애왕의 병사와 전투를 벌여 승리하였으며 도망한 민애왕을 찾아 죽이고 우징이 왕위에 올랐다.

그런데 김흔은 민애왕이 임명한 대장군으로서 달벌전투에 참전하였다. 김흔은 달벌전투에서 패전하여 스스로 목숨을 끊지 못하였으므로 다시 벼슬하지 않고 소백산으로 들어가서 갈포옷을 입고 나물을 먹고 살면서 중들과 교유하였다고 한다.

이렇듯 김양과 김흔은 할아버지가 같은 4촌간이면서 정치적으로 갈라선 것을 볼 수 있다. 김양이 857년 8월 50세의 나이로 자택에서 세상을 떠났을 때 헌안

〈표10〉 김주원계 종족

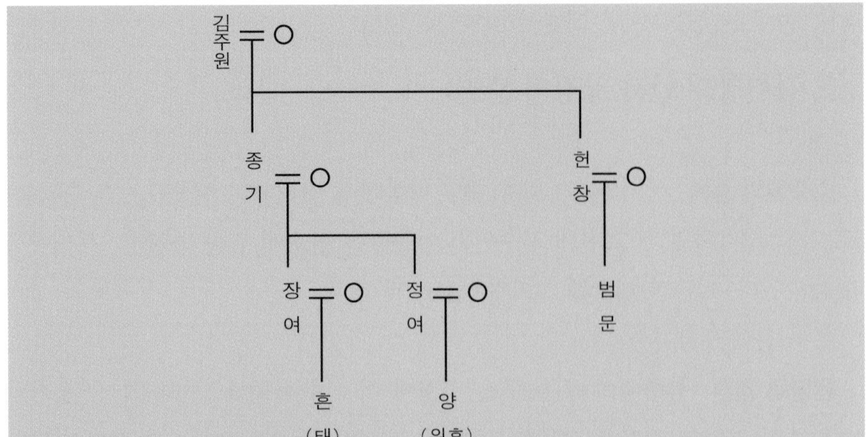

명주성(溟州城)명 수막새기와 원성왕에게 밀려난 김주원은 명주(강릉)에 정착하여 세력을 뿌리내렸다.

왕이 슬퍼하여 서발한의 관위를 추증하고 부의와 장사를 한결같이 김유신의 전례를 따르도록 하였다. 한편 김흔은 847년 8월 47세의 나이로 산재(山齋)에서 세상을 떠났으며 내령군의 남쪽 언덕에 장사 지냈는데 아들이 없어 부인이 상사를 주관하였다.

김인문의 후손 김주원계 37대 선덕왕이 세상을 떠났을 때 아들이 없었기에 군신들이 왕의 족자인 김주원을 왕으로 세우기로 의논한 바 있다. 김주원의 계보가 어디로 연결되는지 궁금하다. 그가 선덕왕의 족자라면 내물왕의 후손이 되어 김춘추계와는 다른 가계의 성원이 된다. 과연 그럴까?

『대낭혜화상 백월보광탑비명』을 보면 성주사는 산중재상 김흔(金昕)이 가지고 있던 그의 조상 임해공(김인문)의 수봉지소(受封之所)를 희사하여 창건된 것임을 알 수 있다. 김흔은 왕위계승전에서 패하여 왕경을 떠났던 바로 그 김흔이다. 김흔은 김주원의 증손이다. 이로써 김주원은 문무왕의 동생 김인문의 후손인 것임을 알 수 있다. 결국 김주원과 김헌창은 김춘추계의 인물들로 왕위계승을 바라볼 수 있는 위치에 있었던 세력이었음이 분명하다.

김헌창계 종족의 서로 다른 길 김주원은 왕위계승 다툼에서 원성왕에게 밀려나 강릉으로 이주하였다. 그러나 김헌창은 시중과 주의 도독을 지내며 세력을 키워 결국 반란을 일으켰다. 한편 김헌창의 형제로 나타나고 있는 종기의 종족은 왕위를 꿈꾸기보다 왕위계승전에서 원성왕계를 도왔다. 이는 김주원의 아들들이 서로 다른 정치적 행로를 걸은 것을 뜻한다.

김헌창의 정치적 활동 김헌창은 애장왕 8년(807) 이찬으로 시중이 되었고 헌덕왕 5년(813) 무진주 도독이 되었다. 또 이듬해에는 균정의 뒤를 이어 시중이 되었다. 816년에는 시중의 자리를 김흔의 아버지 장여에게 물려주고 청주 도독이 되었고, 821년 웅천주 도독이 되었다.

김헌창의 반란(反叛) 헌덕왕 14년(822) 3월 웅천주 도독 김헌창은 그 아버지 김주원이 왕이 되지 못한 것을 이유로 반란을 일으켰다. 나라 이름을 장안(長安), 연호를 세워 경운(慶雲)이라 하였다. 김헌창은 무진주 · 완산주 · 청주 · 사벌주의 네 주 도독과 국원경 · 서원경 · 금관경의 세 소경의 사신 그리고 여러 군현의 수령을 위협하여 거느렸다.

청주 도독 상영이 추화군으로 도망하였고 한산주 · 우두주 · 패강진 · 북원경 등은 미리 김헌창의 역모를 알고 군사를 일으켜 스스로 지켰다. 3월 18일 완산주 장사(長史) 최웅과 주조(州助) 아찬 정련의 아들 영충 등이 왕경(王京)으로 달아나 이를 알렸다. 왕은 곧 최웅에게 급찬의 관위를 주고 속함군 태수로 임명하였으며 영충에게는 급찬의 관위를 주었다.

왕은 마침내 8명의 장군을 뽑아 왕도(王都)의 8방을 지키게 한 후에 출병시켰다. 일길찬 장웅은 먼저 떠나고 잡찬 위공과 파진찬 제릉이 뒤따랐으며, 이찬 균정과 잡찬 웅원 그리고 대아찬 우징 등은 삼군을 관장하여 이끌고 가서 쳤고 각간 충공과 잡찬 윤은은 문화관문을 지켰다. 이 때 명기와 안락 두 화랑이 종군을 청하여 명기는 무리들과 함께 황산으로 나아가고 안락은 시미지진으로 나아갔다.

김헌창은 장수를 보내어 긴요한 길목에 웅거하여 기다렸다. 장웅은 적병을 도동현에서 만나 쳐부수고 위공과 제릉은 장웅의 군사와 합하여 삼년산성을 쳐서 이긴 다음 군사를 속리산으로 내보내 반군을 쳐서 이를 섬멸하였다. 균정 등은 적과 성산에서 싸워 이를 멸하고 여러 군대와 함께 웅진에 이르러 반군과 크게

성주사터 김인문의 수봉지소에 성주사를 창건하였다.

싸워 베어 죽였으며 잡은 것이 셀 수 없이 많았다.

김헌창은 겨우 빠져나와 성에 들어가서 굳게 지켰다. 여러 군대가 성을 에워싸고 열흘 동안이나 공격하여 성이 함락되려 하자 헌창은 죽음을 면하기 어려운 것을 알고 스스로 목숨을 끊었다. 이에 종자가 머리를 잘라 그 몸과 함께 각각 감추었는데, 성이 함락되자 그 시체를 옛 무덤에서 찾아내어 목을 베고 종족(宗族)과 무리(黨與) 2백39명을 죽이고 그 백성들은 놓아주었다.

후에 논공을 하는데 녹진에게는 대아찬의 관위를 주었으나 받지 않았으며, 삽량주 굴자군은 반군에게 가까이 있었지만 반군에 가담하지 않았기에 7년 간 조세를 면하게 되었다.

이에 앞서 청주 태수의 집무실 남쪽 못 가운데 이상한 새가 있어 몸의 길이가 다섯 자이고 빛이 검었으며 머리는 다섯 살쯤 된 아이만하고 주둥이는 한 자 다섯 치이며 눈은 사람과 같고 모이주머니는 다섯 되쯤 드는 그릇 만한 것이었는데 사흘 만에 죽었다고 한다. 이는 김헌창이 패망할 조짐이었다고 한다.[54]

54) 『삼국사기』 10, 「신라본기」 10, 헌덕왕 14년 3월.

범문의 난 헌덕왕 17년(825) 김헌창의 아들 범문이 고달산의 도둑 수신 등 1백여 명과 함께 반란을 모의하여 평양에 도읍을 정하려고 북한산주를 공격하므로 도독 총명은 병사를 거느리고 가서 그를 잡아 죽였다. 822년 김헌창의 난 진압 후 처형된 종족 중에 빠졌던 범문이 반란을 일으켰으나, 준비가 안 된 반란으로 쉽게 진압되었다.

김헌창란의 직접적 원인 김헌창의 난은 그의 아버지 김주원이 왕이 되지 못하였기 때문이었다고 한다. 그런데 헌덕왕 14년 정월 왕의 동복아우 수종(42대 흥덕왕)을 부군(副君)으로 삼아 월지궁에 들어가게 한 일이 있었는데 그 해 3월에 김헌창이 반란을 일으켰다. 수종을 부군으로 삼은 일과 김헌창의 반란이 어떤 관계에 있었는지 잘 알 수는 없다. 그러나 반란의 직접적 원인은 김수종을 부군으로 삼아 다음 왕위를 잇게 한 조치였던 것으로 짐작된다.

김헌창란 진압에 동원된 8장군 김헌창의 난은 진압되었다. 그러나 반란을 진압하는 데 동원되었던 8명의 장군들은 그 후 왕위계승전의 주역이 되었다. 그 중 제릉(悌凌)은 43대 희강왕(悌隆)이 아닌가 생각된다. 그리고 이찬 균정과 대아찬 우징 부자는 흥덕왕이 세상을 떠났을 때 희강왕과 왕위를 다투었는데 그 때 균정이 죽고 우징은 청해진으로 피하였다가 돌아와 왕이 되었다. 그가 바로 45대 신무왕이다. 각간 충공은 44대 민애왕의 아버지였다. 이로써 김헌창의 난을 진압하는 데 동원되었던 장군들이 43대 희강왕, 44대 민애왕, 45대 신무왕과 관련이 있거나 그 자신이었던 사실을 알 수 있다.

사실 김헌창의 난은 왕정의 성격을 바꿔놓았다. 41대 헌덕왕이 조카 애장왕을 죽이고 왕위를 빼앗은 것은 군사적 실력을 통한 것은 아니었다. 그와는 달리 43대 희강왕, 44대 민애왕, 45대 신무왕의 즉위는 군사적인 실력을 바탕으로 왕위를 장악한 것이었다. 따라서 김헌창의 반란을 진압하는 데 동원되었던 장군들은 일종의 사병을 거느리게 된 것을 알 수 있다. 그리고 그와 같은 군사적 실력은 왕위계승전을 불러왔다. 결국 김헌창의 난은 태자를 왕으로 삼던 왕위계승의 원리를 무너뜨리고 군사적 실력을 가진 자가 왕위를 계승하는 시대를 열게 한 것이다. 이는 신라 왕정의 커다란 변동이었다.

4. 원성왕계 왕정의 약화

재성명 막새기와 이 기와는 원성왕계의 왕위계승전을 지켜보지 않았을까?

왕족의 왕정 참여와 분열 원성왕계의 왕족들은 왕정에 참여하였다. 왕들도 예외가 아니었다. 원성왕은 상대등을 지냈고, 소성왕도 재상·시중·병부령을 지낸 후 태자가 되었다가 왕이 되었다. 애장왕은 13세의 나이에 왕이 되었기에 왕정에 참여할 기회가 없었다. 헌덕왕은 시중·재상·병부령·어룡성 사신·상대등을 지냈다. 흥덕왕은 상대등을 거쳐 부군이 되었다가 왕위에 올랐고 민애왕은 상대등을 지냈다. 흥덕왕 10년(835) 김균정을 상대등으로 삼았을 때 그의 아들 우징은 시중으로 있었는데 글을 올려 관직에서 물러나기를 청하였다. 우징이 물러난 시중 자리에 김명(민애왕)이 임명되었다.

원성왕의 종족 성원들은 시중이나 상대등의 자리를 차지하였다. 물론 김헌창도 시중을 두 번이나 지내기도 하였으나 그러한 자리는 주로 원성왕의 후손들이 차지한 것을 알 수 있다. 시중이나 상대등의 직을 차지하며 왕정에 참여한 원성왕계 성원들은 결국 각자 왕이 되는데 관심을 기울였다. 이는 원성왕계 후손들의 왕정 참여가 곧 왕정의 분열로 이어진 것을 의미한다.

결국 왕위계승을 다투던 경쟁자가 여럿이 된 것은 그들 사이에 파가 갈리고 상대를 제거하고 나아가 군사적 실력을 가지고 승리한 자가 왕이 되는 시대가 열렸음을 뜻한다. 원성왕계 가계 성원들이 각기 왕위계승을 원하는 상황에서 왕위계승전은 더욱 치열하게 전개된 것이다.

국가 권위의 사유화 원성왕계의 왕들은 여러 차례에 걸친 왕위계승전에서 국가 권위를 사적으로 이용하였다. 특히 원성왕계 종족의 폭넓은 성원들이 왕위계승을 한 상황에서 왕들은 국가 권력을 사적으로 이용하여 왕위를 계속 장악하려 하였다. 왕위를 빼앗으려는 세력도 국가 권력을 사적으로 이용한 것은 마찬가지였다. 결국 이러한 현상은 나아가 왕정의 약화를 초래하였다.

사적 권력의 공식화 38대 원성왕에서 45대 신무왕에 이르는 기간 동안 왕을 비롯한 정치세력들은 각기 사적으로 군사적 기반을 갖추고 있었다. 당시 정치세력들은 사병을 거느렸다. 흥덕왕이 세상을 떠났을 때 희강왕과 다투었던 우징은 837년 8월 패잔병을 거두어 청해진으로 들어갔다.

그런가 하면 우징이 청해진에 들어갔다는 소식을 들은 김양은 모사(謀士)와 병졸(兵卒)을 모집하여 838년 2월 청해진으로 들어가 우징과 함께 거사를 도모하였다. 우징이 거느렸던 패잔병이나 김양이 모집하였던 모사나 병졸은 사적인 병사들이었다. 그런데 우징이 민애왕의 군대를 물리치고 왕위를 계승하였을 때 우징이 거느렸던 군대는 사병이면서 국가의 군대가 되었던 것을 생각할 수 있다.

지방에 대한 통제력 약화 37대 선덕왕에서 45대 신무왕까지 이르는 기간에 왕은 지방관을 파견하였다. 그런데 김헌창의 난이 일어났을 때 9주 중 4주의 도독, 5소경 중 3개 소경의 사신 및 여러 군·현의 수령들이 김헌창의 밑에 들어간 바 있다. 이는 이 시기 왕정의 지방통제에 문제가 생기기 시작한 것을 의미한다. 실제로 민애왕 원년(838) 3월 청해진에 가 있던 우징과 김양은 5천 명의 병사를 거느리고 무주를 습격하여 항복을 받고 남원에 이르러 승리를 거둔 바 있다. 이는 희강왕과의 왕위계승전에서 패하여 청해진으로 들어갔던 우징과 김양이 신라

청해진 왕정의 약화로 인하여 성장한 지방세력 중 청해진의 장보고 세력은 특수한 집단이었다.

왕의 지배를 받던 무주를 장악하고 남원경을 공격한 것을 의미한다. 물론 우징과 김양이 청해진으로 돌아갔기에 무주와 남원경에 대한 왕의 지배는 회복되었을 것이다. 그러나 이제 국왕의 지방지배는 약화된 것이 분명하다.

정치지배세력의 낙향 원성왕과의 다툼에서 패한 김주원은 명주(강릉)로 내려가 자리 잡았다. 그런가 하면 민애왕을 위하여 달벌(대구)전투에서 우징과 맞섰다가 패하여 낙향한 김흔도 있다. 김흔은 그의 조상인 김인문이 받았던 토지를 물려받아 그 때까지 가지고 있었기 때문에 성주사 창건을 위하여 희사하였다. 이는 왕위계승전에 패한 세력들이라 하더라도, 그들의 조상들이 받아 가지고 있던 토지를 소유하고 있었던 것을 의미한다. 결국 낙향세력들은 지방에 내려가도 그들의 경제적 실력은 유지한 것을 알 수 있다. 여기서 낙향세력들은 지방에서 점차 세력을 뿌리내리며 지방세력으로 자리 잡아간 사정을 짐작할 수 있다.

비록 중앙정계에서 밀려나 자신들의 생명과 재산을 지키기 위해 낙향한 세력들이었지만, 그들은 지방에 경제적 기반이 있었고 점차 지방의 백성들을 장악하여 군사적 실력을 쌓아 중앙정부에서도 무시할 수 없는 세력으로 성장하기도 하였다. 예를 들어 김주원의 후손들은 명주(강릉)를 중심으로 강력한 세력으로 성장하였으며 왕은 이들 세력을 뿌리뽑을 수 없는 지경에 이르렀다.

국왕 중심의 중앙집권적 정치구조의 약화 청해진의 설치는 여러 가지 의미가 있다. 그 중 흥덕왕 3년(828) 4월 병졸 1만 명으로 청해진을 설치한 것은 중요한 의미가 있다. 청해진은 왕이 통제할 수 있던 진(鎭)들과 성격을 달리하였다. 실제로 우징을 도와 5천의 군대를 제공한 일은 왕이 청해진을 통제할 수 없었던 사실을 말해준다. 이는 나아가 이 시기에 이르러 국왕 중심의 왕정이 약화되었음을 단적으로 보여준다.

이는 또한 보다 구체적으로 왕정을 수호할 국가의 공식적인 군대가 없었다는 사실을 알게 하는 부분이다. 민애왕이 보낸 왕군은 우징과 염장이 거느렸던 5천의 군대에 패하였다. 한마디로 이는 여러 차례 전개된 왕위계승전으로 인하여 국가의 군대가 사라진 상황에서 왕의 사병이 어느 정도로 잔약해졌는지 보여준다. 당시 왕국에서 가장 강한 군대는 1만 명의 병졸로 만들어진 청해진의 군대였다. 바야흐로 왕국의 군사적 중심이 왕군(王軍)일 수 없는 시대로 접어들었던 것이다.

왕과 재상의 차이 지금까지 37대 선덕왕 이후 특히 원성왕계의 왕들이 재위하면서 왕정을 비롯한 왕위와 왕권이 약화되었다고 해왔다. 그러나 아무리 왕권이 약화되었다고 하더라도 왕은 왕이었다. 왕은 상대등을 비롯한 왕정의 최고 신료인 재상들과 비교할 수 없이 높은 정치적 지위를 차지하고 있었다. 상대등이 왕위를 빼앗는 일이 있었으나 그렇다고 하여 상대등이 왕보다 정치적 지위가 높았던 것은 아니었다.

〈표11〉 왕정 분열과 지배체제

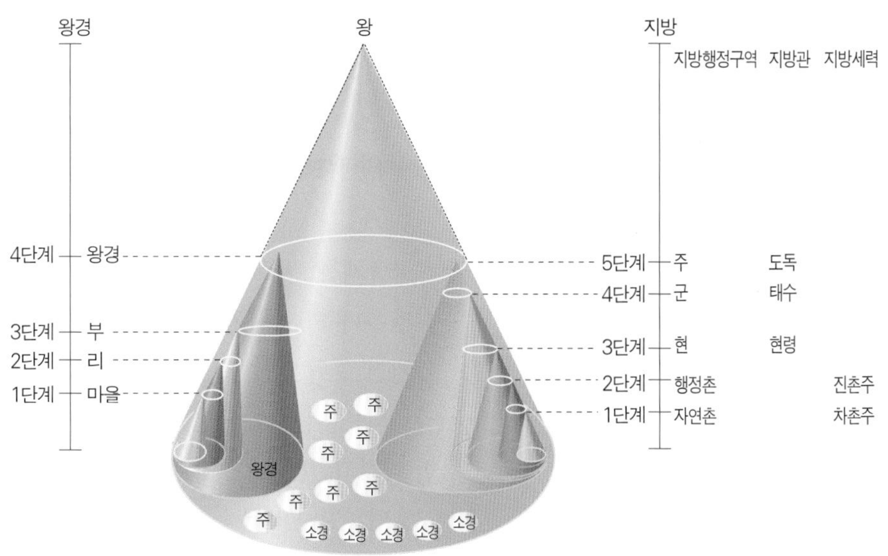

신무왕 이후의 왕정 45대 신무왕 이후 왕위계승은 평화적으로 이루어졌다. 그러나 한번 약화된 왕의 권위나 권력은 회복되지 않았다. 바로 그러한 상황에서 지방세력들이 성장하여 왕정을 위축시켰다.

인사정책의 문란과 왕정 헌덕왕 14년(822) 상대등이 되었던 충공에게 녹진이 찾아가 한 말이 있다. 그는 재주가 큰 사람은 높은 벼슬자리에 앉히고 작은 사람에게는 낮은 직책을 맡겨 조정에 빈자리가 없어야 한다고 하였다. 그리고 벼슬자리에 적임자가 아닌 사람이 없어야 하고 상하가 정해져 있어야 하며 어진 자와 불초한 자를 구별한 후에야 왕정(王政)이 이루어진다고 하였다. 그런데 지금은 그렇지 않고 사람을 위하여 벼슬을 가려주고 그 사람을 사랑하면 비록 인재가 아니더라도 높은 자리로 끌어올리고 그 사람을 미워하면 비록 재능이 있더라도 구렁창으로 빠뜨리려 한다고 하였다.[55] 이는 당시 인사정책이 잘못되고 있었음을 의미하며 결국 왕정이 무너지고 있음을 보여준다.

칠곡 송림사 출토 사리장치(보물 325호) 지방 사찰의 성장을 볼 수 있다.

5. 왕정의 약화와 골품제

골품제는 왕을 축으로 편성·운용된 신라 고유의 신분제였다. 그런데 원성왕계의 왕위계승전으로 인하여 왕정이 약화되는 과정에서 골품제의 운용 또한 약화되었다.

흥덕왕 9년 색복·거기·기용·옥사조의 금령을 발표한 것은 약화된 골품제의 운용을 강화시키기 위한 조치였다. 그러나 일단 약화된 골품제가 쉽게 강화될 수는 없었다. 더욱이 골품제 운용의 축인 왕정이 약화된 상황에서 규정을 강화한다고 골품제가 강화될 까닭이 없었다. 결국 골품제가 약화되면서 왕정의 약화가 가속화되었다.

55) 『삼국사기』 45, 「열전」 5, 녹진.

제3절 군웅의 성장과 반란의 시대

46대 문성왕(839~857)에서 51대 진성왕(887~897)까지 이르는 기간, 신라 왕국은 군웅[56]들의 무대가 되었다. 이 시기 왕위계승전은 사라졌다. 따라서 왕정이 안정된 것처럼 보인다. 특히 『삼국사기』에 나오는 다음 기록이 주목된다. 헌강왕 6년(880) 9월 9일 왕은 좌우의 신료를 거느리고 월상루에 올라 사방을 바라보았는데 경도(京都)의 민가들이 서로 이었고 노래와 피리 소리가 끊이지 않았다. 왕은 시중 민공을 돌아보고 말하였다. "내가 들으니 지금 민간에서 기와로 집을 덮고 띠로 덮지 않으며 숯으로 밥을 짓고 나무로 짓지 않는다는데 정말인가?" 이에 민공이 답하기를 "저도 또한 일찍이 그와 같이 들었습니다" 하였다. 그리고 아뢰었다. "대왕께서 왕위에 오르신 후 음양이 잘 조화를 이루어 바람과 비가 순조롭고, 해마다 풍년이 들어 백성들이 먹을 것이 넉넉하며 변경 지방은 조용하고 평온하여 시가에서는 기뻐하고 즐거워하니 이것은 거룩하신 덕의 소치입니다" 하였다. 그러자 왕은 기뻐하며 말하였다. "이것은 그대들이 나를 잘

---

56) 기존 견해의 문제 : 이 시기 새로이 대두한 세력들에 대하여 기존 견해와 달리 볼 수 있다.
과연 해상세력이 대두하였나? : 민족사를 세계사적 시야에서 다루려는 과정에서 강조된 것이 해상세력의 성장론이다. 그러나 당시 해상세력의 성장은 신라의 일이 아니라 신라를 떠났던 신라인들의 일이다. 이 점을 간과할 수는 없다.
『입당구법순례행기(入唐求法巡禮行記)』는 838년에서 847년까지 당을 순례한 일본 승려 엔닌(圓仁)의 일기이다. 그 안에 당에서 활동한 수많은 신라인들에 대한 이야기가 나오고 있다. 이를 통하여 신라인들이 행한 해상무역의 실상을 이해할 수 있다. 그러나 그것은 신라 본국인의 해상무역 활동 자체가 아니었다. 장보고의 청해진도 828년에서 846년까지 한정된 기간 동안 유지되었다. 따라서 신라인의 해상무역이 발달하였다고는 보기 어렵다.
물론 강주의 왕봉규나 개성의 작제건 같은 인물들이 해상무역을 한 것은 인정되지만 그들의 활동을 가지고 신라 말 해상무역이 발달하였다고 하기에는 문제가 있다. 당에서 활동한 신라인들의 해상무역 활동은 오히려 해외에 진출한 신라인들의 활동으로 보아야 한다.
작제건은 송악 지역의 촌주 출신이었다. 작제건은 촌주로서의 세력기반을 성장시켜 해상무역을 하기도 군웅세력과 연관을 맺기도 하였다. 따라서 작제건이나 왕건 세력을 해상세력으로 보기는 어렵다. 그들은 기본적으로 촌주 출신 군웅세력이었다.

도와준 힘이지 내가 무슨 덕이 있겠는가?" 하였다.[57)]

헌강왕과 시중 민공이 나누었던 위의 이야기는 신라의 평화와 번영을 상징하는 것으로 이해되어왔다. 그러나 880년은 이미 신라의 운명이 기울어졌던 때였다. 위의 대화는 왕정을 장악하였던 왕과 시중이 무너져가는 신라의 상황을 무시한 이야기일 뿐이다. 이 시기 왕도(王都)는 평온하였는지 모르나 지방에는 각지에 새로운 정치세력들인 군웅들이 성장해 있었다. 따라서 왕정이 지방에 제대로 미칠 수 없었다.

1. 청해진 대사 장보고의 등장과 반란

장보고(궁복)의 등장 장보고에 대한 기록은 신라는 물론이고 중국과 일본의 사서에도 나오고 있다. 『신당서』 신라 조의 끝에 "아! 원한 때문에 서로 섬김을 해

과연 6두품 세력이 대두하였나? : 민족사의 전개과정에서 내재적 발전론을 강조하다 보니 나온 주장이 6두품의 성장이었다. 그러나 6두품은 신라가 망할 때까지 역사의 주도세력이 된 적이 없다. 지금까지 신라 말 6두품 세력이 대두하였다고 알려져왔으며, 실제로 신라 말의 최치원·최승우·최인연(최언위) 등을 그 예로 들고 있다. 이들은 골품제에 대한 비판적 태도를 가졌고 반신라적이었다고 한다. 그런데 이들을 통하여 6두품 세력이 대두하였다고는 하기 어렵다. 그들 누구도 군웅세력이 되지 못하였기 때문이다. 오히려 그들 중 최치원과 최언위는 신라에서 벼슬을 하다가 그만두었으며 최승우는 후백제, 최인연은 고려의 신하가 되었다. 따라서 그들이 군웅들의 활동공간에서 자리 잡았던 사실은 인정하지만 그것만으로 6두품 세력이 대두한 것으로 보기는 어렵다.
과연 군진세력이 대두하였나? : 이 또한 민족사의 내재적 발전을 강조하는 과정에서 나온 주장이 아닌가 한다. 신라 하대에 군진이 설치되었다. 선덕왕 3년(782)에 패강진, 흥덕왕 3년(828)에 청해진이 설치되었다. 그 외에 당성진·혈구진·북진 등의 진(鎭)이 있었다. 그 중 청해진은 분명히 1만의 병졸을 가지고 만들어져 나름대로 강력한 군진이 되었다. 그 결과 청해진의 군대가 우징을 도와 왕위계승전에서 승리를 한 바 있다. 그런데 장보고의 난이 평정되면서 청해진은 해체되었고, 청해진을 근거로 한 군진세력은 사라지게 되었다. 다른 군진의 경우 군진에 속한 병사들이 군웅들과 연결된 것은 사실이나 그들을 군진세력이라고 부르기는 망설여진다. 오히려 군진 지역에서도 군웅이 성장하였고 후일 전국 시대가 열리면서 패강진의 세력들은 왕건에게 귀부하였다. 그러한 정도를 가지고 군진세력을 군웅세력의 한 부류로 나누기는 어렵다.
과연 농민 반란이었나? : 민족사 전개과정에서 반란은 배반하여 난리를 일으키는 것을 의미한다. 초적들이 농민 반란군이었나? 민중의 동향을 강조하다 보니 이 때의 농민을 중심으로 한 백성들의 움직임을 마치 반란군으로 보아온 것은 지나친 역사해석이다.
당시 각지에서 일어난 도적들은 실제는 백성들이 유망하여 만들어진 집단이었다. 전국 각지에서 먹

치지 않고 나라의 근심을 먼저 생각한 사람은 진(晋)에는 기해가 있고, 당에는 곽분양과 장보고(張保皐)가 있었으니 누가 동이(신라)에 사람이 없다고 말하겠는가!"라는 기록이 주목된다.[58] 장보고는 중국에 잘 알려진 인물이었다.

그는 9세기 일정 기간 신라는 물론이고 당 · 일본에서 이름을 날린 인물이었다. 장보고가 신라의 역사에 처음 등장한 것은 흥덕왕 3년(828) 4월이었다. 당에 들어가 군중소장이 되었던 장보고가 흥덕왕을 알현하여 "온 중국이 신라인을 노비로 삼고 있습니다. 원컨대 청해(淸海)에 진(鎭)을 설치하면 도둑들이 서방(당)으로 사람을 잡아가는 것을 막을 수 있습니다" 하였다.[59] 청해는 해로의 요충이므로 왕은 장보고에게 1만 명을 주어 지키게 하였다. 이로써 장보고는 청해진의 대사(大使)가 되었다.[60] 이에 대화(大和) 연간(827~835) 이후 해상에서 신라인을 사고파는 자가 없어졌다.

대사는 신라의 일반적 관직이 아니었다. 당에서 파견한 사자로 인정하여 그에게 대사라는 직을 주었을 가능성이 있다. 여하튼 장보고는 특별한 대우를 받았던

고 살기 어렵게 된 백성들이 유망하다가 초적 · 적고적 등이 된 것이었다. 그들은 중앙정부를 전복시키려는 의도를 가지고 반란을 일으킨 것은 아니었다. 단지 삶을 유지하기 위한 방편이었다. 정치적인 면에서는 아주 소극적 반항을 한 정도였다.

당시 신라의 왕정은 무너져 있었기 때문에 지방에서 일어난 백성들의 집단화를 막을 수도 없는 상황이었다. 따라서 농민들은 스스로를 지키기 위하여 군 · 현의 세력가들 밑에 들어가는 예가 많았다. 군 · 현의 세력가들은 정부의 통제를 받지 않았다. 과거 촌주 계통의 지방세력들은 각 지역에서 세력을 키워 백성들을 거느리고 함께 힘을 합하여 향토를 방위하였다.

그런데 그들 중 유능한 지도자가 나타나면 일정 지역에서 하나의 정치세력으로까지 성장하였다. 기훤 · 양길 · 견훤 · 궁예 · 왕건 등이 그 예이다. 그러나 대군웅들도 정치적으로 신라를 타도하려는 것은 아니었다. 신라에 맞선 정치세력은 왕을 칭한 견훤과 궁예 그리고 왕건 정도였다. 왕이라 칭한 그 자체가 새로운 왕국을 세운 것으로 정치적 독립을 꾀한 것이다.

군도로 표현된 백성들의 봉기의 정치적 의미를 지나치게 강조할 수는 없다. 그보다 골품제가 무너지며 백성들은 신라의 사회적 · 정치적 · 경제적 통제를 벗어난 집단이었다는 사실을 강조할 필요가 있다.

백성을 이끈 중심세력은? : 왕정이 붕괴되며 지방에서 봉기한 세력가들은 백성들을 기반으로 정치세력화의 길을 걸었다. 그 때 백성들을 거느리고 각지에서 성주 · 장군을 칭한 세력가들은 어떤 집단이었는지가 문제이다. 첫째, 가장 많은 세력가들은 신라의 촌주계통에서 나왔다. 왕건을 그 예로 들 수 있다. 둘째, 왕경에서 낙향한 세력들이 있었다. 여기에는 궁예가 해당된다. 셋째, 장보고의 난 이후 군대에서 활동하다가 백성들을 거느리고 세력가가 된 경우도 있었다. 견훤을 그 예로 들 수 있다. 넷째, 각지의 군도(群盜)의 우두머리로서 세력가가 된 집단이 있었다. 양길이나 기훤이 그러한 예이다.

57) 『삼국사기』 11, 「신라본기」 11, 헌강왕 6년.

58) 『당서』 220, 「열전」 145, 동이 신라조찬.

청해진 말뚝 연대측정 결과 청해진이 존재한 시기에 만들어진 시설임이 밝혀졌다.

것이 틀림없다. 그 자신 당의 군중소장이라는 지위에 올랐었고, 당에서 우리들이 생각하던 것보다 훨씬 커다란 활동을 한 인물이었기 때문이다. 그는 장군으로서뿐만이 아니라 당 · 신라 · 왜를 연결하는 해상무역의 최강자였기에 흥덕왕이 1만의 병사까지 주어 청해진을 설치하도록 한 것이다.

장보고에 대한 대우 이러한 장보고는 그가 거느린 병사를 나누어 우징(45대 신무왕)을 도와 민애왕이 보낸 왕군을 물리치고 왕위에 오르게 하였다. 신무왕 원년(839) 왕은 장보고를 감의군사(感義軍使)로 삼고 식읍 2천 호를 실제로 봉해주었다. 신무왕의 아들 문성왕 또한 왕위에 오른 해(839)에 교(敎)를 내려 "청해진 대사 궁복은 일찍이 병사로서 아버지(신무왕)를 도와 앞선 왕조의 큰 도적을 멸하였으니 그 공적을 어찌 잊을 수 있으랴" 하였다. 이에 진해장군(鎭海將軍)에 임명하고 겸하여 장복(章服)을 내렸다. 문성왕은 845년 3월 청해진 대사 궁복의 딸을 아내로 맞아 차비로 삼으려 하였다. 이 때 조정의 신료들이 간하여 궁복은 섬사람인데 그 딸을 어찌 왕실의 배우자로 삼을 수 있겠는가 하였다. 왕은 이를 따랐다.

장보고의 반란과 암살 이듬해인 846년에 청해진의 장보고는 왕이 자신의 딸을 왕비로 맞아들이지 않음을 원망하여 진에 웅거하여 반란을 일으켰다. 조정에서는 이를 토벌하자니 뜻밖의 환난이 있을까 두렵고 이를 그대로 두자니 그 죄를 용서할 수 없어 우려하며 어찌할 바를 몰랐다. 이 때 무주인 염장이 왕의 허락을 받고 청해진에 투항하였다. 장보고는 장사를 사랑하여 의심 없이 그를 불러들여 상객으로 삼아 술을 마시며 한껏 즐겼다. 술에 취하자 염장은 장보고의 칼을 빼앗아 목을 벤 후 그 무리를 불러 달래니 감히 움직이지 못하였다고 한다.[61]

당시 신라 조정에서는 장보고의 군대와 맞설 만한 군대가 없었고, 따라서 신라 조정에서는 장보고를 제거하기 위해 자객을 보낸 것이다. 장보고의 존재는 신라 왕정에 맞선 세력이 나타났던 사실을 의미한다. 이후 기록에는 잘 나타나지 않지만 신라의 각지에서 군웅들이 성장하기 시작하였다.

59) 『삼국사기』 10, 「신라본기」 10, 흥덕왕 3년 4월.
60) 『삼국사기』 11, 「신라본기」 11, 문성왕 7년 3월.
61) 『삼국사기』 11, 「신라본기」 11, 문성왕 8년.

2. 군웅 · 호걸(豪傑)의 성장

호족인가, 군웅인가? 지금까지 군웅 대신 호족이라는 용어가 일반적으로 사용되어왔다. 호족은 한 지방에서 세력이 드센 일족을 의미한다. 송악의 촌주 출신인 왕건의 집안 같은 촌주 집안은 호족이라 할 수 있으나 양길 · 기훤 · 궁예 · 견훤과 같은 세력가들을 한 지방에 세력 기반을 둔 호족이라고 부르기에는 문제가 있다. 그런가 하면 궁예 · 견훤 · 왕건 등은 나라를 세워 왕이 된 세력들이다. 따라서 이들은 어느 한 지방의 호족 세력일 수만도 없다. 이에 이들을 군웅(軍雄) 또는 대군웅(大軍雄)이라 부르고 이들 모두를 군웅(群雄)이라 부르기로 한다.

군웅의 성장배경이 된 도적과 초적 신라 하대에 이르러 각지에서 도적(盜賊)과 초적(草賊)이 일어났다. 헌덕왕 7년(815) 서변의 주군에 기근이 들어 도적이 봉기하여 군대를 내어 평정하게 하였으며 헌덕왕 11년(819)에는 초적이 두루 일어나 여러 주 · 군의 도독과 태수에게 명하여 잡도록 하였다. 헌덕왕 17년(825)에는 김헌창의 아들 범문이 고달산의 산적(山賊) 수신 등 1백여 명과 함께 반란을 일으킨 바 있다. 그리고 흥덕왕대에는 장보고를 대사로 임명하여 청해진을 설치하였으며 흥덕왕 7년(832)에도 흉년이 들어 도둑이 두루 일어났다. 그 후 『삼국사기』의 기록에는 도적이나 초적에 대한 기록은 거의 나타나지 않고 있다. 그러나 이미 지방지배가 제대로 이루어지지 않는 상황에서 전국 각지에 도적 · 초적 · 산적들이 사라진 일은 없었다. 그리고 이들을 기반으로 군웅이 성장하였다.

1) 유민의 집단화와 군웅의 등장

백성의 유민화와 유민의 집단화 왕정의 약화로 가장 큰 피해를 입은 집단은 백성들이었다. 정부의 통제가 미치지 않는 상황에서 백성들은 보호를 받을 수 없게 되었다. 흉년이 들거나 농사 지을 토지를 잃게 된 백성들은 살던 고장을 떠나 유망하게 되었다. 왕정이 약화되면서 유민이 늘어난 것이다. 9세기 전반에 나타난 도적·초적·산적들은 지방의 농민들이 유망하여 만들어진 세력이었다. 그들은 시간이 지날수록 집단화하여 그 규모가 커지게 되었고 정부의 군대와 맞설 정도가 되었다.

그 예로 825년 고달산의 산적 수신 등 1백여 명이 김헌창의 아들 범문과 함께 모의하여 평양에 도읍을 정하려고 북한산주를 공격한 바 있다. 이에 북한산주 도독 총명이 군대를 거느리고 나가 범문을 잡아 죽임으로써[62] 반란은 진압되었다. 이 때 고달산의 산적 수신과 그 무리는 유민이 집단화되어 형성된 세력이었다. 이러한 백성의 유망과 집단화는 시간이 지나면서 가속화되었다. 그리고 도적으로 기록된 유망집단의 우두머리는 점차 일정 지역을 장악하여 다스리는 군웅세력으로 자리 잡게 되었다. 단지 기록에 그러한 사정이 나오지 않을 뿐이다.

후백제를 세운 견훤은 유민들을 모아 세력을 성장시킨 부류로 볼 수 있다. 이들 유민을 모아 이루어진 도적·초적·산적들은 농사를 지을 수 없게 된 백성들이었고 그들 중 능력 있는 자가 우두머리가 되었다.

농민의 봉기였나? 계급투쟁의 관점에서 군웅집단을 농민 혁명(폭동)군으로 보기도 한다. 그러나 농민들 자신이 계급의식을 가지고 계급투쟁을 벌인 것은 아니었다. 살기 힘들어 유망하던 농민들이 군웅들의 보호하에 들어가며 군웅들을 위한 병사가 된 것이다. 그러므로 군웅들의 움직임을 농민 봉기로 보기는 어렵다.

2) 촌주들의 군웅화

촌주의 촌락방위 진성왕 3년(889) 국내의 여러 주·군에서 공부(貢賦)를 올려 보내지 않아 정부의 창고가 텅 비고 나라의 재정이 궁핍하게 되었다. 이에 진성

62) 『삼국사기』 10, 「신라본기」 10, 헌덕왕 17년 1월.

왕이 사자를 보내 공부를 독촉하였는데 이로 말미암아 각지에 있던 도적들이 봉기하였다. 이 때 원종과 애노가 사벌주에 웅거하여 반란을 일으키자 왕은 나마 영기에게 명하여 그들을 잡게 하였다. 그런데 영기는 도적의 진(陣)을 바라보고 겁을 내 나아가지 못하였다. 이에 촌주 우련이 힘껏 싸우다가 죽었다. 왕은 칙명을 내려 영기의 목을 베고 우련의 열 살 난 아들로 촌주의 자리를 잇게 하였다.[63]

여기서 촌주 우련은 조정에서 보낸 군대도 막지 못한 도적을 스스로 막아낸 것을 보여준다. 촌주는 그들의 세력 근거지인 촌을 지키기 위하여 도적들과 맞서지 않을 수 없었다.

촌주들이 무장을 하고 도적들을 막기 시작한 시기가 언제부터였는지 잘 알 수는 없다. 그러나 촌주들은 언제, 어떠한 형태로든지 그들의 촌을 지키지 않을 수 없었다. 특히 원성왕계의 왕위계승전으로 왕정이 약화된 상황에서 일찍부터 촌주들은 향토방위를 하였다. 그 과정에서 전국 각지의 촌주들이 군사적 실력자로 성장하게 되었으며 이는 군웅들의 시대를 예고하였다.

822년 김헌창의 난으로 중앙정부의 지방지배력에 문제가 있다는 사실이 노출되기 시작하였다. 또 846년 장보고의 난을 통하여 중앙정부의 군사력이 사실상 지방에서 일어난 반란을 진압할 수 없다는 사실도 확인되었다. 그러한 상황에서 지방에서는 도적 · 산적 · 초적이 집단화하게 되었고 일정 지역을 장악하고 그 안의 성에 웅거하여 세력을 키워나갔다. 그들의 우두머리는 스스로 성주 · 장군이라 칭하였다. 그러나 정부에서는 이와 같은 지방세력의 성장과 변동을 통제할 능력을 상실하였다.

촌주의 군웅화 각지의 촌주들은 점차 자기 지역의 성에 웅거하여 세력을 키워나갔다. 그렇지 못한 경우는 세력의 몰락을 의미하였다. 왕건은 촌주로서 성장한 군웅이었다. 군 · 현 지역에서는 주로 촌주 출신 세력이 성주 · 장군이라 칭하며 군웅으로 성장하였다.

63) 『삼국사기』 11, 「신라본기」 11, 정강왕 2년.

고려 왕궁터 왕건의 조상들은 송악의 촌주세력이었다. 그들이 대군웅으로 성장하였고 전국(戰國)을 통합하였다.

3) 왕경 출신 세력의 군웅화

그런가 하면 정강왕 2년(887) 한주(漢州)에서 이찬 김요가 반란을 일으켜 군사를 내어 토벌한 일이 있다.[64] 이는 왕경인이 지방에 웅거하여 반란을 일으킨 사건이었다. 김요가 지방관이었는지 아니면 낙향한 왕경인이었는지, 반란 이유가 무엇이었는지 알 길은 없다. 그러나 더 이상 지방에서 일어나는 반란이 지방인들만의 일이 아니었던 것만은 분명하다. 왕경인들도 지방에서 군사적 실력을 쌓아 조정에 반기를 들게 된 것이다. 이러한 왕경인들도 왕경인으로서의 특권적 지위를 포기하고 지방의 군웅이 되었다. 실제로 김주원의 후손으로 명주에 자리 잡았던 세력이 태백산맥 동쪽 지역을 장악한 대군웅으로 성장해나간 것을 알 수 있다. 왕경인으로 낙향한 세력들은 시간이 지나면서 지방세력이 되었고 그들을 군족(郡族)이라고 부르기도 하였다.

64) 『삼국사기』 50, 「열전」 10, 궁예.

〈표12〉 군웅의 성장과 지배체제

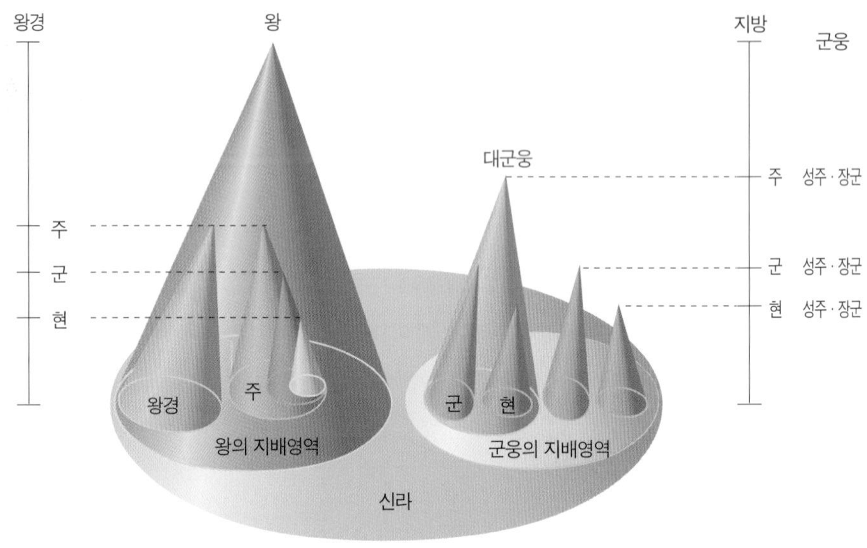

4) 왕정 몰락과 군웅의 등장

군웅의 등장 군웅들은 군이나 현을 장악한 세력들로, 지방에서 성주·장군이라 칭하는 군웅이 성장한 것은 중앙정부의 지방지배가 무너지면서부터였다. 851년 청해진이 폐지된 이후 지방의 군웅들은 점차 조정의 지배를 벗어나 독자적으로 정치적·군사적 실력을 갖춘 집단으로 성장해나갔다. 진성왕대(887~897)에 지방의 도적들은 그 규모가 커지면서 단순한 도적이 아니라 일정 군·현 지역을 장악하여 정치세력화해나갔다. 『삼국사기』 등의 기록에는 이들을 적(賊)·도적(盜賊) 등으로 표현하고 있다. 그러나 이제 군웅들은 왕정의 지배를 벗어난 집단이 되었다. 군웅의 성장은 신라 왕국이 전국(戰國) 시대로 들어선 것을 뜻한다.

891년 궁예가 기훤에게 의탁할 때 신라의 왕기를 제외한 주·현의 반이 배반하였다고 한다.[65] 그리고 견훤은 892년 스스로 왕이라 칭하고 후백제를 세우기

모량부 지역 896년 적고적이 쳐들어와 인가를 약탈해갔다.

전까지 신라 왕정을 지키는 비장이 되었다. 따라서 이 무렵 왕정을 수호하려는 주 · 군 · 현이 반은 되었지만 곧 거의 모든 주 · 군 · 현이 국왕의 통제를 벗어난 것을 알 수 있다.

적고적 진성왕 10년(896)에는 나라의 서남쪽에서 적(賊)이 일어났는데 그들이 바지를 붉게 하여 남들과 달리하므로 사람들이 적고적(赤袴賊)이라고 일컬었다. 그들은 주 · 현을 물리치고 왕경의 서부 모량리에 이르러 인가를 약탈해갔다.[66)]

905년 증성의 적의적(赤衣賊), 황의적(黃衣賊) 등이 궁예에게 귀순한 것을 보면 군웅들의 무리들이 색이 있는 옷을 입었음을 알 수 있다.

군도(群盜)와 성주 · 장군의 구별 『삼국사기』에는 군도와 성주 · 장군이 나오고 있다. 이들은 모두 군웅일 수 있다. 단지 고려에 항거한 군웅은 군도로 나오고 있고 고려에 귀부한 세력은 성주 · 장군이라 부르고 있는 것을 볼 수 있다. 그러

65) 『삼국사기』 50, 「열전」 10, 궁예.
66) 『삼국사기』 11, 「신라본기」 11, 진성왕 10년.

나 신라의 관점에서 보면 모든 군도와 성주 · 장군은 신라의 왕정을 무너뜨린 세력들이었다.

유민을 이끈 군웅과 군족 · 촌주 출신 군웅의 대결 당시의 군웅은 크게 두 부류로 나눌 수 있다. 하나는 유민들을 주축으로 형성된 집단이고, 다른 하나는 군족이나 촌주를 중심으로 하여 만들어진 집단이다. 크게 보면 이 두 계통의 군웅들이 대결하는 양상을 볼 수 있다.

3. 진성왕대 왕정의 붕괴와 대군웅의 등장

진성왕대의 왕정 붕괴 진성왕대 지방의 도적들은 통일된 복장을 하여 적고적 등 이름을 갖거나 후백제와 같이 새로운 나라를 세우기도 하였다. 이제 적(賊) · 도적(盜賊)으로 불리는 세력은 단순한 도적이 아니며 새로운 나라들을 세운 집단이었다. 결국 진성왕대 신라의 왕정은 붕괴 상태에 빠졌다. 신라라는 나라의 명맥은 유지되었으나 신라 왕국이 통치하는 영역은 크게 축소되었고 심지어 붉은 바지를 입은 적고적이 왕경의 모량부까지 쳐들어와 약탈하는 지경에까지 이르렀다. 진성왕은 897년 6월 좌우의 신료들에게 "근년 이래 백성들이 곤궁하여 도둑이 벌떼처럼 일어났는데 이는 내가 덕이 없는 까닭이다. 어진 이에게 자리를 비켜 왕위를 물려주기로 내 뜻이 결정되었다" 하고 태자 요(51대 효공왕)에게 왕위를 물려주었다.[67]

왕정 붕괴의 원인 『삼국사기』의 기록을 보면 왕정 붕괴의 직접적 원인을 찾을 수 있다. 진성왕은 평소 각간 위홍과 통(通)해왔는데, 왕위에 오르자 늘 대궐에

67) 『삼국사기』 11, 「신라본기」 11, 진성왕 11년.

들어와서 권세를 마음대로 부렸다. 888년 2월 위홍이 죽자 혜성대왕이라 추시하였다. 이후에는 몰래 소년 미장부 2~3명을 끌어들여 음탕하고 난잡하게 굴었고 그들에게 요직을 주고 국정을 위임하였다. 이로 말미암아 아첨하여 사랑을 받는 자들이 뜻을 펴게 되고 뇌물은 공공연하게 행해지며 상벌은 공평하지 못하여 기강이 허물어졌다고 한다.

그런데 신라 왕정의 붕괴는 진성왕 한 사람의 잘못일 수 없다. 원성왕계의 왕위계승전 결과 왕의 종족이 분열되었고 국가 지배체제가 작동하지 않게 되었다. 실제로 왕위계승전이 일단락된 문성왕대(839~857)에 이미 장보고의 난을 진압할 만한 군사적 힘이 사라진 상태였다. 그런가 하면 지방에서 조세가 올라오지 않아 국고가 텅 비는 현상이 진성왕 이전에 이미 벌어졌다. 따라서 진성왕대에 갑자기 왕정이 붕괴된 것은 아니었다. 신라 왕정은 이미 정치적 · 군사적 · 경제적으로 붕괴되어왔던 것이다.

시정비방과 왕거인 진성왕 2년(888) 이름 모를 사람이 망령되이 시정(時政)을 비방하여 사연을 만들어 조로(朝路)에 게시하였다. 이에 왕은 사람을 시켜 찾았지만 잡지 못하였다. 어떤 사람이 왕에게 "이는 반드시 문인으로 뜻을 이루지 못한 자가 한 짓일 것입니다. 아마 이는 대야주의 은자 왕거인이 아닌가 합니다" 하였다. 그리하여 왕명으로 거인을 잡아 왕경의 옥에 가둔 다음 장차 벌을 주려 하자 거인은 분하고 원통하여 옥의 벽에 "우공이 슬피 우니 3년 동안 날씨가 가물었고, 추연이 슬픔을 머금으니 5월에 서리가 내렸다. 지금 내가 갇혀 있는 근심도 옛일과 다름이 없는데 하늘은 말도 없이 다만 푸르기만 하구나!"라고 썼다. 그런데 그 날 저녁 별안간 구름과 안개가 끼고 벼락이 치며 천둥이 일어나고 우박이 내리므로 왕이 두려워하여 왕거인을 출옥시켜 놓아 돌려보냈다.[68]

진성왕대에 신라인들은 시정을 비방하였고 그 글이 조로에 게시되기까지 하

68) 『삼국사기』 11, 「신라본기」 11, 진성왕 2년

였다. 이것은 이미 신라인들이 왕국의 운명을 알고 있었음을 보여준다.

대군웅의 등장 여러 군 · 현을 장악한 군웅들을 단순히 군웅이라 하기보다 대군웅이라 부르기로 한다. 군 · 현 지역에서 성장한 군웅들은 점차 대군웅에게 귀부하게 되었다. 진성왕 3년(889) 사벌주에 웅거하여 반란을 일으킨 원종과 애노의 무리는 왕명으로 동원된 군대가 겁을 내어 공격을 하지 못할 정도였다. 또 진성왕 5년(891) 북원의 적수(賊帥) 양길은 그의 보좌 궁예에게 1백여 명을 거느리고 북원의 동쪽 부락과 명주 관내의 주천 등 10여 군 · 현을 습격하게 하였다. 그 후 진성왕 8년(894) 10월에는 궁예가 북원에서 하슬라로 들어갔는데, 그 무리들이 6백 명에 이르렀으며 스스로 장군이라 칭하였다. 895년 8월 궁예는 저족 · 성천 두 군을 쳐서 빼앗고 또 한주 관내의 부약 · 철원 등 10여 군현을 공파하였다.

진성왕 6년(892) 완산의 적(賊) 견훤은 완산주에 웅거하여 스스로 후백제(後百濟)라 칭하였는데 무주의 동남쪽 군 · 현이 항복하여 예속시켰다. 이렇듯 진성왕대에는 정부의 지방지배력이 약화되었고 자연 대군웅들이 성장하게 되었다. 군웅들 사이에 힘의 우열에 의하여 대군웅이 등장하고 대군웅의 휘하에 항복한 군소 군웅이 나타났다. 죽주의 기훤, 북원의 양길, 명주의 김순식 그리고 궁예와 견훤 등은 대군웅들이었다. 이후 대군웅들 사이에 패권다툼이 전개되었다.

4. 왕권의 축소와 왕정의 붕괴

1) 왕권의 축소

조정 진성왕 3년 주 · 군에서 공부(貢賦)를 보내오지 않아 부고(府庫)가 텅 비었다는 사실은 중요한 의미가 있다. 신라는 왕정을 유지할 재정적인 기반을 상실하게 된 것이다. 따라서 조정의 지배조직은 실질적으로 그 기능이 마비되었던 것이 분명하다. 게다가 진성왕 이후 신라 조정에서 지배할 군·현도 많지 않았다. 이는 신라가 지배할 백성도 많지 않았음을 뜻한다.

지방지배조직 청해진을 폐지한 후에도 신라는 지방에 군대를 파견할 수 있었다. 상주 출신 견훤이 군대에 들어가 왕경에 갔다가 서남해 방수에 동원된 것을 보면 견훤이 반란을 일으킨 진성왕 3년(889) 이전에 군웅들이 성장한 것은 사실이나 왕이 파견한 군대가 새로이 성장한 군웅들에 대한 통제를 어느 정도 할 수도 있었던 것을 알 수 있다. 그러나 그 때는 이미 백성들의 유이와 도적 봉기가 이어진 시기로 이들에 맞선 군웅들이 대두하였고 나아가 대군웅이 등장하던 시기였다.

진성왕 3년의 역사적 의미 진성왕 3년은 889년이었다. 이 해에 갑자기 신라의 왕정이 무너진 것은 아니지만 이 때를 기점으로 이후 지방에는 주목할 만한 대군웅들이 등장하였다. 견훤이 무진주를 점령하여 대군웅이 된 해가 889년이었다. 그리고 궁예가 기훤의 휘하에 들어간 해는 바로 891년이었다. 889년 이후 신라 왕정은 붕괴되고 대군웅들이 패권을 다투는 시대로 접어들게 되었던 것이다.

그런가 하면 주·군에서 공부(貢賦)를 보내오지 않았다는 사실은 지방지배조직이 와해된 것을 의미한다. 실제로 북원의 양길, 완산의 견훤, 사벌주의 원종과 애노 등의 활동으로 인하여 신라 중앙정부가 장악한 주·군은 많지 않았다. 따라서 공부가 신라 왕경의 부고(府庫)로 수송되지 않고 지방에 자리 잡은 군웅들에게 간 것을 알 수 있다.

한마디로 진성왕대에 이르러 신라 왕국은 명맥만 겨우 유지하고 있었다. 양길의 밑에 들어가 활동한 궁예가 891년에서 895년 사이에 빼앗았던 군·현의 경우 지방관이 제거되었고, 왕은 그러한 지역에 다시 지방관을 파견할 수 없었다. 그러한 사정은 892년 견훤이 완산에 웅거하여 세운 후백제가 장악한 무주 동남

집모양 토기 헌강왕 6년(880) 9월 9일 월상루에 오른 왕은 "당시 민간에서 기와로 지붕을 덮고 숯으로 밥을 짓는다는데 정말인가" 물었다.

쪽 군 · 현에서도 마찬가지였다. 이제 신라의 왕은 지방관마저 파견할 수 없는 상태에 이르렀던 것이다.

왕정의 대책으로서 최치원의 시무책 군웅이 성장하는 것을 방지하는 대책이 아주 없었던 것은 아니다. 진성왕 8년(894) 2월 최치원은 시무(時務) 10여 조를 올렸다. 왕은 이를 기꺼이 받아들이고 최치원을 아찬으로 삼았다.[69]

당시 신라의 왕정은 이미 실질적으로는 붕괴되었고 골품제도 왕국의 대부분 지역에서 작동하지 않는 상황이었다. 따라서 최치원의 시무책은 왕정을 복고시키고 왕을 축으로 한 골품제를 되살려내려는 정책을 포함하고 있었다고 보아도 무방하다. 보다 구체적으로 시무책에는 견훤이나 궁예와 같은 세력들의 활동을 막는 대책과 같은 왕정복고책이 들어 있었을 것이다.[70]

그런데 최치원의 시무책은 실제로 정책으로 집행되지는 못하였다. 당시 상황

69) 『삼국사기』 11, 「신라본기」 11, 진성왕 8년 2월.

이 워낙 악화되어 있었기에 어떠한 시무책도 힘을 발휘할 수 없었다. 이에 최치원은 벼슬을 버리고 유랑생활을 하게 되었다.

2) 왕정의 붕괴

지리다도파도파 『삼국유사』에는 49대 헌강왕이 산신(山神)들을 만난 것으로 나오고 있다. 왕이 포석정에 행차하였을 때 남산신이 왕 앞에 나타나 춤을 추었다. 좌우의 사람들은 보지 못하고 왕 홀로 보았다. 또 왕이 금강령에 행차하였을 때도 북악신이 춤을 바쳤는데 그 이름을 옥도금이라 하였다. 또 동례전에서 잔치를 할 때 지신(地神)이 나타나 춤을 추었는데 그의 이름을 지백(地伯) 급간이라 하였다. 『어법집』을 보면 그 때 산신이 춤을 추고 노래를 부르되 지리다도파도파(智理多都波都波)라 한 것은, 대개 지혜로 나라를 다스리는 자는 알면서 도망하는 자가 많아 왕도가 장차 결단날 판이라고 말하는 것이다. 이는 지신과 산신이 나라가 장차 망할 줄 알고 춤을 추어 경계한 것인데 나라 사람들은 이를 알지 못하고 상서가 나타났다 하여 유흥에 빠졌기에 나라가 마침내 망한 것이라 하였다.[71]

여기서 헌강왕대(875~886)에 왕도에 살며 왕정에 참여한 세력들이 왕도가 결단난다는 사실을 알고 도망하였음이 확인된다. 이 때 이미 왕정이 사실상 붕괴되고 있었던 것이 분명하다. 왕정에 참여하던 신료들이 나라가 위태로운 것을 먼저 알고 도망하였던 것이다. 이는 신라를 멸망의 길로 재촉하였다.

궁예가 진성왕 5년(891) 죽주의 기훤에게 의탁하기 전 신라 왕기(王畿) 밖의

70) 지금까지 최치원이 올린 시무책은 과거에 의한 인재등용과 같은 정책이 포함되어 있었을 것으로 이야기되어왔다. 그리고 시무책은 유교적 정치이념에 입각한 것으로 그 안에 골품제를 타파하려는 6두품의 움직임이 들어 있었다고도 하였다. 그러나 최치원이 시무책을 올릴 때 신라는 한가하게 과거제의 시행이나 유교적 이념에 의한 정치를 행하여야 한다거나 골품제를 타파해야 한다고 논할 만한 상황이 아니었다. 최치원도 나라가 저물어가는데 한가하게 과거제의 시행이나 골품제를 타파할 생각은 하지 않았을 것이다.

71) 『삼국유사』 2, 「기이」 12, 처용랑 망해사.

주 · 현의 반은 반역을 하였고 군도(群盜)들이 개미떼처럼 봉기하였다. 이 때 지방에서는 주 · 현의 반은 군소 군웅들이 장악하여 성주 · 장군이라 칭하고 있었고, 왕경의 지배세력들은 나라가 망할 것을 알고 도망한 것을 볼 수 있다.

왕정의 붕괴와 골품제 9세기 전반에 약화되기 시작한 왕정은 진성왕대에 이르러 급격하게 붕괴되었다. 이제 신라의 왕이 다스릴 수 있는 토지와 인민은 크게 줄었다. 그리고 통치력이 미치는 지역도 공부(貢賦)마저 거둘 수 없는 상황에 처하였다.

왕정이 붕괴된 상황에서 골품제는 더더욱 유지될 수 없었다. 왕경과 일부 지역에 골품제가 남아 있었으나 왕권이 크게 위축된 상황인지라 골품제를 유지하던 축이 붕괴되었다. 따라서 왕정을 강화시키는 작용을 하던 골품제는 그 기능을 상실하였다. 특히 군웅들은 이미 신라 골품제의 굴레를 벗어난 집단으로 오히려 골품제를 붕괴시키는 세력이 되었다. 골품제는 왕경과 그 밖의 일부 지역에 한하여 명맥만 유지되었을 뿐 실제 사회적 · 정치적 기능은 상실하였다.

5. 군웅들의 정치적 관계

군웅들 사이의 관계 신라 왕의 지배를 벗어난 군웅들은 각기 하나의 독립된 정치체를 구성하였다. 각 군웅들은 일정한 영역을 장악하여 지배력을 행사하고 성주 · 장군이라 칭하였다. 그 과정에 장군들은 독자적인 정부조직을 갖추었다. 궁예나 견훤이 장악하였던 군 · 현 지역에서는 군웅들도 성주 · 장군이라 칭하게 되었다. 이들 성주 · 장군들은 신라의 왕이 아니라 양길이나 궁예 또는 견훤에게 귀부하고 그들의 통제를 받게 되었다. 대군웅에게 귀부한, 성주 · 장군이라 칭한 군웅들은 대군웅에 의하여 그 세력을 인정받았다. 그들 군웅들은 상황에 따라 또 다른 대군웅에게 귀부하며 그 세력을 유지하였다. 이렇듯 여러 군 · 현의 군웅들을 장악한 보다 큰 대군웅들이 나타나게 되었다. 그들 중에는 기훤이나 양길 그리고 견훤이나 궁예 등이 있었다. 대군웅들은 군 · 현을 장악한 군웅들을 성주 · 장군으로 인정해주며 그들로부터 병력과 조세를 거둬들였다.

효공왕 3년(899) 7월 북원의 적수(賊帥) 양길은 궁예가 자신에게 두 마음을 품고 있는 것을 미워하여 국원 등 10여 성주와 함께 궁예를 칠 것을 모의하고 비뇌성 밑으로 진군하였으나 양길의 병사들이 흩어져 달아났다. 양길이 동원하였던 10여 성주는 각기 국원경 등 일정 지방행정구역을 장악한 군웅세력들이었고 북원경에 웅거한 양길은 국원경과 또 다른 군 · 현의 성주들의 항복을 받아 그들을 거느린 대군웅이 된 상황이었다. 그런데 군웅과 대군웅의 관계는 굳건한 주종관계는 아니었다. 그러한 관계는 언제든 깨질 수 있었다. 즉, 군소의 군웅들은 더 큰 대군웅이 나타나면 그에게 항복하여 군웅으로서의 지위를 보장받는 체제였다.

대군웅과 그들이 추구한 패업(霸業) 대군웅들을 『삼국사기』에서는 적수 등으로 표현하고 있으나 신라의 왕정이 붕괴된 상황에서 그들을 단순히 적수(賊帥)라고 보기에도 문제가 있다. 때문에 그들을 군웅 또는 대군웅이라 부르는 것이다. 대군웅은 군 · 현이 아니라 신라의 주(州) 정도를 단위로 하거나 몇 개의 주를 하나의 정치적 영역으로 하는 정치세력으로 성장하였다. 이러한 대군웅들은 군웅들을 공격하여 그 토지와 인민을 장악하는 것이 아니라 그들을 제압하여 제후적인 존재로 거느리며 패업을 이루고자 하였다.

제4절 전국(戰國)간의 패권쟁탈의 시대

신라의 왕정이 쇠한 결과 군도(群盜)가 앞다투어 일어나 백성들은 사방으로 흩어져 황야에 해골을 드러내게 되었다. 이 때 백성들은 갈 곳을 잃었고 군도(群盜)들이 틈을 타서 일어나 고슴도치 털처럼 되었는데 그 중 강한 자는 궁예와 견훤 두 사람뿐이었다.[72] 이로써 견훤의 후백제와 궁예의 마진 · 태봉의 1차 패권쟁탈전이 벌어졌다. 한편 태봉국 궁예의 신하였던 왕건이 혁명을 일으켜 고려를 세운 후 2차 패권쟁탈전이 벌어졌다. 하지만 신라는 패권쟁탈전을 막을 힘이 없었다. 이 시대 패권쟁탈전의 특징은 후백제나 태봉 또는 고려 어느 나라도 신라를 멸망시키지 않았다는 사실이다. 신라는 정치적 세력이 극도로 위축되었으나 중국의 주 왕실과 같은 상징적인 의미가 있었다.[73] 신라의 왕은 후백제와 고려에 의하여 패업(覇業)을 이루기 위한 존왕(尊王)의 대상이 되었다.

1. 후백제와 마진(태봉)의 패권쟁탈전

전국(戰國)의 성장 진성왕 6년(892) 완산의 적(賊)이라고 하는 견훤은 완산주에 웅거하여 스스로 후백제라 칭하고 무주 동남의 군 · 현을 항복받아 거느렸다. 효공왕 2년(898) 궁예는 패서도와 한산주 관내 30여 성을 빼앗아 드디어 송악군에 도읍을 정하였다. 900년 10월에는 국원 · 청주 · 괴양의 청길과 신훤 등이 성민과 함께 궁예에게 항복하였다. 다음 해인 효공왕 5년(901) 궁예가 왕이라 칭하였다. 904년 궁예는 백관을 설치하였고 국호를 마진이라 하고 연호를 무태라 하였다.

72) 『삼국사기』 50, 「열전」 10, 견훤조의 사론.
73) 『삼국사기』 50, 「열전」 10, 견훤.

이로써 효공왕의 신라, 견훤의 후백제, 궁예의 마진(태봉)이라는 왕국이 존재하게 되었다. 이후 과거의 신라 왕국은 이들 삼국의 각축장이 되었다. 그 중 후백제와 마진(태봉)이 중심이 되어 신라의 영역을 장악해갔다.

그런데 지금까지 이 시기를 후삼국 시대라고 하였으나 후삼국만 있었던 것은 아니다. 강주의 왕봉규 세력은 924년 독자적으로 후당에 사신을 파견하여 조공하였고, 927년에는 회화대장군(懷化大將軍)으로 책봉되기도 하였다. 이는 전국 시대에 독자적인 군웅들이 더 있었던 것을 보여준다. 따라서 이를 후삼국 시대라고 하면 당시 존재한 대군웅과 그에 귀부한 많은 군웅들의 역동적인 관계를 은폐 · 축소하게 된다. 이에 전국 시대라 한 것이다. 이 시대는 대군웅과 군웅들 사이에 봉건적인 관계가 유지되던 때였다.

패권쟁탈전 속의 주 왕실 같았던 신라 헌강왕대(875~886)에는 왕도에 살며 왕정에 참여한 세력들이 왕도가 결단난다는 사실을 알고 지방으로 도망한 자가 많았다. 신라는 진성왕 5년(891)에 이미 왕국의 주 · 현의 반을 상실하였다. 그러나 실제는 왕경을 제외한 왕국의 거의 모든 군 · 현에 지방관을 파견할 수 없었다. 그리고 각 군 · 현에는 촌주들을 중심으로 한 성주 · 장군이 등장하였다. 물론 왕경에서 낙향한 세력들이 그들의 토지가 있던 곳으로 내려가 정착하여 군족 등이 된 경우도 있었다. 또한 기훤 · 양길과 같이 도적의 우두머리로서 군 · 현의 성주 · 장군의 항복을 받아 휘하에 거느린 대군웅도 성장하였다. 이들 대군웅은 스스로 왕이라 칭하기 시작하였다.

891년 죽주의 기훤, 892년 북원의 양길, 892년 완산의 견훤 등은 이미 난세의 대군웅으로 신라의 주 · 군 · 현 · 소경을 장악하였다. 900년에 궁예는 광주 · 충주 · 청주의 3주와 당성 · 괴양 등의 군 · 현을 장악하였다. 903년에는 서해로부터 광주계에 이르러 금성(錦城) 등 10여 군 · 현을 빼앗아 장악하였다. 효공왕 9년(905) 궁예는 신라의 변읍을 빼앗아 영향력이 죽령의 동북에 이르렀다. 왕은 국경이 날로 줄어들었다는 말을 듣고 매우 걱정하였으나 힘으로 막을 수

왕명 귀면와 진성왕대에 견훤과 궁예 등이 등장하여 전국 시대를 열었다. 왕명 귀면와도 신라를 지켜주지는 못하였다.

없었으므로 여러 성주들에게 명을 내려 결코 나가 싸우지 말고 성을 굳게 지키도록 하였다. 하지만 906년 궁예는 상주 사화진을 장악하여 영토가 더욱 넓어지게 되었다.

진성왕 이후 신라는 지방지배를 포기하지 않을 수 없는 상황이었다. 진성왕 7년(893) 최치원을 하정사로 삼아 당에 보내려 하였으나 해마다 흉년이 들어 도적이 종횡하여 길이 막혀 당에 가지 못하였다. 이를 통해 당시 신라 조정의 지배력이 붕괴된 것을 알 수 있다. 그런데 이 같은 신라가 패권다툼이 벌어지던 시기에 중국 주 왕실과 같은 지위를 유지하였다는 사실은 중요한 의미가 있다.

견훤과 후백제 견훤이 후백제를 세운 것은 분명하다. 그러나 그의 출신이나 후백제를 세운 과정 등은 수수께끼이다. 견훤은 상주 가은현 사람으로 이씨 성을 가졌다. 그 아버지 아자개(阿慈介)는 농사를 지어 자활하였는데 885년과 887년 사이에 사불성에서 웅거하여 장군이라 칭하였다고 한다. 현재 견훤이 아자개의 아들이었다는 설이 널리 받아들여지고 있다. 그런가 하면 진흥왕과 왕비 사도 사이에서 출생한 구륜공의 아들 선품의 아들 작진이 왕교파리를 아내로 맞아

원선을 낳았는데 그가 아자개라고도 한다. 또는 광주(光州) 북촌 부자의 딸과 사람으로 변한 지렁이 사이에서 출생하였다고도 한다.

견훤은 장성하자 몸이 웅장하고 뛰어났으며 뜻과 기개가 크고 비범하였다. 병사가 되어 왕경에 들어갔다가 서남해 방수에 나가 군무에 전념하여 그 용기가 항시 사졸에 앞장섰으며 그 공으로 비장(裨將)이 되었다. 진성왕 6년(892) 폐신이 왕의 옆에서 국권을 마음대로 다루어 기강이 문란해졌다. 더하여 흉년이 드니 백성들이 유이(流移)하고 군도(群盜)가 봉기하였다.

이에 견훤은 배반할 마음을 먹고 무리를 모아 서울 서남쪽 주 · 현을 공격하였다. 이르는 곳마다 호응하여 한 달 사이에 그 수가 5천 명이나 되었다. 이에 무진주를 습격하여 스스로 왕이 되었으나 오히려 공공연히게 왕이라 칭하지는 못하고 '신라서면 도통 행전주자사 겸 어사중승 상주국 안남군 개국공'이라고 하였다. 그 때가 889년 또는 892년이라고 한다.

당시 북원의 양길의 세력이 강하여 궁예가 그 휘하에 들어갔다. 견훤은 이 소식을 듣고 양길에게 관직을 내려 비장으로 삼았다. 견훤이 서쪽을 순행하여 완산주에 이르니 주민들이 영접하였다. 견훤은 인심을 얻은 것을 기뻐하여 의자왕의 오래된 원한을 풀겠다고 하였다. 마침내 후백제 왕이라 자칭하고 관부와 관직을 설치하였다. 이 때가 효공왕 4년(900)이었다.[74] 견훤은 660년에 멸망한 백제의 후손들을 끌어안기 위하여 백제라는 국명을 취하였던 것이다.

궁예와 마진 · 태봉

출생과 왕이 될 예언 『삼국사기』「열전」에는 궁예가 47대 헌안왕(857~861)과 궁녀 사이에서 출생하였다고 나오고 있다. 또는 48대 경문왕(861~875)의 아들이라고도 한다. 헌안왕 또는 경문왕의 아들이라고 하는 궁예가 왜 신라를 떠나야 하였나? 지금까지 궁예는 신라의 왕자로서 정권 다툼의 희생자가 되어 지방

74) 『삼국사기』 50, 「열전」 10, 견훤.

으로 몰려난 것으로 이해되어왔다.

그런데 이와 관련시켜 『삼국사기』에는 흥미로운 기록이 있다. 궁예는 5월 5일 외가에서 출생하였는데 그 때 지붕 위에 긴 무지개와 같은 흰 광채가 있어 위로 하늘까지 뻗쳐 있었다고 한다. 그 때 일관(日官)이 왕에게 "이 아이는 단오날 낳고, 나면서 이가 있고, 또 이상한 광채가 있었으므로 장차 국가에 이롭지 못할 것입니다. 마땅히 이를 기르지 말아야 합니다" 하였다. 왕은 궁중의 사자에게 명하여 그 집에 가서 아이를 죽이게 하였다. 사자는 아이를 포대기에서 꺼내 다락 아래로 던졌는데 젖어미 종이 몰래 받다가 잘못하여 손가락으로 그의 눈을 찔러 애꾸눈이 되었다. 젖어미는 아이를 안고 도망하여 숨어서 온갖 고생을 다해 길렀다.

후에 세달사에 가서 중이 되어 스스로 선종(善宗)이라 이름하였다. 일찍이 까마귀가 바릿대에 '王' 자가 쓰여 있는 상아 조각을 떨어뜨렸는데, 이를 숨기고 마음속으로 자못 자부심을 가졌다. 당시는 신라 말기로 정치는 문란하였고 백성들은 흩어졌으며 왕기(王畿) 밖의 주 · 현은 반역하거나 따르는 것이 반반이었고 원근에서 군도(群盜)들이 봉기하기를 개미떼처럼 하였다. 이를 본 궁예는 어지러운 때를 타서 무리를 모으면 뜻을 이룰 수 있다고 생각하였다.[75)]

장군이 된 궁예 이에 궁예는 진성왕 5년(891) 죽주의 기훤에게 의탁하였는데 업신여김을 당하였다. 그리하여 892년엔 양길에게 의탁하니 잘 대우해주고 군사를 나누어주어 신라의 땅을 빼앗게 하였다. 궁예는 밖으로 나가 치악산 석남사를 거쳐, 주천 · 내성 · 울오 · 어진 등 현을 습격하여 항복을 받았다. 894년에 명주에 들어가니 무리가 3천5백 명이나 되었다. 궁예는 사졸들과 함께 고생과 즐거움을 같이하고 주고 빼앗는 일에 이르기까지 공평하여 사사로움이 없었다. 그러므로 여러 사람들이 그를 장군으로 추대하였다.

왕을 칭한 궁예 그는 철원 등 여러 성을 격파하여 그 군대의 명성이 매우 높아

75) 『삼국사기』 50, 「열전」 10, 궁예.

져 패서의 세력들도 와서 항복하는 자가 많았다. 궁예는 무리가 늘어나자 개국하여 군주가 될 만하다고 여겨 내외의 관직을 처음으로 설치하였다. 또 왕건이 송악군으로부터 와서 항복하자 철원군 태수로 삼았다. 효공왕 2년(898) 7월 패서도와 한산주 관내 30여 성을 빼앗아 드디어 송악군에 도읍을 하였다. 899년에는 양길이 30여 성의 군대를 동원하여 궁예를 치려 하니 궁예가 먼저 공격하여 크게 이겼다. 900년에는 광주 · 충주 · 당성 · 청주 · 괴양 등을 평정하였다. 901년에 궁예는 스스로 왕이라 칭하고 "전에 신라가 당에 청병하여 고구려를 공파하였기에 평양 옛 서울은 풀이 무성하게 찼으니 내가 반드시 그 원수를 갚겠다"고 하였다. 일찍이 부석사에 이르러 신라 왕의 화상을 칼로 쳤는데 그 자취가 남아 있었다고 한다.[76] 한편 『삼국사절요』에는 895년을 궁예 원년이라고 하여 나라를 세운 시기가 그 때였을 가능성이 있다.

마진을 세운 궁예 궁예는 904년에 나라를 세워 국호를 마진(摩震), 연호를 무태(武泰)라 하였다. 비로소 광평성 등 관부와 광치나(匡治奈) 등 여러 관직 그리고 정광(正匡) 등 품직을 설치하였다. 이 해에 상주(尙州) 등 30여 주 · 현을 쳐서 빼앗았고 공주의 장군 홍기가 와서 항복하였다. 905년 궁예가 패서 13진(鎭)을 나누어 설치하니 평양의 성주가 항복하였고 중성의 적의적과 황의적이 귀순하였다. 이 무렵 궁예는 신라를 병합할 뜻을 두어 신라를 멸도(滅都)라 부르게 하고 신라에서 오는 사람을 모두 베어 죽였다. 그리고 905년 궁예는 다시 철원으로 도읍을 옮겼다. 이 때 청주인 1천 호를 철원으로 옮겼다.[77]

미륵불이 된 궁예 911년 궁예는 국호를 태봉(泰封), 연호를 수덕만세로 고쳤다. 그리고 왕건을 보내 금성(錦城) 등을 치게 하였으며 금성을 나주로 삼았다.

911년 궁예는 스스로 미륵불이라 칭하고 머리에 금책을 쓰고 몸에는 가사를 걸쳤다. 맏아들은 청광보살, 막내는 신광보살이라 하였다. 밖으로 나갈 때는 늘 흰말을 탔는데, 비단으로 말머리와 꼬리를 장식하였고 사내아이와 계집아이에

76) 『삼국사기』 50, 「열전」 10, 궁예.
77) 『삼국사기』 50, 「열전」 10, 궁예.

게 깃발과 천개·향·꽃을 들고 앞에서 인도하게 하고 비구승 2백여 명으로 범패를 외며 따르게 하였다. 또한 불경 20여 권을 지었는데 그 말이 요망하여 모두 정도에 어긋나는 일이었다. 때로는 이를 강설하였는데 승려 석총이 "모두 사설(邪說) 괴담(怪談)으로 훈계로 삼을 수 없다"고 하였다. 이에 궁예가 노하여 쇠뭉치로 그를 때려 죽였다. 914년에는 연호 수덕만세를 정개로 고쳤다.[78)]

궁예의 흉학(凶虐)한 신통력 궁예는 법도에 어긋나게 왕권을 행사하였다. 915년에 궁예의 부인 강씨는 왕이 법도에 어긋난 일을 많이 하므로 정색을 하여 이를 간하니 궁예는 이를 싫어하여 "네가 다른 사람과 간통하니 웬일인가" 하였다. 강씨는 "어찌 그런 일이 있겠습니까" 하였다. 궁예는 "내가 신통으로 보았다" 하고 뜨거운 쇠방망이를 달구어 그녀의 음부를 찔러 죽이고 두 아들까지 죽였다.

이 때 궁예가 반역죄를 터무니없이 꾸며서 사람들을 죽이니 장상(將相)으로 해를 당하는 자가 열에 여덟 아홉은 되었다. 궁예는 항상 말하기를 "나는 미륵관심법을 체득하여 능히 부인의 음사함을 알아낼 수 있으니 만약 나의 관심법을 범하는 자가 있으면 준엄한 법을 행하리라" 하였다. 마침내 석 자나 되는 쇠방망이를 만들어 죽이고 싶은 사람이 있으면 곧 그것을 불에 달구어 음부를 쑤셨는데 연기를 입과 코로 뿜으며 죽어갔다. 이후 그는 의심이 많아지고 성을 잘 내어 모든 신료와 장수로부터 평민에 이르기까지 죄도 없이 죽임을 당한 사람이 많았고 부양과 철원 사람들은 그 해악을 견디지 못하였다.

드디어 918년 6월 홍유 등이 왕건을 추대하였다. 궁예는 이를 듣고 놀라 말하기를 "왕공이 차지하였으니 나의 일은 이미 끝났구나" 하며 미복으로 북문을 빠져나가 도망하였다. 궁예는 암곡으로 도망해 이틀 밤을 머물렀는데 허기가 심하여 보리 이삭을 몰래 끊어 먹다가 뒤이어 부양민에 의하여 살해되었다.[79)]

궁예는 891년에 일어나서 918년까지 이르렀으니 대개 28년 만에 멸망하였다.

---

78) 『삼국사기』 50, 「열전」 10, 궁예.
79) 『삼국사기』 50, 「열전」 10, 궁예.

2. 후백제와 고려의 패권쟁탈전

궁예 밑의 왕건 896년 송악군의 사찬 왕륭이 군(郡)을 들어 궁예에게 귀부하였다. 궁예는 그를 금성(金城) 태수로 임명하였다. 그런데 사찬은 신라의 진촌주들이 오른 최고의 관위였다. 따라서 왕륭은 송악군 지역의 촌주 출신이었던 것을 알 수 있다. 그 때 왕륭은 송악군을 장악한 군웅으로 성장해 있었는데, 군을 들어 귀부한 것은 송악군이 궁예의 휘하에 들어가게 된 것을 의미한다.

왕륭은 궁예에게 만약 조선 · 숙신 · 변한의 땅에 왕이 되고자 한다면 먼저 송악에 성을 쌓고 그의 아들 왕건을 성주로 삼는 것이 좋을 것이라고 하였다. 궁예가 그 말을 따라 스무 살 난 왕건으로 하여금 발어참성(勃禦塹城)을 쌓게 하고 성주로 삼았다. 그리고 898년 궁예가 송악으로 도읍을 옮겼다.[80)]

왕륭과 왕건 부자가 그들의 세력 근거지에 궁예를 불러들인 까닭은 무엇일까? 잘 알 수는 없다. 단지 그들은 자신들의 세력이 있는 송악에 궁예를 불러들여 모든 것을 주는 모험을 하여 결국 모든 것을 차지하는 데 성공한 것은 분명하다.

900년에 궁예가 왕건에게 명하여 광주 · 충주 · 청주의 3주와 당성 · 괴양 등의 군현을 치게 하니 이를 다 평정하였다. 그 공으로 아찬을 제수하였다. 903년 3월에 수군을 거느리고 서해로부터 광주계에 이르러 금성(錦城)군을 쳐 빼앗고 10여 군 · 현을 빼앗으니 금성을 고쳐 나주라 하고 군사를 나누어 지키게 하였다. 이 해에 다시 양주(良州)를 구원하고 돌아오니 궁예가 변경의 일을 물었다. 왕건은 변방을 안정시키고 경계를 개척할 계책을 말하니 좌우가 주시하고 궁예도 기특하다고 여겨 알찬(閼粲)으로 삼았다. 906년 궁예가 왕건에게 명하여 군사 3천을 거느리고 상주 사화진을 치게 하였는데 견훤과 여러 번 싸워 이겼다. 이에 궁예의 영토가 더욱 넓어지고 병마가 점점 강하여짐에 신라를 병탄할 생각을 일으켜 신라를 멸도라 하였다. 909년 왕건은 궁예가 날로 교학해져감을 보고

80) 『고려사』 1, 「세가」 1, 태조 즉위조.

외방으로 나가기를 원하였는데, 마침 궁예가 나주의 일을 근심하여 왕건으로 하여금 가서 진압하도록 하고 벼슬을 한찬(韓粲)해군대장군으로 삼았다. 왕건은 정성을 다하여 병사를 위무하고 위엄과 은혜를 아울러 베푸니 사졸들이 존경하고 애모하여 다 용맹을 드날릴 생각을 하였고 적의 땅에서도 두려워하였다고 한다. 수군을 거느리고 광주 염해현에 이르러 견훤이 중국 오월에 보내는 배를 나포하였으며 다시 군사 2천5백을 거느리고 광주 진도군과 고이도성으로부터 항복을 받았다. 왕건이 견훤과 해전을 하여 승리하니, 견훤에 의하여 차단되었던 나주 관내의 여러 군(郡)들이 안정이 되었다. 이에 삼한의 땅을 궁예가 태반이나 차지하게 되었다.

이 때 왕건의 부장(副將) 김언 등은 공이 많은데 상이 없어 마음이 풀려 기율이 잡히지 않았다. 이에 왕건은 "주상이 방자하고 잔학하여 무고한 사람을 많이 죽이고 참소하고 아첨하는 무리가 뜻을 얻게 되어 서로 참소하고 있다. 내직에 있는 자는 스스로 보전하지 못할 것이니 밖에서 정벌에 종사하며 힘을 다하여 왕사에 일신을 보전하는 것만 같지 못하다"고 하니 여러 장수들이 이 말을 옳게 여겼다고 한다.[81)]

왕건은 광주 서남계 반남현 포구에 이르러 수전을 잘한 수달(능창)을 사로잡아 궁예에게 보냈다. 궁예는 해적들이 모두 그를 추대하여 괴수라 하는데 이제 포로가 되었으니 자신의 신묘한 계책이라고 하며 그를 목 베어 죽였다.

913년에는 왕건을 파진찬 겸 시중으로 삼아 불러들였다. 이 때 수군의 일은 부장(副將) 김언 등에게 위임하였으나 정토(征討)의 일은 반드시 왕건에게 품의하여 시행토록 하였다. 이 때 왕건은 백관 중 가장 높게 되었다. 왕건은 참소를 두려워하고 국사를 다룸에 정을 누르고 근신하여 여러 사람의 마음을 얻으려 노력하였다. 어진 이를 좋아하고 악한 이를 미워하여 매번 참소를 당하는 것을 보면 해명하여 구해주었다고 한다. 왕건이 오랫동안 해결하지 못하던 청주인 아지

81) 『고려사』 1, 「세가」 1, 태조 즉위조.

태의 참소죄를 밝혀내자 여러 사람들이 마음속으로 시원하게 여겼다. 이에 많은 사람들이 왕건을 따르게 되었고 왕건은 화가 미칠 것을 두려워하여 외방의 일을 맡기를 원하였다.

914년 궁예가 수군 장수가 미천하여 적을 위압할 수 없다 하고 왕건의 시중직을 해임하고 수군을 거느리게 하였다. 왕건이 정주포구에 나아가 전함 70여 척을 정비하고 병사 2천 명을 싣고 나주에 이르니, 백제와 해상의 도둑들이 감히 움직이지 못하였다. 왕건이 돌아와 사정을 알리니 궁예는 기뻐하며 나의 여러 장수 중 누가 감히 왕건과 겨룰 만한 이가 있는가 하였다.

그런데 왕건마저 반역죄를 뒤집어쓰게 되었다. 하루는 궁예가 왕건을 급히 불러 궁으로 들어가니 궁예는 주살한 사람들에게서 몰수한 금은보기와 상장(床帳)의 기구를 점검하다가 눈을 부릅뜨고 왕건을 노려보며 말하기를 "경이 어젯밤 여러 사람을 모아 놓고 반역을 모의함은 무엇 때문이냐" 하였다. 왕건은 태연히 웃으며 "어찌 그런 일이 있겠습니까" 하였다. 궁예는 "속이지 말라" 하며 "관심법으로 이 일을 말하겠다" 하고 눈을 감고 뒷짐을 지고 얼마간 하늘을 우러러보고 있었다. 이 때 장주(掌奏) 최응이 곁에 있다가 일부러 붓을 떨어뜨려 뜰에 내려와 그것을 주우러 지나가며 왕건에게 귓속말로 "불복하면 위태롭습니다" 하였다. 왕건이 이를 깨닫고 "신이 진실로 반역을 꾀하였사오니 그 죄는 죽어 마땅하옵니다" 하였다. 궁예가 크게 웃으며 말하기를 "경은 가히 정직하다 하겠다" 하고는 금은으로 장식한 안장과 고삐를 내려주고 "경은 다시는 나를 속이지 말라" 하였다.[82)]

마침내 왕건에게 큰 배 1백여 척을 더 만들게 하니 큰 배 10여 척은 4방이 각 16보이며 위에 망루를 만들고 병마가 달릴 수 있도록 하였다. 병사 3천 명을 거느리고 군량을 싣고 나주에 가서 기근으로 굶주리던 수졸(戍卒)들을 마음껏 구휼하자 모두 완전히 살게 되었다.

---

82) 『고려사』 1, 「세가」 1, 태조 즉위조.

之少名也四人密謀夜詣 太祖私第言曰今
主上淫刑以逞殺妻戮子誅夷臣寮蒼生塗炭
不自聊生自古廢昏立明天下之大義也請公
行湯武之事 太祖作色拒之曰吾以忠純自
許今雖暴亂不敢有二心夫以臣替君斯謂革
命予實否德敢効殷周之事乎諸將曰時乎不
再来難遭而易失天與不取反受其咎今政亂
國危民皆疾視其上如仇讎今之德望未有居
公之右者況王昌瑾所得鏡文如彼豈可雌伏
取死獨夫之手乎夫人柳氏聞諸將之議迺謂
三國史列傳 五十 六
太祖曰以仁伐不仁自古而然今聞衆議妾猶
發憤况大丈夫乎今羣心忽變天命有歸矣手

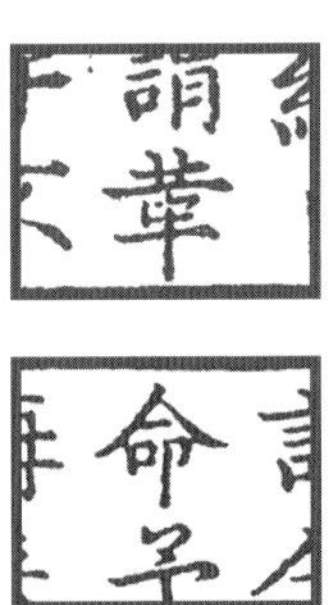

혁명 『삼국사기』「열전」의 기록으로 왕건은 신하로서 임금을 바꾸는 혁명을 하였다.

한편 당으로부터 와서 철원의 시전에 살던 왕창근이라는 상객(商客)이 있었다. 그는 918년 어떤 사람에게 오래된 거울을 하나 샀다. 그 안에 옛 시가 있는 것을 보고 궁예에게 알렸다. 거울의 주인을 찾았으나 다만 발삽사라는 절의 한 소상과 모습이 같은 것만 알게 되었다. 궁예는 문인들에게 거울의 글자를 해석하게 하였다. 그 글은 "상제가 아들을 진마(辰馬)에 내리니 먼저 닭을 조종하고 후에 오리를 칠 것이다. 사년(巳年) 중에 두 용이 나타났는데 하나는 푸른 나무에 몸을 숨기고 하나는 검은 쇠 동쪽에 형체를 나타내리라"는 내용이었다.

문인들은 푸른 나무는 송악이고 한 사람은 왕건이다, 검은 쇠는 철원으로 궁예가 이 곳에서 일어났다가 이 곳에서 멸망한다는 증거이다, 먼저 닭을 조종하고 오리를 친다는 것은 왕건이 신라를 차지하고 압록강을 친다는 것이라고 해석하였다. 문인들은 그 실상을 말한다면 자기들도 죽고 왕건도 죽을 것이라 하여 궁예에게 말을 꾸며서 하였다고 한다.[83] 이쯤에 이르러 궁예의 운명은 다한 것을 알 수 있다.

왕건의 혁명 궁예의 흉악하고 포악함이 거리낌이 없어 신하들이 몹시 두려워하여 어찌할 바를 몰랐다. 918년 6월에 장군 홍술(홍유)·백옥(배현경)·삼능산(신숭겸)·복사귀(복지겸) 네 사람이 비밀히 모의하여 밤에 왕건의 집으로 나아가 다 같이 추대할 뜻을 말하였다. 왕건은 궁예가 비록 포학하다 하나 감히 두 마음을 가질 수 없다고 하며 무릇 신하로서 임금을 바꾸는 일은 혁명(革命)이라고 하지만 자신이 부덕하여 은의 탕왕과 주의 무왕을 본받을 수 없다고 하였다. 이에 부인 유씨가 손수 갑옷을 들어 왕건에게 입히고 여러 장수가 부축하여 밖으로 나와서 사람을 시켜 달려가며 "왕공이 이미 의기(義旗)를 들었다"고 소리치게 하였다. 이에 분주히 달려오는 자가 이루 헤아릴 수 없었으며 먼저 궁문에 이르러 북을 치며 떠들썩하게 기다리는 자 또한 1만여 명이나 되었다. 궁예는 도망하고, 내인이 궁을 청소하고 신왕을 맞이하였다.[84]

이로써 왕건을 추대한 혁명은 성공하였다. 왕건은 궁예로부터 나라를 물려받은 것이 아니라, 896년 왕륭이 궁예에게 귀부한 이래 왕건이 궁예 밑에서 참고 견딘 결과 신방(新邦), 즉 새로운 나라를 세우게 된 것이다.

새로운 나라 고려의 건국 왕건은 철원에 있던 포정전에서 즉위하여 국호를 고려라 하고 연호를 천수(天授)라 하여 원년을 칭하였다. 왕위에 오른 왕건은 광평시중·내봉령 등의 관직에 품성이 단정하고 일 처리가 공평하고 성실한 인물을 임명하였다. 아울러 광평시랑·내봉령 등의 관직에는 사무에 숙달하고 청렴근신하며 봉공(奉公)에 태만함이 없고 민첩하게 결단을 내려 여러 사람의 마음에

83) 『고려사』 1, 「세가」 1, 태조 즉위조.
84) 『삼국사기』 10, 「신라본기」 10, 궁예.

맞는 사람들을 임명하고 시중도 임명하였다. 그런가 하면 궁예의 밑에서 총행을 받고 즐겨 참소를 한 소판 종간 등을 주살하였다.

왕건은 관제개편을 하였다. 궁예가 신라의 품계관직과 군읍의 이름을 비루하다 하여 모두 버리고 새롭게 고쳐 시행하였는데 백성들이 익혀 알지 못하여 혼란스럽게 되었으니, 신라의 제도를 따르되 알기 쉬운 것은 새로운 제도를 따르도록 하였다.

왕건은 여러 지역의 도둑(군웅)들이 처음에 왕건이 왕위에 오른 것을 알고 혹시 걱정거리를 만들까 염려하였다. 이에 사신을 나누어 보내어 폐백을 중하게 하고 말을 낮추어 은혜를 베풀어 화합하는 뜻을 보였더니 귀부하는 자가 많았다. 그러나 견훤은 홀로 교빙하지 않으려 하였다. 또 왕건은 궁예 때 백성들 중 노역과 기근으로 집을 버리고 몸을 팔고 자식을 팔아 남의 노비가 된 사람을 조사하여 1천여 명을 찾아내고 포백으로 보상하여 돌려보내기도 하였다.

그리고 혁명을 성공시킨 공신들에게 포상을 하였다. 1등 공신은 홍유 · 배현경 · 신숭겸 · 복지겸이었다. 2등 공신은 견권 등이었다. 3등 공신은 2천여 명이었다. 3등 공신은 각 지역 주 · 군 · 현에 있던 성주 · 장군들을 포함한 군웅세력이었다. 고려에서 군웅들을 공신으로 인정해줌으로써 그들을 향리로 편제할 바탕을 마련하였다. 한편 왕건은 평양고도가 황폐한 지 오래되어 번인(蕃人)들이 그 사이를 사냥하다가 변읍을 침략하니 해가 된다고 하여 백성을 옮겨 채워 병영을 굳게 하기 위하여 당제 왕식렴을 보내 지키게 하였다. 또한 팔관회를 열어 관람하였는데 매년 상례로 삼았다.[85)]

919년에는 송악의 남쪽에 도읍을 정한 다음 3성 · 6상서를 두고 9시를 설관하고 시전을 세우고 방리를 갈라 5부를 나누고 6위를 두었으며 3대의 조상을 추시하였다.

85) 『고려사』 1, 「세가」 1, 태조 원년.

3. 패권쟁탈전

1) 전국(戰國) 후백제와 고려

918년 견훤은 사자를 보내 왕건의 즉위를 축하하였다. 그런데 웅주 등 10여 주·현이 배반하여 백제에 귀부하였으나 상주의 아자개가 사람을 보내 내부하였다. 920년 정월에 신라가 비로소 사신을 보내 내빙하였으며 강주(康州)에서 아들을 인질로 보내 귀부하였다. 9월에는 견훤이 공작선과 지리산 죽전(竹箭)을 보냈다. 그런데 10월에 견훤이 신라를 공격하자 신라가 고려에 원병을 청하여 왕이 병사를 보내 구원하니 이 때부터 견훤과의 사이에 틈이 생겼다. 그리고 12월에 아들 무(武)를 정윤(태자)으로 삼았다.

922년에 명주 장군 김순식이 아들을 보내 항부(降附)하였고 하지현(안동 풍산면), 진보(경북 청송군 진보면)에서 항복해왔다. 또 여러 군·현의 양가 자제를 옮겨 서경을 채웠으며 서경에 행차하여 관부의 관원을 두고 재성을 쌓았다.

925년에는 발해 장군 등 5백 명이 내투하였다.[86] 이 때부터 발해가 걸안에 의하여 멸망하였기에 발해인들이 항복해오기 시작하였다. 10월에 고울부(경북 영천) 장군 능문이 내투하였는데 그 성이 신라 왕도에 가까워 노고를 위무하여 돌려보냈다. 10월에 견훤과 싸웠는데 견훤이 화해를 청하여 인질을 교환하였다.

926년에는 견훤의 질자가 죽으니 견훤도 고려에서 온 질자를 죽였다. 927년 8월 왕건이 강주에 순행하니 백제의 여러 성주가 모두 항부하였다. 9월 견훤이 신라 고울부를 습격하여 머물자 경애왕은 고려에 구원을 청하였다. 그런데 견훤은 11월에 별안간 왕경으로 쳐들어가서 경애왕을 자살하게 하고 경순왕을 세운 뒤 돌아갔다.

이에 왕건이 경애왕의 청을 받아들여 직접 구원에 나섰다. 그는 정기(精騎) 5

86) 『고려사』 1, 「세가」 1, 태조 8년 9월.

천으로 공산 동수(대구 북방 공산)에서 견훤을 맞아 싸웠으나 크게 패하여 신숭겸 등이 전사하고 단신으로 도망하였다.[87] 견훤은 이긴 틈을 타 대목군을 공취하고 전야에 노적한 곡식을 모두 불살랐다. 이 해에 오월국에서 백제에게 고려와 화친하라는 조서를 보내왔다.

928년 5월 강주 장군 유문이 견훤에게 항복하였다. 왕건은 7월에 청주, 8월에 충주로 행차하였는데 7월에 견훤이 의성부성을 치니 성주 장군 홍술이 전사하였다. 12월에 견훤이 고창군(안동)을 포위하므로 왕건이 군사를 거느리고 가서 구원하였다.

930년 정월 왕건이 고창군 병산에 진을 치니 견훤은 5백 보 가량 떨어진 석산에 진을 친 후 전투를 하여 견훤은 패주하였고 사로잡고 죽은 자가 8천에 이르렀다. 이 때 영안(영천) 등 30여 군 · 현이 차례로 왕건에게 항복하였다. 2월에는 신라의 동쪽 연해의 주 · 군의 부락이 다 와서 항복하니 명주로부터 흥례부(안동)에 이르기까지 1백10여 성이 되었다. 이 때 신라에 사신을 보내 고창전투의 승첩을 알리니 경순왕이 왕건을 만나기를 원하였다. 왕건은 이어진(泥於鎭)에 행차하였다. 8월에는 우(울)릉도에서 방물을 바쳤고 12월에는 서경에 행차하여 학교를 세웠다. 이 해에 있었던 고창전투는 고려가 전국(戰國)을 통합하는 전기가 되었다.

931년 2월에 경순왕이 다시 만나기를 청하여 왕건이 50여 기를 거느리고 갔다. 경순왕은 모든 관리들에게 교외에 나가 왕건을 맞이하게 하고 자신은 왕궁의 정문 밖에 나와 영접하였다. 경순왕이 왼편, 왕건이 오른편으로 상견례를 하며 전상에 올라 호종하는 신하들로 하여금 신라 왕에게 절하게 하니 정리(情理)와 예의가 극진하였다. 임해전에서 잔치를 베풀었는데 경순왕이 신라가 하늘의 버림을 받아 견훤의 유린한 바 되니 통분하기 끝이 없다고 하며 눈물을 흘렸다. 좌우의 신하들도 모두 목메어 울었고 왕건도 눈물을 흘리며 위로하였다. 왕건은

87) 『고려사』 1, 「세가」 1, 태조 10년 9월.

〈표13〉 전국(戰國)의 지배체제

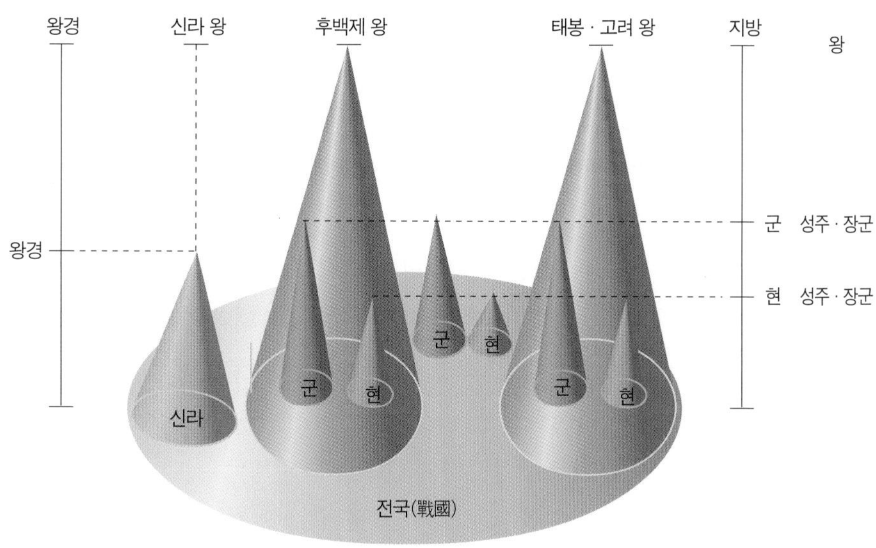

10여 일 동안 머물다 돌아가는데 경순왕이 혈성까지 전송하고 인질을 딸려 보냈다. 도성의 사람들과 사녀들은 "전에 견훤이 왔을 때는 늑대와 호랑이를 만난 것 같았는데 왕건이 오고 보니 마치 부모를 뵌 것 같구나" 하였다.[88)]

932년 백제 장군 공직이 내항하였으나 9월에는 견훤이 수군을 보내 예성강에 침입하여 3주의 선박 1백 척을 불사르고 저산도의 목마 3백 필을 빼앗아갔다. 934년 정월 왕건은 서경과 북진에 행차하였고, 5월 예산진에 행차하여 조서를 내렸다. "그 안에 새로운 나라 고려가 들어선 후에도 상처받은 백성을 노역하게 함은 다만 성책을 완수하여 백성들로 하여금 녹림(도적)의 난을 면하게 하려는 것이다. 남자는 전쟁에 나가고 여자가 역을 담당하니 노고를 참지 못하여 산림으로 도망하고 관부에 호소하는 자가 많다. 또 왕친(王親)이나 권세가(權勢家)들이 약한 백성을 괴롭힘이 있다. 공경장상들은 녹읍의 백성들을 불쌍히 여겨야

88) 『삼국사기』 12, 「신라본기」 12, 경순왕 5년 2월.

한다. 만약 가신(家臣)의 무지한 무리들이 거두기만 힘써 마음대로 빼앗아가고 관리들이 비호한다면 그러한 잘못을 처벌하겠다"고 하였다.[89] 9월에 왕건이 군사를 거느리고 견훤과 싸워 크게 이기니 웅주(공주) 이북의 30여 성(군 · 현)이 항복하였다. 935년 6월에는 후백제의 견훤이 항복해왔고, 11월에는 신라의 경순왕이 땅을 들어 고려 왕건에게 귀순하였다. 그 때 신라는 망하였고 후백제는 이듬해에 망하였다.

936년 9월 일리천 전투에서 승리한 고려는 후백제를 통합하였다. 왕건은 백제의 도성에 들어가 영을 내려 "거괴(渠魁)가 이미 항복해왔으니 나의 적자(赤子, 백성)를 범하지 말라" 하였다. 그리고 장사(將士)를 위로하며 재능을 헤아려 임용하고 군령을 엄명히 하여 조그만 물건도 남[90]의 것을 범함이 없으니 주 · 현이 안도하여 노소가 모두 만세를 불렀다고 한다.

왕건은 견훤이 나라를 잃은 후 신하로서 그를 위로한 자가 없었는데 박영규 부부만이 천리 밖에서 서신을 보내 성의를 보였고 왕건에게 아름다운 명예를 돌려보내니 그 의리를 잊을 수 없다고 하였다. 이에 왕건은 박영규에게 좌승직을 내리고 밭 1천 경을 주고 역마 5필을 빌려주어 가족을 맞아오게 하고 두 아들에게 벼슬을 내려주었다.

2) 경애왕의 죽음

927년 9월 견훤이 고울부에 쳐들어와서 신라 왕경의 교기(郊畿)를 핍박하니 경애왕은 고려의 왕건에게 구원을 청하였다. 왕건이 1만의 군사를 거느리고 구원에 나섰는데 그가 이르기 전인 11월에 견훤이 갑자기 신라 왕경으로 쳐들어왔다. 그 때 경애왕은 비빈과 종친 · 외척들과 더불어 포석정에서 놀면서 잔치를 베풀고 있다가 적병이 닥치는 것을 알지 못하였으므로 어찌할 바를 몰랐다. 왕

89) 『고려사』 2, 「세가」 2, 태조 17년 5월.
90) 『고려사』 2, 「세가」 2, 태조 19년 9월.

과 왕비는 후궁(後宮)으로 달려가고 종친·외척 그리고 공경대부와 사녀(士女)들은 사방으로 달아났다. 적에게 잡힌 자는 귀천을 논할 것 없이 겁을 내어 땅에 엎드려 노복이 되기를 애걸하였으나 죽음을 면하지 못하였다. 견훤은 군사를 풀어 약탈하고 왕궁에 들어가 왕을 찾아 자살하도록 하고 왕비를 능욕하고 그 부하들로 하여 빈첩을 난행하게 하였다. 그런 다음 왕의 표제이자 헌강왕의 외손인 김부(金傅)를 세워 왕으로 삼으니 그가 경순왕이었다.[91] 견훤은 왕제 등을 포로로 하고 백공(百工)과 병장(兵仗)과 진보(珍寶)를 빼앗아 돌아갔다.

경애왕은 포석사에서 놀았나? 신라의 멸망을 이야기할 때 먼저 떠오르는 사건은 경애왕이 포석정에서 놀다가(宴娛) 죽었다는 사실이 아닌가 한다. 그러한 신라가 망하는 것은 어쩌면 당연하다는 생각까지 든다. 하지만 정말 그리하였을까?

927년 9월 견훤이 신라 왕경과 경계를 접하고 있는 고울부(영천)에 쳐들어와 머물고 있었고 경애왕 자신이 고려 왕건에게 구원을 청한 상황에서 포석정에 가서 놀이나 하였다는 이야기는 무엇인가 석연치 않다. 더욱이 그 때는 음력 11월 한겨울이었다.

한겨울에 경애왕이 포석정에 가서 정말 놀았을까? 최근 발견된 『화랑세기』에 나오는 포석사(鮑石祠)는 이러한 질문에 대한 답을 준다. 포석사는 사당으로서 김춘추와 문희가 길례한 곳이기도 하다. 포석사에는 삼한통합의 종주로 받들어진 문노와 같은 영웅들의 화상이 모셔져 있었다. 경애왕은 국가의 위기 상황에서 이러한 사당에 나아가 국가의 안위를 빌었던 것으로 생각된다. 여기서 지금까지 알려진 것과 같이 경애왕이 포석정에 놀러 간 것이 아니라 나라를 지켜달라는 기원을 하기 위해 포석사에 갔던 것을 알 수 있다. 후일 신라가 망한 후 포석사를 포석정으로 고치고 경애왕이 놀러 간 것으로 조작한 것이다.

1999년 4~5월 국립문화재연구소는 현재 포석정의 동남쪽 70m 지점 일대에

91) 『삼국사기』 12, 「신라본기」 12, 경애왕 4년 11월.

포석정 포석정은 놀이터가 아니라 포석사의 부속시설이었다. 포석사는 혁거세를 모신 시조묘와 관계가 있었다고 여겨진다.

서 '포석(砲石)' 이라는 명문이 있는 삼국 시대에 만들어진 기와 조각을 발굴하였다. 이는 포석사가 일찍이 사당으로 만들어졌다는 사실을 말해준다. 역사에서 의도적으로 잘못 알려진 사실 중의 하나가 바로 경애왕이 포석정에서 놀이를 하다가 견훤에게 죽었다는 이야기이다. 포석정은 단순히 9세기에 만들어진 왕들의 놀이터가 아니라 일찍이 만들어진 포석사라는 사당의 부속시설이었다.

견훤이 신라를 멸망시키지 않은 이유는? 927년 견훤에 의하여 왕위에 오른 김부(56대 경순왕)는 문성왕의 후손이었다. 그런데 견훤이 신라 왕경을 장악하여 나라를 멸망시키지 않은 이유는 무엇일까 궁금하다. 가장 큰 이유는 견훤이 신라 왕경을 장악하면 당장 신라를 구원하러 오는 왕건의 군대를 막아내는 일이 문제였다. 그런가 하면 왕경을 장악하면 장기적으로 전국의 군웅들이 견훤에게 크게 반발할 수 있었다. 그리고 견훤의 본거지를 소홀히 할 수도 없었다. 당시 각 지역의 성주 · 장군이라 칭하는 세력들의 향방을 무시할 수 없었던 견훤은 신라를 멸망시켜 모든 세력들의 적이 되기를 원치 않았던 것으로 생각할 수 있다. 이는 견훤이 신라를 멸망시키는 데 목적이 있었던 것이 아니라 신라왕을 죽이고 새로운 왕을 세움으로써 전국시대의 대군웅으로서 패권을 장악하려는 의도를 가지고 있었음을 보여준다.

포석명 기와 삼국 시대에 만들어진 이 기와는 포석사의 존재를 증명하고 있다.

발해국 세자 대광현의 내투 거란에 의하여 발해가 망한 후 그 유민이 고려에 흘러 들어왔다. 934년 7월 발해국의 세자 대광현이 무리 수만을 거느리고 내투하였다. 왕건은 대광현에게 왕계(王繼)라는 이름을 내려주고 종적에 부적해주었다. 또한 그에게 원보(元甫)를 제수하고 백주를 지키게 하고 본국 조선(祖先)의 제사를 받들게 하고 그의 료좌(寮佐)들에게 작을 주고 군사에게는 전택을 차등 있게 나누어주었다.[92] 지금까지 민족사를 만들어내는 과정에서 대광현의 내투를 근거로 고려가 발해까지 통합한 것처럼 이야기해왔다. 그런데 발해의 왕족은 속말말갈 출신이다. 따라서 발해가 고구려의 옛 땅을 차지한 나라였던 것은 분명하나 고구려의 후신이라고 할 수는 없다. 대광현의 내투는 발해인의 내투와 그들을 받아들인 사건 정도로 바라볼 필요가 있다. 실제로 고려가 발해의 땅을 차지한 것도 아니었다. 그리고 고려가 발해의 유산을 물려받아 한국사에 전한 것도 아니었다.

92) 『고려사』 2, 「세가」 2, 태조 17년 7월.

금강산 신라가 망할 때 태자가 개골산에 들어가 마의초식으로 일생을 마쳤다고 한다.

4. 고려의 전국(戰國)통합

1) 신라의 항복

1천 년 사직을 하루아침에 내어주다 경순왕 10년(935) 10월 왕은 4방의 영토가 모두 다른 사람의 소유가 되어 나라가 약하고 세력이 외로워져 자체로 보전할 수 없게 되었다고 생각하여 군신(群臣)들과 국토를 들어 태조 왕건에게 항복할 것을 모의하였다. 군신들은 혹은 옳다 하고 혹은 옳지 않다고 하였다.

이 때 왕자가 "나라의 존망은 반드시 천명에 달려 있으니 오로지 충신과 의사(義士)들과 함께 민심을 수습하여 굳게 지키며 힘을 다한 뒤에 그만두어야지 어찌 1천 년 사직을 하루아침에 가볍게 남에게 내어주겠습니까?" 하였다. 이에 왕은 "(나라가) 고단하고 위태로움이 이와 같으니 형세가 온전할 수 없다. 이미 강하지도 못한데 더 약해질 수도 없으니 무고한 백성들로 하여금 참혹하게 죽게 하는 것은 나로서는 차마 할 수 없는 일이다" 하였다.

이에 시랑 김봉휴에게 편지를 주어 왕건에게 항복을 청하였다. 왕자는 통곡하며 왕에게 하직을 고하고 바로 개골산으로 들어가 바위를 집으로 삼고 마의초식(麻衣草食), 즉 삼베옷을 입고 나물음식으로 일생을 마쳤다.[93]

11월에 왕건이 편지를 받고 대상 왕철 등을 보내 영접하게 하였다. 경순왕은 백료를 거느리고 왕도를 떠나 태조 왕건에게 귀순하였다. 수레와 말이 30여 리에 뻗쳐 길은 사람으로 메워졌고 구경꾼들이 담과 같이 둘러서 있었다. 왕건은 교외로 나가서 영접해 위로하고 대궐 동쪽에 가장 좋은 집 한 구역을 주며 맏딸 낙랑공주를 그의 처로 삼게 하였다.

12월에 왕을 봉하여 정승공으로 삼으니 그 지위는 태자의 위에 있었으며 봉록 1천 석을 주고 시종한 관원과 장수를 모두 그대로 임용하였다. 그 후 신라를 고쳐 경주라 하고 공의 식읍으로 삼았다.

처음에 신라가 항복하였을 때 왕건이 기뻐하여 후한 예로써 대우하고 사람을 시켜 알렸다. 왕은 나라를 자신에게 주니 선물로서는 큰지라 종실과 결혼을 하여 길이 장인과 사위의 의를 계속하고 싶다고 하였다. 이에 경순왕은 자신의 큰아버지 잡간 억렴은 지대야군사(知大耶郡事)인데 그의 딸은 덕과 용모가 모두 아름다우므로 그가 아니면 왕실의 집안 일을 맡을 자가 없다고 하였다. 왕건이 그녀를 아내로 삼아 아들을 낳으니 그가 후일 현종의 아버지로 추봉된 안종(安宗)이었다. 경종은 정승공의 딸을 왕비로 삼고 정승공을 봉하여 상보로 삼았다. 왕은 978년에 세상을 떠나니 시호를 경순왕이라 하였다.

김부식이 보는 신라 김부식은 신라가 중국 성현의 풍습과 교화를 입어 미개한 풍속을 변혁시켜 예의의 나라가 되었으며 당군의 위엄을 빌려 백제와 고구려를 평정하고 그 땅을 얻어 군·현을 삼으니 융성한 시대라 이를 만하다고 하였다. 그러나 불법을 숭상하여 그 폐해를 알지 못하고 마을마다 탑과 절이 빽빽이 늘어섰으며 평민들은 승려가 되어 병졸과 농민이 점점 줄어듦으로써 국가가 날로

93) 『삼국사기』 12, 「신라본기」 12, 경순왕 9년 10월.

금산사 이 절에 유폐되었던 견훤이 왕건의 고려로 감으로써 후백제의 멸망이 재촉되었다.

쇠퇴하였으니 어찌 문란하지 않으며 멸망하지 않겠는가 하였다. 이 때에 이르러 경애왕이 더욱더 함부로 음란한 짓을 하고 놀기에 바빠 궁녀들과 가까운 신하들을 데리고 포석정에 나가 놀며 술자리를 베풀고 즐기다가 견훤이 오는 것을 알지 못하였다고도 하였다. 경순왕이 왕건에게 귀순함은 비록 마지못해서 한 일이지만 또한 칭찬할 만한 일이라 하였다. 만약 힘껏 고려 군사와 싸웠다면 그 종족은 멸망하고 무죄한 백성에게까지 화가 미쳤을 것인데 부고(府庫)를 봉하고 군·현을 기록하여 왕건에게 귀순하였으니 조정에 대한 공로와 백성에 덕이 있음이 컸다고 하였다. 왕건은 자손이 많아 번성하였는데 현종은 신라의 외손으로 왕위에 올랐으며 그 후에 왕통을 이은 이는 모두 현종의 자손이었음도 밝히고 있다.[94] 이는 신라와 고려의 연결고리를 말함이다. 그러나 김부식이 고려의 관점에서 신라를 평한 것이 분명하다.

2) 후백제의 멸망

후백제 왕자들의 난 후백제의 멸망은 견훤과 아들들 사이에 있었던 가족간의

94) 『삼국사기』 12, 「신라본기」 12, 경순왕 9년조 사론.

불화로 시작되었다. 견훤은 아내가 많아 아들 10여 명을 두었는데 넷째 아들 금강이 키가 크고 지혜가 많아서 견훤은 특별히 그를 사랑하고 왕위를 물려주려 하였다. 그의 형 신검 · 양검 · 용검 등은 그것을 알고 근심하고 번민하였다. 이때 양검은 강주 도독으로 있었고 용검은 무주 도독으로 있었으며 신검 홀로 견훤의 옆에 있었다. 이에 이찬 능환이 사람을 강주와 무주에 보내어 양검 등과 몰래 모의하였다.

견훤 유폐 935년 3월 능환 등이 권유한 바를 따라 신검은 견훤을 금산사에 유폐시키고 사람을 보내 금강을 죽이고 자신을 스스로 대왕이라 하였다. 그리고 유신(維新)의 정치를 보이기 위하여 경내의 모든 죄인을 사면하였다.

견훤의 항복 견훤은 금산사에 있은 지 3개월이 된 6월에 막내아들 능애와 딸 쇠복과 신분은 낮으나 사랑하는 첩 고비 등과 함께 금성(錦城, 나주)으로 도망한 뒤 사람을 보내 왕건에게 보기를 청하였다. 왕건은 기뻐하여 장군 유금필 등으로 하여금 군선 40여 척을 거느리고 해로로 그를 맞이하게 하였다. 견훤이 고려에 이르매 후한 예절로써 대우하였고 견훤의 나이가 왕건보다 10년이나 위였으므로 존칭하여 상보(尙父)라 하고 남궁을 객관으로 주었고 지위가 백관의 위에 차지하게 하였다. 양주를 식읍으로 삼게 하고 겸하여 금 · 비단 · 채색비단과 노비 각 40구와 왕궁의 말 10필을 내려주고 앞서 항복해온 백제인으로 관리를 삼게 하였다.

박영규의 내응 936년 2월 견훤의 사위인 장군 박영규가 내부하기를 청하였다. 박영규는 아내에게 "대왕(견훤)이 근로하여 40여 년에 공업이 거의 이루어지려 하였는데 하루아침에 가족간의 불화로 나라를 잃고 고려에 갔다. 무릇 열녀는 두 남편을 받들지 않고 충신은 두 임금을 섬기지 않는 법이다. 만약 견훤을 버리고 반역한 신검을 섬긴다면 무슨 면목으로 천하의 의사(義士)들을 대하겠나? 하물며 왕건은 삼한의 임금이 될 것이니 어찌 견훤을 위안하고 아울러 왕건에게 은근한 뜻을 표시하여 뒷날의 복을 도모하지 않겠나" 하였다. 그의 아내도 그의 뜻과 같다고 하였다.[95] 드디어 박영규는 936년 2월 사람을 왕건에게 보내 정의의 깃발을 든다면 내응(內應)이 되어 고려군을 맞겠다고 하였다. 왕건은 기뻐하며 사자에게 예물을 후히 주어 돌려보내고 박영규에게 사례하였다. 왕건은 박영규의 은혜에 힘입어 막힘이 없게 되면 박영규를 형으로 섬기고 그의 부인을 누님으로 받들겠다고 하였다. 그리고 끝까지 후히 보답하겠다고 하였다.

견훤의 청 936년 6월에 견훤은 왕건에게 자신이 항복해온 까닭은 왕건의 위엄을 빌려 반역한 자식을 죽이려는 것뿐이라고 하고 신병을 빌려 적자(賊子)와 난신(亂臣)을 죽이게 해주면 죽더라도 한이 없겠다고 하였다. 왕건은 그 말을 들어주었다. 먼저 태자 무(武)와 장군 박술희를 보내어 보기(步騎) 1만을 거느리고 천안부로 가게 하고 9월에는 왕건이 3군을 거느리고 천안에 이르러 군사를 합하여 일선군(선산)으로 진군하니 신검이 군사를 거느리고 와서 막았다.[96]

일리천전투 이 전투는 전국 시대의 막을 내리는 전투였다. 왕건과 신검의 군대는 일리천을 사이에 두고 진을 쳤는데 왕건이 견훤과 함께 군대를 사열하였다. 견권과 박술희 등에게 보기 3만을 거느리게 하여 좌익으로 삼고, 김철과 홍유 등에게 보기 3만을 거느리게 하여 우익으로 삼고, 김순식 등에게 철기(鐵騎) 2만, 보졸 3천, 흑수(黑水)·달고(達姑)·철륵(鐵勒) 등 여러 번(蕃)의 군센 기병 9천5백 명을 거느리게 하여 중군으로 삼았다. 또 대장군 공훤 등에게 기병 3백과 여러 성의 군사 1만4천7백 명을 거느리게 하여 선봉으로 삼았다.

대장군 공훤 등이 삼군을 지원병으로 삼아 전고(戰鼓)를 울리며 앞으로 나아가는데 문득 칼과 창 같은 형상을 한 백운이 고려군의 머리 위에서 일어나더니

---

95) 『삼국사기』 50, 「열전」 10, 견훤.
96) 『삼국사기』 50, 「열전」 10, 견훤.

백제 진영으로 날아갔다. 후백제의 장군 효봉 등 네 사람은 고려의 군세가 성함을 보고 갑옷을 벗고 창을 던지고 왕건의 말 앞에 항복하였다. 이에 후백제의 군사는 사기를 잃고 움직이지 못하였다고 한다. 왕건은 효봉 등을 위로하고 신검의 소재를 물으니 중군에 있으며 좌우에서 협격하면 그를 격파할 수 있다고 하였다. 왕건이 대장군 공훤에게 명하여 바로 중군을 치게 하고 삼군이 일제히 전진하여 공격하니 후백제병이 크게 무너졌다. 장군 흔강 등 3천7백 명을 사로잡고 5천7백여 급을 참살하였다. 후퇴하는 후백제병을 추격하여 황산군에 이르러 탄령을 넘어 마성에 진주하였다.

드디어 신검이 그의 아우 청주 성주 양검과 광주 성주 용검, 문무신료와 함께 나와 항복하였다. 왕건은 사로잡은 장사 3천2백 명을 모두 본토로 돌려보냈으나 다만 흔강 등 40명만은 그 처자와 함께 서울로 보냈다. 그리고 능환은 양검 등과 모의하여 견훤을 유폐하고 그 아들을 왕으로 세운 것이 신하의 도리에 어긋난다 하여 문책하였다. 이에 능환은 머리를 숙이고 말을 하지 못하는지라 베어 죽이고 양검과 용검을 진주로 귀양 보냈다가 뒤이어 죽였다. 신검이 왕위를 찬탈한 것은 다른 사람에게 협박을 당하여 한 짓이므로 죄가 두 아우보다 가볍고 또 귀순하였으므로 죽음을 면해주고 관작을 내려주었다(또는 삼형제가 모두 죽임을 당하였다고도 한다). 견훤은 신검을 살려준 것을 분하게 여겨 등창이 나서 며칠 만에 황산의 절에서 죽었다.[97] 892년 견훤이 나라를 세운 후 936년에 이르러 45년 만에 후백제가 멸망한 것이다.

고려의 전국(戰國)통합은 민족의 재통일이었나 군웅들의 시대에 민족이라는 개념은 없었다. 따라서 민족의 재통일을 논하는 것은 처음부터 문제가 있다.

97) 『고려사』 1, 「세가」 1, 견훤 19년.

제
4
장

대신라 왕국의 지배체제

삼한통합은 신라 왕국 지배체제의 성장과 발전에 커다란 변화를 불러왔다. 신라는 삼한통합 전쟁 중에 국가 총동원체제를 유지하는 전에 없던 경험을 하였다. 전쟁을 수행하기 위하여 많은 수의 병력을 동원하였고 그에 따라 많은 물자를 필요로 하였다. 그 결과 신라 왕국은 전쟁수행 중 지배체제를 확대 · 개편하지 않을 수 없었다. 그것은 율령격식을 개장하여 이루어졌으니 무열왕 · 문무왕 대의 율령격식의 개장이 바로 그것이다.

그런가 하면 삼한통합으로 토지와 인민이 크게 늘어난 것 또한 국가지배체제를 새롭게 강화 · 편제하지 않을 수 없게 만들었다. 왕국의 토지와 인민이 늘어난 것은 그만큼 왕국의 지배에 부담이 늘어난 것이기도 하였기 때문이다. 따라서 신문왕 대에 이루어진 국가지배체제 전반에 걸친 확대 · 개편은 필연적인 일이었다.

대신라 왕국의 지배체제는 전에 없이 중앙집권화되기에 이르렀다. 그와 같이 중앙집권화된 조정조직을 발전시키기 위해서는 행정에 필요한 힘, 즉 권력이 있

대복명 암키와 신라인들의 생각을 읽을 수 있다.

어야 하였다. 왕을 축으로 한 조정은 권력을 가지고 사람들을 통제하였고 경제적 · 군사적 자원을 장악하여 통제하였다.

그러나 왕정의 피로가 축적되자 왕위계승전이 벌어지게 되었으며 왕권이 약화되어 중앙집권적 왕국을 유지하던 권력이 위축되고 지배체제는 무너지게 되었다.

제1절 율령격식에 의한 지배체제 강화

율령격식과 왕권 율령격식(律令格式)의 율은 제도위반이나 죄악을 저질렀을 때 처벌하는 형사법전이다. 영은 명령적 · 금지적 법률로 비형벌 법규이자 제도를 규정하는 민정법전이며, 격은 율령을 수정한 조칙을 모은 것으로 신료가 항상 시행해야 하는 율령의 개정법전이다. 식은 율령에 관계된 사항의 세목을 규정하는 법률로 율령에 종속되며 격으로 고쳐지기도 하는 율령격의 시행세칙이다. 신라에서 율령격식이 가장 발달한 시기는 중대였다. 중대의 왕들은 율령격식을 개장하였고 그에 따라 지배를 하였다. 율령격식을 따르지 않고 왕권을 행사하는 것을 전제왕권이라고 할 수 있다. 그러한 면에서 중대의 왕권은 전제왕권이라 할 수 없다.

중대의 율령격식 강화 무열왕 · 문무왕이 삼한통합을 하는 과정에서 국가지배체제를 새롭게 조직화하고 강화하기 위한 조치를 취하였다. 그러한 일련의 지배체제 강화는 율령격식의 개장(改張)을 통하여 이루어졌으며 신문왕대에 이루어진 지배제도의 개편과 정비도 모두 율령격식에 의하여 이루어졌다. 한마디로 중대 왕정의 강화는 율령격식의 강화를 통하여 이루어진 것이다. 이로써 중대의 왕권이 강화된 것은 분명하나 왕들이 율령을 무시하고 전제왕권을 행사하지는 않았다는 사실을 주목할 필요가 있다.

하대의 율령격식 원성왕 이후에도 왕들을 중심으로 율령격식의 개장에 관심을 기울였다. 애장왕 6년(805) 8월 공식(公式) 20여 조를 반포하여 알린 바 있다. 그런데 그 구체적인 내용은 알 수 없다. 한편 흥덕왕 9년(834) 교(敎)를 내려 신분에 따른 색복 · 거기 · 기용 · 옥사 등의 금령을 내리면서 감히 옛 법에 따라 하늘의 명령을 펴는 것이니 혹 짐짓 법을 범하면 국가에서 일정한 형벌이 있을 것이라 한 것을 볼 수 있다.[98] 흥덕왕은 골품제의 규정이 잘 지켜지지 않는 상황에서 옛 법에 따라 금령을 내려 시행하도록 한 것이다.

이는 하대의 왕들도 율령격식에 의한 지배를 한 것을 의미한다. 그런데 문제는 그러한 율령격식이 신라사회에서 잘 지켜질 수 없는 상황이었다는 데 있다. 한마디로 당시 신라는 흥덕왕 이후 45대 신무왕까지의 왕위계승전 결과 왕정은 붕괴되고 지방에서는 세력가들이 성장하는 상황이었다. 따라서 중앙정부의 지배력은 새로이 성장하는 지방의 세력가들에게 미칠 수 없었고 시간이 지날수록 지방세력가들은 더욱 강해졌기에 결국 신라 왕정은 붕괴되기에 이르렀다.

98)『삼국사기』33,「잡지」2, 색복.

제2절 정치조직

1. 왕과 신료

왕의 신료 임명 신라의 왕은 종묘의 주인으로 왕국의 주인이었다. 그러나 왕이 혼자 왕국을 다스릴 수는 없었다. 따라서 왕은 신료들에게 왕정의 업무를 나누어 위임해주지 않을 수 없었다. 왕이 왕국을 다스리기 위해서는 상대등 · 중시에서 하급 신료에 이르기까지 신료들이 필요하였다. 왕은 신료들에게 짧은 기간 동안 관직을 주거나 빼앗는 것으로 그들을 통제하였다.

그런데 신료의 임명도 실은 상대등 등에게 위임한 것을 볼 수 있다. 헌덕왕 14년(822) 왕의 후계자가 없어 그의 동복아우 수종(42대 흥덕왕)을 부군으로 삼아 월지궁에 들어오게 하였는데 그 때 각간 충공이 상대등이 되었다. 충공은 정사당에서 내외관을 시험하여 뽑고 물러났다가 병을 얻었다. 이 때 녹진이 그를 찾아가 병을 고쳤다. 실제 병이 아니라 인재등용의 문제로 인하여 어려움이 생긴 것이었다. 그 때 녹진은 옛 재상의 정치는 목공이 집을 지을 때 재목이 큰 것은 대들보나 기둥으로 쓰고 작은 것은 서까래로 쓰며 눕힐 것과 세울 것을 각기 그 자리에 알맞게 써야만 큰 집이 이루어지는 것과 같다고 하였다. 재주가 큰 사람은 높은 벼슬자리에 앉히고 작은 사람에게는 낮은 직책을 맡겨 조정의 여러 자리를 주라고 하였다.[99] 이는 상대등이 백관의 인사에 관여한 것을 뜻한다.

왕이 신료들을 임명하는 데에는 능력에 따른 적임자를 택하여야 하나 실제는 왕과의 친족관계, 신분 등이 중요하게 작용하였다. 특히 왕국의 상층부에서 활동한 신료는 왕과의 친족관계가 관직에 나가는 중요한 요인이 되었다. 그렇더라도 대신라 왕국의 모든 신료는 왕이 임명하는 것이 원칙이었다.

99) 『삼국사기』 45, 「열전」 45, 녹진.

왕과 신료의 차이 왕국의 최정상에는 왕이 있었다. 그리고 그 밑에 태자가 있었다. 왕국의 지배체제가 정상적으로 작동하는 동안 왕은 모든 신료들 위에 있었다. 그러한 차이는 중국이 보는 신라의 왕과 재상의 격차를 통하여 알 수 있다. 경문왕 5년(865) 당 의종이 사신을 보내 왕을 신라 왕으로 책립하고 사령장 한 통 · 정절 한 벌 · 비단 5백 필 · 옷 두 벌 · 금은 그릇 일곱 벌을 주고, 왕비에게 비단 50필 · 옷 한 벌 · 은그릇 두 벌, 왕태자에게 비단 40필 · 옷 한 벌 · 은그릇 한 벌, 대재상에게 비단 30필 · 옷 한 벌 · 은그릇 한 벌, 차재상에게 비단 20필 · 옷 한 벌 · 은그릇 한 벌을 주었다.[100] 물론 경문왕대의 신라는 이미 지방에 세력가들이 군웅으로 성장하기 시작하였다. 그렇더라도 당에서는 그러한 사정을 무시하고 왕과 재상을 차별하고 있는 것을 알 수 있다. 비단을 주는데 왕에게 5백 필, 대재상에게 30필, 차재상에게 20필을 준 것은 왕과 재상의 차이를 여실히 보여준다. 그리고 왕에게는 신라 왕으로 책립한 것이 무엇보다 중요한 차이이다. 왕과 최고의 신료 사이에 있는 사회적 · 정치적 · 경제적 차이는 왕정이 크게 무너져가는 상황에서도 분명히 존재하였다.

왕정을 위임받은 신료의 종류 왕국에는 종묘의 주인인 왕과 후계자인 태자가 있었다. 그리고 왕국의 신료 역시 크게 둘로 나뉜다.

하나는 왕실의 업무를 담당하던 내조(內朝)로서 내성 소속의 신료가 있다. 다른 하나는 국가지배의 업무를 담당하던 외조(外朝)로서 조정의 신료가 있다. 여기에는 상대등에서 서료(庶僚)에 이르는 신료들이 있었다. 이들 신료들은 재상(宰相)과 내관(內官)으로 영(令) 등의 대신, 그 밑의 백집사(百執事)가 있었고 지방 지배를 위한 방백이 있었다. 방백에는 주의 총관 · 도독, 군의 태수, 현의 현령 · 소수(제수) 등이 있었다. 왕국 중앙정부의 신료는 크게 세 집단으로 나뉘었으며 각기 맡은 바 업무가 달랐다.

---

100) 『삼국사기』 11, 「신라본기」 11, 경문왕 5년.

첫째, 재상이 있다. 재상은 상대등·병부령 등으로 구성된 왕의 자문집단(council)이었다. 이들은 특정한 분담 업무를 다루는 것이 아니라 국정 전반에 걸친 문제를 다루었다. 재상은 병부령과 같이 주요 관부의 장을 겸하기도 하였다.

둘째, 내관(內官)이 있다. 이들은 중앙정부의 각급 행정관서에 소속된 신료들이었다. 그들 중 상대등을 중심으로 한 대등집단이 있었다. 대등집단은 각 행정관서의 장으로 구성되었다.

셋째, 외관이 있다. 외관은 둘로 나눌 수 있다. 하나는 지방지배를 위한 업무를 위임받은 신료들로 주·군·현이나 소경 등에 파견된 지방관을 들 수 있다. 다른 하나는 지방세력 출신으로 지방의 백성들을 직접 관장한 촌주 등이 있다.

군사적 업무를 위임받은 무관 궁실과 정부의 행정적 업무를 위임받은 신료 외에 군사적 업무를 위임받은 무관이 있다. 장군에서 졸(卒)에 이르기까지의 무관들은 성골 왕 시대에 조직화되기 시작하여 삼한통합이 되면서 가장 크게 확대·설치되었다. 상비군으로서 무관들 외에 백성들은 나라에 대한 의무의 하나로 병사로 동원되었다. 이들 백성으로 이루어진 병사는 무관이라고 할 수는 없다. 그렇더라도 삼한통합 과정에서 백성들이 대대적으로 병사가 됨으로써 신라 왕국의 지배체제에 새로운 변화가 생겼다. 병사로 동원된 백성들은 일정한 관위를 받았다. 결국 백성들은 병사가 됨으로써 골품제에 편입되었고 골품제가 전국적으로 시행되기에 이르렀던 것이다.

왕정의 조직 왕정을 위임받은 신료들이 다양하다는 사실은 정치조직이 그와 같이 다양하게 편제된 것을 의미한다. 우선 왕과 그 일족을 위한 업무를 담당하던 내성과 재상으로 이루어진 자문집단이 있다. 그리고 왕의 참모조직인 내관과 지방행정조직인 외관이 있고, 군사조직인 무관이 있다. 내관은 외관보다 발달하였는데 그것은 신라 왕정의 지배조직이 잘 발달된 것을 의미한다.

〈표14〉 대신라의 왕정조직

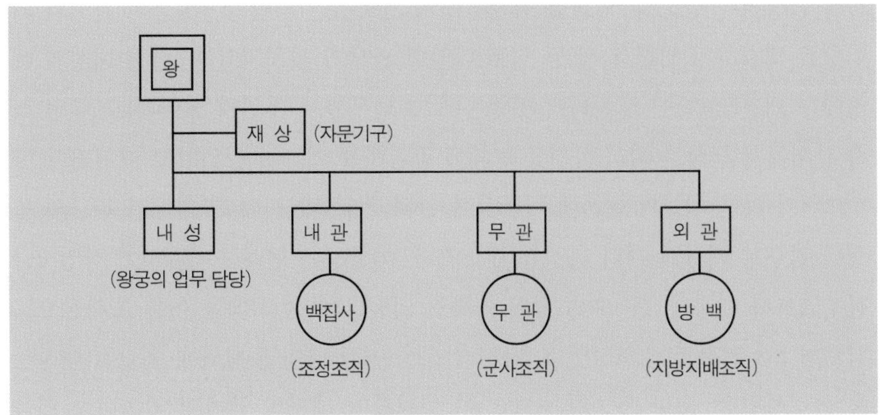

2. 조정의 조직

1) 왕실을 위한 조직

내성의 운용 왕실을 위한 내성(內省)은 성골 왕 시대에 설치되었다. 진평왕 7년(585)에 대궁 · 양궁 · 사량궁에 각기 설치되었던 사신을 진평왕 44년(622)에 한 사람의 사신으로 통합하였다. 이후 경덕왕 18년(759) 내성을 고쳐 전중성(殿中省)이라 하고 사신을 전중령이라고 하였다가 후에 다시 원래대로 고쳤다.

내성의 사신에 임명될 수 있는 관위는 금하신으로부터 태대각간까지였으며, 적임자를 임명하였다. 그 임기에는 연한이 없었다. 사신은 왕궁의 업무를 담당하였으며 신라의 관직 중 매우 중요한 자리 가운데 하나였다. 왕궁에는 왕을 비롯하여 왕과 그 가족들이 살았다. 그리고 왕궁의 여러 업무를 담당하던 사람들도 머물렀다. 내성의 사신은 왕족 중에서 임명되었는데 내성 사신을 거쳐 조정의 내관 소속 관부에 나가기도 하였다.

내성의 예하에는 왕궁에서 필요로 한 업무를 담당하던 여러 관부가 딸려 있었다. 왕궁에서 일하던 사람들의 사정을 담당하던 내사정전(內司正典), 왕실의 문한을 담당하던 상문사, 의술을 학생들에게 가르치던 의학(醫學) 등의 관서와 의식주를 해결하기 위한 관서 등 실로 다양한 관서가 설치되었다. 한편 내성의 예하에는 왜전(倭典)이 설치되어 있었는데 그 업무가 무엇인지 궁금하다. 내성 소속 관서에서 생산한 여러 물건들을 왜에 공급하는 기능이 있었다고 여겨진다.

그런가 하면 내성의 예하에 어룡성이 설치되어 있었는데 그 자체가 하나의 독립된 관부로 예하에 여러 관서를 거느렸다. 어룡성은 원래는 경(卿)이 장인 2급 관부였으나 애장왕 2년(801) 왕의 숙부인 언승(41대 헌덕왕)을 어룡성 사신으로 삼으며 1급 관부로 승격되었다. 당시 언승은 어린 나이에 왕위에 올랐던 애장왕을 섭정하였다. 또한 동궁관(東宮官)이 설치되어 태자의 궁에서 일어나는 일을 담당하는 관부를 별도로 설치한 것도 볼 수 있다. 내성을 제외하고 그 예하의 관서들은 정치적인 업무보다 왕궁에 살던 왕과 그 일족을 위한 여러 가지 업무를 담당하였다. 따라서 정치적인 관부들과는 성격을 달리하였다.

비록 내성이 국가지배의 업무를 담당하지 않아 정치적으로 중요한 관부는 아니었다 하더라도 그 자체가 왕과 직결된 중요한 관부였다. 예컨대 문무왕 9년(669) 목마장 1백74곳을 분배하는데 내성에 22곳을 분배하고 정부의 관부에 10곳을 분배한 것을 보면 내성의 비중이 어떠하였는지 알 수 있다. 내성은 외조의 관부보다 두 배가 넘는 목마장을 갖게 된 것이다.

2) 조정조직

조정조직의 특성 대신라 왕국의 조정조직은 중앙집권적인 편제를 가지고 있었다. 왕을 정점으로 하여 그 밑에 재상으로 이루어진 자문집단이 있었다. 그리고 중앙정부조직인 내관, 지방지배조직인 외관이 있었다.

(1) 재상

재상의 존재 신라에는 많지는 않으나 복수의 재상이 있었다. 문무왕 16년

(676) 11월 재상 진순이 치사(致仕)를 원하였으나 허락하지 않고 안석과 지팡이를 내려주었다. 원성왕 2년(786)에 당의 덕종이 보낸 조서에는 왕과 왕비 그리고 대재상 1명과 차재상 2명에게 선물을 주고 재상 이하에게 안부를 물었던 내용이 있다. 원성왕의 손자인 소성왕은 790년에 파진찬으로 재상이 되었다가, 791년에 시중이 되었고, 792년에는 병부령이 되었으며, 795년에 태자가 되었던 것으로 나오고 있다. 소성왕의 동모제인 헌덕왕은 791년에 반역한 신하를 죽여 잡찬이 되었고, 794년에 시중이 되었다. 795년에 이찬으로 재상이 되었으며, 796년에 병부령, 애장왕 원년(800)에 각간, 801년에 어룡성사신이 되었다가 얼마 안 되어 상대등이 되었다. 경문왕 5년(865) 4월에는 당 의종이 사신을 통해 왕과 왕비 그리고 대재상과 차재상에게 선물을 보내주었다. 김유신조에는 진덕왕이 세상을 떠났을 때 계승자가 없어 유신과 재상 알천이 모의하여 김춘추를 왕으로 맞아 즉위시켰다고 나오고 있다.

신라의 재상은 대재상 · 차재상 등 복수의 재상으로 군재(群宰)라고도 하였다. 그리고 재상이 된 사람들은 관등이 파진찬 · 이찬에까지 이르렀고 시중이 되었다가 재상이 되거나 재상이 된 후 시중이 되기도 하였다. 그런가 하면 재상은 병부령과 겸직하였다. 재상을 겸한 관직은 병부령만이 아니라 상대등, 내성 사신 등이 있었고 시중도 겸할 수 있었다. 그런데 시중 · 사신 · 병부령 · 상대등 모두가 재상이 된 것은 아니었으며 그 중에서 재상으로 임명되는 사람들이 있었다.

재상은 왕의 생시에는 왕의 측근에서 왕정의 중요한 일들에 대한 자문을 하였다. 그리고 상대등 · 병부령 · 시중 등의 관직을 차지하여 실질적으로 왕정의 업무를 수행하기도 하였다. 이들 재상은 적어도 대아찬 이상의 관등을 가진 진골들이었다. 37대 선덕왕이 죽었을 때 상대등의 자리에는 경신(38대 원성왕)이 있었다. 그러나 그는 차재상이었고 상재상은 김주원이었다. 따라서 왕위가 상재상인 김주원에게 넘어가는 것이 당연하였다. 그러나 차재상으로서 경신이 먼저 왕궁으로 들어가 왕위에 올랐다.[101] 이는 재상 중 상재상은 태자 등 왕위계승자가 미리 정해지지 않았을 때 왕위계승권을 가진 것을 알 수 있다.

도장 대신라 왕국의 신료들은 관직에 따른 도장을 사용하였다.

한편 원성왕을 시조로 하는 종족(가계)의 4~5세손까지의 성원들 중 역사에 이름을 남긴 사람은 대부분 시중 · 사신 · 병부령 · 상대등의 관직을 차지하였다. 이는 원성왕계의 종족 성원들이 재상이 되었던 것을 의미한다. 그리고 김주원의 예와 같이 재상이 되면 왕위계승권을 주장할 수 있었던 것을 알 수 있다. 그런데 김주원이 상재상이고 상대등 김경신이 차재상이었던 것으로 보아 재상의 서열을 정하는 기준은 달리 정해졌다.

(2) 중앙정부조직

중앙정부조직의 구성 중앙정부조직은 대등회의와 내관조직으로 구성되어 있었다. 이러한 조정조직은 참모조직이었다. 대신라 왕국은 지방지배조직보다 참모조직이 발달되어 있었다.

① 대등집단

상대등과 대등 대신라 왕국의 외조 중 내정조직에는 신료들로 이루어진 군신집단이 있었다. 그 중 각 관부의 장들로 이루어진 군신들을 대등이라고 불렀다.

---

101) 『삼국유사』 2, 「기이」 2, 원성대왕.

실제로 『화랑세기』에 집사부의 장을 대등이라고 한 것을 볼 수 있다.

상대등은 그러한 군신들을 거느린 책임자였다. 따라서 상대등은 대등들로 이루어진 군신회의의 장이 되었다. 왕권이 정상적인 상태에 있을 때 상대등은 신료들의 우두머리로 있으면서 대등집단의 장이 되었다. 대등들은 재상들과 달리 왕과의 관계보다 행정적 책임자 집단으로서의 성격이 강하였다. 따라서 왕권이 강해진 중대의 경우 상대등이 정치의 전면에 나설 일이 없었다. 그러나 하대에 이르면 왕권이 약해진 상황에서 상대등은 왕정의 실무를 장악하였고 군신들을 거느렸기에 정치적 힘을 신장시킬 수 있었으며 왕위를 빼앗을 수도 있었다.

신라 하대에 이르러 귀족연합정치가 이루어져 상대등의 정치적 지위가 강해진 것이 아니라 왕위계승의 방식이 바뀌어 전과는 달리 실제로는 상대등이 왕이 될 수 있었던 것이다. 원성왕의 후손으로 이루어진 종족이 왕위계승권을 가지게 되면서 후보자가 늘었는데 그들은 왕위를 종족의 소유로 삼았다.

② 내관조직

내관 중앙정부조직 중 내관은 왕정의 참모조직이었다. 내관은 관직·관위·관부를 통하여 운용되었다. 관직에는 맡은 바 소임이 있었고, 정원이 있었다. 관위는 존비를 구별하여 사람이 재주가 크고 작음을 대우하는 것이었다. 그리고 관부는 성격이 같은 왕정의 업무를 일정하게 모아 처리하는 조직이었다.

관직은 업무를 수행하도록 하였고, 관위는 보수를 주는 기준이었으며, 관부는 왕정의 업무를 나누어 효율적으로 처리하게 하는 기능을 가지고 있었다. 내관조직에 대한 이해를 위하여 예부와 그 예하 관서를 예로 들어 〈표15〉로 만들어보았다.

관직

관직의 증대 대신라 왕국에 이르러 나라를 지배하기 위한 업무를 수행하는 관직의 설치가 증대되었다. 특히 백제와 고구려를 평정하여 새로이 장악한 토지와

〈표15〉 예부와 그 예하 관서

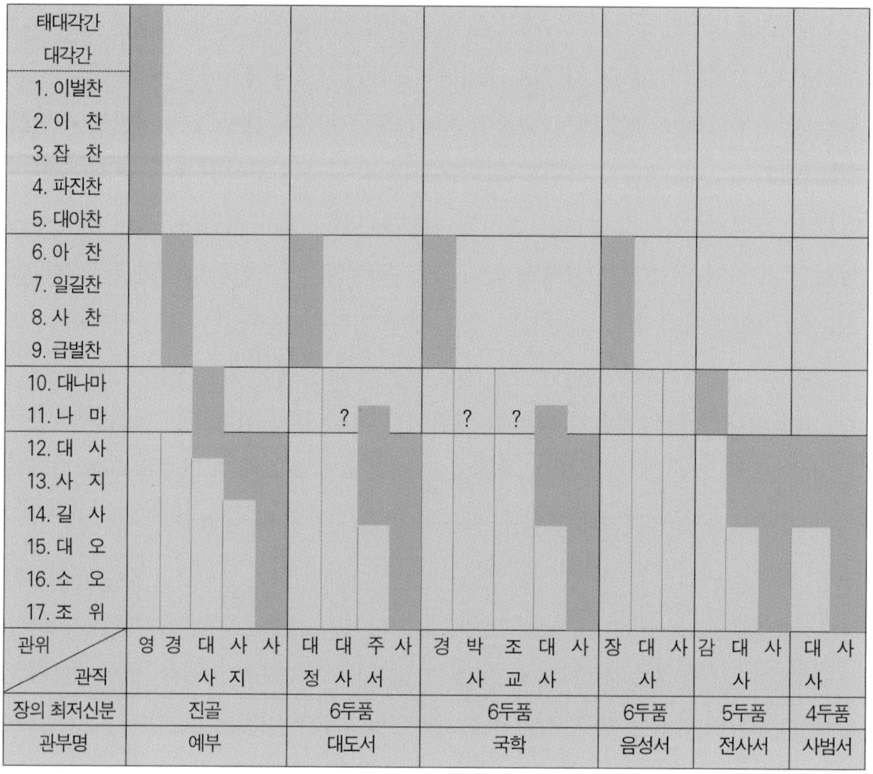

관위 \ 관직	영	경	대사	사지	사	대정	대사	주서	사	경	박사	조교	대사	사	장	대사	사	감	대사	사	대사	사
태대각간 대각간																						
1. 이벌찬																						
2. 이 찬																						
3. 잡 찬																						
4. 파진찬																						
5. 대아찬																						
6. 아 찬																						
7. 일길찬																						
8. 사 찬																						
9. 급벌찬																						
10. 대나마																						
11. 나 마							?				?	?										
12. 대 사																						
13. 사 지																						
14. 길 사																						
15. 대 오																						
16. 소 오																						
17. 조 위																						
장의 최저신분	진골					6두품				6두품					6두품			5두품			4두품	
관부명	예부					대도서				국학					음성서			전사서			사범서	

인민을 지배하는 일은 왕정의 부담이 되어 지배 업무가 그만큼 늘어난 것을 의미한다. 따라서 관직을 새로이 설치하지 않을 수 없었다. 개별적인 관직의 설치도 있었으나 성골 왕 시대에 편제되었던 영-경-대사-사의 4단계 조직을 신문왕 5년(685) 영-경-대사-사지-사의 5단계 조직으로 한 단계 늘려 확대 · 개편한 것이다. 관직을 한 단계 더 늘린 것은 새로이 신라에 편입된 백제와 고구려 토지와 인민에 대한 지배를 가능하게 하였다. 그 결과 신료의 수가 크게 늘었고 자연 왕정의 지배력도 확대되었다.

관직의 다양성 대신라 왕국의 내관은 5단계 조직을 기본으로 한다. 그런데 실제 내관의 조직은 다양하였다. 병부의 장이 영인 것은 기본 조직 그대로이지만 그 밑의 대감-제감-노사지의 세 관직은 다르다. 이는 병부가 군사적인 업무를 담당하였기에 무관직과 관련된 것을 의미한다.

사천왕사성전에는 금하신-상당-적위-청위-성(省)의 관직이 설치되었다. 다른 성전은 그 명칭이 다소 차이가 나기도 하였고 경덕왕 · 혜공왕 · 애장왕 때에 그 명칭들이 바뀌기도 하였다. 그렇더라도 신라의 관직명이 하는 일에 따라 달랐던 것을 알 수 있다.

관직 임명의 복수성 신라의 관직에는 복수의 인원이 임명되었다. 병부령은 516년, 544년 그리고 659년에 각기 한 명씩 설치하여 3명을 두었다. 경성주작전의 경우 영이 5명이었다. 이와 같이 관직에 복수의 인원을 임명하는 것이 신라의 특징이었다. 일반적으로 관직의 단계가 내려올수록 동일 관직에 임명되는 사람의 수가 늘어났다. 그런데 집사부의 장인 중시와 차관격인 전대등은 한 명만이 임명되었다. 따라서 맡은 바 업무의 성격에 따라 관직에 임명되는 인원이 달라진 것을 알 수 있다.

관직의 겸직제 대신라 왕국 왕정의 상층부에서 활동한 진골들은 여러 관부의 장을 겸한 것으로 나오고 있다. 그것이 동시에 겸직한 때문인지 아니면 과거에 지냈던 관직까지 기록한 때문인지는 검토할 문제이다. 성덕대왕신종명에 나오는 김옹은 "검교사 병부령 겸 전중령 사어부령 수성부령 감사천왕사부령 병 검교진지대왕사사 상상 대각간 신 김옹"이라고 되어 있다. 성덕대왕신종은 혜공왕 7년(771)에 완성되었다. 김옹은 경덕왕 19년(760) 4월에 시중이 되어 경덕왕 23년(764) 1월까지 시중으로 있었다. 전직인 시중이 나오지 않는 것으로 보아 동시에 여러 관직을 가졌던 것을 알 수 있다. 신분이 낮아질수록 겸직의 기회가 줄어들었다. 겸직의 경우 관부의 중요성에 따라 그 순서를 밝혔다. 김옹이 병부령에 이어 전중령(내성 사신) 그리고 사어부령과 수성부령으로 기록된 것은 병부에 이어 전중성(내성) · 사어부(승부) · 수성부의 순으로 중요하였던 것을 의미할 수 있다.

관직의 복수제와 겸직제 병부령이 3명인 것과 같은 복수제와 김옹이 여러 관부의 영으로 동시에 임명되었던 것과 같은 겸직제가 신라 내관의 한 특징이다. 그중 겸직제는 1급 관부의 장인 영에 주로 해당하였다. 겸직제를 통하여 몇 명 안되는 진골 정치지배세력들이 왕정의 중요한 자리를 차지하였던 것이다. 결국 왕 밑에 소수의 정치지배세력들이 1급 관부의 장을 겸직하여 정치지배세력의 증가를 막았다.

관위

관위의 기능 관위는 보수와 논공의 기준이었다. 모든 신료는 관위를 기준으로

〈표16〉 관위와 골품신분과의 관계

4두품	5두품	6두품	진골	관위	차촌주	진촌주
				태대각간		
				대각간		
				1. 이벌찬		
				2. 이 찬		
				3. 잡 찬		
				4. 파진찬		
				5. 대아찬		
				6. 아 찬		
				7. 일길찬		
				8. 사 찬		
				9. 급벌찬		
				10. 대나마		
				11. 나 마		
				12. 대 사		
				13. 사 지		
				14. 길 사		
				15. 대 오		
				16. 소 오		
				17. 조 위		
왕경인					지방인	

보수를 지급받았다. 문무왕 9년(669) 목마장을 나누어줄 때 태대각간에게 6곳, 대각간에게 5곳, 각간에게 7곳, 이찬과 소판에게 2곳, 파진찬과 대아찬에게 1곳씩을 준 것이 그 예이다.

경위와 외위 경위는 왕경인에게 주었던 관위이다. 그리고 외위는 왕경 밖의 지방인에게 주었던 관위이다.

경위 17관위 신라가 삼한통합을 이루었을 때는 이미 17관위가 설치 운용된 지 오래된 후였다. 관위는 관직과 밀접하게 연결되어 있었다. 예컨대 예부의 1단계 관직인 영은 두 명으로 대아찬에서 태대각간까지의 관위를 가져야 하였다. 2단계 관직인 경은 두 명으로 사찬으로부터 아찬의 관위를 가져야 임명될 수 있었다. 3단계 관직인 대사는 두 명으로 사지에서 나마까지의 관위를 가진 자가 임명되었다. 4단계 관직인 사지는 한 명이었고 사지에서 대사까지의 관위에 있어야 임명될 수 있었다. 5단계 관직인 사(史)는 세 명으로 선저지에서 대사까지의 관위를 가진 자들이 임명되었다.

외위의 경위로의 전환 지방인에게 주었던 외위는 삼한통합 후인 문무왕 14년(674) 경위로 바뀌었다. 외위 1등급인 악간은 경위 7등급인 일길찬으로 바뀌었고, 외위 11등급인 아척은 경위 17등급인 선저지로 바뀌었다. 지방인에게 주던 외위를 경위로 바꾼 것은 삼한통합 후 왕경인들의 지방 이주가 늘어 두 가지 관위를 유지하는 데 불편이 있었기 때문이었다.

또 한 가지는 지방인들의 허구적 이동이었다. 지방인들에게 경위를 줌으로써 표면적으로 왕경인과의 구별이 사라지게 되었다. 삼한통합 전쟁과정에 지방인들도 대거 참전하여 신라 왕으로서는 지방인에 대한 대우를 하지 않을 수 없었을 것이다. 한편 백제와 고구려를 병합한 후 새로이 신라인으로 편입된 사람들에게 관위를 주는 과정에서 외위와 경위를 구별하여 운용하는 일은 여러 가지로 불편하였을 것으로 보인다.

관위와 골품제 17등의 관위는 개인적 차이를 의미한다. 그러나 그것이 신분적인 차이를 의미하지는 않는다. 관위는 보수를 주는 기준이었기에 관위의 차이는 개인에 대한 보수의 차이를 의미한다. 그런데 관위는 골품제와 밀접하게 연관되어 있었다. 진골은 1등급인 이벌찬까지 오를 수 있었다. 6두품은 6등급인 아찬까지 오를 수 있었고 5두품은 10등급인 대나마까지, 4두품은 12등급인 대사까지 오를 수 있었다. 그리고 평인도 관직을 가지게 되면 대사까지 오를 수 있었다. 4두품과 평인이 오를 수 있던 관위의 상한은 대사로 같았다.

지방인 중 진촌주 신분은 술간(사찬)까지 오를 수 있었고 차촌주는 찬간(나마)까지 오를 수 있었다. 지방인들도 차촌주와 평인이 오를 수 있던 관위가 찬간(나마)으로 같았다고 여겨진다.

중위제 신라가 백제를 평정한 무열왕 7년(660) 대장군 김유신의 공을 논하여 대각간의 관위를 주었는데, 대각간은 기존에 있던 17관위 위에 둔 것으로 상설의 관위는 아니었다. 그런가 하면 문무왕 8년(668) 고구려를 평정한 후 유수(留守) 김유신에게 태대각간의 관위를 주었는데 으뜸가는 계책에 대하여 상을 준 것이었다. 이는 기존에 있던 17관위나 대각간의 위에 설치하여 특별히 대우함을 보인 것이다.

대각간과 태대각간은 분명히 1등급 관위인 이벌찬(각간)의 위에 설치된 것으로 특별한 공에 대한 대우였다. 따라서 중위제는 특별 대우를 위하여 설치된 제도였다. 왕국에는 아찬 · 사찬 · 대나마 · 나마에 중위가 설치되어 있었다. 아찬은 중아찬에서 4중아찬까지, 사찬은 중아찬에서 3중사찬까지 대나마는 중대나마에서 9중대나마까지, 나마는 중나마에서 7중나마까지 있었다. 대신라 왕국의 중위제는 두 가지 계통으로 나뉘어 운용되었다. 하나는 왕경인에 대한 중위제로 아찬까지 오를 수 있던 6두품에게 특별한 대우를 하여 4중아찬까지 오른 예가 있고, 5두품은 9중대나마까지 오를 수 있었다. 다른 하나는 지방인에 대한 대우로 진촌주는 3중사찬까지 오른 예가 있고, 차촌주는 7중나마까지 오를 수 있었다.

관부

대신라 왕국의 관부 신라의 왕정을 분담 · 처리하는 조직인 관부 또한 한 번에 설치되지 않았다. 영을 장으로 한 경성주작전은 성덕왕 31년(732)에 설치되었다. 사천왕사성전에서 영흥사성전에 이르는 관부들도 대신라 왕국에 이르러 설치되었다. 관부의 설치는 대신라 왕국에서도 이어졌다. 신라의 관부는 새로운 필요성이 생긴 특정한 업무를 수행하기 위하여 그때그때 설치되었다.

관부의 등급 관부에는 등급이 있었다. 영이 장인 1등급의 관부인 예부, 경(대정·장)이 장인 2등급의 관부인 국학·대도서·음성서, 감이 장인 3등급의 관부인 전사서, 대사가 장인 4등급의 관부인 사범서의 4단계의 관부를 볼 수 있다. 실제로 신라 왕국의 관부는 5단계 관직인 영-경-대사-사지-사 중 어느 관직이 장으로 되는가에 따라 5개의 등급으로 나뉘었다. 한편 같은 1등급 관부의 경우에도 그 중요성에 따라 비중을 달리하였다.

관부와 골품제 하나의 관부에는 여러 신분의 인원이 속해 있었다. 영이 장인 1등급 관부는 진골신분에 속한 자들이 장이 되었다. 경이 장인 관서는 진골이나 6두품이 장이 되었고 대사가 장인 관서는 5두품 이상이 장이 되었다. 그런가 하면 사지가 장인 4등급 관서는 4두품 이상이 장이 되었다. 그런데 진골이 3~4등급 관서의 장이 되었다고는 생각되지 않는다.

집사부 집사부는 진덕왕 5년(651) 대신라 왕국을 연 김춘추 등에 의하여 설치되었다. 따라서 대신라 왕국 관부의 중심에는 집사부가 있었다. 집사부에서는 백관의 인사를 장악하였던 것을 알 수 있다. 원성왕 5년(789) 9월 자옥을 양근현 소수로 삼았을 때 집사성(집사부)의 사(史) 모초는 그가 문적 출신이 아니기 때

〈표17〉 관위의 중위제

왕경신분	중위	지방신분	중위
진골	태대각간		
6두품	4중아찬		
5두품	9중대나마	진촌주	3중사찬
4두품		차촌주	7중나마

문에 분우(分憂)의 직, 즉 지방관의 자리에 임명할 수 없다고 하였다. 그 때 집사성의 시중은 자옥이 입당 학생인데 어찌 임명하지 못하겠는가 하였다. 왕은 시중의 말을 따랐다.[102] 집사부는 왕과도 밀접하게 관련되어 있었으며, 대신라 왕국의 여러 관부 중 중요한 위치에 있었던 사실이 확인된다.

3. 지방지배조직

대신라 왕국의 지방지배조직의 구조 755년에 만들어진 화엄경 사경에 나오는 사경 관여자들의 출신을 보면 대경(왕경) · 소경 · 주 · 군 · 현 등의 지방행정구역이 있었음을 알 수 있다. 이를 왕경과 그 밖의 지역으로 나누어볼 필요가 있다.

1) 왕경의 편성

(1) 왕경의 구조

왕경 왕경은 왕을 중심으로 한 지배자 공동체가 살던 곳인데, 지금까지 그 구조가 제대로 밝혀진 바 없다. 원래 왕경은 사로6촌을 통합하여 만들어진 사로국을 영역으로 하였다. 사로6촌이 신라 왕경6부로 된 것이다. 그 결과 왕경은 6부로 나뉘었다. 그런데 왕경에는 하나의 도시로서 왕도가 발전하였다. 원래 왕도는 왕성을 중심으로 읍락이 발전하고 시간이 지나면서 도시로 발전해갔다. 대신라 왕국에 이르러 신라의 수도로서 왕경에는 인구가 늘어났으며 따라서 왕도가 확대 · 발전하게 되었다. 왕도는 원래 6부 지역에 축조된 왕성으로서 금성 · 월성 · 만월성을 중심으로 하여 그 주변에 발전한 도시이다. 왕도는 6부 중 양부와 사량부의 일부 지역 그리고 본피부의 보다 적은 지역에 발전하였다.

102) 『삼국사기』 10, 「신라본기」 10, 원성왕 5년 9월.

6부와 55리 촌장사회의 사로6촌을 모체로 한 6부가 왕경을 이루었는데 각 부는 자연조건에 의하여 나뉘었으며 대체로 직경 10여km 정도의 공간을 가지고 있었다. 6부의 각 부는 몇 개씩의 리(里)로 나뉘었다. 6부 전체의 리는 55개(또는 35개)였다. 리는 직경 2~4km 정도의 공간으로 이루어졌다. 리는 부의 하급 지방행정구역이었다.

6부는 왕도와 관계없이 별도의 중심지를 가졌다. 6부의 중심이 되는 리는 부와 같은 명칭을 사용하였다. 예를 들면 사량부의 사량리 같은 것이다.

왕도와 방 왕경의 중심에 만들어져 확대된 도시로서의 왕도는 다시 지역구분이 되었다. 방이 그것이다. 왕경 유적에 대한 발굴을 통하여 방의 실체를 확인할 수 있다. 왕도에는 3백60개(또는 1천3백60개)의 방이 있었다. 하나의 방은 대체로 한 변이 1백60 m 정도의 거의 방형으로 구획되어 있었다. 황룡사는 4개의 방을 영역으로 하였다. 방과 방 사이에는 5.5 ~16 m 정도의 도로가 있었으며 도로는

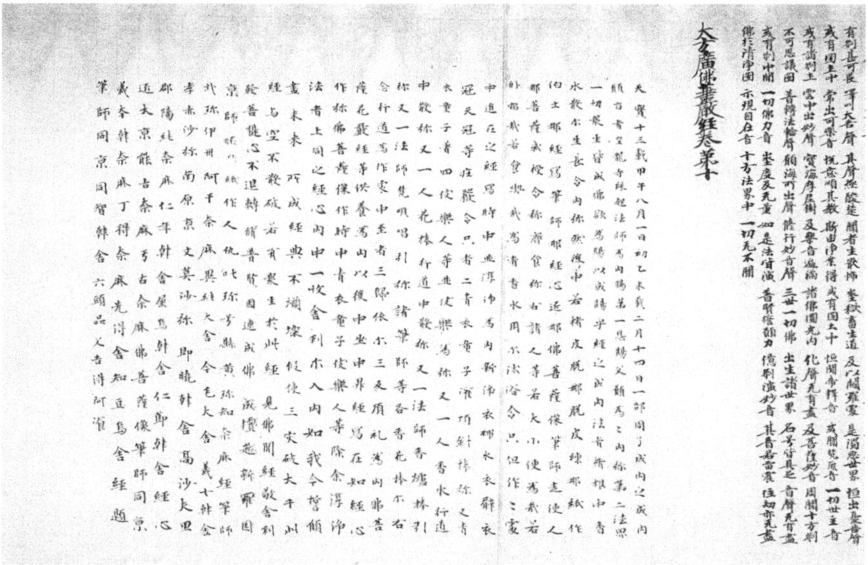

화엄경 사경 경덕왕대에 만들어진 사경 안에 대신라 왕국의 지방제도를 이해할 수 있는 자료들이 나오고 있다.

남북, 동서 방향으로 배치되어 있었다. 그 중 황룡사 앞을 지나는 도로는 16 m의 폭을 가졌다.

왕궁으로서 3궁과 왕성 대신라 왕국의 왕과 그 가족은 특별한 구역인 왕궁에 살았다. 대궁 · 양궁 · 사량궁의 3궁이 왕궁이었다. 그러한 왕궁은 보호시설인 왕성으로 둘러싸여 있었는데 대궁은 월성 안에 있었고 양궁은 만월성 안에 있었으며 사량궁은 금성 안에 있었다.

6부와 왕도 신라의 왕도가 6부에 설치된 것은 분명하나, 그것은 6부의 중심지와는 별도로 6촌을 통합한 사로국의 군주가 머무는 장소로 만들어진 왕성과 그 안의 왕궁을 둘러싸고 발전한 도시였다. 단지 6부로 이루어진 사로국 안에 왕도가 발전하였기에 왕도가 부의 영역에 자리 잡은 것은 어쩔 수 없었다.

6부의 각 부는 1백 수십km²의 면적을 가졌다. 왕도는 전성기에 장이 3천75보(5.5 km), 광이 3천18보(5.4 km)로 대략 30 km² 정도의 면적으로 이루어졌다. 따라서 왕도는 양부와 사량부, 그리고 본피부의 일부 지역에만 자리 잡았던 사정을 알 수 있다.

(2) 왕경의 지배조직

경성주작전 삼궁이 있던 왕성과 왕도의 건축과 유지를 담당한 관부가 경성주작전(京城周作典)이다. 성덕왕 31년(732)에 설치된 경성주작전은 경덕왕 때 수성부(修城府)로 바뀌었으나 혜공왕 때 다시 원래대로 바뀌었다. 이 관부는 6부의 지배와는 관계가 없었다. 이 관부는 왕도 안에서도 왕성과 왕궁의 건축과 유지를 맡았기에 왕과 그 가족들과 가까이 할 수 있었던 1등급의 관부가 되었다. 늦어도 경성주작전이 설치될 때 왕도는 독립된 행정구역으로 편제되었다. 그 결과 왕도에 사는 왕경인의 거주지 표기에 6부를 지칭할 필요가 없어졌다.

경성주작전은 왕도의 구획도시화를 담당하였을 수도 있다. 이 경우 신라 왕도

〈지도2〉 왕경의 구조

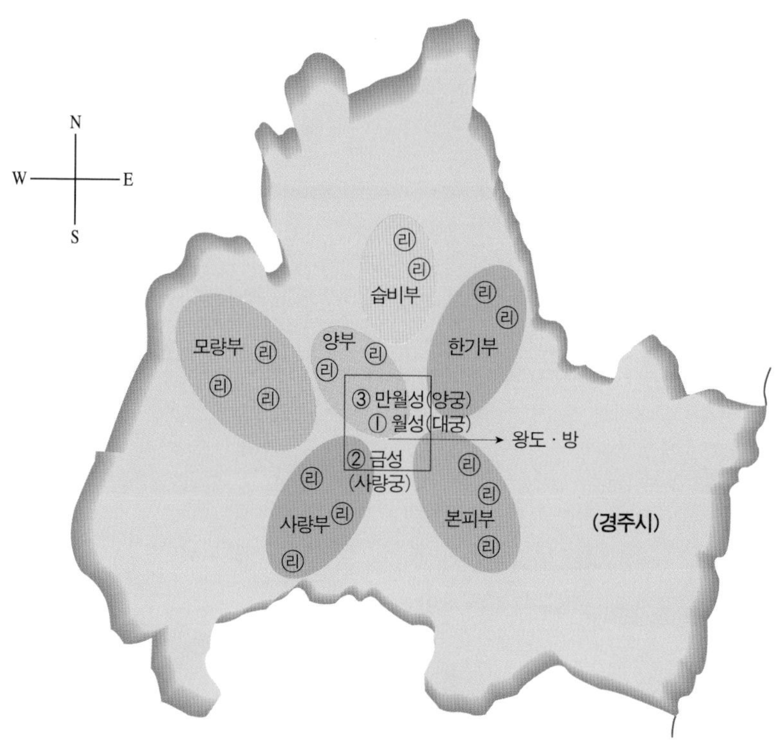

의 방이 구획된 모습을 지니게 된 것은 성덕왕대 이후였을 가능성이 있다. 문무왕 21년(681) 6월 왕은 경성(京城)을 새롭게 하고자 의상대사에게 물었더니 백성을 괴롭혀 성을 만들어도 이익이 될 것이 없다고 반대하여 역사를 그만두었다. 이 때 왕도의 방을 새롭게 하려던 것일 수도 있다.

전읍서와 대일임전 왕경6부의 지배를 위한 관서로 전읍서(전경부)와 대일임전(大日任典)이 있다. 그 중 전읍서는 경덕왕이 전경부라 하였으나 혜공왕 때에 원래대로 하였다. 대일임전은 무열왕 4년(657)에 설치되었는데 경덕왕 때 전경부와 합쳐졌다.

왕경 유적 경성주작전 설치 이후 왕도는 하나의 독립된 지방행정구역이 되었다

전읍서는 중앙정부에서 왕경6부를 관장하기 위하여 설치한 관서였다. 그 때문에 전읍서를 전경부로 바꾸기도 하였다. 전읍서의 감은 본래 6인이었는데, 이들이 6부를 나누어 거느렸다. 전읍서의 감은 6부에 파견된 지방관이었다. 그런데 감이 될 수 있는 관위가 나마에서 사찬까지였던 것으로 미루어 정치적 지위가 높지 않았음을 알 수 있다. 원성왕 6년(790)에 그 중 두 명을 경으로 승격시켰는데, 단정하기는 어려우나 왕도가 주로 위치하였던 양부와 사량부에 경을 두었다고 짐작된다.

전읍서는 하나의 관부로 설치되어 있었으며 감(경)들은 전읍서에서 각기 맡은 바 부를 관장하였다. 어쩌면 각 부에 전읍서의 분사들이 있어 감(경)이 각기 그곳에서 활동하였을 가능성도 있다.

한편 대일임전에도 대도사(大都司)가 6명이었던 것으로 미루어 각기 부를 하나씩 맡아 업무를 처리한 것을 알 수 있다. 그리고 대일임전이 전경부에 합쳐진 것을 통하여 두 관부는 각기 담당업무가 달랐던 것을 알 수 있다. 전경부는 일반 행정을, 대일임전은 조 · 용 · 조의 수취를 담당한 것은 아니었나 짐작된다.

6부소감전 이 관서는 6부감전이라고도 불렀다. 양부와 사량부에 감랑(監郎) 각 1명, 본피부에 감랑 1명, 모량부에 감신 1명, 한지부와 습비부에 감신 각 1명씩을 두었다. 이들 감랑과 감신에는 중앙정부에서 파견한 지방관이 아니라 원래 6부 출신 세력을 임명하였다. 이는 마치 군 · 현의 촌주에 해당하는 자리였다.

6부소감전은 각 부에 하나씩 설치되어 있었다. 감랑이나 감신은 부출신으로 부의 사정을 잘 알고 있어 전읍서의 경이나 감의 통제를 받아 6부를 관할하였다.

'리(里)'의 지배 6부를 나눈 리에는 그 이름은 알 수 없으나 장이 있었다. 그들은 6부소감전의 감랑의 통제를 받아 이를 관할하였다.

경도역 대신라 왕국에 설치되어 있던 경도역은 중앙에서 지방으로 가는 교통

〈지도3〉 9주 · 5소경

의 출발점이 되는 역이었을 것이다. 신라에서는 이미 소지왕 9년(487)에 4방에 우역을 설치하였고, 맡은 바 관리로 하여금 관도(官道)를 수리해온 바 있다.

(3) 준왕경으로서 소경

신문왕 5년(685) 3월 서원경과 남원경을 설치하여 북원경 · 금관경 · 국원경과 함께 5소경을 갖추었다. 이러한 소경을 설치하며 왕경인을 사민시켜 살게 한 바도 있다. 이는 왕경의 인구분산책을 의미한다. 특히 삼한통합 이후 왕경의 인구가 크게 늘어나자 왕경인을 소경으로 이주시켜 왕경의 인구를 감소시켰다. 또한 피병합국 세력들 중 극히 일부는 왕경으로 사민시켰으나 나머지는 원래 살던 지역에서 다른 지역으로 옮겨 세력기반을 빼앗았다. 실제로 중원경에 임나 출신 강수가 살았던 것이 그 예이다. 남원경에는 고구려계 세력들이 사민되었다. 이렇듯 소경은 피병합국 세력들에 대한 소극적인 통제의 기능을 가지기도 하였다.

소경은 처음부터 군사적 기능이 없었다. 선덕왕 8년(639) 2월 하슬라주를 북소경으로 삼았는데, 무열왕 5년(658) 3월 하슬라 땅이 말갈과 근접해 있어 백성들이 편안히 지내지 못하자 소경을 없애고 주(州)로 삼아 도독을 두어 이를 지키게 하였다. 이는 군사적 필요 때문에 소경이 폐지되고 주가 설치된 사실을 보여주는 것으로 소경은 준왕경으로 군사적 기능이 없었다. 오히려 소경은 왕경의 인구분산을 위한 허구적 장치로 기능한 면이 있었다.

소경은 필요에 따라 설치 · 폐지되었는데 신문왕 5년 이후 5소경이 되었다. 소경에는 사신(사대등)이 파견되었으며 사신으로 임명될 수 있던 관위는 급찬에서 파진찬까지였다. 사신은 주의 장관인 도독보다는 격이 떨어진 외관(지방관)이었다. 소경에는 왕경의 6부와 같은 지역구분으로 사량부 등이 설치되어 있었다. 그것은 소경이 왕경을 모방한 계획도시였기 때문이다. 그러면서 구체적으로 소경에는 원래 행정구조를 살려 촌이 설치되어 있었다. 일본 동대사 정창원에서 발견된 신라 촌락문서에는 서원경 ○○촌이 나오고 있다. 소경은 관할구역에 대한 지배에 있어서도 자연촌을 기본 단위로 한 것이 확인된다.

2) 지방지배조직의 편성

(1) 주 · 군 · 현의 지배

9주 설치 신문왕 5년(685) 완산주를 다시 설치하고 거열주(거타주)를 나누어 청주(菁州)를 만듦으로써 9주를 갖추었다. 주의 장은 군주였는데 문무왕 원년(661)에 총관으로 바뀌었고, 원성왕 원년(785)에 도독으로 바뀌었다. 군주에는 급찬에서 이찬까지의 관위에 있던 자가 임명될 수 있었다.

군의 증가 경덕왕 16년(757) 명칭 개편 시 나타난 군(郡)의 수는 1백17개였다. 삼한통합으로 군의 수가 늘어난 것이다. 백제가 망하였을 때 있었던 37군이 모두 신라에 편입되었다. 한편 고구려가 망하였을 때 그 땅에 몇 개의 군이 설치되었는지는 확실치 않다. 그렇더라도 신라는 백제와 고구려의 땅을 장악하게 되어 군의 수를 두 배 이상 늘린 것으로 짐작된다.

현의 설치 대체로 삼한통합 이전 신라에는 현이 설치되지 않았다. 현(縣)은 삼한통합 이후 설치되었다. 현의 설치는 중고 시대 군 안에 있던 행정촌을 새로이 편제하여 이루어졌다. 문제는 중고 시대의 행정촌이 그대로 모두 현이 되었는가 아니면 몇 개의 행정촌이 묶여 현으로 편제된 것인가에 있다. 행정촌은 과거 촌락사회 또는 그것을 바탕으로 편제된 소국의 지방행정구역을 거의 그대로 편제하여 만들어진 것이다. 그 영역은 직경 10여km 정도로 사로국을 형성한 사로6촌의 촌에 해당한다. 그런데 신라에 병합된 소국은 일부 현으로 편제된 예도 있으나 기본적으로 군으로 편제되었다. 사로국이 6개의 촌, 가락국이 9개의 촌을 통합하여 형성되었다는 사실을 상기하면 1백17개의 군 안에 6백에서 9백에 이르는 행정촌이 있었던 셈이 된다. 그런데 경덕왕 16년 명칭이 개편된 현의 수는 2백93개였다. 주에도 현이 있었기에 하나의 군에는 평균 3개가 못 되는 현이 있었던 셈이다. 여기서 1개 현에 적어도 2개가 넘는 행정촌이 있었던 것을 알 수 있다. 경우에 따라 1개의 행정촌이 현으로 되었거나 2~3개 정도의 행정촌을 하나의 현으로 편제하였다. 따라서 중고 시대의 행정촌을 그대로 현으로 편제한 것이 아니었다.

주 · 군 · 현의 명칭 개편 경덕왕 16년(757) 12월 주 · 군 · 현의 명칭을 개편하였다. 그에 따르면 9주 · 5소경 · 1백17군 · 2백93현(군 · 현을 합친 수는 4백10개)의 명칭이 개편된 것으로 나오고 있다. 그런데 군현의 수는 다소 달라지고 있다. 실제로 『삼국사기』 지리지에는 9주가 관할하는 군 · 현이 4백5개였다고 한다.

주 · 군 · 현의 관계 신라의 주 · 군 · 현의 관계에는 특징이 있다. 즉 주와 군 모두 직할 영역이 있었다. 예컨대 상주에는 주의 장이 직접 관할하던 독자적인 영역이 따로 있었고 청효현 · 다인현 · 화창현의 3개 현이 별도로 있었다. 그리고 군들도 태수가 직접 관할하던 독자적인 영역이 따로 있었으며 군에는 현들이 별도로 달려 있었다. 그런데 군(郡) 중에는 드물지만 현을 거느리지 않은 경우도 있었다. 결국 촌을 직접 다스리던 지방행정구역은 주의 치소가 있던 주의 직할지, 주에 속한 현, 군의 치소가 있던 군의 직할지, 군에 속한 현들로 나뉘었다.

(2) 행정촌과 자연촌의 지배

주 · 군 · 현 · 소경 밑의 행정촌 · 자연촌 대신라 왕국의 주 · 군 · 현 · 소경에 파견된 지방관들이 촌민을 다스렸다. 물론 그들이 일일이 촌민들을 직접 다스린 것은 아니었다. 그들은 촌의 장인 촌주를 통하여 촌민들을 다스렸다.

행정촌과 자연촌 주 · 군 · 현 · 소경의 영역은 촌으로 구성되었다. 왕경6부의 각 부에 6~9개의 리가 설치되어 있었던 것처럼 부와 리에 해당하는 촌이 있었다. 부에 해당하는 촌은 행정촌으로 직경 10여km 정도의 영역으로 이루어졌다. 그러한 촌은 다시 왕경6부의 리에 해당하는 자연촌인 직경 2~4km 정도의 영역으로 이루어진 촌으로 나뉘었다. 대신라 왕국에서는 왕이 파견한 각급 지방관들이 행정촌의 촌주를 통하여 지방지배를 하였다. 행정촌의 촌주는 다시 자연촌의 촌주를 통하여 자연촌의 촌민을 거느렸다. 그런데 행정촌 안의 여러 자연촌 중 그 중심이 되는 자연촌의 명칭은 행정촌의 이름이 되었다.

행정촌의 촌주와 자연촌의 촌주 몇 개의 자연촌으로 구성된 행정촌의 촌주와 자연촌의 촌주가 같은 정치적 지위를 가졌던 것은 아니다. 행정촌의 촌주는 국가에서 공식적으로 지위를 인정해주었으며 대를 이어 촌주를 배출한 가문에서는 그 지위를 이어나갔다. 그와는 달리 자연촌의 촌주는 촌 안의 10여 호의 대표

〈표18〉 대신라 왕국의 지방지배조직

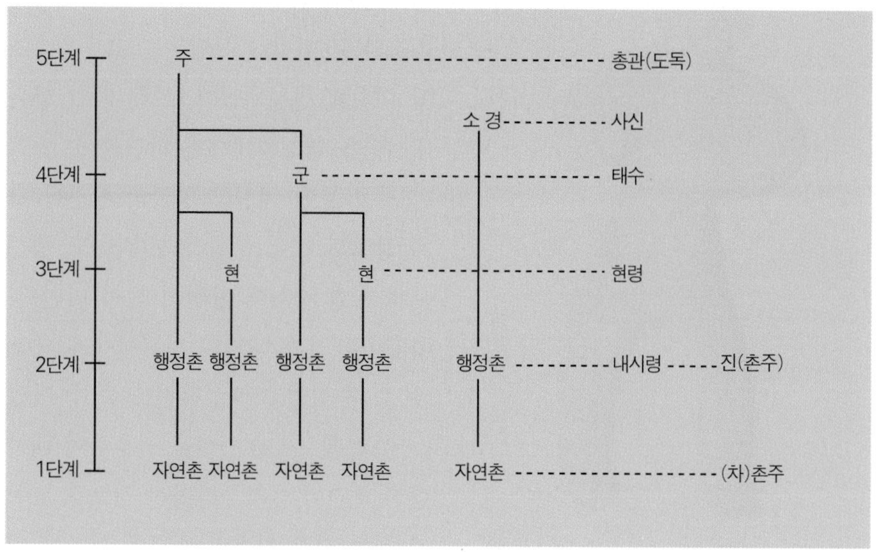

로 사회적 지위가 촌민들과 커다란 차이가 없었다.

그런데 촌주는 족장이 아니었다. 대신라 왕국에 이르러 촌민들이 모두 하나의 혈족집단을 이루지는 않았다. 따라서 촌주는 촌민 모두와 혈연적인 관계가 있었던 것도, 그들의 혈연적인 우두머리도 아니었다. 따라서 촌주를 족장이라고 할 수 없다.

행정촌의 촌사(村司) 신라의 촌락문서에는 내시령(內視令)이 나온다. 내시령은 행정촌에 파견된 지방관으로 주로 조 · 용 · 조의 수취에 대한 업무를 담당하였다. 그리고 행정촌에는 촌민 중 세력가 출신인 촌주와 군사(軍師)가 있었다. 촌주는 촌의 일반행정을 맡았고 군사는 촌의 군사 · 경찰 업무를 담당하였다. 이렇듯 촌주 · 군사 · 내시령은 행정촌의 촌사를 구성하여 지배 업무를 관장하였다.

내시령 파견의 중요성 내시령은 행정촌에 파견된 지방관이었다. 내시령은 성

악기 연주하는 토우 신라에는 지방의 음악이 있었다.

골 왕 시대 행정촌에 파견되었던 도사와 비교된다. 내시령의 임무는 조·용·조의 수취에 한정되었다. 그런데 이 같은 내시령을 행정촌에까지 파견할 수 있었던 것을 보면 대신라 왕국의 왕정이 크게 강화된 것이 분명하다. 적어도 행정촌에 대한 수취에 왕정의 힘이 미친 것이다. 그 결과 내외의 신료들에게 세조를 줄 수 있었고 백성정전도 줄 수 있었다. 그런데 9세기 중반을 전후하여 내시령의 파견이 불가능하여진 것으로 보여지며 그 결과 왕정의 재정은 파탄에 이르게 되었다.

(3) 지방의 독자성 유지

군(郡)의 음악 신라 시대 군에는 각기 음악이 있었다. 내지는 일상군의 음악이고 백실은 압량군의 음악이고, 덕사내는 하서군의 음악이었다. 이와 같이 군에 나름대로의 음악이 있었다는 사실은 군을 단위로 한 문화적 단위가 이루어진 것을 의미한다. 여기서 군·현 등 지방행정조직이 인위적으로 편성된 것이 아니라 자연적인 조건과 전통적인 문화를 가지고 구분된 것을 알 수 있다.

(4) 왕경인의 지방 이주

왕경인의 확산 왕경인의 소경 이주는 일찍부터 있어왔으며 대신라 왕국에서도 왕경인의 소경 이주는 지속되었다. 그런데 삼한통합 후인 문무왕 14년(674)에 진골을 비롯하여 왕경인들이 소경만이 아니라 주로까지 이주하였다. 이는 삼한통합으로 인하여 왕경의 인구가 크게 늘어났기에 사민정책에 의하여 이주가 이루어진 것을 의미한다. 이 때 왕경인의 지방 이주가 많이 이루어졌으며 이러한 현상은 지방의 문화적 발전에 도움이 되었다.

3) 무관조직

무관조직의 발달배경 가야를 병합하고 백제 · 고구려와 전쟁을 치르는 과정에서 이미 무관조직이 발전하였다. 그런데 삼한통합을 하는 과정에서 신라의 무관조직은 한층 발전하였다. 660년 김유신 장군이 백제를 공격하기 위하여 거느렸던 신라군은 5만 명이었다. 그와 같은 병력을 동원하기 위해서는 무관조직이 나름대로 발전하지 않을 수 없었다.

661년 당에서 고구려를 칠 때 동원된 군단이 있었다. 7월 17일 문무왕은 김유신을 대장군, 김인문 · 진주 · 흠돌을 대당장군으로 삼았다. 그리고 귀당총관 · 상주총관 · 하주총관 · 남천주총관 · 수약주총관으로 각기 3명의 장군을 임명하고 하서주총관에 2명의 장군, 서당총관 · 낭당총관 · 계금대감에 각기 1명의 장군을 임명하였다. 그런 다음 8월에 왕이 여러 장수들을 거느리고 시이곡정으로 갔다.[103)]

군단조직 대신라의 군단조직은 단순하지 않았다. 오랜 기간에 걸쳐 필요에 따라 군단조직이 편성되었기에 다양한 모습을 보이고 있다.

우선 시위부가 있다. 시위부는 원래 진덕왕 5년(651)에 설치되었던 삼도(三徒)를 개편한 것으로 신문왕 원년(681) 감(監)을 폐지하고 한 단계 격을 높여 장군을 두었다. 원래 4단계 조직에서 5단계 조직으로 발전한 것이다.

『삼국사기』에는 23개의 군호(軍號)가 있었다고 나와 있다. 군호는 군단의 종류를 의미하며 군호에 따라 담당한 군사적 임무가 달랐다. 이는 전쟁에서 담당하던 임무에 따라 군단 · 부대를 편성한 것을 보여준다. 그 중 6정 · 9서당 · 10정 등에는 각기 그 수만큼의 군단이 있었다. 성골 왕 시대부터 설치된 6정 · 9서당은 신

기마인물형 토기 신라는 일찍이 기병을 유지하였다.

라 군단조직의 중심을 이루었는데 대신라 왕국 신문왕대에 이르러 완비되었다.

6정과 10정 6정은 신문왕 5년 하주정을 폐지하고 완산주정을 설치함으로써 완비되었다. 한편 진흥왕 5년(544)에 편제되었다고 하는 10정도 대신라 왕국의 지방군단의 중심으로 유지되었다. 단지 6정과 10정의 관계를 잘 알 수 없다. 그 중 남천정은 6정과 10정에 모두 속한 때가 있었다.

9서당 진평왕 5년(583) 녹금서당이 설치되면서 편제가 시작된 9서당은 신문왕 7년(687) 백제의 잔민으로 만든 청금서당이 설치됨으로써 완비되었다. 9서당은 신라인(녹금서당 · 자금서당 · 비금서당)만이 아니라 백제민(백금서당) · 백제잔민(청금서당) · 말갈국민(흑금서당) · 보덕성민(벽금서당 · 적금서당) · 고구려민(황금서당) 등으로 이루어졌다. 9서당이 왕경에 있었다는 증거는 없다. 오히려 왕경만이 아니라 신라가 병합한 해당 지역에서 서당을 구성하였을 가능성도 있다.

군단의 특성 신라의 군단에는 병과에 따른 예하 부대들이 부속되어 있었다. 예컨대 6정 중의 한 군단인 대당(大幢)에는 군사당 · 대장척당 · 보기당 · 흑의장창말보당 등이 속해 있었다. 이들 부대들은 각기 특수한 임무를 수행하였다.

군관 군단의 등급이나 담당한 임무에 따라 군관의 구성이 달라졌다. 시위부

103) 『삼국사기』 6, 「신라본기」 6, 문무왕 원년 7월 17일.

에는 장군-대감-대두-항(項)-졸의 5단계 군관이 설치되었다. 대당에는 장군-대관대감-대대감-제감-감사지-소감-화척의 군관이 있었다. 그런데 대당 예하 부대인 군사당에는 당주-감 등의 군관이 있었다. 그러한 군관은 군단과 부대에 따라 달리 편제되기도 하였다.

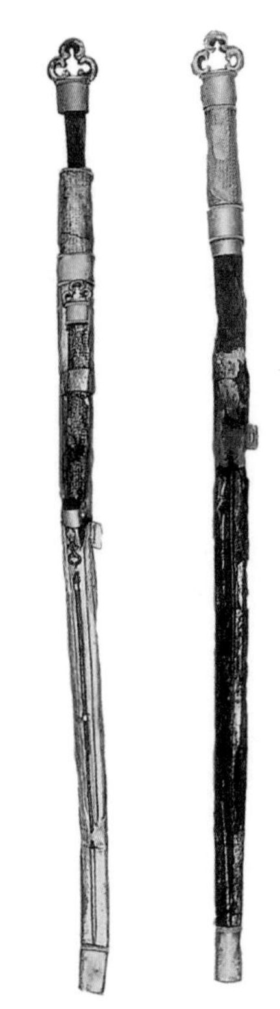
천마총 출토 환두대도 왕이나 장군들이 사용하였을 것으로 보인다.

금과 화 신라의 군대에는 푸른 색 등으로 된 금(衿)이 있었는데 깃발로 서로 구별하도록 하였다. 군관에게는 대장군화 · 상장군화 등의 화(花)가 있었는데 호랑이 · 곰 등의 가죽으로 만들었다.

무관제의 붕괴와 사병의 증가 31대 신문왕대(681~692)에 시위부가 격상되고 6정 · 9서당 · 10정이 갖추어짐으로써 강력한 군관조직이 편성되었다. 그런데 44대 민애왕 2년(839) 1월 왕군(王軍)은 장보고가 거느렸던 청해진의 병사 5천 명을 주축으로 한 우징(45대 신무왕)의 군대와의 달벌(대구)전투에서 패하였다. 이는 당시 신라 중앙과 지방의 군단이 붕괴된 사실을 보여준다. 그 중 중앙군단의 붕괴는 헌덕왕 14년(822)에 일어났던 김헌창의 난이 진압된 후 급속하게 진행되었다. 김헌창의 난 진압에 동원되었던 8명의 장군 중 여러 명이 그 후 왕위계승전의 주역이 되었다. 이는 그들 왕위계승전을 벌인 장군들이 국가의 상비병을 동원한 것이 아니라 스스로 거느린 사병을 동원한 것을 의미한다. 결국 신라의 무관제가 붕괴되면서 정치지배세력들의 사병이 증가하였다. 민애왕의 예에서 볼 수 있듯, 당시 왕군은 이미 중앙군단으로서의 기능을 상실하고 있었으며 이후 사병의 증가는 가속화되었다. 그런데 그러한 사병을 중앙의 정치지배세력이 아니라 지방의 세력가들이 점차 거느리게 됨으로써 신라 왕국의 운명을 재촉하는 결과를 가져왔다.

4) 지배조직의 운용

신료의 임용 대신라 왕국에서는 화랑도와 국학 출신을 신료로 등용하였다. 원래 화랑도로서 활동하는 과정에서 능력과 정사(正邪)를 보여 조정에 천거되거나 군대에 나갔다. 화랑도 중 대도(大徒)로 30세가 되면 화랑도를 떠나야 하였다. 그 때 낭도들은 병부에 들어가 군인이 되거나 향리의 장이 되었다.

신문왕대에는 인사정책에 큰 변화가 있었다. 신문왕 2년(682) 4월에는 위화부령 2인을 두어 선거 사무를 맡게 하였다. 그리고 같은 해 6월 국학이 설치된 후에는 국학 출신들이 학문적인 실력에 의하여 신료로 선발되었다. 물론 그 후에도 화랑도 출신들이 신료가 되었다.

그런데 정치지배세력들인 진골 출신은 개인적 실력만이 아니라 가문의 배경으로 인하여 신료가 되기가 쉬웠고 출세도 빨랐다. 한편 신료가 되는 길은 추천만이 아니라 자천도 있었고 공을 세워 등용되기도 하였다. 그런데 진골들 또는 왕의 친족들로 이루어진 정치지배세력들은 문벌로 신료가 되었다.

편의종사 김유신이 편의종사(便宜從事)한 사실이 주목된다. 문무왕 원년(661) 당에서 소정방을 보내 고구려를 공격하였다. 그 때 당에서 군수품을 평양으로 보내라는 칙명이 내려왔다. 이에 김유신이 쌀 4천 석과 벼 2만2천2백50석을 가지고 장새에 이르렀는데 당군과 3만여 보 떨어진 곳에서 더 나갈 수 없었다. 그래서 김유신이 당 진영에 편지를 보내려 하였으나 사람을 쉽게 구할 수 없었는데 열기가 나서서 당 진영에 편지를 전하고 이틀 만에 돌아왔다. 그 공으로 김유신은 열기에게 9등급인 급찬의 관위를 주었다. 군사가 돌아오자 김유신은 왕에게 자신이 편의(便宜)대로 열기에게 급찬의 관위를 주었는데 공에 맞지 않으므

김유신릉 김유신에게는 편의종사권이 있었다.

로 사찬의 관위로 올려주기 바란다고 하였다. 왕이 과하지 않는가 하니, 유신은 작과 록은 공기(公器)로 공에 보답하는 것이므로 과하지 않다고 하였다. 이에 왕이 허락하였다.[104]

김유신이 열기에게 편의대로 급찬을 준 것은 편의종사한 것으로 이는 김유신이 일의 형편에 따라 처리한 것을 의미한다. 물론 편의종사한 일도 후에 왕에게 허락을 받았지만 신라의 대장군에게 편의종사권이 있었다는 사실이 흥미롭다.

왕정의 피로와 관부의 운용 신라 중대에 왕정이 강화되고 관제가 확대·발전되었다. 그런데 35대 경덕왕대에 이르러 왕정의 피로가 나타났다. 이를 벗어나기 위하여 경덕왕은 관명을 바꾸는 등 한화정책을 시행하였으나, 36대 혜공왕대에 복구된 것을 보면 경덕왕의 개혁정치가 실패한 것을 알 수 있다.

신라 하대 원성왕계 왕들의 왕위계승전이 벌어지는 과정에서 왕정은 피로가

104) 『삼국사기』 47, 「열전」 7, 열기.

아니라 붕괴의 길로 접어들었다. 이 때 왕정강화를 위하여 편제되었던 관제는 오히려 부담이 되었다. 그와 같은 관제를 유지하기 위해서는 부담이 필요하기 때문이었다. 그런데 왕정이 무너지는 상황에서 이에 대한 적극적인 대처를 하지 못한 신라는 건잡을 수 없는 상황으로 치달을 수밖에 없었다.

5) 대신라 관제 편성의 특성

시대적 요청에 부응한 관제의 편성 성골 왕 시대 이래 삼한통합을 하는 과정에서 신라 왕정의 필요에 의해 관제를 개편하거나 새로운 관제를 편제하였다. 종래에 없었던 국가지배 업무가 새롭게 대두하면서 새로운 관부를 설치한 것이다. 그 예로 성덕왕 32년(833)에 설치된 경성주작전(京城周作典)이 있으며 사천왕사성전과 봉성사성전 등도 있다. 그 후의 왕들도 여러 관부를 설치하였다.

관직의 관부화 특정한 업무가 확대되어 그 업무를 담당하던 관직만으로는 소기의 목적을 달성할 수 없게 될 때 관부를 설치하였다. 배에 대한 사무는 원래 병부의 대감 · 제감이 맡았는데 그 업무가 확대되면서 문무왕 18년(678) 독립된 관부로 선부가 설치되었다. 그러한 예는 국학의 경우도 마찬가지이다. 원래 국학의 업무는 예부 소속 대사가 담당하였는데 신문왕 2년(682) 국학으로 설치되었다.

관부의 분화 좌리방부와 우리방부의 업무는 같았을 것이다. 좌리방부가 진덕왕 5년(651)에 설치되었는데 우리방부는 문무왕 7년(667)에 설치되었다. 이방부의 업무가 늘어나면서 이를 둘로 나누어 좌 · 우의 이방부로 설치한 것이다. 문무왕 17년(677)에 좌사록관이 설치되었는데 문무왕 21년(681)에 우사록관이 설치되었다. 이 또한 사록관이 좌우로 분리 설치된 것을 보여준다.

예속 관서의 존재 예부의 예하에는 대도서 · 국학 · 음성서 · 전사서 · 사범서

등의 예속 관서가 있었다. 창부에는 상사서가 예속 관서로 있었다. 그러한 예속 관서들은 그 장의 격에 따라 서열화가 이루어졌다.

관부의 격 상승 왕정의 특정 업무가 확대되어 그 업무를 담당하던 관부가 격상한 일이 있다. 사정부는 원래 진흥왕 5년(544) 경을 장으로 하는 2등급 관부로 설치되었는데, 무열왕 6년(659) 영을 두며 1등급 관부로 승격되었다.

관부의 통합 태종왕 4년(657)에 설치되었던 대일임전이 경덕왕대에 전읍서로 통합되었다. 왕경6부의 지배를 담당한 전읍서에 왕경6부와 관련된 조 · 용 · 조의 수취 업무를 담당하던 대일임전이 통합된 것이다.

관부의 축소 관부는 그 기능이 확대되기만 한 것은 아니었다. 좌리방부의 사 15명 중 5명을 원성왕 13년(797)에 줄인 것은 관부의 기능이 축소된 것을 보여준다.

관제 변동의 성격 신라 관제는 관부의 분리와 집중화, 승격과 서열화, 강화와 통합의 길을 걸으며 변해갔다.

제3절 역대 능원 · 시조묘 · 신궁 · 5묘

역대 능원 신라 왕국에서의 역대 왕릉과 시조묘는 특별한 존재였다. 눌지왕 19년(435)에 역대 왕릉을 수리한 바 있으며 소지왕 7년(485) 4월에 왕이 친히 시조묘에 제사 지내고 수묘하는 20가를 더하여 지키게 하였다.

대신라 왕국에서도 역대의 왕릉을 지키는 일을 강화하였다. 문무왕 4년(664) 2월 맡은 바 관원에게 명하여 백성들을 제왕(諸王)의 능원에 이주시켰는데 각기 20가씩 하였다. 왕릉을 지키는 일은 왕의 위엄을 높이는 하나의 장치였다. 따라서 문무왕대에 이르러 왕릉마다 20가의 사람을 이주시켜 지키도록 한 것은 왕의 위엄이 그만큼 높아진 결과이기도 하다.

시조묘와 신궁 대신라 왕국에 들어선 후 시조묘에 대한 제사는 거의 사라졌다. 후에 애장왕 2년(801), 헌덕왕 5년(813), 흥덕왕 8년(833)에 시조묘에 참례한 바 있으나 그들은 모두 신궁에 제사를 지냈다. 여기서 대신라 왕국에 이르러 시조묘 제사의 의미가 축소되고 대신 신궁에 대한 제사가 강화된 것을 볼 수 있다.

시조묘는 원래 신라의 시조인 혁거세와 그 후의 왕들을 모신 장소였다. 따라서 시조묘에 김씨 왕들도 모셔졌다. 그와는 달리 신궁은 김씨로서 처음 왕이 되었던 미추왕과 그 후에 즉위하였던 김씨 왕들을 모신 사당이었다. 이에 김씨 왕대에 신궁에 대한 제사가 강화된 것은 당연한 일이다. 그리고 신궁은 단순히 김씨 조상만 모신 장소가 아니라 살아 있는 김씨와 조상들 사이에 끊임없는 소통이 이루어진 장소이기도 하였다.

그 예로 김씨 왕이 즉위하면 신궁에 보고하고 정당성을 얻었다. 『화랑세기』에는 공주가 되는 사람이 신궁에 가서 예를 행하고 공주로서의 정당성을 얻은 것을 볼 수 있다. 무열왕과 문무왕이 신궁에 제사 지냈다는 기록은 없지만 무열왕이 즉위한 해 4월에 아버지 용수를 갈문왕으로 추봉하고, 어머니를 문정태후로 삼은 바 있다. 이러한 행사는 김씨의 조상을 모신 신궁에서 행하였을 것이다.

5묘 중국의 천자는 7묘이고 중국의 제후는 5묘를 세웠는데 신라에서는 5묘제가 시행되었다. 신문왕 7년(687) 대신을 조묘(祖廟)에 보내 제사를 지냈다. 조묘가 시조묘인지 신궁인지 확실치 않지만 신문왕은 태조대왕(미추왕) · 진지대왕 · 문흥대왕 · 태종대왕 · 문무대왕의 영께 머리 조아려 아뢴다고 하였다. 조묘에 모셨던 5명의 왕들 중 태조대왕은 미추왕이고 나머지 4명의 왕은 모두 직계 조상이었다. 신문왕은 그들의 조상을 높이 받들어 모시고 사시의 기후를 순조롭게 해주고, 5사의 징조가 어긋남이 없게 해주고, 곡식은 풍족해지고 질병은 없어지고 의식은 넉넉해지며 예의가 갖추어지고 안팎이 맑고 고요해지고 도적이 소멸되게 해주기를 빌었다.[105] 이는 왕으로서 조상들에게 빌었던 내용들이지만 그 자체가 왕이 하는 일일 수 있다. 신문왕이 조상들을 모신 일은 그들에게 소원을 빌기 위해서가 아니라 그러한 조상의 위엄을 높여 오히려 왕 자신의 권위를 강화하기 위한 조치였다.

대릉원 문무왕은 역대 왕의 능원에 수묘가(家)를 두었다.

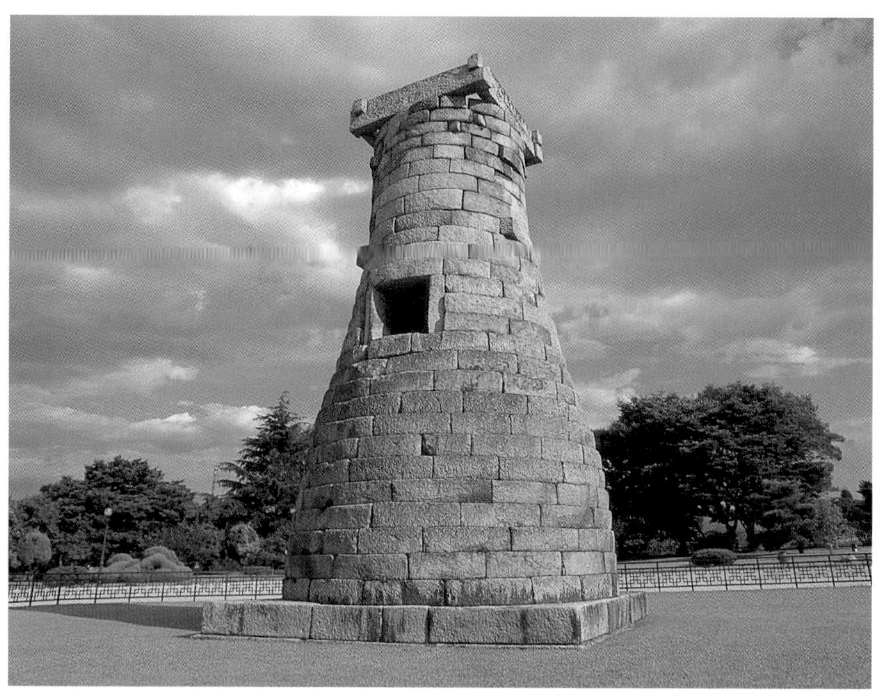

첨성대 신궁과는 아무런 관계가 없었나?

36대 혜공왕대에 5묘를 정하였는데 김씨 시조인 미추왕, 백제와 고구려를 평정하는 데 큰 공을 세운 태종대왕과 문무대왕, 혜공왕의 할아버지와 아버지를 더하여 5묘를 삼았다.[106] 38대 원성왕은 성덕대왕과 개성대왕의 2묘를 헐고 시조대왕 · 태종대왕 · 문무대왕 · 할아버지 흥평대왕 · 아버지 명덕대왕으로 5묘를 삼았다. 40대 애장왕은 시조묘에 참례하고 태종대왕과 문무대왕의 2묘를 따로 세우고 시조대왕 · 고조 명덕대왕 · 증조 원성대왕 · 할아버지 혜충대왕 · 아버지 소성대왕으로써 5묘를 세웠다.

이렇듯 신라의 5묘는 살아 있는 왕을 중심으로 세워졌음을 알 수 있다. 5묘를 세우는 것은 그것을 세운 왕의 위엄을 높이고 왕정을 유지하는 정당성을 얻기

105) 『삼국사기』 8, 「신라본기」 8, 신문왕 7년 4월.
106) 『삼국사기』 32, 「잡지」 1, 제사.

위한 조치였음을 보여준다. 조상을 5묘에 모시는 일은 결국 왕 자신의 지위를 강화하는 의미가 있었다. 시조묘 · 신궁 · 5묘의 제사는 우리가 아는 것보다 더 엄격하고 잘 짜여진 의식절차에 따라 수행되었다. 그 자체가 왕의 권위를 높이는 장치였기 때문이다.

제4절 왕정의 재정과 백성의 부담

1. 왕정의 재정

왕정 유지의 부담 신라가 삼한을 통합하고 나라안의 질서를 유지하여 왕정을 유지시키는 데는 부담이 따랐다. 왕실을 유지하고 신료를 거느리고 군대를 유지하고 각종 토목공사를 하기 위해서는 재정 수입과 지출이 있어야 하였다.

신료에 대한 보수 왕정을 위임받아 임무를 수행한 신료들에게 보수가 지급되었다. 신문왕 7년(687) 5월 명을 내려 문무관료에게 '전(田)'을 차등 있게 나누어주었는데, 이 때 '관료전'을 준 것으로 볼 수 있으나 여기서는 관료들에게 '전'을 준 것으로 보기로 한다. 그리고 신문왕 9년(689) 정월 명을 내려 내외관의 녹읍을 폐지하고 매년 조를 차등 있게 내려주는 것을 변하지 않는 항식(恒式)으로 삼은 바 있다. 689년에 폐지한 녹읍은 687년 관료에게 준 '전'과는 어떤 관계에 있는 것인지 잘 알 수 없다. 그러나 689년 이후 내외관이 월봉을 받았던 것은 분명하다. 이는 신료에 대한 보수였다.

삼한통합으로 토지와 인민이 크게 늘어난 신문왕대에 국가의 재정은 어느 때보다 충실하였다. 그 결과 세조를 지급할 재정적인 능력을 가지고 있었던 신라는 토지 지급을 하지 않아도 되었다. 이 같은 녹읍의 폐지는 국가가 가능한 한 많은 토지를 관장하게 된 것을 뜻한다. 또한 이는 정부에서 백성들을 직접 관장하게된 것을 의미하는데, 결국 국가재정이 더욱 충실해지는 결과를 가져왔다. 이 무렵 지방의 행정촌에 내시령이 파견되어 조 · 용 · 조 수취가 한층 강화되었기에 내외의 신료들에게 조(租)를 나누어줄 수 있는 행정적 장치가 마련되었다. 그러나 내시령을 파견하고 백성정전을 주는 일련의 조치는 왕정으로서는 부담이 되었다.

왕정의 피로가 나타나기 시작한 경덕왕 16년(757) 3월 내외 군관(群官)의 월봉이 폐지되고 녹읍이 다시 부활하였다. 이 때에 이르면 중앙정부에서 백성들로부터 조세를 거두어 신료들에게 월봉을 주는 일이 부담이 된 것이다. 그 결과 신료들에게 녹봉을 다시 주게 되었다. 신료들이 세조를 제대로 받을 수 있다면 문제될 것이 없었으나 경덕왕대에 이르러 세조가 잘 지급되지 않았기에 다시 신료들에게 녹읍으로 보수를 주게 된 것이다. 이로써 공전에 대한 관리와 조 · 용 · 조의 수취를 위한 경비가 줄어 왕정의 부담 자체가 줄어들었다. 그러나 이후 신라 정부에서는 조세 수취를 제대로 할 수 없게 되었고 점차 국가재정은 약화되었다.

왕정재정의 변동 689년 내외의 신료들에게 세조를 지급할 때 신라 국가의 재정이 가장 충실하였다. 소성왕 원년(799) 3월 청주의 거로현을 학생녹읍으로 삼았을 때까지만 해도 국가의 재정에는 문제가 없었다.

그런데 하대에 왕위계승전이 벌어질 때부터 국가재정이 파탄에 이르기 시작한 것을 알 수 있다. 그 후 진성왕 3년(889) 국내의 모든 주 · 군으로부터 공부(貢賦)가 올라오지 않아 정부의 창고가 텅 비고 국용(國用)이 궁핍해졌던 것은 이미 국가재정이 완전 파탄에 이른 것을 보여준다. 신라는 앞으로 거의 반세기를 그러한 상황에서 명맥을 유지해야 하였다.

왕정의 재정기반 신라 왕정(국가)은 백성들의 부담으로 유지되었다. 백성들은 국가에 대하여 여러 가지 부담을 졌다. 그런데 국가는 백성들에게 경제적인 수취만 한 것은 아니었다. 촌락문서에 나오는 연수유전답(烟受有田畓)은 공전이었다. 따라서 촌민들은 이러한 공전을 경작하여 생계를 유지하였기에 국가에 대한 조 · 용 · 조의 부담을 지게 되었다.

성덕왕 21년(722) 8월에 처음으로 백성정전(百姓丁田)을 준 것도 이와 무관하지 않다. 이는 백성 중 정(丁)에게 연수유전답이라는 공전을 나누어준 것으로 중요한 의미가 있다. 그 구체적인 내용은 알 수 없으나 삼한통합으로 토지와 인민이 늘어난 중대에 재정을 충실히 하여 왕정을 강화하기 위해 백성정전을 나누어주었던 것이다. 당시 신라는 그만한 여유가 있었다. 그리고 백성들에게 정전을 줌으로써 국가의 수입이 안정적으로 늘어났다. 그런데 신라의 호구(戶口)가 얼마나 되었는지조차 알 수 없다. 따라서 국가재정의 규모를 파악하는 일은 쉽지 않다.

2. 백성의 부담

촌락문서에 나타난 백성들의 부담 촌락문서는 백성들의 국가(실제는 왕을 축으로 한 왕정)에 대한 부담을 이해하는 중요한 자료이다. 한마디로 촌락문서는 국가가 백성들로부터 조·용·조(租·庸·調)를 수취하기 위하여 만들어진 문서이다.

촌락문서는 자연촌 별로 작성되었으며 1주의 직할지, 2주의 속현, 3소경, 4군의 직할지, 5군의 속현 등 다섯 종류의 관아에서 소속 자연촌의 문서를 작성하였다. 따라서 수가 많았던 현사(縣司)에서 작성된 문서가 많을 수밖에 없다. 문서 작성 양식은 집사부에서 주사(州司)를 통하여 전달하였으며, 그 양식에 맞추어 자연촌을 단위로 작성된 촌락문서는 주에서 모아 주 전체의 문서인 주문서(州文書)로 만들어 집사부에 보냈다. 어쩌면 소경은 주의 관할을 받지 않고 직접 문서를 작성하여 조부(調府) 또는 집사부에 보냈을 수도 있다. 집사부에서는 전국의 문서를 작성하고 그것을 조부·병부 등 관련 관부에도 보내 사용하도록 하였다.

현재 남아 있는 촌락문서는 자연촌에서 행정촌의 촌주에게 보고한 내용을 행정촌에 파견되었던 내시령이 작성하여 현에 보고한 것을 현 또는 소경에서 정리한 것이다. 따라서 위에 언급한 다섯 종류의 관아에 속한 자연촌을 단위로 만들어진 촌락문서는 주에 보고된 것은 분명하나, 그것을 주에서 모아 집사부로 보냈는지 아니면 그러한 문서를 종합하여 주를 단위로 한 새로운 문서를 만들어 집사부에 보냈는지는 알 수 없다.

촌락문서 695년이나 755년에 작성된 문서일 수 있다.

촌락문서를 통하여 무엇을 수취하였는지 살펴볼 필요가 있다. 우선 직경 2~4km 정도의 자연촌이 조 · 용 · 조 수취의 단위가 되었던 사실을 주목할 필요가 있다. 첫째, 조(租)는 연(烟)으로부터 수취하였는데 9등급으로 나누어 등급에 따라 수취 양을 달리하였다. 연의 등급을 나눈 이유는 정(丁)의 수라고도 하나 빈부의 차이였을 수 있다. 호의 인원, 경작 토지의 다과, 기르던 우마 등을 근거로 한 빈부의 차이가 호를 나누는 기준이었을 수 있다. 촌민들로부터 수취한 조는 국가(왕정)재정의 중심이 되었고 신료들에게 세조를 지급하는 재원이 되었다. 그런데 연수유답은 국가에서 조를 수취하는 기반이 되었고 그러한 연수유답으로 인하여 국가재정은 안정되었다.

둘째, 용(庸)의 수취가 있었다. 촌락문서에 남녀를 구별하여 각기 남자는 정(丁) · 조자(助子) · 추자(追子) · 소자(小子) · 제공(除公) · 노공(老公)으로 구분

대부명 청동합 신라인의 생각을 읽을 수 있다.

하고, 여자는 정녀(丁女)·조녀자(助女子)·추녀자(追女子)·소녀자(小女子)·제모(除母)·노모(老母)로 구분하여 그 수를 기록하였다. 이러한 구분은 용의 수취를 위한 것이었다. 용은 크게 두 가지로 나뉘어 국가의 명에 따른 역역(力役)이 있었다. 일반적으로 역역은 일 년 중 일정한 기간 동원되었다. 그런데 그 안에는 방수(防戍)의 임무를 지닌 병역도 있었다. 방수의 임무는 3년 기한이 있었으나 3년이 연장되기도 하였다. 이러한 역역에는 주로 정(丁)이 동원되었다. 그런데 신라에서는 역역동원에 대신 다른 사람이 가기도 하였다. 그것은 촌을 단위로 역역동원이 이루어졌기에 가능한 일이었다.

촌락문서에 나오는 우·마도 용의 수취와 관련이 있었을 것이다. 촌락문서에 나오는 우·마가 개인 소유였는지 아니면 국가 소유였는지 알 길이 없으나 어쩌면 일부는 국가 소유였을 가능성이 있다. 그러한 우·마는 내시령의 관장 아래 촌민들이 사육하였다.

셋째, 조(調)의 수취가 있었다. 촌에는 상(桑)·백자목(栢子木)·추자목(楸子木), 즉 뽕나무·잣나무·호두나무가 나오고 있다. 이는 조(調)의 수취가 있었음을 말해준다. 구체적으로 누에를 키워 비단실이나 비단을 바쳤으며 잣과 호두의 열매를 바쳤다. 한편 촌락문서에 마전(麻田)이 있는 것으로 보아 마사 또는 삼베의 수취도 있었음을 알 수 있다.

넷째, 촌락문서를 통하여서는 알기 어려우나 신라는 왕정의 필요에서 촌민으로부터 인세 등 여러 가지 세(稅)를 거둔 것이 틀림없다. 그 종류가 얼마나 되었는지 알 길이 없으나 틀림없이 다양한 세를 거두었을 것이다. 그 때 연(烟) 수, 인구 수, 연수유전답 등이 세를 거두는 기준이 되었을 수 있다.

이상은 중앙정부가 수취한 것이고, 지방관이 지방지배의 필요에서 수취하는 것도 있었다. 그 중에는 잡역이 있었다. 연의 인구나 우·마를 기준으로 지방관은 잡역(雜役) 또는 잡요(雜徭)에 촌민을 동원하였다. 잡역에는 여자들도 동원되었는데 정·정녀만이 아니라 나이가 어린 추자·추녀자도 동원되었다. 마전·관모전·내시령답 등의 경작은 이에 속할 수 있다. 촌민들은 촌주의 논·밭을 경작하는 일에 정기적으로 동원되기도 하였다. 또한 지방의 필요에서 거두는 잡세도 있었다.

한편 촌락문서를 보면 촌을 단위로 무엇인가를 수취하는 것을 알 수 있다. 계연·여분의 구분은 그것이 무엇을 수취하기 위한 것인지는 모르나 분명히 촌을 단위로 하는 수취가 있었음을 보여준다. 촌민들은 마전·관모전·내시령답을 공동경작하였고 어쩌면 촌주위답도 공동경작하였을 가능성이 있다. 그런가 하면 연수유답·연수유전은 일종의 공전(公田)으로 성덕왕 21년(722)에 나누어주었다고 하는 백성정전과 관련이 있었다. 연수유전답은 고려의 민전과 성격이 유사하였을 가능성이 있다. 신라의 촌에는 연수유답 이외에 사전(私田)이 있었다. 그러한 까닭에 연수유답만은 그 변동을 기록할 필요가 없었다. 연수유답은 공전으로 촌민의 생활을 안정시키는 주요한 장치였다. 정부에서는 그와 같은 공전과 사전을 근거로 호의 등급을 나누고 조(租)를 수취하였다.

촌 단위의 수취 촌락문서에는 토지면적의 변동이 나와 있지 않다. 연수유답·연수유전 등 토지의 변동은 기록하고 있지 않은 반면 연(烟)이나 인구의 수, 우마의 수 그리고 나무의 수 등의 변동은 기록하고 있다. 당시 토지는 조세 수취의 대상으로 중요한 의미를 지녔다. 그런데 그 변동이 조사되지 않은 까닭은 무엇일까? 단정하기는 어려우나 토지에서 생산되는 수확은 촌을 단위로 수취한 것이 아닌가 짐작이 된다.[107] 그 경우 매년 촌락문서에 나오는 토지면적을 기준으로 수취를 하였던 것으로 생각할 수 있다. 그리고 풍흉의 차이에 따른 차이를 두어 매년 달리 수취하면 되었을 것이다.

조 · 용 · 조의 면제 관모답 · 내시령답 · 마전 나아가 촌주위답까지 각종 수취가 면제되었을 가능성이 있다. 그런가 하면 촌주와 그 가족들은 조 · 용 · 조의 수취에서 제외되었을 가능성이 있다. 이는 촌주가 가지는 임무에 대한 대가이자 특권이기도 하였다.

백성의 어려움 문무왕 9년 2월 21일 백성들을 위한 조치를 취하였다. 왕은 "가난해서 남의 곡식을 빌린 백성 중 농사가 잘되지 못한 곳에 사는 이는 본곡과 이자를 모두 갚지 말 것이며, 만일 농사가 잘된 곳에 사는 사람은 금년에 추수해서 다만 본곡만 돌려주고 이자는 갚지 말 것"이라는 명령을 내렸다.[108] 여기서 신라 사람들도 남의 곡식을 빌려 먹고 이자까지 갚았던 사실을 알 수 있다. 왕은 그러한 사정을 알고 어려운 백성들을 위하여 그와 같은 명령을 내렸던 것이다.

부자가 되는 술법 신라인들도 갑자기 부자가 되는 방법을 알고자 하였다. 흥덕왕 3년(828) 한산주 표천현의 요술하는 사람이 스스로 속히 부자가 되는 술법이 있다고 말하여 뭇사람들을 홀렸다. 왕이 이를 듣고 "사도를 가지고 무리를 미혹하는 자에게 벌을 주는 것은 선왕의 법이다" 하고 그를 먼 섬으로 귀양 보냈다.[109]

---

107) 이희관, 『통일신라토지제도사연구』, 1999 참조.
108) 『삼국사기』 6, 「신라본기」 6, 문무왕 9년 2월 21일.
109) 『삼국사기』 10, 「신라본기」 10, 흥덕왕 3년 4월.

3. 재정의 파탄과 왕정 붕괴

하대의 왕정 붕괴와 재정의 파탄 하대 원성왕계의 왕위계승전이 벌어지면서 국가지배력이 축소되기에 이르렀다. 그 결과 왕군은 지방에서 동원된 청해진의 군대에 패하기도 하였다. 44대 민애왕대에는 이미 역역동원체제가 붕괴된 것을 알 수 있다. 사실은 9세기 중반경 역역동원체제만이 아니라 조·용·조 수취가 마비되어갔다. 진성왕 3년(889) 국내의 모든 주·군에서 공부가 올라오지 않아 부고(府庫)가 텅 비고 국용이 궁핍해진 것은 국가재정이 파탄에 이른 것을 잘 보여준다. 9세기 전반 왕위계승전을 벌이는 과정에서 왕정은 지방지배능력을 상실하게 되었다. 그 결과 왕정은 촌민들의 생활을 안정시키는 기능을 발휘할 수 없었다. 언제부터인지 단정하기는 어려우나 9세기 중반경 행정촌에 내시령을 파견할 수 없게 되었다.

그 결과 지방으로부터의 조·용·조의 수취체계는 마비되었다. 그리고 백성들에 대한 진휼이나 조세를 감면하는 일만이 아니라 이미 낸 조세를 되돌려주거나 씨앗을 공급하는 등을 제대로 할 수 없었다. 흉년이 들면 백성들은 각종 조·용·조의 수취를 피하여 유망을 하게 되었다. 9세기 후반에 이르자 각지의 도적들이 집단화하며 촌민들의 생활은 더욱 어려워졌다. 그 결과 촌민들이 각지의 세력가에 의탁하여 생계를 유지하게 되었다. 각지의 세력가들은 성주와 장군이라 칭하며 왕정의 통제를 벗어났다. 왕정을 유지하는 데 필요한 조·용·조의 수취는 더욱 불가능하게 되었고 국가재정은 파탄에 이르게 되었다.

지방의 백성들은 농업을 생업으로 계속해나갔다. 각지의 세력가들은 백성들을 보호해주며 농업을 지속하도록 만들어주었다. 그 과정에서 군웅이 등장할 수 있었다.

제5절 대외관계

1. 당과의 관계

1) 당과의 관계 전개

당과의 관계 회복 당(唐)은 660년에 시작된 9년전쟁의 결과 신라 · 백제 · 고구려의 땅을 모두 장악하려 하였다. 이에 신라는 당에 맞서 675년 매초성전투에서 승리하였고, 676년 기벌포에서 대소 20여 차례 승리할 때까지 전투를 벌였다. 이후 당군은 물러가고 신라는 백제의 옛 땅과 고구려의 패강(浿江) 지역까지를 장악하였다. 그 후 사신들이 오갔으며 특히 성덕왕대에는 빈번하게 사신이 오갔다. 그런데 신라와 당 사이의 영역 문제가 매듭 지어진 것은 성덕왕 34년(735) 하정사로 갔다가 돌아온 김의충에게 당 현종이 칙령을 내려 패강 이남의 땅을 주었을 때였다.

신라의 당에 대한 사대 대신라 왕국의 무열왕과 문무왕은 당과의 연합에 의하여 백제와 고구려를 평정할 수 있었다. 그 이후 당에서는 신라의 군주를 신라 왕으로 책봉하였고 신라에서는 당에 조공을 바쳤다. 즉 신라는 당을 사대(事大)의 예로 섬겼다. 여기서 신라 왕의 책봉과 당에 대한 조공과 질자(質子) 파견으로 나타나는 사대의 실체를 살펴볼 필요가 있다.

중국은 성골 왕 시대에 이미 신라의 왕을 책봉하였다. 당에서는 654년에 무열왕을 신라 왕으로 책봉하였고, 662년에 문무왕을 신라 왕으로 책봉하였다. 그런데 문무왕 14년(674) 정월 문무왕이 고구려의 배반한 무리를 받아들이고 백제의 옛 땅을 차지한 뒤 사람들을 시켜 지키게 하자 당 고종이 크게 노하였다. 이에 당에서 조서를 내려 문무왕의 관작을 빼앗고 당에 머물고 있던 문무왕의 동생 김인문을 신라 왕으로 삼아 신라로 돌아가게 하였다. 아울러 유인궤를 총관으로 삼아 군사를 보내 신라를 토벌하게 하였다.[110] 이에 문무왕 15년(675) 2월 유인궤가 신라의 병사를 칠중성에서 부수고 돌아갔다. 당 황제는 이근행을 안동진무대사로 삼아 경략하게 하였다. 그러자 문무왕은 사신을 보내 조공을 하고 또한 사죄하였다. 이에 당 황제가 용서하고 문무왕의 관작을 회복시켜주었다. 김인문은 되돌아가 다시 임해군공에 봉해졌다. 그런데 신라는 이 사건을 계기로 백제의 옛 땅을 많이 차지하였고 고구려의 남쪽 경계까지 주군으로 삼았다.[111]

당에서 신라 왕을 책봉한 것은 사실이었다. 그러나 당으로서는 신라 왕을 실질적으로 제압할 상황이 아니었다. 실제로 문무왕 15년(675) 9월 29일 당군은 매초성전투에서 패하였고 이후 대신라의 영토는 평양을 포함한 고구려의 남쪽으로 확장되었다. 당에서 신라 왕을 마음대로 책봉하였더라도 신라의 왕이 바뀐 것은 아니었다. 이는 중국이 하던 왕위책봉이 상징적인 의미가 있었을 뿐이라는 사실을 말해준다.

그리고 신라는 당을 달랠 줄도 알았다. 조공을 하고 사죄를 하여 문무왕의 관작을 회복시킨 것이 바로 그것이다. 조공을 하고 사죄를 하였지만 신라가 잃은 것은 없었다. 오히려 신라는 힘으로 당군을 몰아내고 왕국의 토지를 크게 늘렸다. 문무왕과 같이 군사적 힘을 가지고 있으면서 당에 조공을 하는 등 사대의 예를 표하는 것은 불필요한 전쟁을 막아 신라 자체를 지켜내는 효과가 있었다.

당의 책봉과 신라 왕의 권위 당의 황제는 신라 왕에 대한 책봉을 게을리하지 않았다. 책봉만이 아니라 신라 왕이 죽었을 때 곡성을 내는 거애(擧哀)도 하였다. 특히 왕에 대한 책봉은 신라 국내에서 왕의 지위를 확고하게 만들어주었다. 37대 선덕왕에 대한 책봉은 재위 6년 만에 뒤늦게 이루어졌다. 그와는 달리 38대 원성왕에 대한 책봉은 재위 2년 만에 이루어졌다. 원성왕 2년(786) 4월 신라

110) 『삼국유사』 7, 「신라본기」 7, 문무왕 15년 2월.
111) 『삼국유사』 7, 「신라본기」 7, 문무왕 14년 정월.

에서 사신을 당에 보내 방물을 바쳤다. 이에 당의 덕종이 김경신을 신라 왕으로 인정하며 번신(藩臣)으로서 신라를 지키라는 조서를 내리고 선물을 주었다. 왕과 왕비 그리고 대재상과 차재상에게도 선물을 주었다.[112] 왕과 재상에게 준 선물에는 커다란 차이가 있었는데 왕과 재상의 격차를 분명히 한 것이었다. 그런데 이 때부터 재상에게도 선물을 주기 시작한 사실이 흥미롭다. 그러니까 당에서는 신라의 재상이 왕위에 오르는 것을 알고 재상들에게 선물을 주기 시작한 것이다. 여하튼 당으로부터 책봉을 받은 원성왕에게는 왕으로서의 권위를 세울 수 있는 또 한 가지 길이 열렸다.

군사적 관계 660년에서 668년 사이에 있었던 9년전쟁 과정에서 신라와 당군은 연합하여 백제와 고구려를 평정하였다. 그런데 헌덕왕 11년(819) 7월 당의 운주절도사 이사도가 반란을 일으키자 당 헌종은 사람을 보내 신라의 병마를 징발하려고 하였으며 이에 헌덕왕은 황제의 뜻을 받들어 순천군 장군 김웅원에게 명하여 3만 명을 거느리고 가서 돕게 하였다.[113] 신라가 당을 도운 것이다.

2) 당에 갔던 신라인들

당에서 관리로 활동한 신라인 당은 번국 사람들을 관리로 등용하였다. 충연주 도독부의 사마가 되었던 김운경도 그러한 예이다. 또 최치원은 당에 유학하여 874년 예부시랑 배찬이 주관한 과거에 합격하여 당의 선주 율수 현위에 임명되었고, 승무랑시어사 내봉공으로 승진하였으며, 황소의 난을 진압한 제도행영병마도통의 종사관이 되기도 하였다. 최치원은 885년 귀국할 때까지 당의 관원으로 활동하였다. 이와 같이 당에서는 신라를 포함한 번국인들을 과거에 응시하도록 하였고, 합격한 자들을 관원으로 등용하기도 하였는데, 과거에 합격한 신라

112) 『삼국사기』 10, 「신라본기」 10, 헌덕왕 2년 4월.
113) 『삼국사기』 10, 「신라본기」 10, 헌덕왕 11년 7월.

인들은 수십 명에 이르렀다. 843년 8월 일본인 승려 엔닌은 당 조정의 좌신책군의 압아로 있던 신라인 이원좌의 도움을 받기도 하였다.[114]

당에 간 신라인 유학생 당에는 대신라 왕국의 유학생들이 많이 다녀왔다. 헌덕왕 17년(825) 5월 김흔을 당에 보내 조공하고, 전에 가 있던 대학생 3명을 돌려보내주고 새로 들어간 12명을 숙위하여 머물고 국자감에 배치하여 학업을 닦게 해주며 홍려시에서 비용과 식량을 대주기를 요청하여 당 황제의 허락을 받은 적이 있다. 문성왕 2년(840)에는 당 문종이 홍려시에 명하여 질자 및 연한이 차서 귀국할 학생 모두 1백5명을 풀어 돌려보낸 바 있다. 일시에 이와 같이 많은 유학생이 돌아온 것은 당시 당에 적지 않은 유학생이 머물렀던 것을 의미한다. 그들의 체재비는 당의 홍려시에서 지급하였다. 경문왕 9년(869)에는 진봉사를 따라 이동 등 학생 세 사람을 당에 보내 학업을 익히게 하고 책 사는 값으로 은 3백 냥을 주었다.[115]

당에 유학한 학생들은 중국문명을 익혀 신라로 돌아왔고 당에서 발간되는 책들을 구입해오기도 하였음을 알 수 있다. 이것으로 유학생들을 통하여 당의 학문 등이 신라에 전해진 사정을 알 수 있다.

숙위의 변동 진덕왕 2년(648) 당에 들어갔던 김춘추는 당 태종에게 자신의 아들 문왕이 황제를 옆에서 모시도록 숙위를 하게 해달라고 요청하여 허락을 받았다. 문왕은 왕족으로 일종의 인질과 같은 성격을 지니고 숙위를 하였다. 그런데 헌덕왕대에 이르면 숙위가 유학생을 가리키게 되었다.

신라인을 사신으로 임명한 당 당에서는 신라인을 신라에 보내는 사신으로 임명하기도 하였다. 문성왕 3년(841) 7월 당 무종은 김운경을 치주장사로 임명하고

114) 엔닌, 『입당구법순례행기』, 843년 8월 13일조.
115) 『삼국사기』 11, 「신라본기」 11, 경문왕 9년 7월.

사신으로 삼아 신라에 보내 문성왕을 책봉하여 신라 왕으로 삼고 처 박씨를 왕비로 삼았다.[116] 김운경은 신라가 보낸 사절단의 부사로 당에서 머물러 충연주도독부의 사마가 되었는데 당의 사(使)가 되어 돌아와 왕을 책봉한 것이다. 청해진 대사 장보고도 당에서 파견해온 대사였던 것을 짐작할 수 있다.

당에 간 승려들 성골 왕 시대부터 시작된 구법승의 입당은 대신라 왕국에도 이어졌다. 그 수를 정확히 알 수는 없으나 생각보다 많았다. 당의 적산촌에 세워진 법화원은 신라인의 사찰인데 840년 정월 15일 그 안에 승려 15명, 사미 9명, 비구니 3명이 상주한 사실이 확인된다.[117] 당 무종(841~846)이 불교를 탄압하여 장안에 머물고 있던 외국 승려를 귀국시킬 때 장안의 한 쪽에 머물던 21명의 외국인 승려 중 10명이 신라 승려였다. 신라 승려들은 중국에만 머문 것이 아니라 인도에도 다녀왔다. 그 중에는 『왕오천축국전』을 남긴 혜초도 있다. 671년 인도로 갔던 중국 승려 의정이 남긴 기록을 보면 인도에 다녀온 승려 56명 중 적어도 7명이 신라의 승려였다. 이로써 대신라 왕국의 승려들이 중국만이 아니라 인도에도 많이 다녀왔던 사실을 알 수 있다. 그 중 원측은 당에서 크게 활동하였다.

당에 갔던 신라 승려들의 활동은 생각보다 활발하였으며 그러한 활동은 신라 불교에도 큰 영향을 미쳤다.

3) 당에서 거주한 신라인들

당에서 활동한 신라인 신라인들 중 흉년이 들어 당으로 간 예가 있다. 헌덕왕 16년(816) 흉년이 들어 백성들이 굶주려 절강동도(浙江東道)에까지 가서 먹을 것을 구하기도 하였다.[118] 이로 보아 신라인들이 당에 가는 일이 어렵기만 한 것은 아니었다.

---

116) 『삼국사기』 11, 「신라본기」 11, 문성왕 3년 7월.
117) 엔닌, 『입당구법순례행기』, 840년 1월 15일조.

그런데 9세기에 많은 신라인들이 당에 정착하여 살고 있었던 사실이 확인된다. 일본 승려 엔닌(圓仁)이 남긴 『입당구법순례행기』라는 일기를 보면 그러한 사정을 알 수 있다. 엔닌은 838년에서 847년까지 당을 순례하였다. 당에 머무는 동안 처음부터 끝까지 엔닌은 많은 신라인들의 도움을 받았다. 일본으로 돌아갈 때도 신라의 배를 타고 일본으로 돌아갈 수 있었다.

황룡사의 치미 높이가 1백82cm로, 거대한 건물이 축조되었던 사실을 말해준다.

당에서 살던 신라인들은 회하의 하구인 초주에서 산둥반도에 이르기까지 여러 신라방을 이루고 일정한 장소에 각기 모여 살았다. 신라방에는 신라인 총관과 통역이 있어 신라인들을 자치적으로 관할하고 중국 지방관들의 통제를 받았다. 그런데 신라인들은 중국의 관리들과도 잘 화합하며 지냈으며 어떤 면에서는 상당한 정도의 치외법권을 유지하였다.

초주에 있던 신라방의 총관 설전, 통역인 유신언의 존재를 확인할 수 있다. 그리고 문등현 청녕향 관내의 구당신라소의 평로군 절도동십당 겸 등주 제군사 압아 장영은 천자가 문등현에 있던 신라인들을 관할하도록 임명되었다.

신라방과 신라방 사이에는 직접적인 관계가 없었다. 그러나 초주 신라방의 통역인인 유신언이 연수현에 있던 신라방의 사람들에게 편지를 보내 엔닌을 보살펴달라고 한 것을 보면 신라인들 사이에 연결망이 있었던 것을 알 수 있다.

118) 『삼국사기』 10, 「신라본기」 10, 헌덕왕 8년.

적산법화원 산둥반도에 위치한 문등현 청녕향 적산촌에는 장보고가 세웠던 적산법화원이라는 절이 있었다. 이 절에는 토지가 있었는데 1년 소출이 쌀 5백 섬이었다. 839년에는 신라의 통역관과 압아인 장영, 임대사, 왕훈 등이 법화원의 일을 처리하였다.[119] 법화원에서는 8월 15일 수제비와 떡을 마련하여 8월 보름 명절을 지냈다. 다른 나라에는 이 명절이 없는데 유독 신라에만 있었다고 한다. 그 곳에서 신라인들이 고국을 그리워하며 명절을 차렸음을 알 수 있다. 법화원에서는 11월부터 1월 15일까지 법화경을 강의하였는데 모이는 승려가 40명이었다. 불경의 강의나 예불 · 참회는 신라의 풍속을 따랐다. 다만 황혼과 새벽의 두 차례 예불과 참회는 당나라 풍속을 따랐지만 그 밖의 의식은 신라어로 하였다. 그 집회에 참석한 모든 사람이 신라인이었고 승려 3명과 행자 1명만이 일본인이었다. 법회에 참석한 사람은 840년 1월 14일 2백50명, 1월 15일 2백 명이었다고 한다.

당에 살던 신라인의 활동 신라인들은 국제무역만 한 것이 아니라 당나라 연안 지역을 오가며 교역도 하였다. 그런데 당에 살던 신라인들이 국제무역에 종사한 사실은 중요한 의미가 있다. 9세기 페르시아의 상인들이 중국에 왔는데 그들은 양주보다 동쪽이나 북쪽에는 가지 않았다. 대신 신라인들이 양주의 동쪽과 북쪽의 바다를 장악하고 중국과 신라 및 일본과의 국제무역의 주도권을 잡았다. 839년 일본 사신의 통역을 맡은 신라인 김정남은 초주에서 귀국하는 일본 사신을 위하여 9척의 배와 60명의 신라인 선원을 구하기도 하였다. 이렇듯 당시 당과일본의 교역을 주도한 사람들은 신라인들이었다. 특히 장보고가 청해진 대사로있던 828년에서 846년까지 신라인들의 해상활동은 절대적이었다.

청해진 대사 장보고의 활동 흥덕왕 2년(828) 4월 청해대사(淸海大使)가 된 장보고(궁복)의 활동은 중국에서도 찾아진다. 839년 4월 2일 엔닌은 신라에서 장

119) 엔닌, 『입당구법순례행기』, 839년 8월 15일조.

보고가 난을 일으켜 내란에 빠져 있다는 소식을 전하고 있다.[120] 장보고가 우징을 도와 청해진의 병사를 동원하여 민애왕의 왕군을 물리치고 신무왕이 즉위한 것이 839년 1월이었다. 그런데 당에서는 그 2개월이 조금 지난 뒤에 그러한 사정을 알고 있었다. 839년 6월 장보고 대사의 교관선 2척이 적산포에 도착하였는데 엔닌은 장보고가 매물사(賣物使)로 파견한 최병마사를 만나기도 하였다.

845년 7월 9일 연수현의 신라방에 간 엔닌은 최운(崔暈)을 만났다. 그는 일찍이 청해진 병마사를 지냈는데 국난을 당하자 도망하여 연수에 머물고 있었다. 여기서 말하는 국난은 문성왕 7년(845) 3월 문성왕이 청해진 대사 궁복의 딸을 차비로 삼으려다 조정의 신료들의 반대로 뜻을 이루지 못한 사건을 가리킨다. 이에 장보고는 846년 봄에 반란을 일으켰으나 실제로 845년 3월부터 신라 조정과 장보고의 사이가 벌어진 것을 알 수 있다. 846년 봄 장보고가 암살된 후 청해진을 중심으로 한 신라인의 활동은 사라지게 되었다.

흥덕왕 3년(828) 청해진이 설치된 지 얼마 안 된 흥덕왕 9년(834)에 색복 등의 금령을 내린 이유 중 하나는 국제무역을 통하여 들어오는 사치품을 규제하기 위함이었다. 이는 신라가 장보고의 무역활동을 부담스러워한 것을 의미한다. 신라의 왕은 군사적인 성격이 강한 하나의 지방지배조직으로서 청해진을 설치하여 해적을 물리치고 서남해를 안정시키려 하였다. 거기에 더하여 당에 조공하는 물건을 청해진으로부터 조달하였다고도 여겨진다. 그러나 신라는 청해진 설치의 효과를 제대로 누리지 못하였다.

장보고의 청해진은 9세기 당과 신라 및 일본과의 국제무역의 주도권을 신라가 장악하였다는 의미를 지니고 있다. 청해진이 사라진 후 그러한 국제무역은 다시 당에 정착하여 살던 신라인들에게 넘어갔다. 이 때 신라는 진취적으로 9세기의 국제무역을 이끌었던 재당 신라인들에게 해준 일이 없었다.

120) 엔닌, 『입당구법순례행기』, 839년 4월 2일조.

4) 신라와 당의 문물 교류

신라와 당 사이에는 사신을 통한 공적인 교역이 있었다. 예를 들어 경문왕대의 교역을 볼 수 있다. 경문왕 5년(865) 당 의종은 사신을 보내 헌안왕의 죽음을 조상하고 부의로 베 1천 필을 증정하였다. 그리고 경문왕을 신라 왕으로 책봉하고 왕에게 사령장 한 통 · 정절 한 벌 · 비단 5백 필 · 옷 두 벌 · 금과 은으로 만든 그릇 일곱 벌을 주고, 왕비에게 비단 50필 · 옥 한 벌 · 은그릇 두 벌을 주고, 왕자에게 비단 40필 · 옷 한 벌 · 은그릇 한 벌을 주었다. 또 대재상에게는 비단 30필 · 옷 한 벌 · 은그릇 한 벌, 차재상에게는 비단 20필 · 옷 한 벌 · 은그릇 한 벌을 주었다.[121] 이와 같은 물품들 중에는 서적이나 그림 등 신라인의 문화적 욕구를 충족시켜주는 물건은 없었다. 하지만 신라인들은 그러한 물건을 여러 경로를 통하여 구입하였다.

경문왕 9년(869) 7월 왕자인 소판 김윤을 당에 보내 은혜를 사례하고 말 두 필, 부금 1백 냥, 은 2백 냥, 우황 15냥, 인삼 1백 근, 대화어아금(비단) 10필, 소화어아금(비단) 10필, 조하금(비단) 20필, 40새 백접포(모직) 40필, 저삼단 40필, 4자 5치의 머리털 1백50냥, 3자 5치의 머리털 3백 냥, 금차두(비녀) · 5색기대(띠) · 반흉(가슴에 다는 장식) 각 10조, 응금쇄선자와 분삽홍도(칼집) 20부, 신양응금쇄선자 분삽오색도 3백1부, 응은쇄선자 분삽홍도 20부, 신양은쇄선자 분삽오색도 30부, 요자금쇄선도 분삽홍도 2백1부, 신양요자금쇄선자 분삽오색도 30부, 요자은쇄선자 분삽홍도 20부, 신양요자은쇄선자 분삽오색도 30부, 금화응삽령자(방울) 2백 과, 금화요자령자 2백 과, 금루응미통 50쌍, 금루요자미통 50쌍, 은루응미통 50쌍, 은루요자미통 50쌍, 계응비힐피 1백 쌍, 계요자비힐피 1백 쌍, 슬슬전금침통 30구, 금화은침통 30구, 바늘 1천5백 개를 바쳤다.[122] 그런데 경문왕이 바친 물건들이 무엇인지 알 수 없는 것들이 있다. 한 가지 분명한

121) 『삼국사기』 11, 「신라본기」 11, 경문왕 5년 4월.
122) 『삼국사기』 11, 「신라본기」 11, 경문왕 9년 7월.

사실은 신라에서 금은이나 인삼과 같은 원자재에 해당하는 물건만 바친 것이 아니라 고도의 기술이 필요한 수공업 제품들을 바쳤다는 것이다.

한편 장보고가 청해진 대사로 있었던 828년에서 846년 사이에 신라인들이 중국은 물론 페르시아의 산물들도 수입하였던 것을 알 수 있다. 흥덕왕 9년(834) 교를 내려 "백성들이 사치와 호화스러움에 급급하여 다만 진기한 외국 물건만 숭상하고 도리어 토산물의 거칠고 촌스러움을 싫어하여 예절은 분수를 넘치게 되고 풍속은 질서가 없게 되니 옛 법전에 근거하여 법령을 선포하니 법을 범하면 형벌이 있을 것"이라 하고 색복 등의 금령을 선포하였다. 결국 청해진의 장보고가 외국의 물품을 수입하여 신라인들이 사용하게 되면서 골품제의 금령을 어기게되었고 왕은 이를 가만두지 않았다.

신라인들은 그들이 필요로 하던 선진문물을 여러 경로를 통해 구입하였다. 그러나 그렇게 할 수 있었던 세력은 한정되어 있었던 것도 사실이다.

5) 신라의 국제화 · 중국화

신라의 중국화 성골 왕 시대에 불교를 왕실에서 받아들임으로써 국제화 · 세계화가 크게 진전되었다. 그리고 법흥왕 이후 직접 중국과 외교관계를 맺게 되면서 신라는 동아시아의 한 왕국으로 자리 잡았다. 진덕왕 2년(648) 김춘추가 당에 가서 당 태종을 만난 것은 신라의 국제화의 또 다른 전기를 마련하였다.

진덕왕 3년(649) 정월에 처음으로 중국의 의관을 입게 하였으며 문무왕 4년(664) 정월에는 왕이 영을 내려 부인들도 중국의 의복을 입도록 하였다. 그런가 하면 그 해 3월 성천 등 28명을 웅진부성에 보내어 당악을 배우도록 하였다. 문무왕 14년(674)에는 당에서 숙위하던 대나마 덕복이 역술을 배워 돌아와서 새로운 역법을 도입하였다.

그 외에도 신라는 당으로부터 『예기』 · 『도덕경』 · 불경 등을 구하였으며 흥덕왕 3년(828)에는 당에 다녀온 사신 대렴이 차의 씨를 가져와 지리산에 심게 하

남녀 토용 649년에 남자, 664년에는 여자도 중국의 옷을 입었다. 이는 중국화 · 세계화의 한 예이다.

였다. 선덕왕 때부터 차가 있었으나 이 때부터 널리 퍼졌다.

유교화 648년 김춘추가 당의 국학을 참관한 것은 신라의 유교화에 중요한 의미가 있다. 신문왕 2년(682) 6월 국학을 설치하여 신라는 유교화의 길로 접어들었는데 국학에서는 많은 유교 경전 등을 가르쳤다. 경덕왕 6년(747) 정월에는 국학에 제업박사와 조교를 두었고 원성왕 4년(788) 봄 처음으로 독서삼품을 두어 벼슬길에 나가게 하였다.

대신라 왕국에서는 인재를 등용하는 데 유교 경전에 대한 실력을 통하였음을 알 수 있다. 그런가 하면 당에 유학하여 공부하고 돌아온 사람들도 점차 늘어났다. 하지만 아직은 왕국 전체가 유교화의 길을 걸은 것은 아니었다. 그러나 진골과 두품신분을 가진 사람들은 유교를 공부함으로써 관직을 가질 수 있는 기회를 얻을 수 있었다.

2. 일본국과의 관계

9년전쟁 중 백제를 도와 출병하였던 일본국은 그 후 성덕왕 2년(702) 2백4명의 사절단을 신라에 보내기도 하였다. 668년에서 779년 사이에 신라에서는 45회, 일본국에서는 25회 사신을 파견하였다. 그런가 하면 성덕왕 30년(731) 일본국의 병선 3백 척이 바다를 건너와 신라의 동변을 습격하니 왕이 출병을 명하여 격파하였다. 이처럼 신라와 일본은 사신을 파견하여 물물교환을 하는 한편, 일본은 변경을 쳐들어와 도둑질을 하기도 하였다.

752년 일본에 간 신라 사신의 성격 『속일본기』에 나오는 752년조의 기록은 신라와 일본의 국제관계에 대한 새로운 해석을 하게 만든다. 752년 윤 3월 22일 신라의 왕자라고 하는 대아찬 김태렴과 조공사 김훤 등 7백여 명이 7척의 배를 타고 다자이후(大宰府)에 머물렀다. 일본 조정에서는 3월 28일 대내 등 여러 관리를 천황릉에 파견하여 신라 왕자가 온 사실을 알렸다. 6월 14일 신라 왕자는 3백70명을 이끌고 헤이조쿄(平城京)에 가서 배조(拜朝)하고 공조(貢調)를 행하였으며 17일 일본 측은 조당에서 향연을 베풀었다. 22일에는 대안사와 동대사에 예불을 드렸고, 7월 24일에 나이와칸(難波館)으로 귀환하였다.

일본 측 사서를 보면 신라의 사신이 일본에 조공을 한 것으로 나오고 있다. 732년에 일본에 간 대나마 김장손에게는 3년에 한 번 조공하라는 명령을 내린 것으로 나오기도 한다. 그리고 734년 일본에 간 급찬 김상정 등은 왕성국이라 칭하였다고 하여 되돌려보낸 것으로 나오고 있다. 『속일본기』의 기록은 보면 신라가 일본에 조공한 것이 된다. 과연 그리하였을까?

752년 사신으로 간 김태렴은 경덕왕의 아들로서 왕자일 수는 없다. 아들이 없던 경덕왕은 그 후에 혜공왕을 두었기 때문이다. 그러니까 『속일본기』에 나오는 기록에 대한 사료비판이 필요하다.

753년의 신라와 왜의 관계 『삼국사기』에는 경덕왕 12년(753) 8월 일본국의 사신이 왔는데 거만하고 무례하여 왕이 만나주지 않아 돌아갔다고 나와 있다. 또 경덕왕 원년(742) 10월에도 일본국의 사신이 왔는데 받아들이지 않았다고 한다. 만일 732년에서 752년까지 이어지는 것과 같이 신라가 일본국에 조공을 하였다면 742년과 753년에 일본국 사신을 만나지도 않고 돌려보낼 수 있었을까?

신라가 일본국에 조공을 바친 일은 없다. 일본의 사서는 신라와 일본의 관계를 왜곡하여 기록한 것이다.

1천3백 년 전 일본의 역사왜곡 여기서 일본의 역사왜곡이 드러난다. 그들은 1천3백 년 전 신라와 일본 사이의 외교관계를 신라가 일본국에 조공한 것으로 일방적으로 왜곡하였다. 사실 그러한 일본 사서의 역사왜곡은 『일본서기』에서도 찾아진다.

그런데 일본국의 왕이 신라의 사신이 조공을 바치러 온 것으로 일본에 알렸을 가능성은 있다. 그것은 일본국 왕 자신의 권위를 높이려는 국내용 정책이었을 것이다. 하지만 그러한 사실왜곡은 신라에는 적용할 수 없다. 그런데도 그와 같은 사실왜곡은 역사왜곡으로 지금까지 남아 있다.

3. 발해와의 관계

신라인이 보는 발해 엔닌의 『입당구법순례행기』 839년 8월 15일조에는 당에 있던 신라인들이 8월 보름 명절을 지냈다고 나온다. 그 날을 명절로 삼은 이유는 신라가 옛날 발해와 더불어 전쟁을 하여 승리한 날을 명절로 정하고 음악과 즐거운 춤으로 즐기던 것이 오래되어 끊이질 않았다고 한다. 그런데 신라가 발해를 토벌하였을 때 겨우 1천 명이 북쪽으로 도망하였다가 그 후에 돌아와 한 나라를 세웠는데 당시 발해라고 부르는 나라가 바로 그것이라고 한다. 그러니까 신라가 전쟁에서 승리한 나라는 발해가 아니라 고구려였다. 그런데 신라인들은 고구려라고 하지 않고 당시 존재한 발해라고 한 것이다. 이는 신라인들이 발해를 고구려와 같은 나라로 본 것을 의미한다.

발해와의 전쟁 29대 무열왕과 30대 문무왕이 삼한을 통합한 후 31대 신문왕

발해의 석등 『삼국사기』에 신라에서 발해를 북국이라고 한 사실이 나오고 있다.

에서 36대 혜공왕까지는 대외 전쟁이 없었다. 33대 성덕왕 32년(733) 7월 당 현종은 발해와 말갈이 바다를 건너 등주에 쳐들어왔으므로 태복 원외경 김사란을 귀국시켜 왕을 개부의동삼사 영해군사로 삼고 군사를 내어 말갈의 남쪽 변경을 치게 하였다. 당 현종이 보냈던 글에는 "말갈과 발해는 겉으로는 번국이라 하면서 속으로는 교활한 마음을 품고 있으므로 지금 군사를 내어 그 죄를 묻고자 하니 신라 왕도 또한 군사를 내어 앞뒤에서 협공할 일"이라 하면서 "옛 장수 김유신의 손자윤중이 있다고 하니 마땅히 그를 뽑아 장수로 삼으라" 하였다.[123] 성덕왕은 윤중과 그의 아우 윤문 등 4명의 장군에게 명하여 군사를 거느리고 당군과 합세하여 발해를 치게 하였다. 하지만 때마침 눈이 많이 내려 한 길 이상이나 되었고 산길이 막히고 좁아서 사졸들 중 죽은 이가 반수가 넘어 별다른 공 없이 돌아왔다.

북국에 사신 파견 헌덕왕 4년(812) 9월 급찬 숭정을 북국에 사신으로 보냈다. 사신 숭정의 관위로 보아 사신으로서의 격이 높지 않았음을 알 수 있다. 신라와 발해 사이에는 압록강에서 청천강까지 완충지대가 있어 발해와 직접적으로 접촉할 일은 없었다.

제
5
장

대신라 왕국의 사회체제

제1절 지배세력

지배세력의 속성 권력의 차이와 불평등은 모든 사회체제의 기본적 특성이다. 신라에서도 왕을 중심으로 한 소수의 세력들이 권력을 장악하고 권력의 사용을 합법화하여 그 세력의 존재를 정당화하였다. 왕을 중심으로 한 소수의 지배세력들은 골품제의 상층 신분이 되어 세력 내 혼인을 하며 세가(世家)를 이루었다. 그들은 짧은 기간이나마 관직을 가짐으로써 평생을 지배세력으로 살아갈 수 있었던 것이다.

세력 차이 대신라 왕국 사람들 사이에는 세력 차이가 있었는데 구체적으로비교할 수 있다.

33대 성덕왕은 재위 15년(716) 성정왕후를 내쫓았는데 채색비단 5백 필, 논밭 2백 결, 벼 1만 석, 집 한 채를 주었으며 집은 강신공의 옛 집을 사서 주었다.[123)]

월성 신라의 지배세력은 월성에 살던 왕을 중심으로 혈연적인 관계를 가진 집단이었다.

성덕왕 11년(712) 8월 김유신의 처를 부인으로 삼고 매년 곡식 1천 섬을 주기도 하였다. 한편 신문왕대에 강수가 죽었을 때 그의 아내가 먹을 것이 모자라 고향으로 돌아가려 하자 대신이 이를 듣고 왕에게 청하여 조(租) 1백 석을 주자, "자신은 천한 사람이며 의식을 남편에게 의지하여 나라의 은혜를 많이 받았는데 이제 홀로 되었으므로 감히 후한 은혜를 받을 수 없다" 하고 돌아갔다고 한다.[125]

그런가 하면 한기부 백성 연권에게 지은이라는 딸이 있었는데 지은은 어려서 아버지를 여의고 어머니를 봉양하였으며 나이 서른둘이 되어도 시집을 가지 않았다. 조석으로 어머니를 보살피며 그 곁을 떠나지 않았으나 봉양할 길이 없어 마침내 부잣집에 가서 자청하여 몸을 팔아 노비가 되고 그 대가로 쌀 10여 석을 얻어 종일 그 집에서 일하고 날이 저물면 밥을 지어 돌아가 어머니를 봉양하였다. 그러한 사정을 안 어머니가 통곡을 하자 딸도 통곡하였다. 때마침 그 곳을 지나가던 효종랑이 사정을 알고 부모에게 청하여 곡식 1백 석과 의복을 보내주고 지은을 산 주인에게 몸값을 갚아 양인이 되게 하였다. 효종랑의 무리들도 곡식 한 석씩을 주었고 대왕도 그 소식을 듣고 벼 5백 석과 집 한 채를 주고 부역을 면제해주었으며 도둑을 염려하여 군사를 보내 지키게 하고, 그 마을을 효양방이라 한 뒤 당에 글을 올려 아름다운 명예를 당에 돌렸다.[126]

이를 보면 신라 사람들이 세력에 따라 어떻게 다른 대우를 받았는지 알 수 있다. 성정왕후, 김유신의 처, 강수의 처, 효녀 지은의 경우를 보면 그 차이가 얼마나 컸는지 한 눈에 알 수 있다.

지배세력과 세계(世系) 신라의 지배세력들은 그들의 출생에 의하여 결정되었다. 한 개인의 부모를 포함한 여러 대의 조상들의 신분적 지위와 그들의 혼인 · 사통관계 등이 사회적 · 신분적 지위를 정해주는 기준이 되었다. 따라서 신라인

124) 『삼국사기』 8, 「신라본기」 8, 성덕왕 15년.
125) 『삼국사기』 8, 「신라본기」 8, 성덕왕 15년.
126) 『삼국사기』 48, 「열전」 8, 효녀 지은.

들은 그와 같은 관계를 보여주는 세계를 서로 알고 있었다. 『삼국사기』「열전」에는 그와 같은 세계에 대한 단편적인 기록이 나오고 있는데, 이것으로 고려 시대에 편찬된 『삼국사기』는 신라인들이 중시한 세계의 의미를 충분히 이해하지 못하였음을 알 수 있다. 고려 시대에는 그만큼 신라를 제대로 이해할 수 없게 되었다.

신라 왕국의 최정상부에 있던 지배세력들은 그 수가 많지 않았다. 그리고 그들은 혈연과 인척관계로 연결되어 있었다. 그런데 시간이 지나면 새로운 왕을 중심으로 새로운 지배세력이 계속 만들어졌다. 무열왕과 문무왕대에 김유신과 그의 아들들은 왕국의 최정상부에 위치한 지배세력이 될 수 있었다. 그런데 33대 성덕왕대(702~737)에 이르면 김유신의 적손(嫡孫)인 대아찬 윤중은 왕을 중심으로 만들어진 새로운 지배세력의 범위에서 벗어났다.

그럼에도 불구하고 성덕왕의 은혜를 여러 번 받은 데 대하여 왕의 친족들이 자못 시기를 하였다. 8월 보름에 성덕왕이 술자리를 베풀고 즐기다가 윤중을 불러오게 하니 간하는 자가 있어 "종실과 척리에 좋은 사람이 없는 것이 아닌데 유독 소원한 신하를 부르니 어찌 친족을 가까이 하는 도리이겠는가" 하였다.[127] 이는 성덕왕을 중심으로 왕친(王親)과 인척들로 이루어진 새로운 최고 지배세력이 존재하게 된 것을 보여준다.

신라의 최고 지배세력에게는 성씨나 출신 지역이 중요한 것이 아니었다. 오히려 한 줌 지배세력들 사이에 얽히고설킨 혈연관계와 인척관계에 대한 세계가 지배세력을 정하는 기준이 되었다. 그것이 신라였다. 김유신의 집안도 시간이 지나면서 왕실에서 소원한 신하가 된 것이다. 신라 왕국에서는 지배세력이 무한정 늘어나는 것을 방지하는 도태장치가 있었던 셈이다. 그것을 위하여 세계가 중요한 기준이 되었고 신라인들은 그러한 세계를 알고 있었다. 자기만이 아니라 다른 사람의 세계도 알고 있었다.

127) 『삼국사기』 43, 「열전」 3, 김유신 하.

지배세력의 유지 신라의 지배세력들은 경제적 · 신분적 · 정치적 기반을 가지고 있었다. 녹읍이나 세조를 받았고, 진골신분을 가졌으며, 높은 관직에 올랐다. 그러니까 지배세력들은 권력 · 명예 · 특권을 가졌고 경제적 여유를 장악하였다. 왕국 최상층 신분인 진골들이 왕과 관계를 가지고 최고의 지배세력이 될 수 있었다. 하지만 그 수는 극히 일부로서 진골을 모두 합해도 1% 미만이었다. 그리고 그 밑의 신료집단을 구성한 두품신분(촌주신분 포함)도 전체 인구의 10%보다 훨씬 적었다. 신료집단은 전문적인 능력을 보유한 관리 · 군인 · 사신(私臣) 등으로서 왕과 왕을 중심으로 만들어진 정치지배세력을 위하여 일하던 집단이었다.

그들 지배세력들은 왕국의 수입의 반 이상을 장악하였다. 성정왕후와 김유신의 처 그리고 강수의 부인에 대한 대우에 차이가 있었지만 그들은 지배세력에 속하였다. 그러니까 왕국의 경제를 지배세력들이 장악하였던 것이 틀림없다. 669년 1백74개 목마장을 분배할 때 내성에서 22곳을 가졌고 김유신이 6곳, 김인문이 5곳을 가졌다. 왕을 포함한 대아찬 이상 세력들이 90곳의 목마장을 가졌다. 이는 왕과 대아찬 이상의 최고의 지배세력들이 왕국의 경제를 50% 이상 장악하였을 가능성을 보여준다.

한편 문성왕이 장보고의 딸을 차비(次妃)로 들이려 할 때 조정의 신료들이 "장보고는 섬사람인데 어찌 왕실의 배우자로 삼으려 하는가" 하고 반대하였다.[128] 이것은 그들이 지배세력으로서의 지위를 유지하기 위함이었다.

김유신의 경우 김유신은 특별한 존재였다. 그는 삼한통합에서 제1의 공을 세웠다. 백제를 평정한 후 대각간이 되었고 고구려를 평정한 후 태대각간이 되었다. 신문왕 때 당 고종이 무열왕을 태종이라 칭한 것을 문제 삼았다. 그 때 신라왕이 신라는 비록 작은 나라지만 거룩한 신하 김유신을 얻어 삼국을 통일하였으므로 태종이라 한 것이라고 하였다. 당 고종은 자신이 태자로 있을 때, 하늘에서

128) 『삼국사기』 11, 「신라본기」 11, 문성왕 7년.

〈표19〉 김유신의 세계

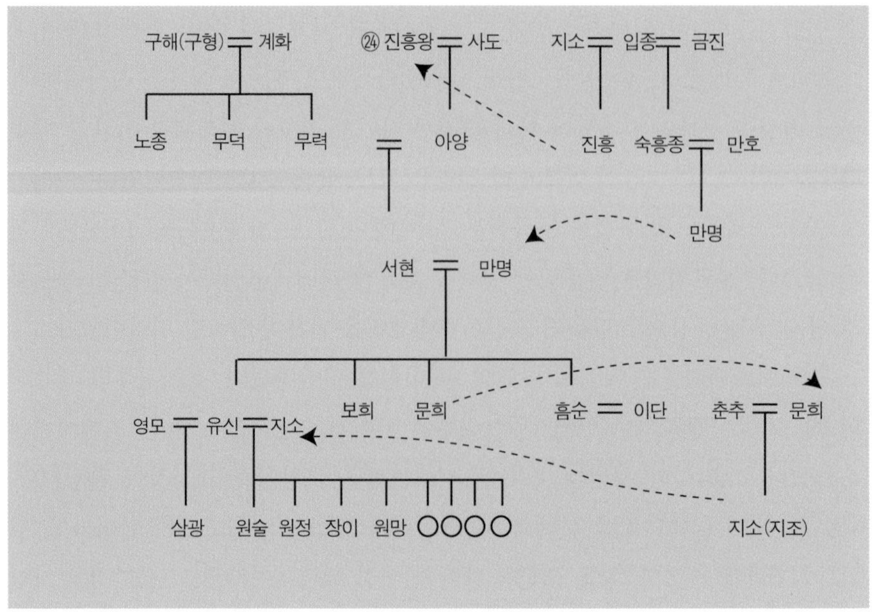

삼십삼천의 한 사람이 신라에 태어나서 김유신이 되었다고 한 것을 책에 기록해 둔 것을 꺼내보고 놀라 마지않았다고 한다.[129)]

김유신은 원래 금관가야(남국)의 마지막 왕 김구해(김구형 또는 김구충)의 증손이었다. 김유신의 할아버지 무력은 진흥왕의 딸 아양공주와 혼인을 하였고, 아버지 서현은 입종갈문왕의 손녀이자 만호태후의 딸인 만명과 혼인을 하였다. 김유신의 누이 문희는 김춘추와 혼인을 하였고 김유신은 김춘추와 문희 사이에서 출생한 셋째 딸 지조부인과 혼인을 하였다. 이와 같이 중복된 혼인을 통하여 무열왕과 문무왕대에 김유신의 일족은 지배세력으로 당당한 위치를 차지하였다. 이러한 김유신의 세계는 그를 최고의 지배세력으로 만들기에 충분하였다.

따라서 김유신은 막대한 경제력을 가지게 되었다. 662년에는 당군에게 식량

129) 『삼국사기』 1, 「기이」, 태종춘추공.

을 공급한 공으로 본피궁의 전장(田莊)과 노복을 둘로 나누어 김인문과 김유신에게 주었으며 663년 11월에는 김유신에게 전 5백 결을 주었다. 668년에는 식읍 5백 호를 주었고 669년에는 목마장 6곳을 주었다. 특히 668년 논공에서는 태대각간의 관위와 식읍 5백 호를 주었고, 수레와 지팡이도 내렸으며, 궁전에 오를 때 허리를 굽히지 않고 걷게 하였고, 그의 모든 료좌(寮佐)들에게 각기 관위 1급을 더해 주었다.[130] 당시 신라에는 지배세력들이 사신을 거느렸는데 김유신 자신이 용춘공의 사신이 된 바 있다. 따라서 김유신이 거느린 료좌는 사신일 수 있다.

귀문의 죽음과 그 의미 삼한통합 과정에서 신라 귀문(貴門)의 아들들이 많이 희생되었다. 그 대표적 예로 반굴을 들 수 있다. 660년 신라군이 황산벌에서 백제의 계백 장군을 만나 싸웠으나 이기지 못하였다. 그 때 김흠순이 아들 반굴을 불러 "신하가 되어 충성보다 더한 일이 없고 자식이 되어 효도보다 더한 일이 없다. 나라가 위급함을 보고 목숨을 바치는 일은 충성과 효도를 모두 완전하게 하는 일이다" 하였다. 반굴은 "그렇습니다" 하고 백제의 진으로 들어가 힘을 다하여 싸우다 죽었다. 반굴의 아들 김영윤은 그러한 세가(世家)에서 자라 명예와 절개 있는 가문임을 자부하였다. 신문왕대에 고구려의 무리들이 보덕성을 근거로 반란을 일으켰다. 신문왕이 토벌을 명하였는데 김영윤은 황금서당의 보기감이 되었다. 그는 떠날 때 자신이 이번에 가면 종족과 친구들이 자신에 대한 나쁜 평판을 듣게 하지 않을 것이라 하였다. 반란군을 만났을 때 여러 장수들은 적이 피로해지기를 기다리기 위해 물러났으나, 그는 진격만이 있고 퇴각이 없는 것이 사졸의 정해진 분수라 하고 적진으로 달려가 싸우다 죽었다. 왕이 그 소식을 듣고 "이런 아버지가 없으면 이런 아들이 없을 것이니 그 의열을 칭찬할 만하다"고 하며 관작과 상을 더욱 후하게 내려주었다.[131]

130) 『삼국사기』 43, 「열전」 3, 김유신 중.

신라 장군 품일의 아들 관창 또한 무열왕의 부장(副將)으로 660년 백제와의 전투에 참전하였다. 품일이 관창을 불러 "너는 비록 나이는 어리지만 의지와 기개가 있으니 오늘은 공명을 세워 부귀를 얻을 때이다. 용맹이 없을 수 있겠느냐?" 하였다. 그러자 관창이 백제의 진에 들어갔다가 사로 잡혔으나 풀려났다. 하지만 또다시 들어가 잡혀 죽임을 당하였다. 계백은 그 목을 베어 말안장에 매달아 보냈는데 품일은 "내 아들의 모습이 산 것 같다" 하고 "나라일에 죽었으니 후회가 없다" 하였다. 3군이 이를 보고 분개하여 죽을 마음으로 진격하니 백제 군사가 크게 패하였다. 무열왕이 관창에게 급찬의 관위를 더해주고 예를 갖추어 장사 지내고 그 집에 당견(唐絹) 30필, 20새 베 30필, 곡식 1백 석을 부의로 주었다.[132)]

문무왕대에 김유신의 아들 원술은 당병과의 전투에서 그를 보좌하던 담릉의 만류로 목숨을 바치지 못하였고 군대도 패하고 돌아왔다. 김유신은 원술이 왕의 명을 욕되게 하였고 가정의 훈계도 저버렸으니 목을 베어야 한다고 왕에게 말하였다. 하지만 왕은 원술에게만 중한 벌을 줄 수 없다고 하며 죄를 용서해주었다. 원술은 부끄럽고 두려워 감히 아버지를 뵙지 못하고 전원에 숨어 있다가 아버지가 세상을 떠나자 어머니를 뵈었다. 그러나 어머니는 삼종지의를 이야기하며 만나지 않았다. 원술은 탄식하며 태백산으로 들어갔다.[133)]

신라 지배세력의 젊은이들은 전쟁에서 앞장서 나랏일에 목숨을 바쳤다. 그들의 죽음은 개인의 일이 아니었다. 그들의 죽음은 그의 가문과 종족(宗族)의 일이었다. 왕국에서는 그러한 죽음을 보상해주었고 그러한 보상은 죽은 사람에 대한 추증만이 아니라 산 자와 죽은 자의 후손들에 대한 사회적 · 정치적 활동의 대로를 열어주는 열쇠가 되었다. 즉 그것이 골품제 사회의 보험이 되었던 것이다.

이렇듯 신라의 귀문에서는 생명보다 명예를 중시하였다. 그 명예는 나라에 대한 충성과 부모에 대한 효도를 명분으로 한 것이었다. 그와 같은 귀문의 희생은

---

131) 『삼국사기』 47, 「열전」 7, 김영윤.
132) 『삼국사기』 47, 「열전」 7, 관창.
133) 『삼국사기』 43, 「열전」 3, 김유신 하.

그들로 하여금 신분적 자부심을 갖게 만들었고 아래 신분의 사람들에게 복종을 유도할 수 있는 밑바탕이 되었다. 그런 면에서 적을 죽이고 밭을 갈아엎고 우물을 메우고 나무를 자르고 집을 불태우는 전쟁은 귀문의 탁월성을 발휘할 좋은 기회가 되었다. 그 보상으로 귀문의 성원들은 왕정에 참여하였고 경제적으로 보장을 받았으며 우아한 문화적 생활을 누릴 수 있었다.

진성왕 이후의 지배세력 진성왕대(887~897)에 견훤의 후백제가 세워졌고 궁예가 활동하기 시작하였다. 그리고 기훤 · 양길 등 지방의 대군웅들이 등장하였다. 이제 왕을 중심으로 한 지배세력들은 실질적으로 그 세력이 위축될 대로 위축되었다. 실제로 헌강왕대(875~886)에 이미 도읍이 파괴될 것을 미리 알고 사람들이 많이 도망한 상태였다.

지배세력의 통제를 받았던 백성 원래 백성들은 상심(常心)이 없다고 한다. 그러므로 생각이 나면 오고 싫어지면 가버리는 것이 본디 그 하는 일이라고 한다. 그런데 대신라 왕국의 백성들은 오고가는 일이 쉽지 않았다. 물론 헌덕왕 8년(816) 흉년이 들자 굶주려 절강동도에까지 가서 먹을 것을 구하는 사람들이 1백 70명이나 되었다고 한다. 여기서 신라인들 중 당으로 건너간 예가 찾아진다. 그러나 많은 사람들은 살던 고장을 떠나 유망을 하였다. 백성들이 유망을 하면 왕국으로서는 조 · 용 · 조의 수취 기반을 상실하게 되는 것이었다. 따라서 왕정이 유지될 때에는 왕이 먹을 것을 줄이고 백성을 구휼하는 일을 지속하였다.

제2절 골품제

1. 대신라 왕국 골품제의 특성

골품제는 엄격한 신분제라고 한다. 따라서 골품신분은 마치 지층처럼 각 신분층을 갈라놓는 것으로 생각될지 모른다. 그러나 신라의 골품제는 화석화된 신분제가 아니라 살아 움직이던 신분제로 다양성을 가지고 있었다. 그리고 신라인 모두가 골품제에 편입된 것도 아니었다. 단지 삼한통합 과정에 많은 사람들이 동원되었고 그에 따라 신라인 대부분이 골품제에 어떠한 형태로든 편입된 것은 분명하다. 따라서 대신라 왕국의 골품제는 한층 강력한 신분제가 되었다. 백제와 고구려를 평정하여 이루어진 대신라 왕국은 새로이 늘어난 토지와 그 안에 살던 인민들을 골품신분으로 편입하는 조치를 취하였다. 특히 신라는 갑자기 늘어난 인민을 골품신분으로 편입하여 통제하는 방법을 취하였다.

골품제의 변동으로 막을 연 대신라 왕국 대신라 왕국은 골품제의 변동으로 막을 열었다. 첫째, 28대 진덕왕을 마지막으로 성골이 소멸되었다. 29대 무열왕은 진골로서 왕위를 이었다. 무열왕의 증조인 25대 진지왕은 분명 성골로서 왕위에 올랐다. 그런

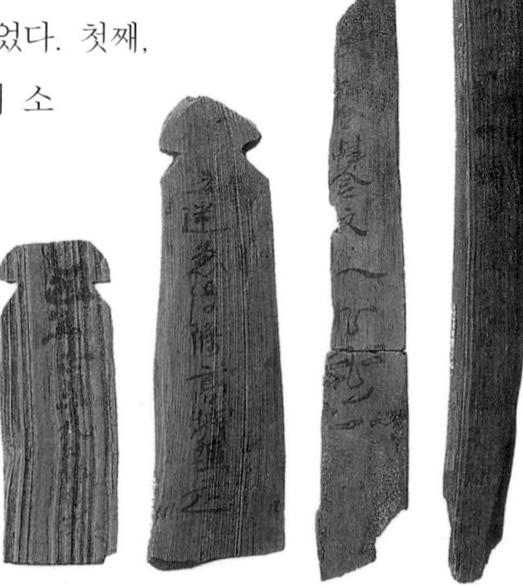

안압지 출토 목간 12등 관위인 대사를 의미하는 한사가 나오고 그 아래에 사람 얼굴이 그려져 있다.

데 진지왕이 폐위되면서 그의 아들인 용수와 용춘은 성골 거주구역이었던 왕궁을 떠나며 족강이 되었다. 따라서 용수와 용춘은 생시에 성골에서 진골로 신분이 떨어지는 족강을 경험하였다. 그 결과 김춘추는 왕위에 올랐으나 그 신분이 진골일 수밖에 없었다.

둘째, 3두품 · 2두품 · 1두품의 신분이 합쳐져 평인 또는 백성신분이 되었다. 3두품은 왕경6부 중 부의 직할지의 백성이고, 2두품은 리 직할지의 백성이고, 1두품은 마을의 백성이었다. 그런데 대신라 왕국에서는 그들에 대한 구별의 필요성이 사라졌다. 특히 삼한통합 전쟁에 참여한 왕경의 백성들에게 대사까지의 관위를 주었고 그 결과 3두품 · 2두품 · 1두품의 구별은 의미가 없어지게 되었다. 이에 3개의 두품신분을 통합하여 평인 · 백성의 한 신분으로 만들었다.

셋째, 골품제와 관련된 관위의 운용에 변동이 생겼다. 그 하나는 중위제의 설치였다. 그 예로 김유신이 백제 평정의 공으로 대각간이 되었고, 고구려 평정의 공으로 태대각간이 된 것을 들 수 있다. 그 외에 왕경인에게는 중아찬과 중대나마제가 적용되었고, 지방인에게는 중사찬제와 중나마제가 적용되었다. 이와 같은 중위제는 신분상승을 허용하지 않고 골품제의 틀을 유지하며 각 신분층의 사람들을 대우하는 일종의 허구적 이동을 사용한 예이다. 다른 하나는 문무왕 14년(674) 지방인들에게 주었던 외위를 없애고 그에 상응하는 경위로 바꾼 것이다. 이 또한 지방인들에게 경위를 줌으로써 실질적인 신분상승 없이도 허구적으로 상승효과를 주는 것이었다. 그것은 삼한통합 과정에 동원된 지방인들에 대한 일정한 대우가 필요하였기 때문이다.

넷째, 가야와 백제, 고구려를 평정하며 새로이 왕경으로 이주한 사람들에 대한 골품신분 편제를 들 수 있다. 본가야(금관가야)계의 김유신이나 고구려계의 안승을 진골로 편입한 것이 그 예이다. 본가야계 사람에게는 진골까지 주었는데, 그것은 본가야의 왕들이 신라에 항복하기 여러 세대 전부터 신라의 여자들을 왕비로 삼았기에 본가야 왕족들은 이미 신라의 외손으로서 신라와 혈연적인 관계를 맺고 있었기 때문이다. 그 밖에 지방인으로 왕경에 이주하여 두품신분으로 편입된 세력도 있었다. 왕경으로 이주한 백제의 옛 사람들에게는 5두품, 고구려의 옛 사람들에게는 6두품까지의 신분을 주었다.

2. 골품제의 구조

늘어난 지방인 골품제는 왕경인과 지방인을 구분하여 편제되었다. 삼한통합으로 통치하여야 할 지방인의 수가 크게 늘었으며 이들에 대한 신분 편제는 진촌주·차촌주·평인의 지방신분제로 편제하는 것이었다.

진골과 두품신분 무열왕은 진골로서 왕위에 올랐으며 이후 진골왕 시대가 전개되었다. 대신라 왕국의 지배조직이 강화되며 관직의 수가 늘어나자 관직을 가질 수 있는 진골과 두품신분의 성원 수가 늘어났다. 그리고 그들 신료에 의하여 왕정이 보다 행정적인 지배체제를 갖추게 되었다.

또 피병합국의 세력들로 진골과 두품신분으로 편입된 세력이 있었다. 고구려계로 보덕국의 왕이었던 안승은 진골이 되어 왕경에서 살게 되었다. 그런데 고구려계 진골세력은 곧 도태되었다. 한편 두품신분에는 백제와 고구려계 출신들이 보다 많이 편입되었다. 하지만 그들도 시간이 지나면서 대부분 도태된 것으로 여겨진다.

대신라 왕국의 최고 정치지배세력이기도 한 진골의 비중은 매우 적어 1%에도 미칠 수 없었다. 진골과 6두품을 합하여 2% 미만이었다고 여겨진다. 그리고 5두품과 4두품까지의 세력도 전체 인구에서 차지하는 비중이 10%에 크게 미치지 못하였다고 여겨진다. 어쨌든 대신라 왕국의 진골과 두품신분의 구성이 다양해진 것만은 분명하다.

평인·백성 인구의 80% 이상을 차지하였던 평인·백성신분이 있다. 그들 대부분은 농민이었다. 평인들은 국가에 대한 조 · 용 · 조를 부담하였다. 신라 말에는 지방의 군웅들에게도 조 · 용 · 조의 부담을 지웠다. 농민들은 생산량의 30~70% 정도를 국가나 지방세력에게 바쳐야 하였다. 그리고 여러 가지 명목의 세(稅)도 내야 하였다. 그래서 농민들은 흉년이 들면 세를 낼 수 없어 유민화하였다. 왕정을 유지하기 위해서는 늘 농민들의 유민화를 막아야 하였다.

백성들 사이에도 계급이 구분되었다. 촌락문서에 나오는 중하연(仲下烟)에서 하하연(下下烟)까지의 구분은 농민들의 빈부에 따라 국가에 대한 부담을 지는 등급이 정해진 것을 의미한다. 노비를 소유한 농민이 있는가 하면 자식을 팔거나 스스로 몸을 팔아 노비된 사람들도 있었다.

9세기 후반 지방에 군웅들이 성장하여 성주 · 장군이라 칭하게 되면서 백성들의 부담은 가중되었다. 국가와 군웅들에게 이중으로 부담을 져야만 하였기 때문에 백성들의 생활은 더욱 어려워지고 그들 중 적지 않은 사람들이 유망하여 군웅들 밑에 들어가게 되었다. 그 결과 신라 왕정은 조세를 거둘 수 없었고 동원할 인력도 사라지게 되었다. 결국 왕정을 유지한 기반이 된 조 · 용 · 조의 수취를 할 수 없게 된 신라는 골품제마저 유지할 수 없게 되었다.

노비 촌락문서에는 노비의 수가 파악되어 있다. 그러므로 노비들도 왕국의 통치 대상이 되었던 것이 분명하다. 하지만 노비의 수는 많지 않았고 촌에 따라 노비가 없는 경우도 있었다. 노비는 10% 미만이었다. 물론 왕경의 지배세력들은 보다 많은 수의 노비를 소유하였을 것이다.

골품제 외적집단 또는 소모되는 집단 왕정이 강하여 국가통치력이 안정된 시기에도 골품제의 통제를 받지 않던 사람들이 있었다. 살던 곳을 떠나 유망하는 거지나 도둑들은 소극적인 면에서 정부의 통치를 벗어난 집단이었다. 그 비율이 얼마나 되는지 알 수 없으나 인구의 10% 이상일 수도 있다. 이들은 촌락문서에서도 빠진 집단이었다.

득난과 5두품 · 4두품 최치원은 성주사의 '낭혜화상비'에서 진골에서 족강한 세력을 득난이라 하였다. 득난을 6두품과 같은 신분으로 볼 필요는 없다. 한편 6두품에 비하여 4 · 5품은 말하기 족하지 않다고 하였다. 이는 6두품이 5두품과 4두품에 비하여 귀한 신분이라는 것이다. 한편, 신라 말 6두품이 크게 대두한 것은

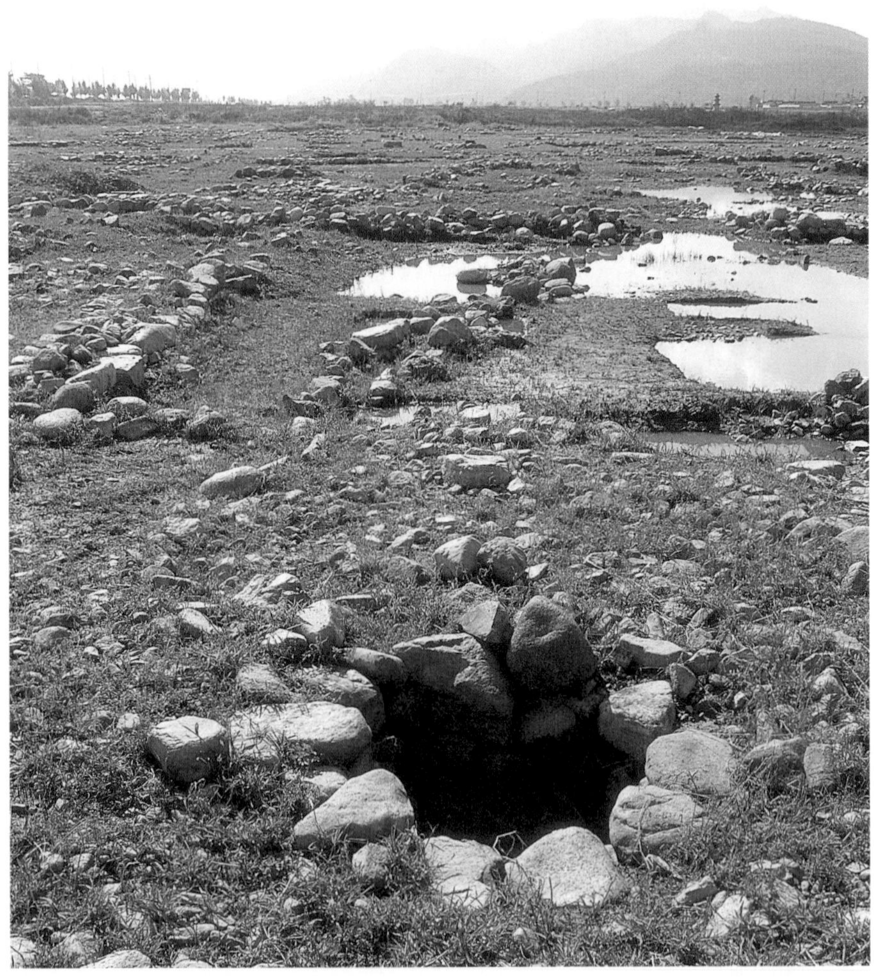

왕도의 우물 신분에 따라 옥사(屋舍)의 규정이 달랐다.

아니다. 최치원 스스로 왕정에서 물러나 종적을 감춘 것은 그러한 사정을 말해준다. 단지 6두품은 원래 골품제에서 어느 정도 중요한 위치를 차지한 신분이었다.

3. 골품제의 운용

골품제 운용의 축 골품제는 왕정을 축으로 편성된 신분제였다. 사로국이 형성될 때 이미 왕을 배출한 신분과 6촌 · 6부의 세력들 사이에 신분적인 간격이 분명해졌다. 결국 그와 같은 신분제를 바탕으로 만들어진 골품제는 처음부터 왕을 그 정점에 놓았다. 성골 왕을 축으로 하여 운용된 골품제는 대신라 왕국에 들어서며 변화를 겪었다. 진골 왕을 축으로 하며 왕이 가진 성스러움은 사라진 상황이었다. 따라서 대신라 왕국에서 골품제를 유지하기 위해서는 보다 행정적인 통제를 해나가게 되었다. 왕국의 한층 강화된 정치조직은 모두 골품제를 유지하는 장치로 작용하였다. 그러나 왕정의 피로가 나타나면서 정부조직의 골품제 유지 장치로서의 기능은 약화되었다.

골품제와 씨족 대신라 왕국 최고의 씨족은 왕을 배출하던 김씨족이었다. 그런데 김씨족도 족강에 의하여 여러 신분으로 나뉘었다. 그러한 사정은 다른 성씨를 사용한 씨족들도 마찬가지이다. 특히 38대 원성왕 이후에는 왕위계승전에 밀려난 왕족들인 진골세력들이 지방으로 내려가 자리를 잡고 시간이 지나면서 군족(郡族) 등이 되었다.

대족의 골품 획득 성골 왕 시대까지 진골이나 6두품의 신분으로 편입되지 않은 대족들이 있었다. 대족들은 지배세력들과의 혈연 · 인척관계를 가지고 있었으며 지배세력의 일원이었던 것은 분명하나, 아직 관직이 없어 관위를 받지 못하여 그 신분을 가릴 수 없는 집단이었다. 그런데 삼한통합 과정에서 국력을 총동원한 결과 대족들도 동원되어 활동을 하지 않을 수 없었다. 이에 대족들도 관직과 관위를 가지게 되었고 골품신분을 갖게 되었다.

51대 진성왕 전후가 되면 지방의 군웅들은 성주 · 장군이라 칭하며 신라 왕정의 통제를 벗어나게 되었다. 장군이라는 군관직은 진골만이 오를 수 있던 것인데 이제 지방의 세력가들이 장군이라 칭하게 된 것이다. 이는 그들이 장군이라 칭하던 지역에서 골품제가 무너진 것을 의미한다.

골품제와 거주지 대신라의 왕은 진골이었다. 따라서 왕은 다수의 진골 가운데 한 사람이었다. 그런데 왕은 왕국 최고의 지위에 있었기에 다른 진골들과는 비교할 수 없는 위치에 있었다. 또한 왕은 왕궁에 거주하였다. 성골 왕 시대의 왕궁은 일종의 신성한 공간이 되었는데 이제 왕궁은 신성한 공간이 아니었다. 그러나 여전히 정치지배자의 거주구역으로서의 의미를 가지고 있었다. 왕궁의 거주자로서 왕과 그 일족은 사회적 · 정치적 지위를 누리고 있었다.

진골들은 왕궁을 둘러싸고 발달한 왕도에 주로 거주하였으나 왕도를 벗어난 6부 지역에도 적지 않게 살고 있었다. 한 걸음 나아가 소경이나 주 · 군 지역으로 이주한 진골들도 있었다. 두품신분을 가진 집단은 주로 6부에 살았다. 물론 일부 두품세력들은 왕도로 이주하여 살았다. 그들 두품신분 집단도 왕경을 떠나 소경이나 주 · 군 지역으로 이주하게 되었다.

이와 같은 왕경인의 지방 이주는 왕경인과 지방인의 신분적 간격에 대한 의식 차이를 줄여나가게 되었다. 그리고 지방의 문화적 수준이나 사회의식의 성장에도 영향을 미쳤다.

금입택 『삼국유사』에는 신라의 전성기에 35금입택(金入宅)이 있었다고 나온다.

35금입택(부유한 큰집을 말한다) : 남택 · 북택 · 우비소택 · 본피택 · 양택 · 지상택(본피부) · 재매정택〔유신공의 조종(祖宗)〕· 북유택 · 남유택(반향사 하방) · 대택 · 빈지택(반향사 북) · 장사택 · 상앵택 · 하앵택 · 수망택 · 천택 · 양상택(양 남) · 한기택(법류사 남) · 비혈택(위와 같다) · 판적택(분황사 상방) · 별교택(북천) · 아남택 · 김양종택(양관사 남) · 곡수택(북천) · 유야택 · 사하택 · 사량택 · 비상택 · 이남택(우소택) · 사내곡택 · 지택 · 사상택(대숙택) · 임상택〔청룡의 절 동방에 지(池)가 있다〕 · 교남택 · 항질택(본피부) · 이상택 · 명남택 · 정하택(『삼국유사』 1, 「기이」 2, 진한).

위의 기록을 보면 39금입택이 나오고 있다. 그 중에는 김유신의 조종(祖宗)이라고 하는 재매정택(財買井宅)이 있다. 재매정택은 김유신의 종가였다. 김유신의 후손들 중 종손들이 그 집에 살았던 것이다. 김유신의 종손으로 이어지는 종족(宗族) 중 일정한 범위의 집단은 진골신분을 유지하였다. 그러나 종손의 대가 바뀌면 일정한 범위를 벗어난 종족은 족강이 되어 6두품신분을 갖게 되었다. 그러한 현상은 재매정택만이 아니라 다른 금입택에서도 마찬가지였다. 금입택의 주인인 종손은 진골신분 유지의 기준이 되었고 족강의 기준이 되기도 하였다.

골품신분과 정치조직 골품신분에 따라 하는 일이 달랐다. 그러한 사실을 왕경인들을 통하여 알 수 있다. 진골은 왕을 비롯하여 1급 관부의 장인 영까지 될 수 있었고 군대의 장군직도 차지하였다. 6두품은 차관인 경이 되거나 군대의 대관대감까지 되었다. 이들은 2급 관부의 장이 되기도 하였다. 5두품은 제3급 관직인 대사까지 되었고 3급 관부의 장도 될 수 있었다. 4두품은 사지의 관직까지 오를 수 있었고 4급 관서의 장이 될 수 있었다.

신분에 따라 오를 수 있는 관위도 차이가 났다. 진골은 이벌찬까지 올랐고, 6두품은 아찬까지 올랐으며, 5두품은 대나마까지 올랐고, 4두품은 대사까지 올랐다. 평인들도 대사까지 올랐다. 4두품과 평인 사이에 신분적 간격이 크지 않았던 사실을 알 수 있다. 한편 진골은 태대각간, 6두품은 4중아찬, 5두품은 9중대나마까지의 중위제의 대상이 되었다. 중위제는 신분의 상승을 막으면서 대우를 해주는 신분의 허구적 이동방법이었다. 지방인들의 신분은 진촌주와 차촌주 그리고 평인·백성으로 나뉘었다. 진촌주는 행정촌의 촌주나 군사(軍師)가 되었으며, 5두품에 해당하는 대우를 받았다. 그들은 사찬까지의 관등에 오를 수 있었다. 차촌주는 자연촌의 촌주로 나마까지의 관위에 오를 수 있었는데 왕경의 4두품에 해당하는 대우를 받았다. 지방의 진촌주와 차촌주에게도 중위제의 혜택이 주어졌다. 진촌주에게는 중사찬, 차촌주에게는 중나마의 관위가 주어지기도 하였다.

색복조의 금령 『삼국사기』에 나오는 색복·거기·기용·옥사조의 내용은 금령이며 이러한 금령은 율령격식과 무관하지 않았다. 골품신분에 따른 금령도 시대가 변하면서 개장되었던 것이 분명하다. 골품신분에 따라 제한을 두는 금령의 존재는 골품신분의 가시성과 지속성을 만들어주었다.

신라에 가서 옥사조의 규정에 맞추어 집을 보면 그 집의 주인이 어떤 신분을 가졌는지 알 수 있다. 따라서 색복 등 조의 금령은 골품신분에 따른 명확성과 동질성을 확보해주기도 하였다.

그러한 금령을 보면 진골·6두품·5두품·4두품·평인(백성) 사이의 신분적인 간격을 알 수 있다. 진골과 6두품 사이에는 모든 면에서 차이가 나고 있다. 6두품과 5두품 사이에는 기용조에서는 차이가 없지만 나머지에서는 모두 차이가 난다. 한편 5두품과 4두품 사이에는 분명한 차이가 있다. 4두품과 평인 사이에는 색복조의 금령만 차이가 난다. 이는 4두품과 평인 사이에 신분적인 간격이 있었던 것은 분명하지만 실제 금령을 통해 보면 그 간격이 크지 않았던 것을 의미한다.

골품제에 따른 긴장완화 장치 진골이 왕이 되었던 대신라 왕국에서 불교는 왕의 성스러움을 만들어주는 장치가 될 수 없었다. 그러나 불교 자체가 갖는 특성으로 인하여 골품제에서 오는 긴장을 완화시켜주는 장치가 되기도 하였다. 진골 왕들은 사천왕사성전 등 성전을 설치하여 사찰의 건축과 유지를 책임졌다. 따라서 왕들이 거대한 사찰의 후원자가 되고 사찰은 왕권을 강화하는 이념적인 배경

〈표20〉『삼국사기』 옥사조의 금령

	집의 부분	진골	6두품	5두품	4두품에서 평인까지
1	방의 길이와 너비	24척 못 넘음	21척 못 넘음	18척 못 넘음	15척 못 넘음
2	산유목				사용 못함
3	조정				설치 못함
4	당와	설치 못함	설치 못함	설치 못함	설치 못함
5	수두			두지 못함	두지 못함
6	높은 처마 등	설치 못함	설치 못함 겹들보 · 두공 설치 못함	설치 못함 겹들보 · 화두 설치 못함	설치 못함 두공 설치 못함
7	처마에 다는 물고기	조각 못함	설치 못함	설치 못함	설치 못함
8	장식	금은 놋쇠 5색 장식 못함	금은 놋쇠 백탑 5색 장식 못함	금은 놋쇠 구리 납 5색 장식 못함	금은 유석 구리 납 장식 못함
9	계단	3층 계단 설치 못함	중계 · 2층 계단 설치 못함		
		계단돌은 갈지 못함	계단돌은 갈지 못함	계단돌은 갈지 못함	
10	담장		8척 넘지 못함	7척 넘지 못함	6척 넘지 못함
11	석회	바르지 못함	바르지 못함	바르지 못함	바르지 못함
12	발 둘레	금 · 계수 · 야 초라를 금함	금 · 계수 · 릉을 금함	금 · 계수 · 견 · 시를 금함	
13	병풍	수놓는 것 금함	수놓는 것 금함		
14	평상	대모 · 침향장식 못함	대모 · 자단 · 침향 · 황양장식 못함, 비단자리 금함		
15	중문 · 4방문		중문 · 4방문 두지 못함	대문 · 4방문 못 만듦	대문 · 4방문 못 만듦
16	마굿간		5마리 허용	3마리 허용	2마리 허용

〈표21〉 골품신분간의 명확성과 동질성

		진골	6두품 · 5두품		4두품 · 평인	
색복		진골(여) · 대등	6두품(여)	5두품(여)	4두품(여)	평인(여)
거기	거재	진골	6두품	5두품		
	안교	진골	6두품(여)	5두품(여)	4두품(여)~백성(여)	
기용		진골	6두품 · 5두품		4두품~백성	
옥사		진골	6두품	5두품	4두품~백성	

을 제공해주었다.

그런데 일반 백성이나 노비와 같은 하층의 사람들은 그와 같은 사찰과는 관계를 맺을 수 없었다. 따라서 대신라 왕국에서는 '나무아미타불'을 외면 된다는 정토신앙이 백성이나 노비에게 널리 받아들여졌다. 신앙 중심의 정토신앙은 그 자체가 하나의 체념적 종교로서 현세의 신분적인 한계를 뛰어넘을 수 없는 사람들에게 서방정토에 대한 믿음을 심어주었다. 결국 정토신앙은 하나의 체념의 종교로 널리 받아들여졌던 것이다. 그런 면에서 정토신앙은 골품제의 갈등을 완화시켜주는 중요한 장치가 되었다. 축제도 골품제에 따른 긴장완화 장치로 볼 수 있다. 신라인들이 중시한 8월 보름의 축제 등 정기적인 축제는 골품제에서 오는 신분간의 긴장을 완화시켜주는 장치가 되었다. 축제 기간에 벌어지는 연극 · 춤 · 음악 등 다양한 행사를 통하여 그 동안 맺혔던 한을 풀고 긴장을 풀 수 있었다.

그런가 하면 흉년이 들어 백성들이 유망할 지경에 이르면 국가의 창고를 열어 곡식을 나누어주기도 하였다. 성덕왕 6년(707) 정월에 백성들이 많이 굶어 죽으므로 7월 2일까지 사람들에게 하루에 3승씩 곡식을 나누어주었다. 그리고 2월에는 백성들에게 5곡의 씨앗을 나누어주기도 하였다. 이러한 구휼정책은 왕정이 무너지지 않는 한 계속되었다. 구휼정책은 소극적이지만 골품제에 따른 긴장을 완화시키는 또 다른 장치가 되었다.

골품제의 사회화 장치 대신라 왕국을 골품제 사회로 만들기 위해서는 신라인들에 대한 사회화가 필요하였다. 신라인들이 골품제를 의심 없이 받아들이게 만든 사회화 장치로 화랑도를 들 수 있다. 화랑도는 화랑과 낭두 그리고 낭도로 구성되었다. 화랑은 물론 진골들이 되었다. 낭도는 대체로 두품신분을 가진 사람들이 되었으며 낭도는 진골에서 백성까지가 모두 되었다. 화랑도에는 13~14세의 나이에 들어가 30세까지 여러 해 동안 속해 있었다. 그리고 화랑도 안에는 골품신분에 따른 질서가 작용하였다. 따라서 화랑도로서 활동하는 과정에서 신라인들은 각기 자신의 신분에 맞는 규범을 익혔다. 화랑도의 활동을 마친 화랑과 낭두 그리고 낭도들은 관직을 갖거나 향리의 장이 되어 그들이 어려서부터 익혀 온 골품제에 대한 규범을 지켜나갔다.

한편 화랑도에 들어가지 않았던 많은 젊은이들은 어려서부터 세속오계를 익혔다. 세속오계 자체는 골품제와 직접적인 관계가 없을지 모르나 그 가르침을 따르게 되면 결국은 골품제를 유지하는 계율로 기능하게 되었다.

사치를 통한 사회화 색복조에 의한 금령은 신분에 따른 사치품의 사용을 제한하는 규정이었는데 이러한 금령은 모든 사람에게 적용되었다. 특히 금령에 따라 허용된 사치품은 사치품이 아니라 젊은이를 교육시키는 장치가 되었다. 한 예로 화랑도의 화랑과 낭도들은 금령에 따른 의복을 입고 말을 타고 활동하게 되었다. 화랑도의 성원들은 신분에 따라 색복 등을 달리하였다. 그러한 장치를 통하여 지배세력은 자부심과 냉정함을 길렀고 아래 신분 위에 군림하는 의식을 길렀다. 아래 신분의 낭도들은 윗신분의 성원들에 대한 존경과 복종을 익혀나갔다.

골품제에 따른 보수 골품제에 따른 보수는 여러 가지가 있었다.

첫째, 정치적 보수를 들 수 있다. 예컨대, 행정촌의 촌주의 지위는 세습되었다. 중앙의 진골과 두품신분도 부자간에 정치적 지위를 세습해갔다. 물론 왕과 같이 하나의 자리를 이어나간 경우도 있으나 실제는 중앙의 관직을 갖는다는 사실만으로도 관직의 세습을 이야기할 수 있다. 그러한 정치적 지위의 세습은 일종의 정치적 보수라고 할 수 있다.

둘째, 경제적 보수가 있다. 신료들은 관위에 따라 보수가 달리 주어졌다.

셋째, 심리적 만족과 신분에 대한 평가의 차이도 일종의 보수로 생각할 수 있다. 최치원이 진골에서 족강한 신분을 득난이라 하고 4두품과 5두품은 말하기에 부족하다고 한 것은 그 자신이 6두품으로서 일종의 심리적 만족감을 가지고 있었음을 보여준다. 5두품은 4두품에 대하여, 그리고 4두품은 평인에 대하여 심리

황남대총 출토 금제 그릇 골품제 금령에 따라 대신라의 왕과 그 일족이 사용한 그릇도 차이가 났다.

적 만족감을 가지고 있었다.

신분간의 통제 골품제를 운용하는 원리가 있다. 왕은 진골을 통제하고, 진골은 6두품을 통제하고, 6두품은 5두품을 통제하고, 5두품은 4두품을 통제하고, 4두품은 백성(평인)을 통제하였다. 실제로 관부의 영이 경을 통제하고 경은 대사를, 대사는 사지를, 사지는 사를 통제하였다. 영은 진골이 오를 수 있는 관직이었고 경은 6두품이 오를 수 있는 관직이었으며, 대사는 5두품, 사지는 4두품이 오를 수 있는 최고의 관직이었다. 관직의 운용을 통하여 상급 신분이 바로 아래의 신분을 통제하는 조직이 짜여졌던 것을 볼 수 있다.

골품제가 유지될 수 있었던 근본적 이유는 상층 지배신분에 의한 통치력 행사와 그에 대한 하층 신분의 용인이었다.

골품제 운용의 직접적 방법 골품제 운용은 모든 정부조직을 통하여 이루어졌다. 흥덕왕 9년(834) 색복 등 조를 정한 교(敎)에서 "사람에게는 윗사람과 아랫사람이 있고, 지위에는 높고 낮음이 있고, 신분은 같은 것이 아니고, 의복 또한 달라야 하는데 풍속이 무너지고 사람들이 사치를 다투어 오직 외국의 진기한 물건을 숭상하여 예가 떨어졌고 풍속이 무너졌다. 이에 옛 법을 따라 거듭 명령하는 것이니 진실로 법을 범하면 국가에서 법으로 형을 내릴 것"이라 하였다.[134] 이는 골품제의 규정을 어길 경우 벌로써 다스리겠다는 의지의 표현이다. 실제로 골품제 유지의 직접적 방법은 상벌이었다. 특히 벌은 중요한 방법이었다.

족강(族降) 골품제를 운용하고 유지하는 데에는 족강이 필수적이었다. 골품제에는 그에 따른 특권과 의무가 있었다. 그리고 신분에 따른 보수가 주어졌다. 그런데 각 신분층이 늘어나게 되면서 해당 신분에 맞는 특권과 보수를 제대로 줄 수 없었다. 이에 방계화한 집단의 성원들을 족강시켜 신분을 낮추어 특권을 가진 집단의 수를 일정하게 유지하였다.

또한 족강에 의하여 왕위계승 경쟁을 방지하였다. 그런데 원성왕을 종족(宗族)의 시조로 하는 혈족들은 왕위만이 아니라 상대등 · 재상 · 시중 등의 지위도 공유하며 서로 경쟁을 하였다. 그런 면에서 원성왕계 종족(宗族)들은 족강의 원리를 지키지 않았다. 그리고 그 결과는 왕권의 왜소화와 왕정의 붕괴로 나타났다. 진골의 경우 금입택을 기준으로 일정한 범위의 종족들이 진골이 되었고 그 범위를 벗어나면 족강되었다. 김인문을 6대조로 한 범청(낭혜화상의 아버지)이 진골에서 1등 족강되어 득난이 된 것이 그 예이다. 이러한 족강은 모든 신분층에서 일어났다. 원성왕을 시조로 하는 종족들이 족강을 하지 않아 왕위계승전을 벌였던 예로 보아 족강이 없었다면 골품제는 유지될 수 없었을 것이다.

생활기회 골품신분의 차이는 생활양식의 차이를 불러왔다. 골품신분을 가진

134) 『삼국사기』 33, 「잡지」 2, 색복조.

자들은 신분에 따라 관직을 가졌고 관위를 받았으며 보수를 지급받았다. 그러나 하위 관위를 가진 자들은 생계를 유지하기가 어려웠다. 이에 관직을 통하여 얻은 기회를 이용하여 도둑질도 하였다. 신분이 높은 자들은 관직을 이용하여 더 큰 도둑질을 하여 부를 축적하였다. 염장공은 조부의 영이 되어 재물을 축적하였다. 그의 집으로 금이 들어가는 모습이 홍수 같다고 하여 그의 집을 수망택(水望宅)이라고 하였다. 그러한 사정은 대신라 왕국에서도 마찬가지였을 것이다.

골품신분을 가진 자들은 백성이 굶고 유망할 때 먹고 살 수 있었고, 백성들이 먹고 살 수 있게 되면 부를 축적하여 사치를 할 수 있었다. 경덕왕 14년(755) 웅천주의 상덕이라는 사람은 가난하여 어버이를 봉양할 수 없자 다리살을 베어 그의 아버지에게 먹였다. 왕은 그 사실을 알고 많은 상품을 내렸고 그 마을의 문에다 그의 효행을 표창하였다.

생활양식 색복 등 조의 금령은 신라인들의 생활양식의 차이를 불러왔다. 신분이 높아질수록 금령의 내용이 줄어들었다. 이는 신분이 높은 사람일수록 사치품을 사용하고, 사치품으로 장식할 수 있었음을 뜻한다. 한마디로 신분이 높을수록 사치를 한 것이다. 골품제하에서 사치는 바로 신분적인 명예와 존경의 차이를 가져왔다. 사치는 낭비가 아니라 신분적인 명확성과 가시성을 보여주는 장치였다. 그 결과 신분에 따른 평가도 달라지게 되었다.

유리잔 신분에 따라 생활양식에 차이가 있었음을 보여준다.

사회적 갈등

신라 왕국의 최상부에서는 반란과 왕위 계승전이 그치지 않았다. 왕권이 강할 때는 그러한 반란을 쉽게 진압할 수 있었다. 백성들도 왕정에 반기를 드는 경우가 있었다. 하지만 그 방법은 살던 고장을 떠나 유망하는 정도였다. 백성들의 반기는 소극적인 것이었다. 또는 진성왕 2년(888)에 시정(時政)을 비방하는 방(榜)이 조로(朝路)에 나붙었던 것과 같은 일이 벌어지는 정도였다. 당시 왕정을 이끈 권신(權臣)들은 그러한 비방 사건을 심각하게 생각하여 왕거인을 불러 다스리려 하였다.[135)]

짚신모양 토기 신라인들이 신었던 신 중의 한 형태이다.

그런데 846년 장보고의 난 이후 유망한 백성들이 모여 집단화한 것을 볼 수 있다. 이후에는 민심을 수습하는 장치가 작동되지 않았다. 죽주의 기훤, 북원의 양길 등의 군웅이 거느린 집단이 대표적인 예였다. 그리고 견훤이나 궁예와 같은 대군웅이 등장하여 새로운 나라를 세우게 될 때 그 세력 기반을 제공한 집단이 되었다.

4. 골품제의 변동

골품제는 고정된 신분제가 아니다 골품제는 역사적 산물이다. 따라서 골품제가 엄격한 신분제라고 하지만 늘 변하였다. 그리고 그 변동은 여러 가지 측면에

135) 『삼국사기』 11, 「신라본기」 11, 진성왕 2년.

서 볼 수 있다. 첫째, 신분층 자체의 변동이 있었다. 성골 왕 시대가 끝나면서 성골이 소멸되었다. 그리고 3두품 · 2두품 · 1두품이 합쳐져 평인(백성)신분이 되었다. 이로써 대신라 왕국의 왕경인들은 진골 · 6두품 · 5두품 · 4두품 · 평인의 5개 신분층으로 나뉘었다. 지방인은 진촌주 · 차촌주 · 평인 층으로 나뉘었다. 그 외에 노비나 골품제 외적집단이 있었는데 삼한통합 후 골품제 외적집단이 늘어났을 가능성이 크다. 그리고 51대 진덕왕 이후에는 지방의 성주 · 장군이라 칭하던 세력가들이 골품제를 벗어나 골품제 외적집단이 되었다.

둘째, 골품제의 여러 신분 자체에 변화가 생겼다. 즉 삼한통합은 골품제에 커다란 변화를 초래하였다. 우선 왕경의 인구가 늘어나게 되었다. 이는 필연적으로 각 신분층에 변동을 초래하였다. 진골 성원은 그다지 늘어나지 않았지만 백제와 고구려계 사람들의 왕경 이주로 두품신분의 성원 수가 늘어나게 된 것이다. 이에 5소경을 설치하여 왕경인을 사민시키기에 이르렀다. 한편 왕위계승전의 결과 적지 않은 수의 왕경인들이 지방으로 밀려나게 되었다. 그들은 주 · 군에 거주하며 군족으로 지방세력화해갔다. 원성왕과의 왕위계승 다툼에서 밀린 후 명주(강릉)로 내려가 정착한 김주원의 후손들은 그 지역에서 강력한 세력가로 자리 잡을 수 있었다.

셋째, 골품제하의 개인 신분의 변동을 볼 수 있다. 대신라 왕국에서는 신분의 상승보다 신분이 낮아지는 족강이 보편적으로 벌어졌다. 그런데 신라 말 지방의 세력가들은 골품제를 떠나 새로운 질서로 향해 가는 과정에서 골품제를 무시하게 되었다. 그들 지방의 세력가들은 능동적으로 골품제를 무너뜨린 집단이었다.

골품제의 변동을 막으려는 장치 골품제의 변동은 신라 왕정의 붕괴로 이어질 수 있었다. 이에 왕을 중심으로 한 지배세력들은 율령에 의하여 정부조직을 동원하여 골품제의 변동을 막았다. 그 밖에도 몇 가지를 들 수 있다. 그 중 하나로 중위제가 있다. 신분에 따라 받을 수 있던 관위의 상한이 정해졌기에 그 이상의 대우를 해주되 골품제의 근본을 무너뜨리지 않는 신분의 허구적 이동방법으로서 중위제를 시행하였다. 경덕왕이 단행하였던 대폭적인 명칭개혁정책도 그 하나가 될 수 있다. 경덕왕은 관직과 관부명을 새로운 한자 용어로 바꾸었다. 거기에 더하여 지방행정구역 명칭도 한자로 새롭게 고쳤다. 특히 한자의 우아한 명칭으로 개정하는 정책을 통하여 왕정의 피로를 극복하고 신료들에게 심리적 만족을 주려 하였다. 그러나 이 정책은 혜공왕 12년(776)에 원점으로 돌아갔다.

신분이 낮은 사람들은 골품제가 주는 권리보다 의무가 많을 수밖에 없었다. 그런데 평인이나 노비들은 골품제의 한계를 현세에서는 극복할 길이 없었다. 따라서 그들은 체념의 종교로서 정토신앙을 받아들이게 되었고 왕정은 필요에 의해서 정토신앙의 유행을 막지 않았다. 그 밖에 흉년이 들면 구휼정책을 펴거나, 전쟁에서 죽은 영혼의 명복을 빌거나, 죄인을 풀어주는 일도 민심을 수습하여 골품제의 변동을 막으려는 조치였다.

5. 골품제의 소멸과 새로운 신분제의 편성

왕정의 붕괴와 골품제의 소멸 골품제는 왕을 축으로 한 정치적 힘에 의하여 유지되었다. 그런데 원성왕계의 왕위계승전 결과 왕정이 붕괴되었다. 44대 민애왕의 명을 받은 왕군은 장보고 군대의 반을 차지하는 5천 명의 병사와 달벌의 언덕 전투에서 패하여 왕위를 우징(신무왕)에게 빼앗겼다. 문성왕이 장보고의 딸을 차비로 들이려 하였을 때 조정의 신하들이 반대하였는데 그 때 반대한 이유는 장보고가 섬사람이기에 그 딸을 왕비로 삼을 수 없다는 것이었다. 결국 조정에서는 장보고를 제거하기 위해 암살을 택할 수밖에 없었다. 왕이 거느릴 수 있던 군사력이 약해져 청해진의 장보고가 거느린 군대와 맞설 수 없었기 때문이었다. 이제 지방세력이 중앙의 군사력을 능가하는 실력을 갖게 된 것이다.

그러한 사정은 헌안왕 4년(860) 왕과 열다섯 살 난 응렴(48대 경문왕) 사이에 오간 이야기로도 확인된다. 왕이 응렴에게 여러 날 돌아다니며 공부하였는데 착

집모양 토기 헌강왕이 경도의 사방을 내려다보았을 때 초가집이 없었다고 한다.

한 사람을 보았는가 물었다. 응렴은 세 사람을 보았다고 하였다. 한 사람은 고문(高門)의 자제로 다른 사람과 함께하는데 스스로 앞서지 않고 남의 아래에 위치하고 있고, 한 사람은 집에 재산이 있어 의복에 사치를 할 만한데 늘 삼베와 모시로 만족하고 있고, 한 사람은 세도와 영화가 있지만 일찍이 그 세력으로 사람을 누르지 않고 있다고 하였다.[136] 응렴이 말한 이 세 사람은 당시 찾아보기 어려운 사람들이었다. 실제는 그와 반대의 사람들이 대부분이었으며 왕정으로서도 그들을 통제하기 어려운 상황에 이르렀던 것이다. 경문왕이 즉위한 이후에 그의 아들 49대 헌강왕과 50대 정강왕, 그리고 딸 51대 진성왕이 즉위하였고 왕정에 대한 반란이 있었으나 모두 막아낼 수 있었다. 그러나 헌강왕대에 중앙의 지배세력들 중 많은 사람들이 신라의 운명이 다한 것을 알고 지방으로 도망가고 있었다.

그런데 헌강왕 6년(880) 9월 9일 근신들과 월상루에서 주고받은 이야기가 있다. 왕이 월상루에서 사방을 둘러보니 경도의 민옥들이 서로 이웃하고 있고 노래와 피리 소리가 들려왔다. 왕이 시중 민공에게 자신이 들으니 지금 민간에서는 이엉이 아니라 기와로 지붕을 덮고 나무가 아니라 숯으로 밥을 짓는다고 하니 정말인가 하였다. 민공은 자신도 그와 같이 들었다고 하며 대왕이 왕위에 오른 후 음양이 조화를 이루어 풍년이 들어 백성들이 먹을 것이 넉넉하며 변경 지방은 평온하고 시정에는 기뻐하고 즐거워하니 이는 성덕의 소치라고 답하였다.

---

136) 『삼국사기』 11, 「신라본기」 11, 헌강왕 4년 9월.

이에 왕은 기뻐하며 경들이 보좌한 덕이지 자신의 덕이 아니라고 하였다.[137)]

위의 이야기는 신라의 평화를 이야기하는 근거로 이용되어왔다. 그러나 이 때는 이미 왕정이 극도로 위축되어 있었다. 이미 지방에서는 세력가들이 성장하여 성주 · 장군이라 칭하며 왕정의 통치뿐만 아니라 골품제의 통제에서도 벗어나고 있었다. 진성왕 3년(889)에 이르면 모든 주 · 군에서 공부가 올라오지 않았기에 부고가 텅 비어 국가재정은 파탄에 이르렀다. 이에 사자를 보내 조세를 독촉하니 도적이 벌떼처럼 일어났다. 진성왕 3년의 원종과 애노가 사벌주에서 반란을 일으켰으나 왕이 보낸 군대는 그 위세에 눌려 진격하지 못하였다.[138)] 진성왕대에 후백제가 섰고, 궁예가 활동하기 시작하였다.

진성왕 8년(894) 2월 최치원이 시무 10여 조를 올리자 왕이 가납하고 그를 아찬으로 삼았다.[139)] 당시 시무책의 내용은 다름 아니라 지방에서 성장한 성주 · 장군 등의 세력가들을 제압하고 왕정을 강화하려는 것이었다. 최치원 자신은 당에 있을 때 황소의 난을 진압하는 데 참여하여 격문을 써서 황소를 떨게 만들었다. 하지만 왕정의 붕괴가 심하여 최치원의 시무책은 시행될 수 없었다. 실제로 진성왕은 897년 6월 근년 이래 백성이 곤궁하여 도적이 봉기한 것은 자신이 부덕한 것이기에 어진 이에게 자리를 비켜 왕위를 물려준다고 하고 효공왕에게 왕위를 물려주었다.

효공왕 5년(901)에는 궁예가 스스로 왕이라 칭하였다. 이로써 전국(戰國) 시대가 열리게 되었다. 이후 신라는 왕경 지역에서나 명맥을 유지하는 나라가 되었다. 또 신라의 골품제 역시 왕정의 운명을 따라 왕경을 제외한 지역에서는 사라지게 되었다. 결국 935년 경순왕이 고려에 항복하면서 골품제 자체가 폐지되었다.

골품제 소멸원인 신라 왕국과 운명을 같이한 신분제로서 골품제의 붕괴원인

---

137) 『삼국사기』 11, 「신라본기」 11, 헌강왕 6년 9월 9일.
138) 『삼국사기』 11, 「신라본기」 11, 진성왕 3년.
139) 『삼국사기』 11, 「신라본기」 11, 진성왕 8년 2월.

을 볼 수 있다. 첫째, 골품제를 유지한 구심점이 되었던 왕의 위엄과 권력이 약화된 것을 들 수 있다. 원성왕 이후 신라의 왕들은 왕족 중 일정 종족의 대표가 되어 왕국 전체의 지배자로서의 지위를 잃어갔다. 그리고 골품제의 가시성과 명확성을 만들어준 색복 등의 금령이 지켜지지 않는 현상이 나타났다. 그 결과 흥덕왕이 834년 옛 법에 근거하여 새로운 금령을 반포하기에 이르렀다. 그리고 왕정을 수호하던 정치지배세력들이 분열되면서 그들 사이의 단결이 깨지게 되었다. 이는 골품제를 유지할 중심세력이 사라진 것을 의미한다.

둘째, 골품제를 유지한 방법에 문제가 나타난 것을 들 수 있다. 예컨대, 골품제는 불교와 밀접한 관계에 있었다. 왕이 황룡사나 사천왕사 그리고 여러 원찰(願刹)들의 창건과 유지를 뒷받침해주었다. 그런데 그러한 사찰의 쇠퇴와 새로운 종파인 선종의 흥기는 골품제 유지의 사상적 기반을 무너뜨렸다. 선종의 승려들은 처음부터 왕실의 도움 없이 선종선문을 열었다. 선종 사찰은 경제력을 보유하였기에 왕에게 바랄 것이 없었다. 실제로 문성왕 9년(847) 성주산문을 개창한 무염은 경문왕과 헌강왕의 왕경에 머물러달라는 요청에 심묘사에 머물기도 하였으나 끝내 성주사로 돌아갔다. 오히려 왕들이 선종사찰을 황룡사 등에 속하게 하여 선종을 왕을 위한 불교로 만들기를 원하였으나 그 뜻을 이룰 수 없었다. 선종의 승려들은 골품제의 틀을 벗어나려 한 집단이었다. 그리고 새로이 지방에서 성장한 성주 · 장군 등 세력가들은 청신한 정신으로 무장된 선종의 승려들과 가까워지게 되었다.

셋째, 골품제를 유지하기 위한 사회적 장치에 문제가 생긴 것을 들 수 있다. 국학과 독서삼품과 출신이 아니라 중국 유학생들이 대두하게 되었다. 그들은

〈표22〉 신라 말 · 고려 초의 지방세력

신라		전국 시대	고려 초	성종 대 향직개혁 이후
행정촌	진촌주	성주 · 장군	당대등 · 대등	호장 · 부호장
자연촌	차촌주	(대감 · 제감)	대감 · 제감	촌장 · 촌정

골품제가 존재하지 않는 중국의 제도를 익힌 집단이었다. 그런데 골품제로 인하여 그들은 신라에 들어와 정당한 대우를 받지 못하였다. 최치원이 그 대표적인 예이다. 이제 유학생들은 신라에 대하여 소극적 또는 적극적 반발세력이 되었다. 그런가하면 화랑도 또한 변하여 골품제를 위한 사회화 장치로서 기능할 수 없었다.

넷째, 상벌이 시행되지 않은 것을 들 수 있다. 지방에서 성주 · 장군이라 칭하는 세력가들이 성장하였는데 왕국에는 그들을 처벌할 힘이 없었다.

다섯째, 골품제의 긴장을 완화하는 장치가 작동하지 않았다. 국가의 재정이 고갈되어 백성들을 구휼할 수 없게 되었고 이에 백성들은 살기 위하여 유민이 되어 도적이 되거나, 각지에서 성장한 군웅들의 군사적 기반이 되기도 하였다.

여섯째, 골품제는 모든 정부조직을 통하여 유지되었는데 진성왕 이후 정부의 통치조직 자체가 그 기능을 상실하여 골품제를 유지할 수 없게 되었다. 그리고 정부의 신료들에게 보수를 줄 수도 없게 되었다.

일곱째, 신라 말 골품제가 붕괴되는 상황에서 골품신분을 가졌던 왕경인들은 지방에서 성장한 군웅들보다 사회적 · 정치적 격이 떨어지게 되었다.

여덟째, 신라 골품제는 정치를 축으로 운용된 신분제였다는 사실을 주목할 필요가 있다. 따라서 왕정이 붕괴된 신라 왕국에서는 골품제를 유지할 수 없었다. 이는 카스트제가 인도의 종교와 도덕이 정치를 지배하는 사회의 산물이었던 것과 다른 점이다. 인도의 카스트제가 정치와 관계가 없었기에 오래 유지된 점은 골품제가 신라의 멸망과 함께 사라진 것과 다른 점이다.

골품제와 고려 신분제의 연속성 신라가 고려에 항복하면서 골품제는 소멸되었다. 그런데 골품제 중 지방인의 신분제인 행정촌의 진촌주, 자연촌의 차촌주 층은 그 세력집단의 폭이 매우 넓었다. 그래서 신라의 멸망과정과 망한 후에도 행정촌과 자연촌의 촌주들은 대부분의 지방에서 그 세력을 유지하였다. 신라의 행정촌의 진촌주는 후삼국 시대에 성주 · 장군이 되었고 고려 초에는 당대등 · 대등이 되었으며 성종의 향직개혁 후에는 호장·부호장 등이 되었다. 그리고 자연촌의 차촌주는 후삼국 시대와 고려 초에 대감·제감이 되었고, 성종의 향직 개혁 이후에는 촌장·촌정이 되었다. 이는 신라의 지방세력들이 기본적으로 고려의 지방세력으로 이어진 것을 의미한다.

제3절 친족제

1. 원리와 실제

친족의 원리와 실제 사회를 움직이던 원리와 실제가 같기만 한 것은 아니다. 신라의 친족제도에 대한 이해에 있어서도 그러한 사정은 마찬가지이다. 그리고 신라의 친족제도를 운용하는 방식도 시대에 따라 달라지는 것을 볼 수 있다. 그러한 변동은 정치 · 사회 · 경제 · 문화 등을 포함한 의미의 사회체제의 변동과 연관되어 있었다.

세계의 중요성 대신라 왕국에서도 세계(世系)는 중요시되었다. 그것은 한 개인의 사회적 · 정치적 좌표를 정해주었고, 그에 따른 권리를 합법적으로 인정해 주는 특허장(legal charter)의 기능을 하였다. 신라 사람들이 파악한 세계 안에는 부모를 비롯하여 친가 및 외가 등으로 연결되는 그 윗대 조상들과 그들의 관계에 대한 구체적 내용이 들어 있었다. 그런데 현재 우리에게 주어진 자료는 그러한 내용을 제대로 전하지 않고 있다.

2. 대신라 왕국의 혈족

성의 사용과 씨족의 의미 대신라의 왕을 비롯한 지배세력들의 성(姓)의 사용이 보편화되었다. 중국문화가 들어오면서 성의 사용이 늘어난 것이다. 그런데 같은 성을 갖고 있다고 하여 그 모든 사람들이 동일한 사회적 · 정치적 지위를 가졌던 것은 아니었다. 예컨대, 알지의 후손들은 김씨 성을 사용하였는데 그들 사이에는 사회적 · 정치적 차이가 크게 나 있었다. 김씨 중에서도 왕이 되는가 하면 신분이 낮아져 두품신분이 되거나 지방으로 이주하여 군족(郡族)이 되기도 하였다. 신분이 낮아진 사람들이 김씨 성을 사용한 것은 그들이 원래는 왕족이었고 재위하고 있던 왕과도 같은 씨족이라는 사실을 알리는 효과가 있었다. 비록 신분은 낮아졌지만 왕족으로서 사회적 만족감을 느낄 수 있었고 자부심도 가질 수 있었을 것이다. 그리고 그들은 왕정이 유지될 때는 그 지지자로 자처하였다. 그러한 사정은 다른 성을 사용한 집단의 성원들 모두에 해당하였다. 그리고 성을 사용한 세력은 신라 왕국의 지배세력으로 계속 자리 잡았다. 따라서 현실적으로는 하나의 성씨 집단이 다양한 신분으로 나뉘어져 있었지만 성의 사용은 지속되었다. 그리고 신라의 씨족은 부계로 이어졌다. 아버지에서 아들로 그 성씨가 이어진 것이 그 증거이다.

씨족의 분지와 종족 대신라 왕국에서 성을 사용한 집단은 원추형 씨족(conical clan)의 모습을 보여준다. 김씨족의 경우 하나의 성씨의 정점에는 왕이 있었다. 그리고 씨족들이 다시 분지(分枝)하여 여러 종족(宗族, lineage)으로 나뉘었다. 김씨족 안에 종(宗)과 지(枝)가 나눠진 것이다. 그리고 중간시조를 기점으로 하는 별파들이 계속 만들어졌다. 그 중 김씨족의 중심은 왕을 배출한 종족과 금입택의 주인인 별파들에게 있었다.

종족의 범위 신라의 종족(또는 혈족)은 부계로 이어졌다. 종족은 개인이 집단에 대하여 권리를 주장하는 사회적 · 문화적 장치였다. 종족의 범위는 여러 환경에 따라 달라졌다. 왕위계승을 하던 종족은 정치적 환경과 밀접하게 연결되어 있었다. 무열왕에서 혜공왕까지의 왕족은 왕과 그의 가족들로 되어 있었다. 단지 32대 효소왕과 34대 효성왕에게는 아들이 없었다. 따라서 그들의 동생인 33대 성덕왕과 35대 경덕왕이 왕위를 이어야 하였다. 이 때 성덕왕과 경덕왕은 다시 왕과 그의 가족을 성원으로 하는 왕족을 형성하였다. 여기서 말하는 왕족은 왕위를 계승하는 집단을 의미한다. 이러한 왕족은 왕위를 계승시키기 위한 최소

종족이었다. 이는 왕권의 강화를 불러왔다.

원성왕계에서는 왕위계승권을 가진 왕족의 범위가 늘어났다. 원성왕 또는 그의 아들인 인겸과 예영을 시조로 하는 종족들이 왕위계승권을 가졌다. 이는 원성왕 이후 왕족의 범위가 넓어진 것을 의미한다. 왕족의 범위가 넓어진 것은 왕위계승자의 수가 늘어난 것을 의미하며 실제로 왕위계승전이 벌어진 것을 볼 수 있다. 그 결과 왕권은 약화되었다.

김춘추계에서는 왕권이 강하였기에 최소종족의 왕족을 유지할 수 있었다. 그와는 달리 원성왕은 왕위에 오를 때부터 정당성에 문제가 있었다. 따라서 왕족의 범위를 넓혀 원성왕계가 왕위를 장악하는 데는 성공하였으나 반대로 왕권은 약화되었다. 여기서 정치적 환경이 왕을 배출한 왕족의 범위를 달라지게 만들었음을 알 수 있다. 그러한 사정은 다른 종족들에 있어서도 마찬가지였다.

40대 애장왕 2년(801) 5묘를 만들며 그의 고조 명덕대왕, 증조 원성대왕을 포함시켰다. 이는 애장왕이 명덕대왕의 후손들을 하나의 종족으로 생각한 것임을 보여준다. 그 중 원성왕의 후손들은 동일한 정치적 지위를 주장할 수 있는 근거를 5묘에서 찾았다고 여겨진다.

부계종족의 계승과 분지 신라는 처음부터 부계제 사회로 종족의 계승도 부계를 통하여 이루어졌다. 세대를 지나면서 하나의 종족은 소멸되기도 하였지만 대체로 확대되어갔다. 이에 왕위를 이어나가기 위해, 그리고 한정된 재산을 지키기 위해 종족을 나누어 방계를 도태시킬 필요가 있었다. 실제로 무열왕계에서는 왕과 그 가족의 범위를 벗어난 혈족은 왕의 종족에서 제외시켜 왕위계승권을 주장할 수 없게 만들었다. 그것이 원칙이었다. 왕위를 비워둘 수 없었기 때문에 아들이 없어 후계자를 구할 수 없게 되면 왕의 동생들이 왕위를 이었다.

새로운 왕이 즉위하여 새로운 왕족이 만들어지면 왕이 되지 못한 전왕의 아들들은 방계화되어 왕위계승권을 상실하고 왕궁을 떠나야 하였다. 종족은 적자(嫡子)와 적손으로 이어졌다. 적자와 적손으로 이어지는 종족에서 갈라져 나간 세력은 방계화되었다.

한 개인의 친당과 친친 그런데 부계의 종족만으로 현실 세계가 움직인 것은 아니었다. 오히려 친족 모두를 하나로 묶은 집단이 중요한 기능을 하였다. 여기서 중요한 것은 어떤 한 인물을 둘러싼 여러 계통의 친족이 존재하였다는 사실이다. 신라의 친족은 종족(宗族)과 인척(姻戚) 그리고 외척(外戚) 등으로 나뉘었다. 그 모두를 합쳐 친당(親黨)이라고 할 수 있는데, 이러한 친당은 신라 시대 한 개인의 삶에 있어 여러 면에서 영향을 미친 의미 있는 집단이었다.

성덕왕대의 어느 8월 보름날, 왕이 김유신의 공덕을 생각하며 그의 적손 윤중을 술자리에 불렀다. 그 때 간하는 사람이 있어 지금 "종실(宗室)과 척리(戚里)에 어찌 좋은 사람이 없겠습니까. 그런데 유독 소원한 신하를 부르시니 이른바 친친(親親)이라 하겠습니까" 하였다. 여기서 말하는 친친은 친척을 가깝게 하는 것을 의미하며 이 때 친척은종실과 척리를 가리킨다. 왕의 주변에는 종실과 척

〈표23〉 신라인 한 개인의 친당

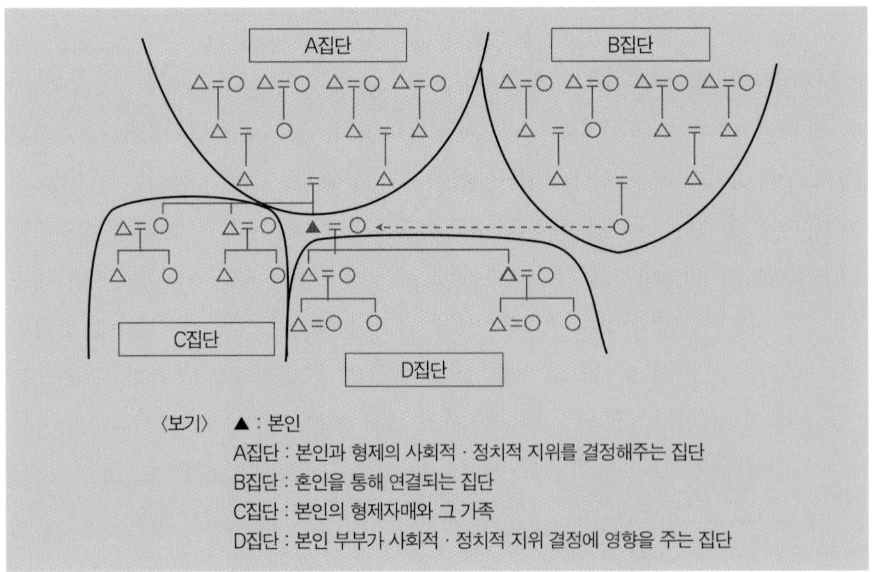

리가 있었던 것이다. 종실은 종족을 의미하고 척리는 인척과 외척을 의미한다. 친당은 한 개인을 위해, 개인은 친당을 위해 도움을 주었다.

가족 신라에는 여러 형태의 가족이 있었다. 성골 왕을 중심으로 하였던 가족은 왕과 그 형제의 가족들로 구성되어 있었다. 왕과 형제들은 대궁 · 양궁 · 사량궁에 나누어 살며 형제공동가족을 구성하였다. 그와 같은 형제공동가족은 왕위를 계승해나가는 기능이 있었다. 이는 최소종족보다 한 단계 폭이 커진 집단이며 왕의 아버지를 종족의 시조로 하는 집단이었다.

그런데 최소종족 자체가 가족이 되기도 하였다. 보다 범위가 큰 종족은 가족이 될 수 없었다. 『화랑세기』에 나오는 김흠순은 그의 부인인 보단과의 사이에서 일곱 아들을 낳았다. 그리고 첩인 이단과의 사이에서는 세 아들과 두 딸을 낳았는데 흠순의 처첩과 아들과 딸들이 모두 한집에서 살았다. 김유신과 지조부인 사이에는 아들 다섯과 딸 넷이 있었다. 그리고 서자가 한 명 있었다. 김유신의 처첩과 자식들은 재매정택에서 살았다. 형제인 김유신과 김흠순이 서로 다른 집에 살았는데 그들은 각기 다른 가족을 형성하였던 것이다.

한편 촌락문서에 나오는 연(烟)당 평균 인구는 촌에 따라 달랐다. 연당 인구는 7.9명에서 13.3명까지로 평균 10명 정도 되었다. 1연당 10명이 있을 경우 그 가족 형태가 어떤 것이었는지 궁금하다. 단정하기는 어려우나 최소종족으로 이루어진 가족에서 할아버지를 중심으로 그 아들들과 아들들의 가족들로 만들어진 확대가족까지 있었을 것으로 생각된다.

3. 상속

상속의 문제 신라는 부계종족집단의 원리에 의하여 움직이는 사회였다. 따라서 그러한 원리에 따른 상속은 중요한 의미를 지녔다. 성원권의 상속, 재산의 상속, 지위의 상속, 제사의 상속 등 상속하는 내용에 따라 상속자의 수가 달라질 수 있었다. 그리고 상속하는 내용에 따라 상속자를 정하는 문제도 있었다.

1) 성원권의 계승

부계계승 신라의 성원권은 부계로 계승되었다. 신분이 높을수록 상속할 지위도 있었고 재산도 많았기에 계승은 중요한 문제였다. 그러나 백성들은 상속할 것이 없었다. 따라서 부계계승의 원리를 따르기보다 생계를 유지하기 위하여 모계나 처계에 연결되기도 하였다. 신분이 낮은 사람들은 오히려 부계와 모계를 필요에 따라 택하거나 두 계통을 모두 택하여 생존의 확률을 높였다. 물론 그 때에도 성원권의 원리는 부계혈족과 부계계승의 원리를 따랐다. 원리와 실제가 달랐던 것이다.

진성여왕의 즉위와 부계계승의 원칙 51대 진성여왕의 즉위를 통하여 신라의 부계계승의 원칙을 확인할 수 있다. 진성여왕은 경문왕의 딸로서 아버지의 종족의 성원권을 한 대에 한하여 가졌기에 왕위에 오를 수 있었다. 그런데 진성여왕에게는 양패라는 막내아들이 있었다. 이는 진성왕에게 아들들이 있었음을 의미한다. 그런데 진성여왕은 아들에게 왕위를 계승시키지 못하고 헌강왕의 서자 효공왕을 세울 수밖에 없었다. 그것은 진성왕의 아들들이 그들의 아버지의 종족에 속하였고 헌강왕의 종족에 속할 수 없었기 때문이다. 결국 진성여왕의 즉위는 부계계승의 원리가 지켜진 사실을 확인시켜준다.

씨족과 종족 성원권은 다양한 범주로 나뉜다. 단순히 성의 사용을 의미할 경우 부계의 혈족들은 모두 같은 성을 사용하였고 그 결과 씨족(clan)을 형성하였다. 그러나 씨족은 이미 여러 종족으로 분지하여 하나의 사회적 · 정치적 집단으로 기능하지 못하였다.

신라의 사회를 이해하는 데는 종족(宗族, lineage)이 중요한 의미를 지니는데, 종족도 세대가 지나면서 점차 중심종족과 방계종족으로 나뉘게 되었다. 성골 왕 시대의 왕을 중심으로 하는 종족과 중대의 무열왕계의 왕을 중심으로 하는 종족은 새로운 왕의 즉위와 동시에 새로운 종족이 되었고, 그 범위를 벗어나 방계화된 집단은 왕궁을 떠나거나 신분이 낮아지는 족강을 당하였다. 왕이 아닌 세력들에게도 그와 같은 종족이 존재하였다. 김유신의 재매정택에는 김유신의 적자 · 적손들이 대를 이어 살았다. 그런데 몇 세대 지난 후 김유신의 모든 후손들이 재매정택에 살 수는 없었다. 이에 적자와 적손으로 이야기되는 종손을 기준으로 일정한 범위를 벗어난 혈족은 방계가 되어 재매정택을 떠났고 심지어 족강이 되기도 하였다. 신라 시대에 여자들은 한 대에 한하여 아버지의 성원권을 가졌다. 진성여왕의 즉위는 그의 아버지 경문왕의 성원권을 가졌기에 여자로서 왕위에 오를 수 있었다.

그런데 종족의 범위가 좁아질수록 대가 끊어질 가능성이 높았다. 전통사회에서 20%의 부부는 아이를 낳지 못하였고 아들을 낳지 못하는 경우도 20% 정도에 달하였다. 이는 신라가 원칙적으로 부계에 의하여 성원권이 계승되었던 사회라고 하지만 실제에 있어서 성원권을 이을 수 없는 가능성이 40% 정도 되었음을 뜻한다. 물론 왕을 비롯하여 신분이 높은 자들은 부인을 더 얻는 방법을 택하여 성원권을 이어나가게 하는 조치를 취함으로써 종족이 사라질 가능성을 줄였다. 그러나 성골 왕의 대가 끊어진 것을 보면 종족의 범위가 좁아질수록 그 종족이 사라질 가능성도 그만큼 커진 것을 알 수 있다.

적자(嫡子)의 임무 종족(宗族)의 구심점이 되는 적자는 종족집단을 이끌어나가야 하였다. 그리고 조상에 대한 제사를 주관하였다. 조상에 대한 제사는 살아있는 사람들을 단합시키는 힘을 가지고 있었다.

2) 재산의 상속

종족(宗族)의 재산 상속 재산은 일반적으로 종족 내에서 공유되었다. 단지 세대가 바뀌어 새로운 종족이 만들어질 때 적자를 중심으로 한 종족에게 재산이 상속되었다. 낭혜화상 무염이 개창하였던 성주산문의 본거지 성주사는 원래 김인문이 받았던 토지였는데 김흔이 낭혜화상에게 그 곳에 머물기를 청해 성주사를 창건하게 되었다. 김흔이 그 토지를 상속받아 소유하였던 것으로 여겨진다. 이는 신라의 최고 지배세력들이 대를 이어 토지들을 상속하여 내려간 것을 말해준다.

그런데 신라의 지배세력들은 부계만이 아니라 모계나 처가 또는 며느리의 집으로부터 재산을 받기도 하였다. 김대문의 증조 할아버지 보리공은 만호태후의 딸 만룡과 혼인을 하였다. 진평왕의 어머니 만호태후는 만룡을 사랑하여 내리는 재물이 심히 많았다. 보리공은 그 재물을 낭도들에게 모두 나누어주었다.[140] 또 김흠순은 재물이 많았던 염장공의 딸들을 며느리로 들여 염장공의 재산을 나누어 시집오게 하였다.

재산은 아들과 딸들 모두에게 분배되었다. 그러한 재산을 받은 자들은 신분을 유지할 수단을 얻게 되었다. 자식이 없으면 재산은 형제에게 돌아갔다. 그리고 상속자가 아무도 없을 때는 재산이 절 등으로 갔다. 봉암산사의 지증대사비에 대사가 "내 집이 가난하지 않은데 친당(親黨)이 다 죽고 없으니 내 재산을 길가는 사람의 손에 떨어지게 놔두는 것보다 차라리 문제자의 배를 채워주리라" 하였다. 그리고 헌강왕 5년(879)에 장 12구와 전 5백 결을 희사하여 절에 예속시켰다. 여기서 알 수 있는 사실은 그에게 친당, 즉 종족(宗族)·인척·외척이 모두 사라졌다는 것이다. 그러한 경우 재산은 절 등으로 간 것을 알 수 있다. 그런데 일반 백성들은 상속할 재산이 없었다. 그렇더라도 용전(傭田)을 절에 희사한 것으로 보아 남의 토지를 경작할 때 그 경작권을 상속한 것은 아닌가 생각된다.

140) 『화랑세기』 12세 보리공.

3) 직(職)의 계승

인면문 수막새기와 신라는 조고의 업을 계승한 사회였다.

조고(祖考)의 업을 계승한 사회 신라인들은 그들 아버지의 업을 계승하여야 하였다. 『화랑세기』에 처는 지아비의 일을 알지 않으면 안 되고 아들은 아버지의 업을 이루지 않으면 안 된다고 나온다. 아들들 모두가 아버지의 업을 이룰 수는 없었을지 몰라도 적어도 아버지가 하였던 활동을 잇는 것을 당연한 것으로 받아들였다. 아버지가 거쳤던 관직을 그대로 따르는 것이 아니라 왕을 모시는 신료가 되는 정도에서 아버지의 업을 이었다. 그것이 종족의 사회적 · 정치적 지위를 유지시키는 길이기도 하였다. 그런데 관직은 한정되어 있고 그것을 차지하려는 사람은 늘 많을 수밖에 없다. 그래서 한 사람의 재직 기간을 줄여 여러 사람이 임명되도록 하는 방법을 택하였다.

4) 상속자의 문제

상속자의 확보와 제거 상속할 대상이 무엇인가에 따라 상속자를 확보하거나 제거하는 일이 벌어졌다. 왕위와 같이 하나밖에 없는 자리는 계승 경쟁을 방지하기 위하여 태자를 책봉하였다. 나머지 아들들은 그 권한이 축소되었고 방계화 되어갔다. 원성왕계의 왕위계승에서도 태자를 책봉하여 왕위계승 경쟁을 방지하려 하였지만 실제로는 폭이 넓어진 종족집단에서 경쟁을 통해 승리한 자가 왕이 되기도 하였다. 그리고 계승자를 확보하기 위하여 부인을 새로 얻기도 하였다.

그러나 관직을 차지하였던 신료집단은 자식을 많이 둘수록 종족의 세력을 키워나갈 수 있었다. 신라에는 계승자를 확보하기 위한 양자제는 없었다.

5) 혼인

새로운 왕비 얻기 무열왕계의 왕들은 장자에게 왕위계승을 시키는 원칙을 지키고자 하였다. 따라서 왕비가 아들을 낳지 못하면 아들을 낳지 못하는 왕비를 출궁시키고 새로운 왕비를 얻어 아들 나을 기회를 높였다. 31대 신문왕, 33대 성덕왕, 35대 경덕왕, 38대 원성왕이 전비(前妃)를 출궁시키고 후비(後妃)를 맞아 아들을 낳았다. 물론 이 시기 왕들이 차비 또는 소비 등 첩이 없었던 것은 아니었다. 그러나 왕위를 계승할 왕자는 정통의 왕비가 낳아야 하였다. 따라서 왕비를 새로 들여 왕자를 낳았던 것이다.

김춘추의 아버지는? 김춘추의 아버지는 용수 또는 용춘이라고 나오고 있다. 그 동안 용수와 용춘을 한 사람의 다른 이름으로 보아왔다. 그러나 『화랑세기』를 통하여 김춘추는 진지왕의 장자인 용수와 진평왕의 딸인 천명부인 사이에서 출생한 것을 알 수 있다. 그런데 용수가 죽으면서 천명부인과 김춘추를 용춘에게 맡겼다. 이에 용춘이 천명부인을 아내로 맞고 김춘추를 아들로 삼았다.[141] 이는 형사처수에 해당한다. 그렇다고 하여 신라의 혼인이 형사처수를 하는 원리를 지켰던 것은 아니다. 어쨌든 『삼국사기』와 『삼국유사』에 나오는 용수와 용춘을 동일인의 다른 이름이라고 생각해온 것은 잘못이다.

왕실의 근친혼 원성왕을 시조로 하는 종족들은 근친혼을 하였다. 41대 헌덕왕은 동생인 충공의 딸 귀승부인과 혼인을 하였다. 42대 흥덕왕은 형인 39대 소성왕의 딸 장화부인과 혼인을 하였다. 균정은 4촌인 충공의 딸 조명부인과 혼인을

141) 『화랑세기』 13세 용춘공.

하여 우징(45대 신무왕)을 낳았다. 43대 희강왕은 6촌인 문목부인과 혼인을 하였다. 이와 같이 원성왕계의 종족들은 근친혼을 한 사실이 확인된다. 그와 같은 근친혼을 통하여 왕실의 세력을 강화해나갔던 것이다.

처첩을 거느린 사회 문무왕은 서제 차득공에게 총재를 맡아 백관을 다스리고 천하를 다스리도록 요청하였다. 차득공은 국내를 잠행하여 민간의 요역(徭役)의 힘들고 쉬움, 조세의 경중, 관리의 청탁을 돌아본 뒤에 관직을 맡겠다고 하였다. 이에 차득공은 승복을 입고 비파를 들고 거사 차림을 하고 서울을 떠나 아슬라주 · 우수주 · 북원경을 거쳐 무진주에 이르렀다. 마을들을 다녔는데 주리(州吏) 안길이 그가 비범한 인물인 줄 알고 자신의 집으로 맞아 성심껏 대접하였다. 그날 밤 안길은 처와 첩 세 사람을 불러 오늘 밤 거사를 모시고 자는 사람은 한평생 해로하겠다고 하였다. 두 아내는 당신과 같이 살지 못할지언정 어찌 다른 사람과 동숙하겠는가 하였다. 다른 아내가 종신토록 함께 살기를 허락한다면 명령을 받겠다고 하고 그대로 시행하였다.

무진주의 주리는 주의 업무를 담당하였던 촌주였을 것이다. 그가 처첩 세 사람을 거느렸던 것은 다른 촌주들도 그러하였음을 보여준다. 그리고 왕경의 진골은 물론이고 두품세력들도 처첩을 거느렸던 것을 말해준다.

47대 헌안왕은 국선이었던 응렴(48대 경문왕)이 어진 것을 알아보고 딸을 그에게 시집보내기로 하였다. 그런데 헌안왕에게는 두 딸이 있었다. 맏공주는 얼굴이 매우 초라하고 둘째 공주는 매우 아름다우니 그에게 장가가는 것이 좋다고 부모들이 의논하였다. 그런데 응렴의 낭도 중에 범교사가 찾아와 맏공주에게 장가든다면 좋은 일이 있을 것이라 하였다. 얼마 후 왕이 의사를 물어와 맏공주를 받들겠다고 하였다. 그 후 3개월이 지나 헌안왕은 병이 악화되어 신하를 불러 아들이 없으니 장녀의 남편을 왕으로 삼는다 하고 이튿날 죽었다. 이에 응렴이 왕이 되었다. 그런데 그 후 경문왕은 아름다운 둘째 공수도 쉽게 부인으로 맞았다. 이리하여 경문왕은 헌안왕의 두 딸을 부인으로 삼았던 것이다.

제4절 신라의 여성

여성의 존재 촌락문서에는 남녀를 구별하고 여성들을 정녀 · 조녀자 · 추녀자 · 소녀자 · 제모 · 노모로 구분하여 그 수를 파악하고 있다. 문서만을 보면 남녀의 구별이 없다. 그런데 촌락문서는 수취를 위한 자료이다. 여성들의 경우 3년 간 나가는 방수의 임무는 지지 않았다. 그와는 달리 단기간의 동원을 하는 잡요(雜徭)에 여성들도 동원된 것이 분명하다. 여성들도 국가의 역역 수취 대상에서 자유로울 수 없었던 것이다.

부계계승 사회의 모계계승 『화랑세기』에는 진골정통과 대원신통이 나오고 있다. 이것은 여자들로 이어지는 계통으로 왕비를 배출하는 인통(姻統)이었다. 두 계통의 계승원리는 어머니에서 딸로 계통이 이어지는 방식이었다. 단지 아들은 한 대에 한하여 어머니의 인통을 이어받았다. 그 결과 아버지와 아들의 계통이 달라지기도 하였다.

여자 토용 664년 이후 중국식 의복을 입기도 하였다.

실제로 용수와 김춘추는 부자간인데 인통이 달랐다. 용수와 용춘은 그 어머니 지도부인이 대원신통이었기에 그 계통을 이어 대원신통이었다. 그런데 용수의 부인 천명은 그 어머니 마야부인이 진골정통이었기에 그 계통을 이어 진골정통이었다. 따라서 용수의 아들 김춘추는 어머니의 계통을 이어 진골정통이 되었다. 무열왕의 부인은 진골정통인 문희였다. 이에 그 아들 문무왕 또한 진골정통이었다. 문무왕의 왕비 자의도 진골정통이었기에 그들의 아들 신문왕도 진골정통이었다. 그런데 시간이 지나면서 대신라 왕국에서는 그 구별이 모호해지게 되었다.

모계계승을 하던 인통의 계승에서 아들은 한 대에 한하여 어머니의 계통을 이었다는 사실이 중요하다. 선덕왕과 진덕왕은 물론이고 51대 진성왕이 여자로 왕위에 올랐던 이유를 설명해주기 때문이다. 이는 인통에서 남자도 한 대에 한하여 어머니의 계통을 이었듯, 왕위계승에서 여왕들도 한 대에 한하여 아버지의 성원권을 가지고 왕위에 올랐다는 사실을 밝히는 근거이다.

제5절 경제

지배세력의 경제력 대신라 왕국의 왕정에 참여한 지배세력들에게는 녹읍 또는 세조가 주어졌다. 그런데 지배세력들은 그 외에도 사적으로 토지와 재물을 가지고 있었다. 혜공왕 4년(768) 7월 일길찬 대공이 난을 일으켜 왕궁을 33일이나 포위한 일이 있었는데 난을 진압한 뒤 그의 집에 있던 재산·보물·비단을 왕궁으로 옮겼다. 그리고 사량부와 모량부에 있던 반역한 무리의 보물과 곡식은 남산신성의 장창이 불에 타 왕궁으로 옮겼다.[142] 이는 당시 신료들이 상당한 부를 축적하고 있었음을 보여준다.

실제로 성덕왕이 716년에 성정왕후를 출궁시키며 강신공의 옛 집을 사서 주었다. 그리고 『숭복사비』에 의하면 원성왕의 능을 조영할 때 원래 있던 절을 옮기고 땅을 마련하였다. 그 때 왕릉을 이루는 데 비록 왕토라고 하나 실은 공전(公田)이 아닌 부근의 땅을 묶어 좋은 값으로 구하여 구릉지서 1백여 결을 사서 보탰다. 이를 값으로 치면 2천 점(1점=15두) 석이었다고 한다.

왕들도 신료나 사찰의 땅을 마음대로 빼앗을 수 없었다. 그러한 토지와 재물은 대를 이어 세습되었다. 문성왕 7년(845) 당에서 귀국한 무염에게 김흔이 청하여 오합사에 머물게 한 바 있다. 그런데 오합사는 무열왕의 아들 김인문(?~694)이 받았던 토지에 있었다. 이것으로 김흔이 그의 조상 김인문이 받았던 토지를 소유하였던 것을 알 수 있다. 여기서 왕정에 참여하였던 지배세력의 경제력은 그 후손들에게 이어졌던 사실이 확인된다. 상급의 신료들은 조부(調府)를 장악하고 국가의 재정을 빼 갖거나, 하급 신료들은 그들이 관장하는 창고의 곡식을 나눠 갖기도 하였다. 이러한 비정상적 수입은 정상적 수입의 수십 배가 되기도 하였을 것이다. 신라 하대 왕정이 붕괴되면서 신료들의 도둑질은 더욱 심해졌고 급기야 정부의 창고가 텅 비어 국용이 사라지게 되었다.

경제력의 엄청난 차이 지배세력들과 백성들 사이에는 엄청나게 커다란 경제력의 차이가 있었다. 원성왕 원년(785) 3월 전왕비 구족왕후를 외궁으로 내보내며 조(租) 3만4천 석을 주었다. 원성왕 2년(786) 9월 왕도의 민(民)들에게 기근이 들어 속(粟) 3만3천2백40석을 내어 구제해주었고 10월에 다시 속(粟) 3만3천석을 내어 나눠주었다. 벼와 조(좁쌀)의 차이가 있고 그 성격이 다르지만, 출궁하는 왕비 한 사람에게 준 벼와 왕도의 많은 수의 백성들에게 나눠준 조의 규모를 비교해볼 수 있다.

716년 성덕왕이 성정왕후를 출궁시키며 벼 1만 석을 주었고, 712년에는 성덕왕이 김유신의 부인에게 곡식 1천 석을 주었으며, 신문왕은 강수의 처에게 벼 1백 석을 주었다. 여기서 왕실의 일원에게 1만 석, 진골에게 1천 석, 6두품에게 1백 석의 곡식을 나누어준 것을 알 수 있다. 이는 왕실 · 진골 · 6두품의 차이에 따라 경제적 대우가 10배씩 차이가 나는 것을 보여준다. 그러한 차이는 그 밑의 신분에도 해당될 것이다. 백성들은 기근을 견딜 수 없어 유망을 하였다. 효녀 지은은 쌀 10여 석에 몸을 팔아 노비가 되기도 하였다. 이는 신분에 따른 경제력 차이가 매우 컸음을 의미한다.

시전(市典)과 수공업 신라의 왕경에는 시장이 있었다. 지증왕 9년(508) 동시전이 설치되었고 효소왕 4년(695) 서시전과 남시전이 설치되었다. 이와 같은 시전(市典)들은 시장을 관장하는 관서였다. 신라 왕국의 왕경에는 적어도 3개의 공식적인 시장이 개설되어 있었다.

시장에서 매매되는 물건은 다양하였을 것이다. 의식주와 관련된 여러 물품이 있었는데 그 중 수공업품도 있었다. 신라 시대에 이들 수공업품의 생산은 우리가생각하는 것보다 활발하였다. 수공업품을 생산하는 공장(工匠)들이 있었으며 금은 세공품에서 일상 용구에 이르기까지 많은 물품이 생산되었다.

142) 『삼국유사』 2, 「기이」, 혜공왕.

시장과 수입품 한편 대신라 왕국의 시장에는 당이나 일본 등의 외국에서 들어온 물건들도 매매되었다. 실제로 신라 시대에는 외국의 물품을 수입한 상인들도 있었다. 828년 청해진 설치 이후 당의 물건들이 대거 들어온 것을 알 수 있다. 그 결과 834년에는 외국에서 들어온 사치품의 사용을 금지하는 색복 등의 금령이 나오기도 하였다.

제6절 사회화를 위한 교육

화랑도의 변화 신문왕 원년(681) 8월 김흠돌의 난이 일어났다. 난을 진압한 후 신문왕의 어머니 자의태후가 화랑도를 폐지하도록 명하였다. 그 때 반란에 많이 연루되었던 시위부의 삼도들이 화랑도 출신이었기 때문이다. 그런데 중신(重臣)들은 오래된 풍속을 갑자기 바꾸면 안 된다고 생각하였다. 이에 태후가 득도하여 국선이 되는 것을 허락하였다. 그리하여 화랑의 풍속은 크게 변하였다고 한다.[143)]

원래 화랑도에는 풍월주 계통과 국선 계통이 있었다. 풍월주 계통은 향가를 잘하고 청유를 즐겼다. 국선 계통은 무사(武事)를 좋아하고 협기가 있었다. 681년에 폐지된 화랑도는 풍월주 계통이었고 다시 살아난 화랑도는 국선 계통이었다. 국선 계통의 화랑도들은 일찍부터 존재하였는데 삼한통합에도 큰 공을 세웠다. 이후 신라의 화랑도는 국선 계통이 장악하였다. 응렴은 18세에 국선이 되었으며, 20세에 헌안왕이 궁중에 불러 그가 어짊을 알아보고 맏딸을 부인으로 맞게 하였다. 그리고 응렴은 헌안왕의 뒤를 이어 왕위에 올랐다. 그가 바로 48대 경문왕(861~875)이다. 국선을 우두머리로 하는 화랑도는 신라 말까지 존재하였음을 알 수 있다.

국학과 독서삼품 국학은 중대 왕정에 필요한 신료를 양성하기 위한 기구로서, 신문왕 2년(682) 하나의 독립된 관부로 설치되었다. 그 장은 경이었고 그 안에 박사와 조교들이 있어 여러 과목의 유교 경전을 가르쳤다. 즉, 『주역』·『상서』·『모시』·『예기』·『춘추좌씨전』·『문선』으로 나누어 학업으로 삼았다. 박사나 조교 한 명이 『예기』·『주역』·『논어』·『효경』, 혹은 『춘추좌씨전』·『모시』·『논어』·『효경』, 혹은 『상서』·『논어』·『효경』·『문선』을 가르쳤다.

143) 『화랑세기』 32세 신공.

기마인물 토기(김해출토) 화랑의 모습을 짐작하게 한다.

독서삼품은 원성왕 4년(788)에 설치되었다. 모든 학생이 독서를 하여 삼품으로 나뉘어 벼슬에 나갔다. 『춘추좌씨전』·『예기』·『문선』을 읽어 뜻이 통하고 『논어』·『효경』에 밝으면 상, 『곡례』·『논어』·『효경』을 읽었으면 중, 『곡례』·『효경』을 읽었으면 하가 되었다. 그러나 오경과 삼사, 제자백가의 글을 겸하는 사람은 등급을 올려 등용하였다. 혹은 산학(算學) 박사나 조교 한 명을 가려 경서를 엮어서 가르쳤다.

학생은 대사에서 관위가 없는 자에 이르렀고 나이는 열다섯에서 서른까지 모두 이에 충원하였다. 9년을 기한으로 하지만 자질이 노둔해 깨치지 못하면 쫓아냈고 만약 재주와 기량이 이루어질 수 있으나 이루지 못하면 9년을 넘더라도 재학을 허락하고 대나마와 나마에 이르면 국학에서 내보냈다.[144)]

하지만 진골들은 국학에 관심이 없었다. 9년을 공부하고 대나마까지밖에 오르지 못하는 국학이 아니라 문벌을 가지고 관직을 갖는 방법을 택하였다. 한편 독서삼품은 두품신분과 관련이 있었다. 상품은 6두품, 중품은 5두품, 하품은 4두품과 관련이 있었다. 백성들도 하품과 관련이 있었을 가능성이 있다. 그런데 능력이 탁월한 자는 삼품의 규정을 넘어 발탁되기도 하였다. 이는 골품제 운용에서 신분 상승의 중요한 장치였다. 그러나 그 기회를 찾은 사람은 많지 않았을

144) 『삼국사기』 32, 「잡지」 2, 국학.

것이다.

국학의 교육과 독서삼품의 운용은 신라의 신료들에게 유교의 정치이념을 받아들이게 하였다. 이는 정치적 이념보다 신료로서의 자질을 갖추게 하는 데 목적이 있었다. 그러한 면에서 국학은 신라인 전체를 사회화하는 장치는 아니었다. 그러나 신료들이 유교의 경전을 통하여 그 이념을 익힘으로써 신라사회가 유교사회화되는 데 커다란 영향을 미친 것은 분명하다.

제
6
장

대신라 왕국의 문화

대신라 왕국 문화의 특성 삼한을 통합한 대신라 왕국은 문화적 격동을 맞았다. 전통문화와 외래문화, 신라문화와 백제 · 고구려의 문화가 융합되었고, 중국 문명을 보다 본격적으로 수용하기 시작하였다. 대신라 왕국을 열었던 무열왕은 왕위에 오르기 전부터 중국문화 수용에 적극적이었다. 문무왕을 거쳐 신문왕대에는 국력을 기울여 막아야 하였던 강력한 이웃 나라 백제와 고구려를 평정한 후였고 뒤이은 신라의 평화는 문화적 성숙을 가능하게 하였다. 종교와 예술이 발전할 환경이 마련되었고 왕을 포함한 귀문의 세력들은 유교적 윤리를 실천하고 불교를 확대하였으며 골품제의 특권을 살려 우아한 삶을 추구하게 되었다.

그런데 신라는 왕국이었다. 대신라 왕국 문화의 정점에는 왕실이 있었으며 다양한 문화적 업적의 중심에도 왕실이 있었다. 성스러운 후손인 왕의 권위와 권력의 정당성을 부여하기 위한 문화의 성장이 있었던 것이다. 조상에 대한 각종의 제사, 불교의 발전과 사찰의 건축, 유교에 대한 교육과 그 이념의 수용, 각종 예술 부문의 발전 등 대신라 왕국의 문화적 성취는 값을 치렀다. 신분에 따른 색복 등 규정의 시행, 귀문의 행동양식의 형성과 강조 그리고 백성들의 부담이 따랐다.

한편 신라에는 민간의 문화도 분명 있었다. 8월 보름의 축제 때는 온 나라 사람들이 즐겼는데 백성들이라고 빠질 까닭은 없었다. 백성들도 악기를 다루었고 노래를 불렀다. 향가나 풍요도 불렀다. 그리고 각 지역에 악(樂)이 있어 내지는 일상군의 음악이고 백실은 압량군의 음악인 것처럼 지역마다 음악이 있었다.

신라문화는 정형화되고 화석화된 것이 아니었다. 신라인들은 중국문명을 수용하여도 그대로가 아니라 신라에 맞게 변용시킬 능력이 있었다. 결국 신라는 중국문명을 신라의 것으로 만들었다.

귀문의 문화와 민간의 문화 귀문(貴門)의 문화는 사치와 풍요를 기반으로 하였다. 귀문의 문화는 왕정에 참여하는 지배세력으로서의 자질을 함양하는 장치였다. 반면 민간의 문화는 질박과 검소를 기반으로 하였다.

1. 신국의 제사

1) 신들의 나라

많은 신들 신라인들은 다양한 신들에 대한 제사가 있었다. 시조묘 · 신궁 · 5묘의 제사가 있었다. 37대 선덕왕대에 사직단을 세웠다. 선농신 · 중농신 · 후농신에 대한 제사도 있었다. 그리고 3산 · 5악 이하의 명산 대천을 나누어 대사 · 중사 · 소사로 삼았다. 그 밖에 4성문제 · 부정제(部庭祭) · 일월제 · 오성제 · 기우제 · 4대도제 · 압구제 · 벽기제 등의 많은 제를 지냈다. 그 외에도 전통적인 신앙을 유지하였다. 한마디로 신라는 신들의 나라인 신국(神國)이었다.

용왕명 토기편 용왕도 신국에서 받들었던 신 중의 하나였다.

2) 왕과 관련된 제사

5묘 왕과 관련된 제사는 시조묘 · 신궁의 제사가 있다. 대신라 왕국에 들어서면서 5묘를 정하여 제사를 지내게 되었다. 신문왕 · 혜공왕 · 원성왕 · 애장왕 등이 5묘를 세운 것으로 나오고 있다. 그런데 실제는 신문왕 이후의 왕들이 모두 5묘에 제사를 지냈다고 여겨진다.

이 경우 왕들에 따라 5묘가 달라졌다. 신문왕은 태조대왕(미추왕) · 진지대왕 · 문흥대왕 · 태종대왕 · 문무대왕을 5묘로 삼았다. 그리고 처음으로 5묘를 세웠다고 하는 혜공왕은 김씨의 시조 미추왕과 백제 · 고구려를 평정한 태종대왕 · 문무대왕에 성덕왕 · 경덕왕의 2묘를 합하여 5묘로 삼았다. 원성왕은 시조대왕 · 태종대왕 · 문무대왕 · 할아버지 흥평대왕 · 아버지 명덕대왕으로 5묘를 삼았다. 원성왕은 성덕대왕과 개성대왕의 2묘를 헐고 자신의 할아버지와 아버지를 5묘에 포함시켰다. 개성대왕은 37대 선덕왕의 아버지였다. 이에 선덕왕 또한 5묘를 세웠던 것을 알 수 있다. 애장왕은 태종대왕과 문무대왕의 2묘를 따로

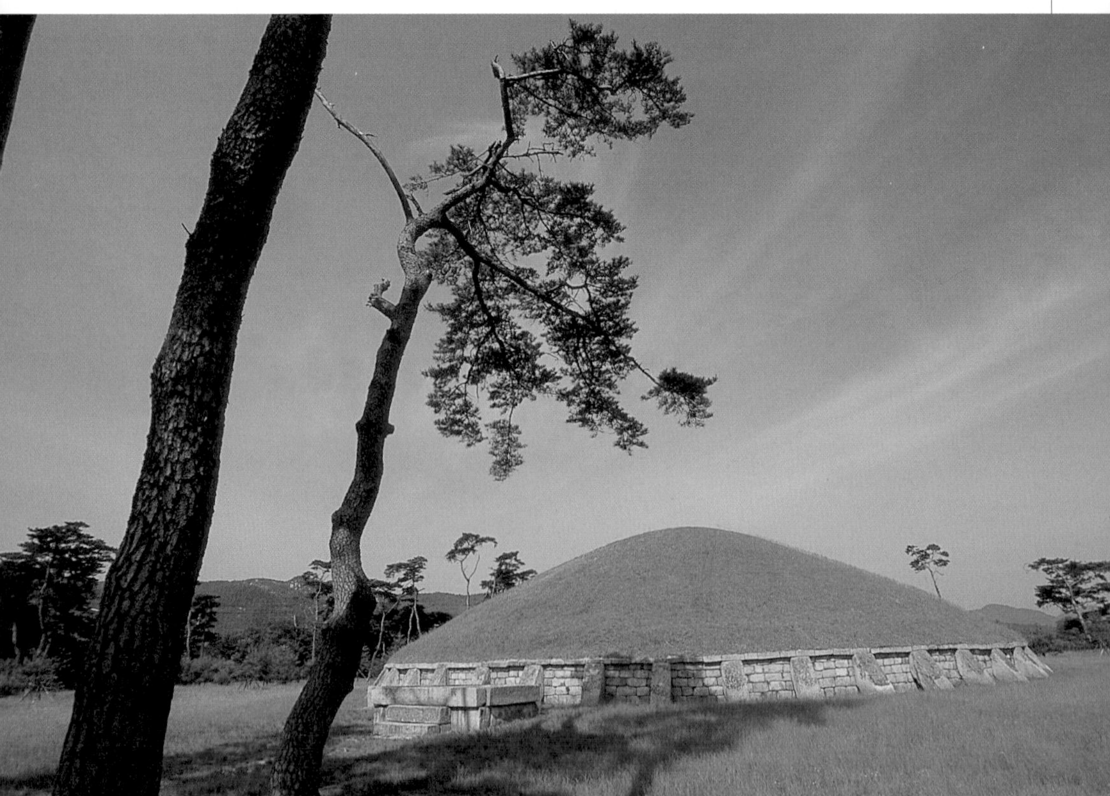

신문왕릉 31대 신문왕은 5묘를 세웠다.

세우고 시조대왕 · 고조부 명덕대왕 · 증조부 원성대왕 · 할아버지 혜충대왕 · 아버지 소성대왕을 5묘로 세웠다.

5묘에 제사를 지내며 바라는 일이 있었다. 신문왕은 5묘에 제사 드리면서 다행히 종묘의 보호 · 지지에 힘입고 하늘과 땅이 복을 내리심에 힘입어 사방의 변경이편안해지고 백성들은 화목하고 다른 나라에서 온 빈객들이 보물을 실어와 공물을 바치고 형정이 밝아지고 송사가 그쳤다고 하였다. 그런가 하면 종묘에 바라는 것이 있었다. 사시 기후를 순조롭게 해주고, 다섯 일의 징조가 어긋남이 없게 해주며, 곡식이 풍족해지고, 질병은 없어지며, 의식이 넉넉해지고, 예의가 갖추어져 안팎이 맑고 고요해지며 도적이 소멸되게 하여 후손들에게 너그러운 도리를 보이고 길이 많은 복을 받게 해달라고 원하였다.[145)]

대신라 왕국의 5묘에 대한 제사는 각 왕들이 5명의 조상을 모시고 그에게 빌었던 것이다. 시조묘 · 신궁의 제사와 마찬가지로 조상의 묘에 대한 제사는 죽은 사람에 대한 것보다 산 사람들을 하나로 묶는 기능이 있었다. 40대 애장왕에 이르러 중대의 무열대왕 · 문무대왕이 빠지고 자신의 고조부부터 5묘에 포함시켰다. 이는 원성왕계 후손들의 결속을 위하여 취한 조치였다. 그런데 그 결과 원성왕의 후손들이 왕위계승권을 주장할 수 있게 되었다.

2. 신라의 종교

신라에서 불교와 유교의 기능 대신라 왕국에서는 불교와 유교가 크게 발전하였다. 신라인들은 불법이나 유학을 배우는 것이 필수적이었다. 그러한 불교와 유교는 율령으로 통제할 수 없는 많은 문제를 해결해주었다. 세속오계는 원래 불교의 계율이나 실제는 불교와 유교의 가르침을 합하여 왕정의 필요를 채워주

145) 『삼국사기』 8, 「신라본기」 8, 신문왕 7년 4월.

는 계율이었다. 그리고 부처나 보살과 같은 초월자가 존재하는 불교에서 개인이 우선할 수는 없었다. 불교는 집단이 우선이었고 집단을 조직화할 수 있는 기능도 가지고 있었다. 이는 통치체제의 발전에 일정한 영향을 주었다.

불교는 사람들을 위로하여 화해시켰고, 사람이나 국가의 운명을 지킨다는 믿음을 갖게 하였으며, 예언자적 기능도 가지고 있었다. 이미 황룡사 9층탑의 창건을 통하여 9한을 정복할 수 있다는 믿음을 가지고 있었다. 대신라에서는 사천왕사를 창건하였다. 668년 고구려를 평정한 후 당군이 물러나지 않고 백제 땅마저 장악하려 하자 신라가 이를 물리쳤다. 이에 당 고종이 노하여 당에 있던 김인문을 불러 꾸짖고 옥에 가두었으며, 설방에게 명하여 신라를 치게 하였다. 그러한 사정을 김인문에게 들은 의상법사가 귀국하여 왕에게 고하였다. 왕은 신하들에게 계책을 물었다. 각간 김천존이 명랑법사가 용궁에서 비법을 배워왔으니 그에게 물어보자고 하였다. 명랑법사는 낭산 남쪽에 신유림이 있으니 그 곳에 사천왕사를 세우고 도량을 열면 좋을 것이라고 하였다. 그 때 많은 당군이 신라의 경계에 이르러 바다를 순회한다고 하였다. 왕이 다시 물으니 명랑은 채백(彩帛)으로 임시 절을 만들면 되겠다고 하였다. 이에 채백으로 절을 짓고 풀로 5방의

금강경판(국보 123호) 익산 왕궁리 5층석탑에서 나온 경판이다.

신상을 만들며 유가의 명승 열두 사람으로써 명랑을 우두머리로 삼고 문두루 비밀의 법을 지었다. 그러자 당군과 신라군이 접전하기 전에 바람과 파도가 일어 당의 배가 모두 물에 침몰되었다고 한다. 그 후에 절을 고쳐 짓고 이름을 사천왕사라 하였다.[146]

그리고 불교와 유교는 신라인들을 일체화시키는 기능도 가졌다. 왕정은 국가 지배체제를 조직화하고 유능한 신료를 양성하기 위하여 유교를 교육하고 그것을 통하여 신료를 뽑아 썼다. 그리고 지배세력은 그들의 생활을 유지하기 위하여 종교를 이용하였다. 백성이나 노비들은 구원을 얻고 사후에라도 보상을 받기 위하여 구원의 종교로서 정토신앙을 크게 받아들였다. 골품제 외적집단은 종교를 가지지 못하였으나 점차 천년왕국에 대한 믿음을 갖게 되었다. 궁예는 그러한 움직임을 이용하려 하였다. 한마디로, 골품신분의 상층과 하층은 종교적 성향이 달랐다. 상층은 불교와 유교를, 하층은 정토신앙이나 전통적 신앙체계를 받아들였다. 물론 상층도 전통신앙으로부터 자유롭지는 않았을 것이다. 9세기에 이르러 기존의 불교에 많은 문제점이 나타나면서 선종이 들어와 확고한 자리를 차지하게 되었다.

신라에서는 불교와 유교가 상충하지 않고 잘 조화를 이루어 공존해나갔다. 어떤 면에서 불교와 유교는 골품제 사회를 하나로 묶는 장치였다. 그리고 신분분화를 합리화하는 장치이기도 하였다. 그러나 불교와 유교가 골품제 사회를 유지하는 근본적인 종교는 아니었다. 신라사회를 움직이는 축은 왕정이라는 정치였기에 종교가 주도권을 장악할 수 없었다. 따라서 종교는 정치의 아래에 놓여 있었으며 조선의 유교처럼 주도적 영향력을 발휘하지 못하였다.

146) 『삼국유사』 2, 「기이」, 문무왕 법민.

불국사 대신라 왕국의 문화적 역량을 보여주는 건축물이다.

1) 불교

(1) 대신라 왕국의 불교

사찰 삼한을 통합한 대신라 왕국은 재정적인 여유가 확대되었다. 그 결과 왕들은 대규모의 사찰을 창건하였다. 사천왕사 · 봉성사 · 감은사 등의 사찰을 창건하였는데 이들 사찰은 성전(成典)이라는, 금하신을 장으로 하는 관부가 설치되어 관장하였다. 그 외에도 불국사 · 석굴암 · 숭복사 등의 사찰이 창건되었으며 원찰의 창건이 늘었다. 경덕왕 22년(763)에 왕의 총신 대나마 이순은 하루아침에 세상을 피하여 산에 들어가 머리 깎고 중이 되어 단속사를 창립하였다. 절의 창립은 여러 세력들이 하였다. 경주 남산의 절터만 보아도 당시 절의 창립이 활발하였던 사정을 알 수 있다.

석가탑 대신라 왕국의 석탑의 전형을 보여준다.

670년 당에서 돌아온 의상법사는 676년 태백산으로 가서 조정의 명을 받들어 부석사를 세우고 대승의 교법을 포교하였다. 의상은 그 외에도 원주의 비마라사, 가야산의 해인사, 비슬산의 옥천사, 금정산의 범어사, 지리산의 화엄사 등 화엄 10찰을 세웠다고 한다. 그 이후 신라 불교는 지방에서도 크게 성하였다.

그런데 신라의 사찰에는 급이 있었다. 성전사원과 같이 국가에서 관장하는 사찰이 있는가 하면 단속사와 같이 개인이 세운 사찰도 있었다. 종과 북이 있는 격이 높은 사찰과 그렇지 않았던 사찰로 나눌 수도 있다.

사찰은 경제력을 갖추기도 하였다. 문무왕 4년(664) 8월 사람들이 함부로 재물과 논밭을 절에 시주하는 것을 금하였다. 이는 사찰이 시주를 받아 부를 축적하는 것을 막고 백성들의 생활을 안정시키기 위한 조치였다. 사찰은 조세가 면제되었고 가지고 있는 부를 가지고 이식활동도 하였다.

분황사 원효의 발자취가 서려 있는 절이다.

종파 대신라 왕국에는 불교의 여러 종파가 들어왔으나 화엄 10찰의 창건 이후 화엄종이 널리 퍼졌다. 특히 왕실의 지원을 받으며 화엄종이 성하였다. 그러나 사천왕사를 지어 문두루 비법을 행한 신인종도 있었던 것으로 미루어 신라에서는 다양한 종파가 활동하였다.

한편 가난하고 무지한 백성들은 불교의 정토신앙에 많이 귀의하였다. 원효대사가 어느 날 상례를 벗어나 거리에서 노래를 불렀다. "누가 자루 없는 도끼를 빌려주겠는가, 나는 하늘을 받칠 기둥을 찍으련다" 하였다. 사람들은 그 노래의 뜻을 알지 못하였으나 무열왕이 노래를 듣고 "이 스님이 나마 귀부인을 얻어 훌륭한 아들을 낳고 싶어하는구나. 나라에 현인이 있으면 그보다 더한 이로움이 없을 것이다" 하였다. 이 때 요석궁에 과부가 된 공주가 있었다. 왕은 궁리를 시켜 원효를 찾아 요석궁으로 맞아들이게 하였다. 그래서 궁리가 찾아나섰는데 원효는 이미 남산에서 내려와 문천교에서 일부러 물 속에 떨어져 옷을 적시고 있었다. 원효를 요석궁으로 인도하여 옷을 말리게 하니 그 곳에서 머물게 되었다. 공주는 과연 아이를 배어 설총을 낳았다.

원효는 계를 범하고 설총을 낳은 후 속인의 옷으로 바꾸어 입고 소성거사라 칭하였다. 그는 광대들이 갖고 노는 박과 같은 모양의 도구를 만들어 『화엄경』의 "일체 무애인(無碍人)은 한길로 생사를 벗어난다"는 문구에서 따서 이름지어 무애라 하며 이내 노래를 지어 세상에 퍼뜨렸다. 그 도구를 가지고 천촌만락(千村萬落)에서 노래하고 춤추고 다니므로 가난하고 무지몽매한 무리들까지도 모두 부처의 호를 알게 되고 나무아미타불을 부르게 되었으니 원효의 법화가 컸다.[147)]

신라의 승려 신라에는 인도의 브라만 계층과 같이 승려를 배출하는 신분이나 집안이 따로 정해져 있지는 않았다. 신라의 승려는 세속의 왕족을 비롯한 여러 신분에서 지속적으로 공급되었다.

김유신의 부인이며 무열왕의 셋째 딸인 지소부인은 후에 머리를 깎고 갈포 옷을 입고 비구니가 되었다. 자장은 잡찬 호림의 아들로 진골이었다. 원효는 신분이 낮았기에 신분적인 한계를 느끼고 파계하여 무지몽매한 사람들을 위하여 정토신앙을 퍼뜨렸다. 사복은 가난한 백성이었다. 어느 날 사복의 어머니가 죽자 사복이 원효를 불러 수계하게 하니 원효가 "나지 말라, 죽는 것이 고통이니라. 죽지 말라, 나는 것이 고통이니라" 하였다.[148)] 이에 사복이 말이 길다 하며 "사는 것도 죽는 것도 모두 고통이니라" 하였다. 사복은 신분이 낮아도 원효를 불러올 수 있었다. 승려들도 현실의 골품제 사회의 제약을 완전히 벗어날 수는 없었다. 원효가 황룡사 등에서 본격적으로 활동할 수 없었던 것이나, 원측이 모량부인에 대한 처벌의 결과 신라에서 활동하지 못하고 당으로 돌아간 것이 그 예이다.

승려들은 신분적인 간격을 어느 정도 벗어나 교류를 하였다. 어떤 면에서 승려들에게는 자유가 있었다. 그들은 인도에서 중국을 거쳐 들어온 불교로 인하여

147) 『삼국유사』 4, 「의해」, 원효불기.
148) 『삼국사기』 4, 「의해」, 사복불언.

석굴암 본존불 석굴암은 불교의 세상을 한 데 모은 곳이다.

국제성을 지녔다. 많은 사람들이 유학을 갔고 그들 중 일부는 중국에 머물거나 인도까지 다녀왔다. 승려들의 국제성은 중국문명의 수용과 신라문화의 국제화에서 힘을 발휘하였다. 원효나 화엄종을 일으킨 의상 등의 승려들은 학승으로서도 높은 위치를 차지하였다.

그러면서도 승려들은 신과 인간을 연결하여 인간 구원의 정신적 기반이 되었다. 이에 왕에서 백성에 이르기까지 지원을 받을 수 있었다. 그러한 승려들은 종교적인 역할 외에 왕에게 자문을 해주었고, 행정적 업무도 담당하였으며, 외교관의 역할도 하였고, 교육을 담당하기도 하였다. 승려들은 전쟁에 참전하거나 역역동원에 나가기도 하였다. 그리고 승려들은 국가에서 할 수 없던, 어려운 사람들의 마음을 달래는 역할도 하였다.

또한 승려들은 국왕의 정당성을 부여하는 역할도 하였다. 그들은 왕정의 수호자가 되어 세속적 권력과 공생관계를 유지하였다. 물론 신라는 세속적 권위가종교적 권위를 장악하고 있었기에 승려들은 왕을 위해 봉사하였다. 상층신분 출신들은 지배세력을 위해 봉사하였고, 하층의 승려들은 평인을 위해 봉사하였다. 특히 왕을 포함한 지배세력들은 승려들을 위하여 사찰을 지어주었고 경제적 지원을 하였으며, 승관제를 유지시켜주어 교단을 강화시켜주고 불교의 확장을 뒷받침해주었다.

다보탑 대신라 왕국의 불교문화의 정수를 보여주는 탑이다.

불교의 조직과 통제 왕정의 지원을 받았던 불교에 대한 통제 장치가 만들어졌다. 국가와 불교계를 연결하는 장치로 정관(정법전)이 설치되었다. 그리고 전국의 여러 사찰과 승려를 통제하는 장치로 국통(國統)·주통(州統)·군통(郡統)이 설치되었다. 국통은 황룡사의 사주가 임명되었다. 그리고 도유나랑·아니대도유나 등 여승들과 관련된 승직과 대서성·소년서성의 승직도 있었다. 성주사를 대흥륜사에 편록시키거나 쌍계사를 황룡사에 이름 올린 것은 왕경의 주요 사찰들이 지방의 사찰들을 맡아 관할한 것을 의미한다.

국왕의 불교 통제 효소왕대에 모량부 익선이 뇌물을 받고 득오라는 낭도를 휴가 보내준 사건에 대한 처리과정에서 모량부인이라는 관직을 가진 자를 모두 쫓아내고 다시는 관청에 들어가지 못하게 하였다. 아울러 모량부인들은 승려가 될 수 없게 하고 만약 승려가 된 자는 종과 북이 있는 절에는 들어가지 못하게 하였다. 그 때 원측법사는 신라의 고승으로 모량부 사람이었기에 승직을 받지 못하였다.[149] 왕은 신라인들이 승려가 되는 것을 제한하였다. 또 문무왕은 사람들이 함부로 절에 재물과 논밭을 시주하는 것을 금하였으며, 팔관회·인왕도량 등 각종 법회를 열기도 하였다.

불교와 화장 신라의 왕들 중 화장을 한 예들이 있다. 681년 문무왕은 유조에서 자신이 죽어 열흘이 되거든 궁문 밖 뜰에서 인도의 의식에 따라 불로써 태워 장사하라고 하였다.[150] 34대 효성왕은 유명에 의하여 널이 법류사 남쪽에서 태워져 동해에 뼈가 뿌려졌다. 37대 선덕왕 또한 죽은 후 불교의 제식에 따라 불에 태워 동해에 뼈를 뿌려달라 하였다. 38대 원성왕도 유명에 따라 널이 옮겨져 봉덕사 남쪽에서 태워졌다. 신라의 왕들이 화장을 하게 되면서 장법에 변화가 나타났다.

(2) 선종의 유행

선종 9세기에는 지방에 선종의 사찰이 개창되었다. 각 선종사찰에서는 많은

능지탑 문무왕을 화장한 곳으로 알려진 탑이다(출처 : 문화재청 홈페이지).

149) 『삼국유사』 2, 「기이」 2, 효소왕대 죽지랑.

제자들이 배출되어 그들이 또 다른 절들을 세웠다. 그 결과 선종의 산문들이 만들어졌다. 선사들은 왕이나 각지의 군웅들과 관계를 가졌다. 왕들은 선종사찰을 통제하고자 하였다. 진감선사(쌍계사)를 황룡사에 적을 올린 것과 낭혜화상(성주사)을 대흥륜사에 편록한 것이 그것이다. 그러나 선종은 종래 황룡사 · 흥륜사 등의 사찰과는 달리 독자성을 가지고 있었다. 국왕이 재를 지내는 비용을 대려 해도 거절할 정도로 정신적으로나 경제적으로 자립해 있었다.

낭혜화상은 설령 배움 없는 시골뜨기라 하더라도 능히 속세의 얽매임에서 벗어날 수 있다고 하였다. 선종은 왕에서 군웅, 백성들에게까지 널리 받아들여지게 되었다. 개인의 성불을 중시한 선문은 분권적인 성격을 지녔다. 그러나 왕은 새로이 대두한 선종의 승려를 거느려 위엄을 높이려 하였다.

선종은 모든 사람들에게 해탈방법을 제시하였으며 결국 그것은 왕실 불교의 권위를 축소시켰다. 그리고 선종은 골품제나 왕위의 신성함을 뒷받침해줄 의무가 없었다. 중앙과 지방의 대결에서 지방의 각지에 정신적 · 종교적 중심이 생겨나게 되었다. 중앙의 귀문의 사치와는 달리 선종의 승려들은 하루 일하지 않으면 하루 먹지 않는다는 청신한 정신으로 무장되어 있었기에 그 무엇으로부터도 자유로웠다. 그리고 선종은 골품제가 무너져가는 상황에서 성장하였기에 신분적 제약도 적게 받았다. 전통적으로 불교가 왕정을 위하여 봉사한 것과 달리 선종은 왕정으로부터 독립하여 자리 잡았다.

선종 사찰 9세기 이래 신라에는 선종의 사찰들이 창립되었다. 그러한 선종 사찰들은 자체의 토지 등을 가지고 경제적 자립을 하였다. 성주사는 80칸의 불전과 8백80칸의 행랑 등 총 1천 칸의 건물을 가진 거대한 사찰이 되었다. 동리산문의 태안사는 2천9백30석의 식량을 가졌고 전답 4백95결, 시지 1백43결, 염분 43결을 가졌으며 노 10명, 비 13명을 데리고 있었다. 이러한 선종 사찰의 경제력은

150) 『삼국사기』 7, 「신라본기」 7, 문무왕 21년.

국가의 간섭을 멀리할 수 있게 만들었다. 그리고 9세기 후반에는 국가도 재정적 어려움을 겪어 선종의 사찰에 경제적 지원을 하기 어려운 상황이 되었다. 교종의 사찰에 국가의 지원이 끊어진 상황에서 선종 사찰은 상대적으로 강한 힘을 가질 수 있었다.

낭혜화상 무열왕은 성주산문을 연 낭혜화상의 8대조가 된다. 낭혜화상은 888년 89세로 세상을 떠났는데 65년을 불교에 몸담았다. 중국에 가서 화엄학을 배웠고, 선문에 들어가 수행하여 보철화상에게 인가를 받았으며, 845년에 귀국하였다. 귀국한 뒤 김흔의 청으로 웅천주의 한 절에 머물렀는데 문도가 번성하여 문성왕이 성주사로 하고 대흥륜사에 편록하였다. 871년 경문왕이 부르니 왕경에 가서 만나고 상주 심묘사에 잠시 머물다 성주사로 다시 돌아갔다. 876년 경문왕이 대의왕(大醫王)으로 부르니 왕궁으로 갔다가 헌강왕을 만나고 돌아갔다. 이 때 헌강왕이 제액을 써주었다. 그 후 정강왕이 불렀으나 사양하였다. 그가 아프자 왕이 국의를 보냈다. 그는 교와 선이 다르다고 하나 아직 다르다는 종지(宗旨)를 보지 못하였다고 하였다. 그리고 어떤

성주사의 낭혜화상비 선종산문 중의 하나인 성주사를 개창한 낭혜화상의 비이다. 진성왕의 명으로 최치원이 찬하였다.

것을 짓거나 고치면 뭇사람보다 앞장서서 노역을 하였고 식수와 땔감도 몸소 날랐다. 문제자가 2천이었고 따로 떨어져 절에 거처하는 사람들도 있었다. 그리고 사천왕사의 상좌도 그의 문인이었다.[151)]

선사들의 활동 선종의 선사들은 자신들의 성불을 위한 참선을 위주로 새롭게 수도생활을 하였다. 불교의 세속화에 맞서 참선을 중시하였고, 세속적 관심을 털어버리고 노동을 중한 것으로 실천하였다. 그리고 계율을 간명하게 하여 자신의 성불을 중시하였다. 선종의 사찰은 참선하는 수도도량으로서의 기능을 갖게 되었다.

2) 유교

왕정과 유교 대신라 사람들은 불교만이 아니라 유교도 익혔다. 왕들은 국학과 독서삼품의 제도를 설치하여 유교 경전을 익힌 자를 신료로 선발하는 제도를 설치·운용하였다. 특히 유교 경전을 익히고 한문을 익힌 신료들이 국가 행정을 담당하게 되면서 왕정은 한층 행정적인 통치를 할 수 있게 되었다.

왕들은 당에 숙위 등의 방식으로 적지 않은 유학생을 파견하였다. 유학생들은 당에서 선진 지배조직을 익혀 귀국한 뒤 왕정의 강화를 위하여 일하였다. 최치원 같은 인물이 그 대표적 예이다. 당에서 활동하다가 885년 귀국한 최치원은 군태수 등을 지냈다. 그가 무너져가는 골품제 사회의 틀 속으로 들어간 것이다. 그는 진성왕 8년(896) 10여 조의 시무책을 올렸다. 그런데 시무책의 내용은 이상적인 유교정치를 펴려는 것일 수는 없다. 그것은 당시 처한 어지러운 세상을 바로잡자는 것이었다. 각지에서 도적이 벌떼처럼 일어나고 원종·애노·기훤·양길 등의 군웅이 활개치며 견훤이 후백제를 세우고 궁예가 새로운 세상을 열

151) 낭혜화상에 대해서는 조범환, 『신라선종연구』, 2001을 참조할 수 있다.

준비를 착실히 진행하던 때 최치원이 시무책으로 올렸던 정책의 내용은 이상적인 것이 아니라 보다 현실적인 내용이 담겨 있었을 것이다.

신라에서 성장한 유교는 한국사회를 유교화하는 출발점이 되었다. 독서삼품의 상 · 중 · 하 3등급이 6두품 · 5두품 · 4두품과 연관된 것은 그러한 사정을 말해준다. 유교는 주로 두품신분의 출셋길이 되었다. 당시 신라에서는 유교 교육을 통하여 지성 있는 인재를 양성하기보다 오히려 행정 능력을 갖춘 신료를 양성하고자 하였다. 따라서 유교 교육 자체가 골품제의 틀 속에서 전개되었으며 두품신분 세력은 그 틀을 깰 수가 없었다. 신라가 망할 때까지 왕정의 신료가 된 사람으로 골품제의 틀을 벗어나 자유로운 사람은 없었다.

학문을 하는 이유 신문왕 2년(682) 국학이 설치되었고, 원성왕 4년(788) 독서삼품을 출신으로 하여 관직이 주어졌다. 국학과 독서삼품은 관직에 나가는 길이었다. 이는 유교 경전을 공부한 인물을 신료로 등용한 것을 의미한다. 원성왕 5년(789) 9월 자옥을 양근현 소수로 임명할 때 집사성의 사(史) 모초는 자옥이 문적 출신이 아니기 때문에 분우의 직을 맡길 수 없다고 하였다.[152] 이는 유교를 중심으로 한 학문을 익히지 않은 자를 신료로 삼을 수 없다는 주장이었다. 하지만 자옥은 입당 학생이었기에 관직을 가질 수 있었다.

비록 『삼국사기』 사론의 말이지만 학문을 하는 이유가 있는데, "오직 학문을 한 후에야 도를 들어서 알게 되고 도를 들어 알고 난 후에야 일의 본말을 밝게 알게 된다. 그러므로 학문을 한 후 벼슬을 하는 사람은 일을 하는 데 근본이 되는 것을 먼저 하게 되므로 말단은 저절로 바르게 된다. 예컨대, 한 개의 벼리를 들면 많은 그물 코가 이에 따라 바르게 되는 것과 같다. 그러나 학문을 하지 않은 사람은 이와 반대로 일의 선후 본말 차례가 있음을 모르고 다만 자질구레한 지엽적인 것에만 정신을 기울여 혹은 백성들의 재물을 거둠으로써 이익을 삼고

152) 『삼국사기』 10, 「신라본기」 10, 원성왕 5년 9월.

혹은 너무 까다롭게 살핌으로써 서로 존중하니 비록 나라를 이익되게 하고 백성을 편안하게 하려 해도 도리어 이를 해치는 것"이라고 하였다.[153] 신라인들도 유교 경전을 배운 사람을 신료로 등용한 이유는 이와 같았다고 생각된다.

3) 도교와 풍수

노장사상 신라인들이 노장사상을 멀리하지는 않았다. 김지성은 성품이 산수를 좋아하여 장자와 노자의 유유자적함을 사모하였고 뜻을 불교에 두었다고 하였다. 신라사회는 기본적으로 불교사회였다.

풍수 신라에서는 실제로 풍수가 행해졌다. 798년 겨울 원성왕의 유택을 곡사(鵠寺)에 모시려 할 때 논의가 있었다. 그 중에 풍수에 대한 이야기가 나오고 있다. "절이란 자리하는 곳마다 바뀌어 어디를 가든지 어울리지 않음이 없다. 그러므로 화(禍)의 터전을 능히 복(福)의 마당으로 바꾸어 백억겁토록 위태로운 속세를 구제하는 것이다. 능묘란 아래로는 지맥을 가리고 위로는 천심을 헤아리며 반드시 묘지에다 (풍수의) 상(象)들을 포괄함으로써 천만대 후손에게 미칠 복을 보전하는 것이니 자연의 법칙이다. 불법에는 머무는 상이 없고 장례에는 정한 시기가 있으니 땅을 바꾸어 자리함이 하늘의 이치를 따르는 것이다. 단지 풍수가가 땅을 잘 보았으면 되었지 어찌 백마로 하여금 절이 헐리는 것을 슬퍼하도록 할 것인가" 하고 있다.[154] 결국 원성왕의 묘는 곡사라는 절을 옮기고 그 자리를 차지하게 되었다. 그 논거가 바로 풍수설이었다.

당시의 풍수에서 주목되는 한 가지 사실은, 곡사가 왕의 척리(戚里)에 속하였는데 보다 높은 왕실에서 그 땅을 차지하여 왕릉을 조영한 사실이다. 왕실의 힘으로 척리의 땅을 빼앗은 것이다. 그리고 풍수설은 그에 대한 합리화의 논리

153) 『삼국사기』 10, 「신라본기」 10, 원성왕 5년 9월.
154) 『신라국 초월산 대숭복사비명』.

괘릉 원성왕릉이 맞다면 이 능은 풍수에 따라 곡사라는 절을 옮기고 축조된 것이다.

를 제공하였다.

신라사상의 특성 신라에서는 불법 · 유학 · 노장사상 · 무속이 갈등 없이 한 개인에게 수용되었다. 그리고 선사들도 화엄학을 배웠고 교종의 승려들 중에 선사의 문인도 있었다. 신라사회를 편가른 것은 신라인들이 아니라 후세의 역사가들이다.

3. 역사 편찬

역사 편찬 대신라 왕국에서도 분명 역사가 편찬되었다. 그러한 역사서들이 『삼국사기』 · 『삼국유사』의 편찬을 가능하게 하였다. 『삼국사기』 · 『삼국유사』가 고려 시대에 편찬된 것은 사실이지만 그 이전 신라 시대의 사서들을 근거로 편찬되었기에 사료로서 가치가 있다.

신라의 역사가 중 김대문이 주목된다. 그는 신라 귀문의 자제로 성덕왕 3년(704) 한산주 도독이 되었다. 그는 몇 권의 전기(傳記)를 저술하였다. 『고승전』·『화랑세기』·『악본』·『한산기』는 『삼국사기』를 저술할 때까지 남아 있었던 것으로 『삼국사기』「열전」에 나와 있다. 1145년 『삼국사기』가 편찬될 때 그러한 책들이 있었다. 당시 김부식은 어디에 있는 자료를 근거로 『삼국사기』를 편찬하였을까? 거의 틀림없이 고려 왕실의 도서관에 있는 책들을 참조하였다고 생각된다. 김대문의 책들도 그 곳에 있었을 가능성이 있다. 고려 왕실의 도서들은 조선 왕실 도서관으로 넘어갔다.

김대문의 『화랑세기』 김대문이 저술한 『화랑세기』의 필사본(박창화 필사)이 20세기 말 세상에 알려졌다. 681년에서 687년 사이에 저술된 『화랑세기』는 540년에서 681년까지의 기간 동안 화랑도의 우두머리였던 32명 풍월주의 전기이다. 김대문은 대를 이어 풍월주를 배출한 집안 출신으로 681년 김흠돌의 난으로 화랑도가 폐지되었다가 부활되면서 풍월주 대신 국선이 화랑도의 우두머리가 된 상황에서 저술되었다. 화랑도의 폐지와 부활은 풍월주를 배출해온 김대문의 가문으로서는 위기였다. 이에 그의 가문의 존재를 알릴 필요가 있었다. 이를 위하여 김대문의 아버지 오기공이 화랑의 세보를 작성하다가 완성하지 못하였다. 김대문은 오기공이 저술한 화랑의 세보에 화랑도의 낭정, 즉 조직과 운용 그리고 화랑도 파맥의 정사(正邪)를 더하여 『화랑세기』를 저술하였다. 김대문은 그 후 『화랑세기』를 보충하였다.

『화랑세기』에는 그 저술목적 때문에 순국무사로서의 모습들은 거의 나오지 않고 있다. 그러나 이 책을 통하여 신라사회의 실상을 분명히 알 수 있다. 신라는 골품제 사회였다. 따라서 신라인들은 출생에 의하여 사회적·정치적 지위가 결정되었다. 『화랑세기』의 세계(世系)는 각 풍월주들의 사회적·정치적 위치를 밝혀주는 씨줄 · 날줄이 되었다. 이는 『삼국사기』나 『삼국유사』 등의 사서에서 구할 수 없는 귀중한 자료이다. 한마디로 『화랑세기』는 신라인의 신라 이야기를 전하고 있다. 특히 그 안에는 〈풍랑가〉라 이름지은 향가도 있어 중요성을 더하고 있다.

김대문의 가문은 대를 이어 왕정에 참여하였고 왕실과도 인척관계로 연결되어 있었다. 문무왕은 김대문의 이모부였고, 신문왕은 김대문과 이종사촌간이었다. 따라서 김대문으로서는 왕정의 최일선에 서 있었다. 실제로 김대문의 아버지 오기공은 김흠돌의 난을 진압하는 데 가장 큰 공을 세웠다. 김대문 또한 왕정을 수호하여 한산주 도독을 지냈다. 결국 『화랑세기』를 비롯한 전기는 그 저술자와 등장 인물들이 가지는 가문의 사회적 · 정치적 지위를 분명히 알리고 지켜나가기 위한 것이었다.

4. 한문의 사용

대신라 왕국 초기 신라인의 한문 구사능력은 높지 않았다. 무열왕이 왕위에 올랐을 때 당의 사자가 조서를 전하였는데 그 안에 읽기 어려운 곳이 있었다. 왕이 중원경 사량부의 강수를 불러 물으니 그는 왕 앞에서 조서를 한 번 보고 해석하여 막힘이 없었다. 왕은 몹시 기뻐하여 서로 늦게 만난 것을 한탄하며 그 성명을 물었다. 그에게 당 황제에게 회답하는 표문을 짓게 하였는데 문장이 잘 되었고 의사가 충분히 표현되었다. 왕은 그의 이름을 부르지 않고 임생이라고만 불렀다.

후에 문무왕이 말하기를, "강수는 문장을 자기의 임무로 삼아 능히 서간으로써 중국과 고구려 · 백제 두 나라에 의사를 잘 전달한 까닭으로 화호를 맺어 성공하게 하였다"고 하였다. 또 "선왕이 당에 군사를 청하여 고구려와 백제를 평정한 것은 비록 무공이라 하지만, 또한 문장의 도움이 있었으니 강수의 공을 어

안압지 출토 벼루 일본 정창원에도 신라의 먹이 보관된 바 있다.

찌 소홀히 하겠는가" 하고 사찬의 벼슬을 내리고 녹으로 해마다 벼 2백 석을 더 주었다.[155] 이는 삼한통합을 전개하던 시기 왕경에는 당에서 오는 조서와 답을 보내는 표문을 지을 인재가 없었던 것을 보여준다. 따라서 당시 한문 수준을 짐작할 수 있다.

그러나 시간이 지나면서 신라인들 가운데 한문을 잘 구사하는 사람이 늘어났다. 헌강왕은 화언(華言, 한문 또는 중국어)을 잘하였다고 한다. 당에 유학하였던 최치원에 이르러 신라의 한문은 중국인에 비해 조금도 손색이 없게 되었다.

5. 예술

미술 · 공예 755년에 만들어진 화엄경 사경에는 지작인(紙作人)이 나오고 있다. 지방의 한 현 출신이 화엄경을 사경한 종이를 만들었다. 이렇듯 신라 시대에

155) 『삼국사기』 46, 「열전」 6, 강수.

종이는 널리 쓰였다.

솔거는 어려서부터 그림을 잘 그렸다. 일찍이 황룡사 벽에 늙은 소나무를 그렸는데 나무 몸뚱이에 껍질이 주름지고 가지와 잎이 꼬불꼬불하여 까마귀 · 솔개 · 제비 · 참새가 가끔 날아들어와 그림에 와서 부딪쳐 땅에 떨어지기도 하였다고 한다. 경주 분황사의 관음보살상과 단속사의 유마상도 모두 그의 필적이며 세상에서는 신화(神畵)라 하였다.

경덕왕은 당의 대종이 불교를 믿는다는 말을 듣고 공장에게 만불산을 만들게 하였다. 오색 모직물 위에 놓인 만불산에는 높은 바위와 괴이한 동혈이 구역을 나누고 있었는데 구역 안에는 가무 기악의 모습과 온갖 나라의 산천형상이 있었다. 살살 부는 바람이 그 안에 들어가면 벌과 나비가 훨훨 날고 제비와 참새가 춤을 추니 진짜인지 가짜인지 구별할 수 없었다. 그 속에 만불을 모셨는데 각기 모습이 선명하였다. 금과 옥을 새겨 장엄을 하였고 누각 등을 만들었는데 전체가 작기는 하나 기세가 살아 움직이는 것 같았다. 앞에는 돌아다니는 승려의 형상 1천여 구가 있고 아래에는 종각이 있어 바람이 불어 종이 울면 돌아다니는 승려들이 모두 엎드려 머리가 땅에 닿도록 절을 하고 염불하는 소리가 은은히 울렸으니 그 중심은 종이었다. 그 이름을 만불이라 하였으나 참모습을 이루 기록할 수 없었다. 그것을 당 대종에게 보내니 "신라 사람의 기교는 조화의 기교지 사람의 기교가 아니다"라고 하였다. 대종은 승려들에게 명하여 내도량에서 만불산에 예를 드리게 하고 삼장법사에게 명하여 밀부의 진전을 1천 번이나 외워서 경축하게 하니 보는 사람이 모두 그 정교함에 탄복하였다고 한다.[156] 이처럼 신라의 공예는 당에도 알려졌다.

노래와 춤 향찰로 된 신라의 노래 향가는 현재 14수가 남아 있다. 『삼국유사』를 통하여 전해지는 향가 중 11수가 대신라 시대에 불려졌던 노래이다. 최근

---

156) 『삼국사기』 3, 「탑상」 4, 만불산.

『화랑세기』에 수록된 한 수의 향가와 〈청조가〉라는 노래가 알려졌다.

헌강왕 6년(888) 9월 9일 왕과 신하들이 월상루에 올라 사방을 바라보았는데 경도의 민옥들이 서로 이웃해 있고 노래소리와 피리 소리가 끊이질 않았다고 한다. 신라 사람들은 음악을 즐겼던 것이다. 『삼국사기』에는 최치원의 시 향악 잡영 5수가 남아 있다. 신라에는 여러 종류의 악공들이 있어 척(尺)이라 하였다. 이 때 당악을 받아들였고 불교음악도 등장하였다. 그리고 신라에는 광대들도 존재하였다.

6. 중국문명권의 일원이 된 대신라 왕국

중국문명의 수용과 일본으로의 흐름 대신라 왕국은 중국문명을 수용할 바탕을 충분히 갖추었다. 그리고 중국문명을 일본으로 흘려 보내기도 하였다.

대신라 왕국의 문을 연 무열왕 김춘추는 왕위에 오르기 전 당 태종을 만나 문화로 청병하여 군사를 보낼 것을 약속받았다. 그 때 김춘추가 이용한 문화는 중국의 문화를 수용하는 것이었다. 대신라 왕국에서는 중국문명을 받아들이는 데 보다 적극적이었다. 신라는 당의 지배제도에 대한 이해를 통하여 왕정을 강화하기 위한 지배제도를 발전시켰다. 중국식의 여러 관직과 관부가 그것이다. 그리고 불교를 수용하여 왕권을 강화하고 왕위를 안정시키는 장치로 이용하였다. 불교는 사회체제를 안정시키며 왕정의 지배조직으로서는 할 수 없는 여러 문제를 담당하였다. 또한 유교를 수용하여 지배체제를 강화하였는데 그 한 방법이 유교 경전으로 인재를 양성하여 신료로 선발하는 것이었다.

나라에 대한 충성과 부모에 대한 효도가 중요한 덕목으로 자리 잡게 되었다. 그리고 행정적인 능력을 갖춘 신료를 등용하게 됨으로써 왕정이 효율적으로 유지될 수도 있었다. 신라인들은 진덕왕 3년(649)에 남자들이, 문무왕 4년(664)에 여자들이 중국의 의상을 입기 시작하였다. 그리고 문무왕 4년(664)에 당악을 배우기도 하였다.

대신라의 왕들은 당의 황제가 책봉하여 즉위를 승인하는 것을 중요시하였다. 그리고 당에 대한 조공을 멈추지 않았다. 헌강왕은 중국말도 잘하였을 가능성이 있다. 신라의 젊은이들은 중국의 문명을 배우기 위하여 중국에 유학을 하였으며 승려들은 인도까지 다녀오기도 하였다. 그리고 중국 산둥반도에서 양자강 유역에 이르는 일대에 신라인들이 정착하여 당과 신라 그리고 일본과의 교역을 주도하였다. 신라인들은 단순히 중국문명을 수용한 것이 아니라 보다 적극적으로 당에 가서 활동을 하였다.

한편 대신라 왕국에서는 중국문명을 수용하여 만들어낸 신라문화를 일본에 흘려 보내기도 하였다. 구체적으로 일본 동대사 정창원에 있는 신라문물들이 그러한 사정을 증명한다.

한국에서는 신라인들이 일본에 선진문화를 전해주었다고 한다. 당시 신라와 일본의 관계를 문화의 선후진관계, 문화의 전수관계, 조공관계로만 볼 것이 아니라 두 나라의 외교관계, 교역관계로 볼 필요가 있다. 신라는 중국문화를 수용하여 남녀의 의복까지 바꾸어 입도록 하였다. 일본에 많은 문물을 전한 것을 통하여 당시의 교역이 활발하게 전개된 사실을 읽어내는 일이 중요한데, 불행하게 현재 한국에서는 신라 시대에 일본에 문화를 전수하였다고 하고, 일본에서는 『일본서기』·『속일본기』 등에 역사를 기록할 때부터 신라가 일본에 조공하였다고 기록하고 있다. 당시 신라는 신라대로, 일본은 일본대로 왕정을 발전시켰고, 지배체제를 강화시키고 있었으며, 국제관계를 유지해나가고 있었다. 신라와 마찬가지로 일본도 중국화를 전개하였다. 그리고 일본은 신라와 문화적 교류를 하였다.

신라는 이미 중국문명권의 일원으로 자리 잡았다. 그런데 신라가 중국화한 것은 신라의 모든 것의 일부분에 지나지 않았다. 중국문명을 수용하여 신라의 왕정을 강화하고 지배조직을 발전시키고 사회체제를 탈바꿈시킨 것은 사실이나 신라는 그 고유한 문화를 또한 유지하였다. 오히려 중국의 문화를 수용하여 신라문화를 발전시켰다. 당시 신라의 중국화는 국제화였다. 그리고 현재의 관점에서 보면 신라가 중국문명권의 일원으로 자리 잡게 된 것을 의미한다. 그러한 사실을 가지고 신라가 동아시아 문명권의 일원이 되었다고 한다면 중국문명의 영향을 축소시키는 것으로 문제가 있다.

제
7
장

대신라 왕국의 멸망과 고려에 물려준 유산

모든 나라는 흥하고 망한다. 실제로는 나라만이 아니라 모든 사회조직도 흥하고 사라진다. 사로국의 형성 이후 1천 년을 넘어 지속한 신라도 멸망하였다. 신라의 멸망이 한 번에 이루어진 것은 아니었다. 그리고 외적의 침입을 받아 멸망한 것도 아니었다.

1천 년을 지속한 신라는 스스로 그 피로를 이기지 못하고 역사의 무대로 사라졌다. 가장 중요한 것은 사회 · 정치의 붕괴였다는 사실이다. 신라의 멸망은 신라 왕정의 붕괴와 고려라는 새로운 왕정의 등장으로 이야기할 수 있다. 신라 왕정은 골품제라는 잘 짜여진 사회 · 정치체제를 유지할 수 없는 상황에서 멸망하게 되었다.

1. 신라의 멸망과정

삼한통합 이후 오랜 평화는 그 이전 신라가 가지고 있던 왕정의 목표를 사라지게 만들었다. 즉 왕과 지배세력 그리고 백성들까지 모두가 공유하던 목표가 사라진 것이다.

신라가 전에 없던 평화를 누리던 시기는 오래 지속되지 않았다. 경덕왕대(742~765)에 이미 왕정에 피로가 나타나기 시작하였다. 경덕왕은 이를 타개하기 위한 개혁정책을 폈다. 그러나 혜공왕대(765~780)에 경덕왕의 개혁정책은 모두 폐기되고 원래의 상태로 돌아갔다. 이와 같은 왕정의 피로는 신라 중대 무열왕의 후손들의 왕위계승에 종지부를 찍게 하였다.

37대 선덕왕(宣德王)을 거쳐 38대 원성왕(785~798)이 즉위한 후 신라의 왕위는 원성왕의 후손들이 차지하는 시대가 이어졌다. 왕위계승권자였던 김주원을 몰아내고 왕위에 오른 원성왕의 즉위 자체가 왕위계승전의 성격을 띠었다. 그 이후 45대 신무왕(839)까지 여러 차례의 왕위계승전이 있었다. 그러한 왕위계승전은 왕정의 축이 되었던 왕권의 위축을 불러왔으며 왕권의 위축은 인민들에 대한 통제를 어렵게 만들었다. 정부에서 조세를 거두기 어렵게 되었고 인민을 동원하여 군대를 유지할 수 없는 상황으로 이어졌다.

왕권이 위축되면서 중앙정부의 지배력이 약화되었고 그에 따라 지방에서 대규모의 반란이 일어나게 되었다. 822년 김헌창의 난은 중앙의 왕정에 참여하였던 세력들이 힘을 합하여 진압하였는데, 김헌창의 난을 진압한 세력들은 그 후 왕위쟁탈전에 참여하였다. 그 결과 왕권은 더욱 위축되기에 이르렀다. 846년 장보고가 난을 일으켰을 때 중앙정부의 군사적 실력으로는 막아낼 수 없었다. 이에 자객을 보내 장보고를 암살할 수밖에 없었다. 당시 중앙의 군사력은 거의 사라진 상황이었다.

그 이후 지방에서는 군웅들이 성주 · 장군이라 칭하며 왕정의 통제를 벗어나 독자적인 정부조직을 갖추어나가기 시작하였다. 하지만 중앙정부는 지방의 반란을 막아낼 힘이 없었다. 지방에서 성장한 군웅들은 백성들에 대한 통제를 하였다. 그 결과 백성들은 군웅들의 통제를 받고 중앙정부의 통제도 받게 되었다. 점차 중앙정부에서는 조 · 용 · 조의 수취나 인력동원을 할 수 없게 되었다. 진성왕 3년(889) 국내 여러 주 · 군의 공부를 거둘 수 없어서 정부의 창고가 텅 비어 국용이 궁핍해졌던 것은 그러한 사정을 말해준다. 그 때 사자를 보내 공부의 수취를 강요하자 지방의 도적들이 봉기하였다. 그러한 도적들은 정부군도 막아내지 못하였다. 오히려 지방세력인 촌주가 자신의 고장을 지키고 그 세력을 유지하기 위하여 향토방위를 하게 되었다. 백성들은 촌주의 아래에 머물러 살거나 유망을 하여 군웅들의 아래에 들어가 삶을 이어가게 되었다. 그런데 촌주들도 점차 성주 · 장군이라 칭하며 군웅세력이 되었다.

이 때에 이르러 신라의 인민을 통제하기 위하여 만들어졌던 율령체제가 무너지게 되었고 백성들을 보호하는 왕정의 기능도 사라지게 되었다. 실제로 헌강왕대(875~886)에 왕경의 많은 세력들이 나라가 망할 것을 알고 지방으로 도망하였다. 그리고 신성왕대부터 중앙정부는 지방의 군웅들이 성장하는 상황을 막을 수 없었다. 천년왕국의 도읍이었던 왕경은 신라의 정치적 · 경제적 · 군사적 중심지로서의 기능을 상실하게 되었다. 신라는 지방에서 성장한 군웅들이 과거 군 · 현을 단위로 하는 군소 정치세력으로 성장하게 되었다.

이러한 지방의 군웅들이 대군웅을 중심으로 정치세력화해나가기 시작하였다. 기훤 · 양길 · 궁예 · 견훤 등이 대표적인 대군웅들이었다. 그 중 견훤과 궁예는 새로운 왕국을 세웠다. 이에 신라를 포함하여 1차 전국 시대가 시작되었다. 각지의 군웅들은 궁예나 견훤의 아래에 들어가게 되었다. 그 후 궁예가 제거되고 왕건이 고려를 세움으로써 2차 전국 시대가 열리게 되었다. 전국 시대에 들어선 후 신라는 단순히 과거 사로국 영역인 왕경의 정치세력 정도로 위축되었다. 하지만 신라는 1천 년을 지속한 왕국으로서의 정통성은 가지고 있었다. 그러한 신라를 멸망시키는 일은 쉽지 않았다. 927년 견훤이 왕경에 쳐들어가 경애왕을 죽이고 경순왕을 즉위시키고 물러난 것은 그러한 사정을 말해준다. 당시 견훤은 후백제에서 신라 왕경에 이르는 영역을 후백제의 영역으로 편입하여 지배할 능력이 없었다. 그리고 견훤이 신라를 멸망시키고 신라를 후백제에 편입하였을 경우 당시 모든 군웅들의 공격대상이 되었을 것이다. 따라서 신라의 멸망은 스스로 운명을 결정하여 고려에 항복할 때까지 기다려야 하였다.

2. 신라의 멸망원인

1) 왕권의 위축으로 인한 왕정의 붕괴

대신라 왕국의 멸망은 왕권의 위축에서 비롯되었다고 해도 과언이 아니다. 여러 차례에 걸친 왕위계승전의 결과 왕권은 크게 약화되었다. 특히 원성왕계 종족의 성원들이 왕위계승권을 다투게 되면서 왕정의 지배력이 상실되었다. 지방세력들은 조정으로부터 아무런 보호도 받을 수 없는 상황에서 스스로를 지키기 위하여 성주 · 장군이라 칭하며 군웅세력으로 성장하기 시작하였다. 왕정의 붕괴는 가속화되었고, 진성왕 이후 왕의 우위는 깨졌다. 왕정의 붕괴는 신라 멸망의 가장 큰 원인이었다.

2) 오랜 평화로 인한 공동목표 상실과 왕정유지조직의 약화

백제와 고구려를 평정한 이후 신라에는 외적의 위협이 사라졌다. 이는 신라인 모두를 하나로 묶는 공동의 목표가 사라진 것을 의미한다. 그 결과 왕을 비롯하여 왕정에 참여한 신료들의 목표가 사라지게 되었다.

그런가 하면 왕정을 유지하던 여러 조직들도 골품제 사회를 유지하기 위한 기능을 할 수 없게 되었다. 중앙정부의 관부는 물론이고 지방지배조직도 제 기능을 발휘하지 못하게 되었다. 그리고 골품제 사회 유지의 사상적 뒷받침을 제공하던 교종 중심의 불교도 점차 새로운 사회적 요구에 응하지 못하게 되었다. 이는 왕경의 왕을 중심으로 한 진골들이 장악하고 있던 종교적 권위가 깨지게 되었음을 의미한다.

3) 왕정 붕괴로 인한 사회 · 정치체제의 붕괴

왕정이 무너지게 되면서 왕을 축으로 운용되던 골품제도 그 경직성으로 인하여 유지할 수 없게 되었다. 골품제는 왕정을 유지하는 가장 중요한 장치였다. 특히 골품제는 신라의 정복과정에서 지방인들이 왕정에 항복하여 왕경인의 통제를 받아들인 제도였다.

9세기 전반에 있었던 김헌창의 난과 장보고의 난 이후 지방세력들이 점차 성장하게 되었다. 9세기 후반에는 왕정으로서는 지방세력들을 제압할 수 없는 상황에 이르게 되었고 그들은 골품제의 통제를 벗어나게 되었다. 골품제의 와해는 대신라 왕국의 사회 · 정치체제의 붕괴를 불러왔다. 군웅들은 신라 왕정을 유지해온 골품제의 통제를 벗어난 집단이었다. 오히려 군웅들은 골품제를 무너뜨리는 중심세력이 되었다.

즉, 진골의 폐쇄성과 군웅의 독자성은 결국 골품제를 무너뜨렸다. 진골들은 골품제를 유지한 중심세력으로서의 지위를 잃게 되었고 호족들은 골품제와 무관한 정치세력으로 성장해나갔다. 그러나 진골세력은 군웅세력을 제압할 힘을 상실한 상태였다.

경문왕(861~875)은 왕위에 오르기 전인 헌안왕 4년(860) 9월 왕에게 세 사람, 즉 귀한 집 자제로서 남의 아래임을 자처하고, 집안이 넉넉하나 삼베와 모시로 만족하고, 세도와 영화를 누리고 있으나 그 세력으로 남을 누르지 않는 사람들을 착한 사람이라고 이야기하였다. 그 세 사람은 신라 골품제에 의하여 확립되었던 사회적 양식이 무너져 사회적 붕괴현상이 나타난 것을 상징한다고 할 수 있다. 여기서 860년경 신라 골품제의 사회적 통제기능이 무너지고 있음을 읽을 수 있다.

4) 난국 타개를 위한 개혁 수단의 결여

장보고의 난 이후 신라 왕정은 지방에서 성장한 군웅세력을 소멸시킬 수단을 상실하였다. 여러 차례의 왕위계승전으로 인하여 왕군(王軍)이 사라진 것이다. 왕이 거느린 군대는 지방에서 성장한 군웅들에 맞서 전투를 할 엄두도 내지 못하는 상황이 벌어졌다. 그런가 하면 헌강왕대(875~886)에는 왕경의 골품세력들이 신라가 망할 것을 알고 지방으로 도망하는 일들이 벌어졌다. 그 결과 신라는 지방에서 성장하는 군웅세력들을 제압할 힘을 상실하게 되었다.

오히려 헌강왕 6년(880) 9월 9일 왕은 월상루에 올라 경도의 민가에서 들려오는 노래와 피리 소리를 들으며 민간에서 기와로 집을 짓고 숯으로 밥을 한다고 들었다고 하였다. 그러나 이 때 신라 왕정은 이미 몰락의 길로 접어들고 있었다.

이 무렵 신라의 왕정은 지방에서 일어나고 있는 변화를 알지 못하였거나 외면하고 있었고 그에 대처할 조치를 강구하지 못하였다. 오히려 왕정을 뒷받침하던 왕경의 세력들이 신라 왕국을 외면하고 지방으로 이주하는 등 대신라 왕국을 지키려는 충성심은 사라졌고 지방에서는 군웅들이 실력으로 그 세력을 키워나가고 있었다. 군웅들의 실력은 폭력의 형태로 나타났다. 그러나 그러한 군웅들의 폭력을 제압할 수단을 신라 왕국은 상실하였다.

5) 재정적 궁핍

진성왕 3년(889) 나라 안의 여러 주 · 군에서 공부를 바치지 않아 부고(府庫)는 텅 비고 국용은 궁핍해졌다. 사자를 보내 공부를 독촉하자 이르는 곳마다 도적이 벌떼처럼 일어났다. 이는 한마디로 국가재정이 파탄에 이른 것을 뜻한다. 사실 신라의 왕정은 전국에 걸쳐 내성 소속의 토지를 가지고 있어 그 수입이 적지 않았다. 그런데 이 때에 이르러 지방의 군웅과 대군웅이 크게 대두하면서 내성 소속 토지로부터 아무런 수입을 얻을 수 없게 된 것이다.

6) 골품제 운용의 경직성

신라 멸망의 또 다른 요인으로 골품제 사회의 경직성을 들 수 있다. 특히 왕정에 참여한 세력들은 지배세력으로서의 지위를 누리며, 9세기 후반에 등장한 지방의 군웅세력들을 수용할 준비가 되어 있지 않았다. 예컨대 문성왕 3년(845) 3월 왕이 장보고의 딸을 차비로 들이려 하였을 때 조정의 신하들이 장보고가 섬사람이라는 이유로 반대하였다. 이에 장보고는 즉시 왕정에 반기를 들었다. 조정에서는 그 이듬해에 비로소 자객을 보내 장보고를 죽일 수 있었지만, 이는 신라 왕정을 이끈 신료들이 새로이 대두하는 지방세력들의 존재를 인정하지 않았던 것을 의미한다. 한마디로 골품제 운용의 경직성으로 인하여 신라의 멸망이 재촉되었다고 할 수 있다.

7) 인적자원의 고갈

대신라 왕국의 평화가 유지된 시기에는 왕정이 행정촌의 내시령까지 임명하여 지방지배를 할 수 있었다. 그러나 골품제가 무너지면서 인적자원 확보가 어려워지게 되었다. 그 결과 왕정을 위해 일하던 집단의 자질이 떨어지고 왕을 위한 신료집단의 역할도 위축되었다. 행정적 업무를 수행할 인적자원의 고갈과 군웅의 성장을 막을 군사력의 상실은 무너지는 왕정을 일으킬 수단이 사라진 것을 의미한다. 그리고 군웅들의 성장으로 인하여 왕국의 영역이 축소되면서 관직과 관위를 수여할 기회가 줄어들었다. 그리고 상벌을 시행할 수 없게 되었다.

왕정을 유지하던 사회 · 정치체제의 붕괴는 신라 왕국을 멸망으로 이끌었다.

8) 사상적 통제의 실패

신라 왕국에서는 일찍이 불교를 받아들여 불법을 숭상하였다. 『삼국사기』에서 김부식은 "신라인들이 불법의 폐해를 알지 못하고 마을마다 탑과 절이 빽빽이 늘어서고 백성들은 승려가 되어 병졸과 농민이 점점 줄어 국가가 날로 쇠퇴해갔으니 어찌 어지러워지고 망하지 않겠는가" 하였다. 고려인들은 신라 멸망의 한 원인으로 백성들이 승려가 되어 병졸과 농민이 줄어든 것을 들고 있다. 불교가 신라 멸망의 한 원인이 되었던 것을 알 수 있다.

골품제 유지의 이념을 제공하였던 불교, 그 중 교종의 권위가 신라 말에 이르러 줄어들었다. 대신 지방의 세력들과 가까운 관계를 유지하였던 선종이 유행하게 되었다. 신라 말 크게 대두한 선종으로 인하여 신라의 왕정이 불교를 장악하지 못하였던 사실을 주목할 필요가 있다. 선종의 승려나 사찰은 왕정의 도움을 필요로 하지 않았다. 그들은 하루 일하지 않으면 하루 먹지 않는다는 청신한 기풍을 가지고 선종을 퍼뜨렸다. 그 결과 선종은 왕정과 거리를 둘 수 있었으며 비교적 자유로운 위치에서 그 세력을 성장시켜나갔다.

왕들은 선종을 왕정유지를 위한 장치로 끌어들이려 하였으나 끝내 실패하였다. 새로이 대두한 선종을 장악하지 못한 신라 왕정은 인민에 대한 사상적 통제에 실패하였던 것이다.

3. 대신라 왕국의 붕괴

1) 박씨 왕의 등장

53대 신덕왕(912~917)과 그의 아들들인 경명왕(917~924)과 경애왕대(924~927)에 이르러 신라 왕국은 거의 무너졌다. 당시 신라가 통치할 수 있었던 영역은 신라 왕경에 불과하였다. 경애왕 4년(927) 9월 견훤이 고울부(영천)에 이르러 신라군을 공격하므로 왕은 고려의 왕건에게 원병을 청하였다. 하지만 왕건이 도착하기 전인 11월 견훤은 왕경으로 쳐들어와서 포석정에 가 있던 왕과 비빈과 종척을 덮쳤다. 그 때 경애왕은 포석사에서 놀이를 한 것이 아니라 나라의 운명을 보존해달라는 기원을 하였다. 견훤은 경애왕을 자살하게 하고 왕비를 강간하였다. 그리고 경순왕을 왕으로 세우고 돌아갔다.

한마디로 박씨 왕 시대의 신라는 이미 통치할 토지와 인민을 상실하고 나라 이름만 유지하는 상황이었다.

2) 경순왕의 항복

1천 년 이상을 유지한 하나의 왕국 신라가 망하는 일은 쉽지 않았다. 견훤이 경애왕을 자살하게 하고 경순왕을 즉위시킨 것이 그 예이다. 견훤으로서는 신라 왕국을 강점하여 다른 군웅세력들의 공격의 대상이 되기를 원치 않았고 또 그러한 반발을 감당할 힘도 없었다. 당시 신라는 중국 춘추 시대 열국이 패업을 다투던 시기에 주 왕실의 위치와 유사하였다.

경순왕은 고려의 왕건에게 항복하였다. 당시 신라는 나라를 지켜낼 만한 군사력이 없었다. 935년 10월 경순왕은 사방의 영토가 모두 다른 나라의 소유가 되어 국력은 약해지고 형세가 위태로워 스스로 편안할 수가 없게 되자 여러 신하들과 함께 국토를 들어 왕건에게 항복할 것을 의논하였다. 1천 년 사직을 지켜야 한다는 왕자의 반대도 있었으나 시랑 김봉휴에게 국서를 주어 왕건에게 항복하기를 청하였다.

김부식은 만일 신라가 고려에 항거하였다면 그 종족(宗族)이 멸하였음은 물론 무고한 백성들에게까지 화가 미쳤을 것이라고 하였다. 여하튼 경순왕은 부고(府庫)를 봉하고 군 · 현을 기록하여 고려 태조에게 귀순을 하였다.[157] 이는 명목상 신라에 대한 통치권을 고려에게 넘긴 것을 의미한다.

4. 신라가 고려에 물려준 거대한 유산

신라는 고려에 어떤 유산을 남겼을까? 한마디로 고려는 신라의 거대한 유산을 물려받아 왕국을 유지하였다. 어떤 면에서 고려는 신라의 왕실만을 대체한 것으로 볼 수 있다. 즉, 신라 왕경에 자리 잡았던 정치세력을 제거하고 개경에 자리 잡았던 새로운 정치세력이 왕국의 지배를 맡게 되었다고 할 수 있다. 그 외에도 왕국의 지배에 대한 모든 것을 신라 왕국의 제도를 이어받았다고 할 수 있을 정도이다.

신라는 사로6촌을 통합하여 사로국을 세웠고, 진한 소국연맹 단계를 거쳐 소국병합을 전개하였다. 마립간 시대에 피병합국에 대한 지방관 파견을 전면 시행하여 중앙집권적인 통치체제를 갖추었고 성골 왕 시대를 거쳐 삼한을 통합하여

157) 『삼국사기』 12, 「신라본기」 12, 경순왕 8년조의 사론.

대신라 왕국으로 성장하였다. 이와 같은 정치적 성장은 수백 년의 역사적 과정을 거쳤음을 의미한다.

고려는 불과 수십 년 만에 한반도를 통합한 왕국으로 성장하였다. 그러한 정치적 배경은 신라의 유산 때문이었다. 신라는 주 · 군 · 현제를 유지하였다. 고려 왕국에서는 그러한 지배체제를 거의 그대로 유지하며 왕정을 운용할 수 있었다. 그 중 군 · 현은 지방지배의 기본 단위이자 가장 중요한 단위였다.

그런데 고려 초에는 지방에서 성장하였던 군웅세력을 제압하기에 어려움이 있었다. 성종대에 향직을 개혁한 후에도 모든 군과 현에 지방관을 파견한 것은 아니었다. 군웅세력의 전통을 이었던 지방세력들에 대한 자치를 허용하지 않을 수 없었기 때문이다. 그렇더라도 고려의 왕정이 지방세력을 통제한 것은 분명하다. 어떤 면에서는 지방세력들의 사회적 · 정치적 지위가 신라의 그것보다 향상되었다고 할 수 있다. 이는 한국 역사상 인민의 지위가 발전하였음을 보여준다.

물론 고려는 신라의 지배조직을 그대로 받아들이지는 않았다. 그러나 이미 신라가 만들어 운용하던 정치조직의 틀이 있었기에 그것을 모범으로 하여 왕국의 지배조직을 쉽게 편성할 수 있었다. 수백 년의 과정을 거쳐 만들어졌던 신라의 지배조직이 고려 왕국의 지배조직의 기반이 되었던 것이다. 고려가 시행착오 없이 쉽게 왕국을 지배할 수 있는 조직을 갖출 수 있었던 것은 신라의 유산 덕분이었다.

불교와 유교에 있어서도 고려는 신라의 유산을 그대로 받아들였다. 오히려 선종을 받아들였고, 유교도 한 단계 더 강화하여 발전시켜나갔다. 신라의 유산이 없었다면 그와 같은 일은 불가능하였을 것이다.

거의 모든 면에서 고려는 신라의 유산을 물려받아 쉽게 왕정을 유지할 수 있었다. 고려는 신라의 5단계 통치조직 중 가장 위의 왕과 왕정을 대체함으로써 한국사의 연속성을 보여주고 있다.

1. 신라 왕국의 흥망성쇠

지금까지 신라의 흥망성쇠를 보았다. 촌장사회부터 보면 2천 년이 넘고, 사로국부터 보면 1천 년이 넘도록 지속된 신라 왕국은 935년 역사의 무대로 사라졌다.

먼저 『신라의 역사 1』(촌장사회에서 성골 왕 시대까지)에서 다룬 촌장사회에서 성골 왕 시대까지는 신라의 형성과 성장의 역사로서 토지와 인민의 변화를 주목할 수 있다. 촌락사회 단계의 사로6촌은 각기 1백km^2 정도의 영역으로 이루어졌다. 그것이 통합되어 1천km^2 정도 규모의 영역을 가진 사로국이 되었으며 사로국은 진한의 소국들을 병합하여 그 영역을 10여 배 이상 늘렸다. 성골 왕 시대에 가야의 소국들을 병합하여 다시 영토를 2배 이상 넓혔다.

다음은 통치력의 변동을 볼 수 있다. 사로6촌을 통합하여 형성된 사로국의 지배력은 촌락사회의 그것보다 10배 강화되었다. 혁거세 · 탈해 · 알지 등 이주민 집단이 지배력을 성장시킨 바로 그 주인공들이다. 사로국이 진한의 소국들로 이루어진 소국연맹의 맹주국이 되면서 그 지배력은 다시 10배 강화되었다. 이 때 사로국이 중심이 되어 중국 군 · 현과의 원거리교역을 수행하는 과정에서 지배체제가 강화되었다. 신라는 소국을 병합하여 지배력을 다시 10배 강화시켰다. 그리고 마립간 시대에 10배, 성골 왕 시대에 10배 강화된 지배력은 삼한통합으로 다시 10배 강화되었다. 거듭 밝히지만 실제 10배가 아니라 이해를 돕기 위한 수치이다.

한편 이 책에서 다룬 삼한통합에서 후삼국 시대까지의 대신라 왕국은 대통합에서 분열과 멸망의 역사이다. 삼한통합 후 오랜 기간 신라는 증가된 토지와 인민을 유지하였다. 그런데 8세기 중반 경덕왕대부터 왕정의 피로가 나타나기 시작하였다. 그리고 9세기 전반에는 왕위계승전이 여러 차례 일어나 왕정이 위축되었다. 9세기 중반 장보고의 난은 지방의 군웅들이 성장하는 길을 열어주었다. 지방의 군웅들이 자리 잡은 지역에는 왕정의 손길이 미칠 수 없게 되었다. 진성왕대에 이르면 신라 왕국이 통치할 수 있던 영토와 인구가 크게 줄어들어 신라는 명목상 왕국이었지만 사실은 신라 왕경을 장악한 정도에 지나지 않았다. 진성왕 이후 신라는 종래 사로국 정도로 위축되었다.

2. 신라가 한국사에 남긴 유산

신라는 사라졌지만 신라가 남긴 유산은 크다. 고려나 조선 그리고 현재까지 신라의 유산이 이어지고 있다. 그 중 고려는 신라의 유산을 직접 이어받았다. 936년 전국통합 시 고려의 영역은 신라가 수백 년의 성장과정을 거쳐 삼한통합을 한 단계보다 더 넓은 데서 출발할 수 있었다. 그리고 고려의 왕정을 이끌어가는 지배력은 신라의 유산을 이어받아 처음부터 왕국 전체를 다스려나갈 수 있었다.

국가지배체제 또한 처음부터 신라 율령제의 유산을 이어받았다. 물론 고려 초에는 각지에 군웅 출신 세력가들이 자리 잡고 있어 지방관을 전면적으로 파견할 수 없었다. 그러나 신라 시대에 만들어진 주·군·현 제도의 골격을 이어받아 지방지배를 할 수 있었다. 신라 시대에 편성된 지방제도의 골격은 고려·조선을 거쳐 지금까지 이어지고 있다.

신라 시대에 받아들였던 불교와 유교적 전통, 그에 따른 다양한 문화 또한 고려 · 조선을 거쳐 현재까지 이어지고 있다. 물론 조선 시대에 유교적 전통이 크게 강조되었지만 그 출발은 신라였다. 신라가 삼한을 통합함으로써 현재 우리가 사용하고 있는 한국어가 될 수 있었다. 현재 한국사회에서 신라의 유산을 빼면 어떤 현상이 일어날지 생각해볼 문제이다.

3. 현대사회의 우리와 신라의 역사는 무관한가?

신라의 역사 자체는 현재 우리들에게도 지혜를 제공해준다. 하나의 왕국이 형성 · 발전하여 대통합을 이루었고 다시 분열의 과정을 거쳐 해체되었는데, 그러한 성장과 통합, 해체의 과정은 오늘날 개인, 사회조직, 기업, 국가도 모두 겪는 일이기 때문이다.

신라의 경우 국가 형성과 발전, 대통합 나아가 분열과 해체의 과정에는 각기 이유들이 있었다. 사로6촌을 통합하여 소국을 형성한 것은 이주민들이었다. 이주민들이 가지고 있던 선진 정치체에 대한 정보는 6촌을 통합하여 소국을 형성하게 만든 가장 중요한 요인이었다. 소국연맹은 진한의 소국들이 낙랑군을 통하여 중국과 원거리교역을 하는 과정에서 이루어졌다. 원거리 교역을 통하여 선진 문물과 정보를 받아들여 정치적 · 경제적 · 군사적 성장을 이룰 수 있었던 것이다. 소국병합은 원거리교역을 통하여 강화시킨 국력을 바탕으로 전쟁을 통하여 이루어졌다. 소국병합이 이루어지자 국력은 엄청나게 커졌다. 마립간 시대에 왕권을 강화하고 지배체제를 정비해나갔다. 성골 왕 시대에는 율령격식에 의하여 왕정을 펴게 되었는데 이러한 율령체제를 통하여 신라 왕국은 삼한통합을 위한 기틀을 다져나갔다.

백제와 고구려를 통합한 힘은 신라 왕정의 최상부에 있던 세력들의 단결과 중국문명에 대한 개방적 자세에서 나왔다. 그런데 대신라 왕국에는 왕정의 피로가 나타나기 시작하였다. 이를 벗어나기 위한 개혁으로 한화정책을 폈으나 신라인들이 이해하기 어려워하여 실패로 돌아갔다. 신라 하대 왕족세력의 왕위계승전은 왕정 최상부를 장악한 왕권의 약화를 초래하였다. 왕권의 약화는 곧 지방세력의 성장을 불러왔다. 지방세력들이 성장하자 신라 왕정은 극도로 위축되었다. 일단 신라가 지방에서 성장한 세력가들에 대한 지배력을 상실하자 지방의 군웅들이 성장하였고 대군웅이 등장하였다. 이 때 신라 왕정을 지키던 지배세력들이 지방으로 탈출하는 현상마저 벌어졌다. 지방의 군웅 중 견훤과 궁예 그리고 왕건이 등장하여 전국(戰國) 시대를 열고 패권을 다투었다. 이 시대를 후삼국이라고 불러왔지만 신라는 명목상으로는 왕국으로, 실질적으로는 과거 사로국 정도의 영역에나 왕정이 미쳤을 뿐인 전국 시대가 도래하였다. 신라의 역사 전개는 생각하기에 따라, 그리고 받아들이기에 따라 현재를 살아가는 우리들에게 적지 않은 것들을 시사해준다. 그것이 역사가 가진 또 다른 힘일 것이다.

후기

지금까지도 신라의 역사에 대한 통사를 찾기가 어렵다. 이는 참으로 믿기 어려운 사실이다. 필자의 『신라의 역사』 두 권은 20세기에 근대 한국사학이 시작된 이래 거의 신라사에 대한 최초의 본격적인 통사가 아닌가 한다. 1977년 영남대학교에서 신라의 역사를 강의하며 학생들에게 추천할 만한 신라의 역사에 대한 통사가 없다는 사실을 알고 언젠가 필자 스스로 그러한 책을 써야 한다는 다짐을 하였다. 1985년 서강대학교로 옮긴 후 필자는 연구의 폭을 크게 넓혔다. 그 과정에서 신라의 역사를 집필하는 작업을 미루며 한국고대사를 새롭게 보는 관점을 더욱 확대할 수 있었다.

2000년 9월부터 안식년을 시작하며 거의 50학기에 걸쳐 강의하면서 준비해온 신라의 역사만이 아니라 고구려 · 백제의 역사도 집필하려 마음먹었다. 그런데 2001년 8월 안식년이 끝날 무렵 『신라의 역사』 두 권을 쓰는 일도 벅차다는 사실을 깨달았다. 남의 글을 적당히 베끼거나 짜깁기한 책이 아니라 기존의 연구성과를 원점으로 돌려, 제로베이스(zero-base)로 또는 초기화하여 신라의 역사를 새롭게 읽는다는 일이 결코 쉽지 않았기 때문이다.

필자는 『신라의 역사』를 쓰기 위하여 두 개의 커다란 벽을 넘어야 하였다. 첫째, 성골 왕 시대까지의 『신라의 역사』를 위하여 한국 실증사학의 벽을 넘어야 하였다. 식민주의사학의 청산을 외쳐온 현대 한국의 실증사학은 1945년 이전 일본의 연구자들이 만들어낸 연구 관행을 벗어나지 못하고 있었다. 그러나 사료비판을 달리함에 따라서 동일한 자료에서 전혀 다른 신라의 역사가 만들어질 수 있다. 실제로 신라의 건국신화 한 가지만 달리 보아도 전혀 다른 역사가 재구성될 수 있다. 필자는 삼한론, 부체제설, 성골 가상의 골족(또는 추존)설이 신라의 역사를 은폐 · 말살 · 왜곡 · 축소하고 있다는 사실을 알 수 있었다. 따라서 필자는 실증사학이 주도해온, 현대 한국사학이 만들어낸 패러다임을 버리고 새로운 패러다임을 만들지 않을 수 없었다.

둘째, 삼한통합 이후 『신라의 역사』를 위하여 필자는 민족사의 벽을 넘어야 하였다. 각종 한국사 개설서나 심지어 『국사』(교육인적자원부, 2002)조차도 민족사로서 한국사를 말하고 있다. 대신라의 경우 그러한 민족사에 문제가 적지 않음을 이 책을 통하여 살펴보았다. 민족사를 외치는 것만으로 재구성한 역사가 타당성을 얻는 것은 아니다. 한번 만들어진 민족사의 틀에서 출발하는 역사 읽기가 아니라, 오히려 그 틀을 버리고 새롭게 역사를 재구성할 필요가 있다. 또한 1945년 이래 국민(민족)을 만드는 중요 수단으로 갑자기 한국사를 만들어내는 과정에서 발해의 역사를 한국사에 끌어들인 문제를 지적할 수 있다. 『신당서』에 따르면, 발해는 본디 속말말갈로 고구려에 속하였다고 한다. 발해가 고구려의 옛 영토와 인민을 통합하여 나라를 세운 것은 분명하나 건국의 중심세력은 속말말갈이었다. 따라서 말갈을 한국사에 끌어들이고 있는 연구 관행을 이해할 수 없다. 그런가 하면 고려 · 조선을 통하여 현대 한국사회에 물려준 발해의 역사적 유산도 찾을 수 없다. 그 동안 민족사의 관점에서 고구려가 차지하였던 광대한 토지와 인민을 차지한 발해를 한국사에 포함시켜 국민의 자긍심을 불러일으키는 데에는 성공하였을지 모르나, 상대적으로 신라의 역사를 반쪽으로 만든 것도 엄연한 사실이다. 이에 대한 지적은 민족 사랑 여부의 문제가 아니다. 본질적으로 그 동안 민족사를 외치며 한국사 체계를 왜곡시켜온 현대 한국사학의 문제를 바로잡자는 것이다.

『신라의 역사』는 어느 날 갑자기 쓴 것일 수 없다. 필자는 그 구상을 일찍부터 해왔다. 필자는 「남산신성비를 통하여 본 신라의 지방통치체제」(『역사학보』 64, 1974)를 발표한 이래 『신라상대왕위계승연구』(1980)를 통하여 『삼국사기』 · 『삼국유사』에 대한 사료비판을 하였고, 『신라 국가형성사 연구』(1982)를 통하여 종래의 연구가 은

폐 · 말살하였던 신라의 잃신 시기 수백 년 역사를 재구성하였다. 특히 『신라 골품제 연구』(1999)를 통하여 신라의 역사 전체에 대한 구상을 마무리하고 그 결과를 『신라의 역사』 두 권으로 세상에 내놓게 되었다.

현대 한국사학의 연구자들이 만들어놓은 신라의 역사와 대화를 나누기 어려울 정도로 평행선을 달리는 이 책은 필자가 구상한 또 하나의 신라 역사이다. 물론 한 명의 역사학자가 혼자의 힘으로 한 나라 전체의 통사를 정리한다는 일은 결코 쉬운 일이 아닌 줄 안다. 그러나 필자는 거의 혼자 힘으로 그 동안 구상해온 『신라의 역사』를 썼다. 그 결과 신라의 역사에 대한 시대구분은 물론이고 사용하는 용어조차 크게 달라지게 되었다. 어느 누구도 완벽하게 신라의 역사를 읽어내는 일은 처음부터 있을 수 없는 일이다. 단지 필자는 이 책을 통하여 현대 한국사학의 연구자들이 만들어온 신라 역사의 패러다임에서 벗어나 새로운 패러다임을 만들었다는 사실을 인정받고자 한다. 그러한 점에서 이 책은 결실을 거두기보다 새로운 밭을 만들어 씨앗을 뿌리는 작업이라 할 수 있다.

필자는 지금 매우 편안한 마음으로 이 책을 내놓는다. 2000년에 발표된 풍납토성의 연대측정 결과는 『삼국사기』를 통한 필자의 역사 읽기가 타당하다는 사실을 확인시켜주고 있기 때문이다. 이 같은 고고학의 새로운 연구성과가 없었다면 필자가 읽어낸 『신라의 역사』는 그 타당성을 증명할 길이 없어 검증받지 않은 주장이라는 평이나 받았을 것이다. 하지만 오히려 이제 20세기 현대 한국사학의 산물로서의 신라 역사에서 이야기되어온 삼한론 · 부체제설 · 성골 가상의 골족설(추존설)은 그 타당성을 잃고 진위 판정을 기다려야 할 상황에 처하게 되었다.

감사드려야 할 분이 많다. 최근 고고학 분야에서 여러 분들이 필자를 격려해주고 있다. 필자의 견해로 고고학 자료를 읽어야 편하게 설명이 된다고 말이다. 그 동안 필자에게 힘을 북돋아준 한 분 한 분의 모습을 떠올리며 진심으로 감사드린다. 이 책의 출판을 맡아준 김영사 박은주 사장님과 편집팀에게 감사드린다. 사진을 맡아준 권태균 선생께 감사드린다. 그리고 오래 전 필자에게 인류학 공부를 할 기회를 만들어준 로버트 파일(Robert Pyle) 씨께 진심으로 감사드린다. 임상우 선생, 박환무 선생께 감사드린다. 지난 세기 통설과 크게 다른 강의를 열심히 들어준 학생들은 필자를 버티게 한 원동력이었다. 기존 연구 관행에 대한 부정을 통하여 탄생한 이 책을 보며, 실증과 민족을 화두로 삼아온 현대 한국사학의 모든 연구자에게도 감사드리지 않을 수 없다.

2002년 5월
자곡동에서 이종욱

용어해설

골품(骨品) · 골품신분 · 골품제 사로국 형성 시 만들어진 신분제를 모체로 법흥왕이 율령을 반포할 때 6부인의 존비의 제도를 정하며 만들어진 신라의 독특한 신분제이다. 성골 · 진골의 골신분의 구분과 6두품에서 1두품까지의 두품신분이 있었다. 원래 골품은 왕위(王位)와 신위(臣位)를 구별한 것으로 모든 신라인이 골품신분을 가졌던 것은 아니다. 삼한통합 후 대부분의 신라인들이 골품신분을 갖게 되었다고 여겨진다. 골품신분에는 변동이 있었다. 성골의 소멸과 3두품 · 2두품 · 1두품이 평인으로 된 것을 예로 들 수 있다. 한편 지방인들은 진촌주 · 차촌주 · 평인신분으로 나뉘었다. 크게 보면 지방인들도 골품제에 속하여 통제를 받게 되었다.

골품제 외적집단 신라에는 골품신분을 갖지 못한 사람들이 있었다. 도둑 · 거지 등 부랑인들이 그들이었다. 신라 말에는 지방의 군웅 · 대군웅들이 골품제의 통제를 벗어난 집단이 되었다.

관부(官府) 왕정을 분장하기 위하여 설치된 조직으로 독립된 청사가 마련되기도 하였다.

관위(官位) 보수와 논공의 기준이 되었다.

관직(官職) 왕정을 수행하기 위한 직(職)이다.

교체제(敎體制) 법흥왕 7년(520) 율령을 반포하기 이전 이사금 시대부터 왕의 교령(敎令)은 국가지배의 기본법이 되었다. 왕들이 내린 교는 대를 이어 정리하여 후대에 유사한 문제가 생길 때 적용하였다. 단지 후대에는 전왕들의 교령을 시행하는 과정에서 시행세칙인 별교를 공론하여 정하였다. 이러한 왕의 교령을 시행하는 체제를 교체제라 보는 것이다. 율령은 기본적으로 교령을 근거로 반포되었다.

군웅(群雄) 호족은 한 지방의 세력이 드센 일족을 가리킨다. 왕건은 송악의 호족이라 할 수 있으나 견훤이나 궁예는 호족이라고 하기보다 군웅 · 호걸이라고 부를 수 있다.

궁실정치 혁거세왕 21년(기원전 37)에 경성에 궁실을 세웠다고 한다. 그 축조시기는 알 수 없으나 사로국 초기 왕은 궁실에서 왕정을 이끌어나갔다. 당시 왕실의 문제를 다루는 내정(내조)과 왕정을 다루는 외정(외조)의 구분이 없었다. 3대 유리왕 이후 사로국의 소국병합이 전개되면서 궁실정치도 강화되었다.

금입택(金入宅) 신라에는 35금입택이 있었다고 하나 실제 그 수는 변동이 있었다. 금입택은 부윤대택으로 진골의 종가에 해당되며 그 안에 살던 종손으로부터 일정한 거리가 멀어지면 족강이 된 것으로 이해된다. 마치 왕궁에 살던 성골이 새로운 왕이 즉위하면 새로운 성골이 만들어지며 방계화된 집단은 족강된 것과 같은 원리가 작용하였다고 여겨진다. 단 진골의 혈족범위가 성골보다 넓었던 것은 분명하다.

남국(南國)·북국(北國) 법흥왕은 김해 지역의 본가야를 남국, 고령지역의 대가야를 북국이라 하였다. 그런가 하면 삼한통합 후에는 발해를 북국이라 부르기도 하였다.

남당정치 첨해왕 3년(249) 궁궐 남쪽에 남당을 짓고, 5년(251)에는 남당에서 청정을 하였다. 이를 남당정치라 한다.

당주(幢主) 군단의 사령관이며 군에 파견된 지방관을 뜻하기도 한다.

대군웅(大群雄) 양길·견훤·궁예 등은 군웅들을 거느린 군웅으로 대군웅이라고 할 수 있다.

대등(大等) 마립간 시대 조정에 있던 신료로 법흥왕대에 관부가 설치되기 이전 왕정을 분장한 책임자들로 그 밑에 속료들이 있었다.

대등정치 마립간 시대 관부가 설치되기 이전 대등들을 중심으로 왕정을 분장하여 다루던 정치체제를 의미한다.

도사(道使) 행정촌에 파견된 지방관이다. 대신라 시대에 현이 설치되면서 사라진 관직이다.

마립간(麻立干)·마립간 시대 『삼국사기』에는 19대 눌지왕(418~458)부터, 『삼국유사』에는 17대 내물왕(356~402)부터 마립간이라 칭하였다고 하는데, 지증왕 4년(503) 10월 왕호를 사용할 때까지를 마립간 시대라고 할 수 있다. 일반적으로 석씨 왕 시대가 끝나고 김씨 왕 시대를 연 내물왕부터를 마립간 시대로 본다. 이 때는 왕권이 강화된 시기이며 고총고분을 활발하게 축조한 시기이기도 하다.

방(坊) 왕도의 지역구분으로 3백60방 또는 1천3백60방이 있었다고 한다. 하나의 방은 한 변이 1백60여m 정도 되는 규모로 이루어졌다. 황룡사는 4개의 방을 차지하고 축조되었다.

부계계승 · 여왕의 계승 신라는 기본적으로 부계계승 사회였다. 단지 자식이 없는 경우가 20% 정도, 딸만 있는 경우도 20% 정도가 되었기 때문에 왕위를 딸이나 사위에게 물려주기도 하였다. 성골여왕의 즉위는 성골을 왕으로 삼으려는 원리와 여자도 한 대에 한하여 아버지의 성원권을 가졌기에 왕위를 계승할 수 있었다.

부군(副君) 왕위계승권자가 없을 때 왕의 종족에서 부군을 세워 왕위를 계승시키기도 하였다. 소지왕대에 제종제인 지증이 부군이 되었고 헌덕왕대에 동생인 수종이 부군이 되어 왕위를 이었다.

부주(部主) 사로국 형성 후 사로6촌을 모체로 하여 편성된 6부의 장이며 정치적으로 사로국의 지방지배조직인 6부의 세력이다. 종래의 견해인 부체제설에서는 신라의 왕이 부장 중 한 명이라고 하였으나 부장은 처음부터 왕의 지배를 받던 지방세력에 불과하였다.

사로국(斯盧國, 서나벌 · 서라벌 등) 이주민 세력인 혁거세 집단에 의하여 기원전 2세기경(?) 사로6촌을 통합하여 형성된 소국이다. 그 형성시기는 고고학적인 연구를 통하여 보다 분명히 밝혀질 수 있을 것이다.

사로6촌 현재의 경주 지역에 직경 10km 내외의 영역을 가진 6개의 촌으로 기원전 12세기경 형성되기 시작하여 사로국이 형성되기 전에는 6촌 연맹이 형성되었다.

상고(上古) · 중고(中古) · 하고(下古) 『삼국유사』의 시대구분으로 상고는 1대 혁거세에서 22대 지증왕까지, 중고는 23대 법흥왕에서 28대 진덕왕까지, 하고는 29대 무열왕에서 56대 경순왕까지이다. 중고는 성골 왕, 하고는 진골 왕이라고 한다.

상대(上代) · 중대(中代) · 하대(下代) 『삼국사기』의 시대구분으로 상대는 1대 혁거세에서 28대 진덕왕까지, 중대는 29대 무열왕에서 36대 혜공왕까지, 하대는 37대 선덕왕에서 56대 경순왕까지이다. 상대는 성골 왕, 그 이후는 진골 왕이라고 한다.

상대등(上大等) 법흥왕 18년(531)에 설치된 관직으로 대등의 대표였다. 종래에는 상대등이 귀족의 이익을 대표하는 존재로 보았으나 상대등은 처음부터 왕의 신료였다. 신라 하대에 이르면 상대등으로 왕위계승전을 벌여 왕위를 차지하는 예들이 있었으나 상대등이 귀족의 이익을 대표하는 존재일 수는 없었다.

성골(聖骨) 23대 법흥왕에서 28대 진덕왕까지 왕과 그 형제의 가족들이 성골이 되었으며 삼궁으로 이루어진 왕궁에 살았다. 524년 축조된 울진 봉평비에 법흥왕이 양부, 왕의 동생 입종갈문왕이 사량부로 나오는 까닭은 왕이 거주한 대궁이 양부에 위치하였고 동생이 거주한 사량궁이 사량부에 위치하였기 때문이다. 『삼국사기』에서는 혁거세왕에서 진덕왕까지를 성골이라고 한다. 새로운 왕이 즉위하면 새로운 성골집단이 만들어졌다.

성한(星漢) 태조 성한은 13대 미추왕을 가리킨다.

세계(世系) 신라인 한 개인의 사회적 · 정치적 지위는 그의 조상들에 의하여 결정되었다. 세계는 한 개인의 지위를 정해주는 장치로 부모를 비롯한 조상들의 계보를 가리킨다. 세계는 골품 사회에서 한 개인의 지위를 정해주는 좌표가 되었다.

소경(小京) 신라의 가야 · 백제 · 고구려 평정으로 인하여 왕경의 인구가 늘어나게 되자 인구 분산책으로 설치한 왕경에 준하는 행정구역을 의미한다. 소경 밑에는 부 또는 촌이 있었다.

소국 1천km^2 정도의 영역과 1만 명 정도의 인구를 가진 초기국가로 3단계 지배체제를 가지며 사로국 · 십제 · 가락국 등이 그 예이다. 신라의 경우 피병합 소국들은 대체로 군(郡)으로 편제하였다.

소국연맹 각기 왕을 가진 여러 소국들이 하나의 소국을 맹주국으로 삼아 형성된 연맹체로, 완만한 형태의 4단계 지배체제를 가지며 그 정점에 맹주국의 왕이 자리하였다. 마한 · 진한 · 변한이 그 예이다. 소국연맹으로서 삼한은 기원전 1세기 낙랑과의 교역과정에서 형성되었다. 신라는 1세기 중반경부터 이웃한 소국을 병합한 것과는 달리 가야는 6세기에 멸망할 때까지 소국병합 단계로 발전하지 못하였다.

소국병합(국) 소국연맹 단계의 한 소국이 이웃한 소국을 병합하여 왕을 제거한 정치체로, 사로국의 진한 소국병합이나 십제의 마한 소국병합이 그 예이다. 신라의 경우 3대 유리왕 19년(42)에 이서국을 병합한 이후 3세기 중반까지 진한의 다른 소국들을 모두 병합하였다.

시조묘(始祖廟) 남해왕이 혁거세를 모신 시조묘를 설치하고 그의 누이 아노(阿老)로 하여금 제사를 주관하도록 하였다. 그 후 역대의 왕들은 시조묘에 제사를 지냈다. 시조묘는 단순히 박씨 세력의 시조를 모신 곳이 아니라 신라 왕국의 국조묘로서 기능하였다. 후일 시조묘는 포석사와 관련되었다고 여겨진다.

씨족(氏族) 왕을 배출한 세력 또는 6부의 세력들은 그 조상을 정점으로 하여 하나의 씨족을 구성하였다. 그런데 씨족 성원이 늘어나면서 하나의 씨족이 여러 신분으로 나뉘게 되었다. 따라서 씨족은 사회적 · 정치적 의미가 사라지게 되었다.

신궁(神宮) 소지왕 9년(487) 또는 지증왕대에 이르러 시조가 탄강한 나을에 신궁을 지었다고 한다. 신궁은 김씨 세력들을 신으로 받들어 모신 곳이다. 김씨 왕들은 왕위를 이으면 신궁에 제사를 지냈다. 신궁의 건립시기는 눌지마립간대로 올라갈 가능성이 있다.

신료(臣僚) 종래 관료 등으로 불려온 존재로 왕정을 수행하기 위하여 임명된 왕의 신하를 의미한다.

왕경(王京) 사로국이 이웃 소국을 병합하면서 사로국의 영역은 신라의 왕경이 되었다.

왕도(王都) 사로국 형성 시 설도(設都)하였던 공간이 확대되어 만들어진 도시로, 왕궁을 둘러싸고 점차 확대되었다. 신라 전성기 왕도는 장 3천75보, 광 3천18보로, 대체로 30km² 정도의 영역이었다.

왕위(王威) 왕의 권력과 권위를 포함한 의미로 사용한다.

왕자(王者) 왕과 그를 둘러싼 세력으로 왕권을 행사하는 집단을 가리킨다.

왕위(王位) 왕위는 신위(臣位)와 구별되는 존재로 왕위는 항상 신위보다 우위에 있었다.

왕정(王政) 왕을 중심으로 행해진 지배 전반을 가리킨다.

왕제(王制) 일반적으로 kingship을 가리킨다.

왕호(王號) 신라의 왕들은 시대에 따라 다른 칭호로 불렸다.

거서간 1대 혁거세의 왕의 칭호로 되어 있으나 실제는 사로국 형성 이후 소국 단계에 있던 여러 명의 왕을 거서간이라고 불렀다고 여겨진다.

차차웅 2대 남해왕의 왕의 칭호로 되어 있으나 실제는 기원전 1세기 소국연맹을 형성한 후 소국병합이 전개되기 전까지 여러 명의 왕이 있었을 가능성이 있다.

이사금 3대 유리왕에서 16대 흘해왕까지를 가리키는 것으로 보기로 한다. 유리왕대부터 신라는 소국병합을 전개하여 3세기 중엽이면 소국병합을 마무리하고 적어도 피병합 소국 정도에는 1단계의 지방관을 파견하였다.

마립간 17대 내물왕부터 22대 지증왕 4년(503) 10월 왕호를 사용할 때까지의 기간에 사용된 왕호이다. 이 기간 동안 신라는 고구려 · 백제 · 왜 · 중국의 전진 등과의 국제관계를 전개하며 세계(世界)에 대한 인식을 확대해나갔다. 이 시기에 군과 행정촌에 2단계 지방관이 파견되었다.

왕 지증왕 4년(503) 10월 이후 왕호를 사용하였다. 실제는 그 후 법흥대왕, 법흥대제 등 대왕 · 대제라는 칭호를 사용한 것을 금석문 등을 통하여 알 수 있다. 이 시기 주(군주) · 군(당주) · 행정촌(도사)에 3단계 지방관이 파견되었다.

외위(外位) 지방인에게 주었던 11등급의 관위로 문무왕 14년(674)에 경위로 바뀌었다. 1등급인 악간은 그 예를 찾을 수 없으나 2등급인 술간은 경위 8등급인 사찬에 해당한다.

우군주 좌군주 참조.

원거리교역 소국연맹 단계에 삼한의 세력들은 낙랑군을 통하여 중국의 선진문물을 수입하였다. 동경 · 동탁 · 철제무기나 농기구 심지어는 관작 · 인수 · 의책을 수입하여 지배세력의 위세를 강화하였다. 반면 철 · 포 등 원자재를 수출하였다. 그 과정에서 진한 지역의 원거리교역의 창구가 되었던 사로국은 선진문물만이 아니라 각종 정보를 먼저 받아들여 정치적 · 군사적 · 경제적 성장을 이룰 수 있었다. 그 결과 사로국은 이웃 소국들을 병합할 힘을 갖게 되었다. 따라서 이를 위세품교역(prestige-good system)이라고 할 수 있다.

6부 사로6촌의 모체로 편성된 신라 왕경의 지역구분이다. 직경 10km 내외의 영역으로 구성되었으며 그 밑에 '리' 들이 있었다. 6부의 지배세력은 6두품신분으로 편제되었다. 6부에는 각기 부사(部司)가 있었는데 6부소감전이 이에 해당한다.

6부성(部姓) 6부 시조를 조상으로 하는 이 · 정 · 최 · 손 · 설 · 배의 6성을 가리킨다. 6부성은 종성과는 격을 같이할 수 없는 낮은 위치에 있었다.

율령격식(律令格式) 율은 율형적 · 제제적 형법으로 제도위반이나 죄악을 저지르는 자를 처벌하는 형벌 법규를 내용으로 하는 형사법전이다. 영은 명령적 · 금지적 법률로서 관위령 · 직원령 등 비형벌 법규로 공사의 계급이나 제 제도를 규정하는 민정법전이다. 격은 율령을 수시로 보정한 조칙을 모은 것으로 신료가 항시 시행하여야 하는 율령의 개정법전이다. 식은 율령에 관계된 사항의 세목을 규정하는 법률로 율령에 종속되며 격으로 고쳐지는 율령격의 시행세칙이다. 신라의 율령격식은 그 반포 이전에 존재하였던 교령을 근거로 만들어졌다.

리(里) 왕경 6부의 하부 지방행정조직이며 직경 2~4km 정도의 영역으로 이루어졌다. 35개 또는 55개의 '리' 가 있었다고 한다. '리' 의 세력은 5두품 정도의 신분을 가질 수 있었다. 이에는 리사(里司)가 있었다.

인통(姻統)과 모계계승 신라에는 왕비를 배출하는 인통이 있었다. 진골정통과 대원신통이 그것인데 모계를 통하여 계승되었다. 인통의 계승은 부계계승을 거울에 비친 것과 같은 원리로 이루어졌다. 따라서 아들은 한 대에 한하여 어머니의 인통을 가졌다.

입방설도(立邦設都) 혁거세가 사로6촌을 통합하여 사로국을 세우고 그 안에 도읍을 정한 것을 의미한다. 도읍은 부(部)의 통치가 아닌 사로국, 나아가 신라 통치의 중심이 되었다.

자연촌(自然村) 자연촌은 행정촌 아래의 지방구역으로 신라 촌의 상하를 구별하기 위하여 만들어낸 용어이다. 왕경의 '리' 에 해당하는 영역으로 직경 2~4km 정도의 촌을 가리킨다. 그 안에는 10호, 1백여 명의 인구가 살았다. 자연촌의 촌주는 차촌주 신분에 해당하며 4두품에 준하는 대우를 받았다.

정사당정치 일성왕 5년(138) 왕성 안에 정사당을 설치하여 왕궁과 정사당을 분리하였다. 이로써 왕실의 문제를 다루는 내정과 왕정을 다루는 외정이 분리되었다. 소국병합을 전개한 신라로서는 왕정의 업무가 늘어났고 자연 신료의 수도 늘어나 정사당 정치를 행하게 되었다.

조정(朝廷) 종래 중앙정부라고 불러온 것에 해당하는 것으로 신라 시대에는 조정이라는 용어가 사용되었기에 그대로 부르는 것이다.

족강(族降) 왕이나 왕비를 배출하는 등 지배세력은 그 세력을 유지하는 집단을 일정하게 유지할 필요가 있었다. 예를 들어 성골은 왕을 배출하는 집단으로 왕과 그 형제의 가족으로 이루어졌다. 새로운 왕이 즉위하면 그 왕을 중심으로 새로운 성골이 만들어졌고 전왕의 형제와 그 가족은 방계가 되어 족강이 되었다. 이와 같은 족강은 광범위하게 시행되어 신라 골품 사회의 지배세력이 일정하게 유지될 수 있었다.

종성(宗姓) 신라의 왕을 배출한 박 · 석 · 김씨를 의미한다.

종족(宗族, 종족집단) 씨족(clan)이 나뉜 집단으로 'lineage' 에 해당한다. 종래 이를 가계라고 불러왔으나 신라인들이 사용한 종족이라는 용어를 사용하기로 한다. 종당(宗黨)은 종족집단을 가리킨다.

좌군주 좌 · 우군주는 지방관은 아닐 수 있으나 2세기 말경 지방에 파견되어 지방에 대한 지배를 하였으며 후일 지증왕 6년(505) 군주를 설치하는 배경이 되었다.

진촌주(眞村主) 행정촌 참조.

촌(村) · 성(城) 중고 시대 금석문에 나오는 촌 · 성은 자연촌 · 행정촌 또는 군(郡)을 의미하기도 한다.

촌장사회(촌락사회 · 추장사회) 직경 10km 내외의 촌을 영역으로 하며 2~3천 명 정도의 인구로 구성된 사회로 마을과 촌의 2단계 지배체제를 구성하였다. 국가 형성 이전의 사회로 사로 6촌, 가락9촌이 그 예이며 인류학에서 말하는 'chiefdom' 에 해당한다. 촌을 단위로 구성된 정치체이기에 촌락사회 또는 촌장이 정치적 지배자였기에 촌장사회라 할 수 있으며 『삼국유사』에서는 가락9촌장을 추장이라 하였으므로 추장사회라고 부를 수도 있다. 지배세력들은 지석묘에 매장되었다. 고조선의 경우 기원전 20세기 또는 그 이전에 촌장사회가 형성되었고 한반도 남부에서는 늦어도 기원전 12세기에 형성되었다. 앞으로 고고학적인 조사에 의하여 그 형성시기 등을 분명히 알 수 있을 것이다.

차촌주(次村主) 자연촌 참조.

추장사회(酋長社會) 촌장사회 참조.

친당(親黨) 신라에는 친가(혈족) · 처가(인척) · 외가(외척)의 구별이 있었다. 그 모두를 포함한 집단을 친당이라고 한다.

칠성우(七星友) 『삼국유사』 진덕왕조에 알천공 · 임종공 · 술종공 · 호림공 · 염장공 · 유신공이 남산 오지암에 모여 국사를 논하였다고 한다. 『화랑세기』에 의하면 당시 사람들은 보종공을 더하여 칠성우라고 하였다. 칠성우는 김춘추를 왕으로 추대한 중심세력이기도 하였다.

풍월주(風月主) 『삼국사절요』나 『화랑세기』에는 진흥왕 원년 원화를 폐지하고 풍월주를 임명하여 화랑 중의 화랑으로 삼았던 것으로 나오고 있다.

행정촌(行政村) 왕경6부의 부에 해당하는 직경 10km 정도의 영역으로 이루어진 촌으로 그 안에 몇 개의 자연촌으로 나뉘었다. 행정촌의 지배세력은 진촌주로 5두품 대우를 받았다. 삼한통합 후 현이 설치될 때 일부 행정촌은 현이 되었으나 나머지 행정촌은 주 · 군 · 현의 예하에 남았다. 행정촌에는 촌주 · 군사(軍師) · 도사(道使)로 이루어진 촌사(村司)가 있었다. 삼한통합 후에는 촌주 · 군사 · 내시령으로 이루어진 촌사가 있었다. 촌주는 촌의 일반 업무, 군사(軍師)는 군대나 경찰의 업무, 도사나 내시령은 조 · 용 · 조의 수취와 관련된 일을 맡았다.

화백(和白) 『신당서』에는 "일은 반드시 무리들이 의논하는데 화백이라 하였고 한 사람이라도 나르면 그만두었다"라고 나오고 있다. 이를 가지고 화백회의라고 부르게 되었다. 실제 신라에는 군신(群臣)회의가 있었으나 만장일치제를 택하였다고는 생각되지 않는다. 대부분의 경우 왕의 의지가 강하게 작용하였다고 여겨진다.

화주(花主) 종래에는 화주를 화랑도를 관장하는 조정의 신료로 보아왔다. 『화랑세기』를 통하여 화주가 풍월주의 부인이었다는 사실을 알게 되었다. 화주는 때로는 화랑도의 낭정에 관여하기도 하였다.

연표

무열왕 6년(659) 병부령 1인을 늘려 3인으로 만듦

무열왕 7년(660) 1월 김유신(595~673)을 상대등으로 임명

무열왕 7년(660) 7월 백제 평정

무열왕 7년(660) 9월 의자왕 등 데리고 소정방이 거느린 당군 귀환

무열왕 7년(660) 9월 복신이 거느린 백제 독립군 웅진부성 공격

무열왕 8년(661) 2월 백제 여적 사비성 공격

문무왕 3년(663) 4월 당은 신라를 계림주로 삼고 신라 왕을 계림주 대도독으로 삼음

문무왕 3년(663) 5월 백제 독립군 공파, 부여 풍은 고구려로 도망, 충승과 충지는 왜인과 함께 항복

문무왕 4년(664) 1월 부인들도 중국 의상을 입도록 함

문무왕 4년(664) 2월 김인문과 부여 융 웅진에서 회맹

문무왕 4년(664) 3월 백제의 남은 무리가 사비산성에 웅거하여 배반, 부여 융이 쳐부숨

문무왕 5년(665) 8월 문무왕과 웅진도독 부여 융 웅진 취리산에서 맹세

문무왕 6년(666) 4월 당에 고구려 평정 위한 청병

문무왕 6년(666) 12월 고구려 귀신(貴臣) 연정토 12성, 7백63호, 3천4백53명을 이끌고 항복해옴

문무왕 8년(668) 9월 고구려 평정

문무왕 8년(668) 12월 대규모 논공, 김유신을 태대각간으로 삼음

문무왕 9년(669) 2월 대규모 사면정책 발표

문무왕 10년(670) 3월 사찬 설오유와 고구려 태대형 고연무 정병 거느리고 압록강 건너 옥골에 이름

문무왕 10년(670) 8월 안승을 고구려 왕으로 책봉

문무왕 11년(671) 소부리주 설치, 아찬 진왕을 도독으로 삼음

문무왕 14년(674) 안승을 보덕왕으로 삼음

문무왕 15년(675) 9월 매초성에서 20만 당군과의 전쟁에서 승리

문무왕 16년(675) 11월 기벌포에서 당의 수군과 20여 회 전투에서 승리

신문왕 원년(681) 8월 김흠돌의 난 일어남

신문왕 원년(681) 8월 풍월주 중심 화랑도 폐지, 국선 중심 화랑도 부활(681~687년 사이 김대문이 『화랑세기』 저술)

신문왕 2년(682) 6월 국학 설치

신문왕 5년(685) 집사부와 조부의 사지 설치하여 5단계 조정조직 편성, 3월 서원경 · 남원경 설치하여 5소경 갖춤

신문왕 7년(687) 5월 문무관료전 차등 지급

신문왕 9년(689) 1월 내외관 녹읍 폐지, 매년 조(租)를 차등 있게 주는 것을 항식으로 삼음

성덕왕 6년(707) 1월 백성들이 굶주려 죽자 하루 3승씩 곡식을 줌

성덕왕 11년(712) 김유신의 처를 부인으로 삼고 해마다 곡식 1천 석을 줌

성덕왕 21년(722) 8월 백성정전을 지급함

성덕왕 32년(733) 8월 왕이 김유신의 적손 윤중을 술자리에 부름

성덕왕 34년(735) 당 현종이 패강 이남의 땅을 신라에 줌

경덕왕 원년(742) 10월 일본국 사신이 왔으나 받아들이지 않음

경덕왕 6년(747) 1월 국학에 제업박사와 조교 둠

경덕왕 12년(753) 8월 일본국의 사신이 거만하고 예의가 없어 접견하지 않으니 돌아감

경덕왕 16년(757) 3월 내외군관의 월봉을 폐지하고 녹읍을 줌

경덕왕 16년(757) 12월 주 · 군 · 현 명칭을 바꿈

경덕왕 18년(759) 1월 관부 · 관직 명칭을 바꿈

혜공왕 12년(776) 1월 백관의 명칭을 그전대로 되돌림

선덕왕 원년(780) 양상(良相) 왕위에 오름

원성왕 원년(785) 경신(敬信) 왕위에 오름

원성왕 4년(788) 봄에 독서삼품 설치

소성왕 원년(799) 봄에 청주 거노현을 학생녹읍으로 삼음

애장왕 2년(801) 5묘를 설치

애장왕 6년(805) 6월 공식(公式) 20여 조 반포

애장왕 10년(809) 7월 왕의 숙부 언승(41대 헌덕왕)이 왕을 죽이고 왕위에 오름

헌덕왕 4년(812) 9월 급찬 숭정을 북국에 사신으로 보냄

헌덕왕 8년(816) 1월 흉년이 들어 굶주린 백성 1백70여 명이 절강도까지 가서 먹을 것을 구함

헌덕왕 14년(822) 3월 웅천주 도독 김헌창이 반란을 일으킴

헌덕왕 17년(825) 김헌창의 아들 범문이 반란을 일으킴

흥덕왕 3년(828) 4월 병졸 1만으로 청해진 설치, 장보고가 대사가 됨

흥덕왕 9년(834) 색복 · 거기 · 기용 · 옥사에 대한 금령을 내림

흥덕왕 11년(836) 12월 왕이 죽자 왕위계승전이 벌어져 제륭(43대 희강왕)이 왕위에 오름

희강왕 3년(838) 1월 김명(44대 민애왕) 등이 반란을 일으켜 왕위에 오름

민애왕 2년(839) 1월 왕군이 청해진의 병사 5천을 중심으로 한 반란군에 패함, 우징(45대 신무왕)이 왕위에 오름

문성왕 7년(845) 3월 왕은 장보고의 딸을 차비(次妃)로 삼으려 하였으나 조정의 신하들이 반대

문성왕 8년(846) 봄 장보고의 난이 일어남

헌강왕 6년(880) 9월 왕이 기와로 지붕을 덮고 숯으로 밥을 짓는다고 함

진성왕 원년(887) 7월 정강왕의 누이 만(51대 진성왕)이 왕위에 오름

진성왕 2년(888) 시정을 비방하는 글이 조로(朝路)에 붙음

진성왕 3년(889) 주 · 군의 공부가 올라오지 않아 정부의 창고가 비어 국용이 궁핍, 공부 독촉하자 도적이 봉기, 사벌주에서 원종과 애노가 반란을 일으킴

진성왕 3년(889) 또는 5년(891) 견훤이 무진주 점령, 공공연하게 왕이라고는 칭하지 않음

진성왕 5년(891) 궁예 죽주의 기훤에게 의탁

진성왕 5년(891) 10월 북원의 양길이 궁예를 보내 북원 동북 부락과 명주 관내 10여 군 · 현을 습격

진성왕 5년(891) 주 · 현의 반을 상실

진성왕 6년(892) 완산의 견훤이 완산주에 웅거하여 스스로 후백제라 칭함, 무주의 동남쪽 군현이 항복

진성왕 8년(894) 2월 최치원이 시무 10여 조 올림, 왕이 받아들이고 최치원을 아찬으로 삼음

진성왕 8년(894) 10월 궁예가 하슬라로 들어감, 스스로 장군이라 칭함

진성왕 9년(895) 궁예 원년이라 함(『삼국사절요』)

효공왕 2년(898) 궁예가 송악군에 도읍을 정함

효공왕 4년(900) 견훤이 후백제 왕이라 칭하고 관부 · 관직을 둠

효공왕 5년(901) 궁예가 스스로 왕이라 칭함

효공왕 8년(904) 궁예가 백관을 설치, 국호를 마진, 연호를 무태라 함

효공왕 9년(905) 7월 궁예가 철원으로 도읍을 옮김

효공왕 9년(905) 8월 궁예가 죽령의 동북에 이름, 왕은 여러 성주에게 싸우지 말고 성을 지키라 함

효공왕 11년(911) 궁예가 국호를 태봉, 연호를 수덕만세라 하고 스스로 미륵불이라 칭함

신덕왕 3년(914) 궁예가 수덕만세를 정개로 고침, 왕건을 파진찬 겸 시중으로 삼음

경명왕 2년(918) 6월 왕건을 추대한 혁명 일어남

경명왕 2년(918) 7월 상주 아자개 사자를 보내 왕건에 항복

경명왕 3년(919) 왕건이 송악의 남쪽에 도읍을 정하고 3성 · 6상서 · 9시를 설치함

경명왕 4년(920) 강주장군 윤웅이 왕건에 항복

경명왕 6년(922) 1월 하지성 장군 원봉과 명주 장군 순식이 왕건에 항복

경명왕 8년(924) 강주의 왕봉규 후당에 사신 파견하여 조공함

경애왕 2년(925) 10월 고울부 장군 능문이 왕건에 항복, 그 성이 신라에 가까워 타일러 보냄

경애왕 4년(927) 9월 견훤이 고울부 침노, 왕이 왕건에게 원병 청함, 11월 견훤이 왕경으로 쳐들어가 경애왕을 자살하게 하고 경순왕을 세우고 돌아감, 구원에 나선 왕건 공산 전투에서 견훤에게 대패

경순왕 2년(928) 5월 강주 장군 유문이 견훤에 항복

경순왕 3년(929) 7월 견훤이 의성부성 공격, 고려 장군 홍술 전사

경순왕 4년(930) 1월 왕건이 고창전투에서 견훤에 대승, 영안(영천) 등 30여 군 · 현이 왕건에게 항복

경순왕 4년(930) 2월 신라의 동쪽 연해 주 · 군 명주에서 흥례부(안동)에 이르는 부락이 왕건에 항복

경순왕 5년(931) 2월 왕건이 50여 기병으로 신라 왕경에 가서 경순왕을 만남

경순왕 8년(934) 7월 발해 세자 대광현이 무리 수만을 거느리고 고려에 내투, 대광현에게 왕계라는 이름을 주고 종적(宗籍)에 올림

경순왕 8년(934) 9월 왕건이 견훤과 싸워 승리, 웅주(공주) 이북 30여 성이 왕건에 항복

경순왕 9년(935) 3월 견훤이 금산사에 유폐됨, 6월 후백제 견훤이 왕건에 항복

경순왕 9년(935) 11월 신라 경순왕이 땅을 들어 왕건에 귀순

고려 태조 19년(936) 2월 견훤의 사위 장군 박영규가 왕건에 내부를 청함

고려 태조 19년(936) 9월 고려가 일리천 전투에서 승리, 고려가 후백제를 통합

찾아보기

ㄷ

ㅅ

ㅇ

ㅈ

ㅊ